浙江省"十一五"重点教材建设项目

高等学校 电子商务专业 规划教材

电子商务项目管理理论与案例

柯丽敏 吴吉义 主编

清华大学出版社
北京

内 容 简 介

本书以美国项目管理学院(PMI)的《项目管理知识体系指南》(PMBOK2004)为主体框架,结合电子商务项目管理案例,系统全面地就电子商务领域中的项目管理这一特定分支的相关概念、技术和方法进行介绍和讨论。全书分为10章,内容包括电子商务项目管理概述、电子商务项目需求分析、电子商务项目范围管理、电子商务项目时间管理、电子商务项目成本管理、电子商务项目质量管理、电子商务项目人力资源管理、电子商务项目沟通管理、电子商务项目风险管理、电子商务项目收尾管理等。本书注重项目管理理论与电子商务实践的结合。全书编写思路明确,内容广度和深度把握合理,理论知识体系完整,基本覆盖了目前电子商务项目管理理论的各个方面。

本书适合作为高等学校电子商务、市场营销、国际商务、物流管理等相关专业的本专科教材以及电子商务项目管理培训类课程的教材,也可供电子商务相关从业人员参考。

本书封面贴有清华大学出版社防伪标签,无标签者不得销售。
版权所有,侵权必究。举报:010-62782989,beiqinquan@tup.tsinghua.edu.cn。

图书在版编目(CIP)数据

电子商务项目管理理论与案例 / 柯丽敏等主编. —北京:清华大学出版社,2013(2024.1重印)
高等学校电子商务专业规划教材
ISBN 978-7-302-31765-4

Ⅰ. ①电… Ⅱ. ①柯… Ⅲ. ①电子商务-项目管理-高等学校-教材 Ⅳ. ①F713.36

中国版本图书馆 CIP 数据核字(2013)第 057827 号

责任编辑:白立军　战晓雷
封面设计:常雪影
责任校对:时翠兰
责任印制:曹婉颖

出版发行:清华大学出版社
网　　址:https://www.tup.com.cn, https://www.wqxuetang.com
地　　址:北京清华大学学研大厦 A 座　　邮　编:100084
社 总 机:010-83470000　　邮　购:010-62786544
投稿与读者服务:010-62776969, c-service@tup.tsinghua.edu.cn
质 量 反 馈:010-62772015, zhiliang@tup.tsinghua.edu.cn
课 件 下 载:https://www.tup.com.cn, 010-83470236

印 装 者:三河市龙大印装有限公司
经　　销:全国新华书店
开　　本:185mm×260mm　　印　张:20　　字　数:476 千字
版　　次:2013 年 8 月第 1 版　　印　次:2024 年 1 月第 11 次印刷
定　　价:49.00 元

产品编号:051851-02

前 言

当前,电子商务作为网络化的新型经济活动,正以前所未有的速度迅猛发展,已成为发达国家增强经济竞争实力,赢得全球资源配置优势的有效手段。抓住机遇,加快发展电子商务,是贯彻落实科学发展观,以信息化带动工业化,以工业化促进信息化,走新型工业化道路的客观要求和必然选择。

近年来,大学本科教学以及企业培训都对高质量的电子商务项目管理教材提出了极大的需求,迫切需要一套知识体系完整、理论与实践结合程度好的教材。然而当前此类书籍很少,并且由于知识体系、编写质量、理论与实践结合程度等方面的原因,都不太适合作为高校市场营销、电子商务、国际贸易、工商管理等非理工类专业开设的"电子商务项目管理"课程教材。

国内外有关研究表明,目前高校普遍采用的纯理论教学方法,在"电子商务概论"、"项目管理"、"电子商务管理"等理论性较强的课程中教学效果不够理想,而国内部分高校,如浙江大学、清华大学、北京大学等,探索采用的"案例分析型"教学方法则能明显改善教学效果,也有利于培养学生对该类课程的学习兴趣。然而,目前知识体系完整、理论与实践结合程度好的"案例分析型"电子商务项目管理教材相对比较稀缺。

在清华大学出版社的大力支持下,阿里巴巴商学院拟整合互联网与电子商务行业实践案例资源,组织针对高等教育大学本科层次的"案例分析型"精品教材《电子商务项目管理理论与案例》的编写,以满足市场对电子商务项目管理理论高质量教材的实际需求。

本书在编写过程中特别注重项目管理理论与电子商务实践的结合。全书编写思路明确,内容广度和深度把握合理,理论知识体系完整,基本覆盖了目前电子商务项目管理理论的各个方面。全书以美国项目管理学院(PMI)的《项目管理知识体系指南》(PMBOK2004)为主体框架,结合电子商务项目管理案例,系统全面地就电子商务领域中的项目管理这一特定分支的相关概念、技术和方法进行介绍和讨论。全书内容包括电子商务项目管理概述、电子商务项目需求分析、电子商务项目范围管理、电子商务项目时间管理、电子商务项目成本管理、电子商务项目质量管理、电子商务项目人力资源管理、电子商务项目沟通管理、电子商务项目风险管理、电子商务项目收尾管理等。

FOREWORD

　　本书由柯丽敏、吴吉义、范志刚合作编著完成。本书编写过程中,参考了许多相关的资料和书籍,在此恕不一一列举,编者在此对这些参考文献的作者表示真诚的感谢。本书得到了"浙江省高校重点教材建设项目"的资助,在此表示特别感谢。对本书案例涉及的企事业单位表示感谢,感谢阿里巴巴商学院的领导、同事对编写工作的支持,感谢阿里巴巴集团、淘宝网、中国电子商务研究中心等合作单位。

　　电子商务项目管理刚刚兴起,对电子商务项目管理的认识还在初步积累、研究和深化之中,与此相关的很多概念和观点尚未成型或尚未达成共识;同时,由于作者水平有限,编写时间较短,书中的疏漏和不当之处在所难免,望读者不吝指正。

柯丽敏

2013 年 4 月于杭州

目 录

第1章 电子商务项目管理基础 1
1.1 项目和项目管理 2
1.1.1 项目概念 2
1.1.2 项目管理的概念和特点 4
1.2 电子商务项目 8
1.2.1 电子商务的发展和电子商务项目 8
1.2.2 电子商务项目的特点 9
1.2.3 电子商务项目的生命周期 10
1.2.4 影响电子商务项目成功的因素 15
1.3 电子商务项目策划与设计 16
1.3.1 电子商务项目策划与设计的流程 16
1.3.2 电子商务项目策划与设计的内容 18
本章小结 19
案例分析 20
练习题 24
参考文献 24

第2章 电子商务项目需求分析和可行性研究 25
2.1 电子商务市场调查 26
2.1.1 市场调查是需求分析的基础 26
2.1.2 市场调查的内容 27
2.1.3 市场调查的程序及方法 28
2.2 电子商务需求分析的内容 34
2.2.1 企业业务分析 34
2.2.2 市场分析 40
2.2.3 竞争对手分析 44
2.3 电子商务项目的可行性分析 50
2.3.1 可行性分析的概念 50
2.3.2 电子商务项目可行性分析的内容 51

2.3.3 项目的筛选	56
2.4 电子商务项目可行性分析报告的撰写	57
2.4.1 可行性研究报告的格式	57
2.4.2 可行性研究报告编制的注意事项	60
本章小结	60
案例分析	60
练习题	65
参考文献	66

第3章 电子商务项目范围管理 — 67

3.1 电子商务项目范围管理概述	68
3.1.1 项目范围的定义	68
3.1.2 项目范围管理中的常见问题	70
3.1.3 项目范围管理的主要过程	73
3.2 电子商务项目范围规划	73
3.2.1 项目目标定位	73
3.2.2 项目商务规划	75
3.2.3 项目技术规划	80
3.2.4 电子商务网站域名规划	82
3.3 创建工作分解结构	85
3.3.1 工作分解结构	85
3.3.2 WBS层次划分	86
3.3.3 制订工作分解结构的方法	89
3.4 电子商务项目范围控制	89
3.4.1 电子商务项目范围核实	89
3.4.2 电子商务项目范围控制	90
本章小结	94
案例分析	95
练习题	96
参考文献	96

第4章 电子商务项目时间管理 — 97

4.1 电子商务项目时间管理概述	98

	4.1.1	电子商务项目时间管理过程	98
	4.1.2	电子商务项目时间管理的关键因素分析	100
4.2	活动定义和排序		102
	4.2.1	活动定义	102
	4.2.2	活动排序	107
4.3	活动资源估算和历时估算		111
	4.3.1	工作量和工期的估计	111
	4.3.2	计划评审技术	113
4.4	进度计划编制		115
	4.4.1	编制进度计划的步骤和方法	115
	4.4.2	关键路径法	117
4.5	项目进度控制		122
	4.5.1	进度控制工作要点	122
	4.5.2	项目进度控制措施	122
	4.5.3	几种常见的项目进展报告	124
本章小结			127
案例分析			128
练习题			131
参考文献			131

第5章 电子商务项目成本管理　　132

5.1	电子商务项目成本管理概述		133
	5.1.1	PMBOK2004定义的项目成本管理	133
	5.1.2	项目成本构成	134
	5.1.3	影响项目成本的因素	135
5.2	电子商务项目成本估算和预算		135
	5.2.1	电子商务项目成本估算的依据	136
	5.2.2	电子商务项目成本估算的工具和方法	137
	5.2.3	电子商务项目成本估算的结果	142
	5.2.4	电子商务项目成本预算	143
5.3	电子商务项目成本控制		147
	5.3.1	项目成本控制的主要工作和依据	147

C O N T E N T S

  5.3.2 电子商务项目成本控制的工具和方法 149
  5.3.3 项目成本控制的结果 156
  5.3.4 纠正成本偏差的活动 156
本章小结 159
案例分析 160
练习题 163
参考文献 164

第6章 电子商务项目质量管理 165
6.1 电子商务项目质量管理概述 166
  6.1.1 电子商务项目质量管理的基本概念 166
  6.1.2 质量管理主流观点与组织 168
  6.1.3 项目质量管理过程 172
6.2 电子商务项目质量计划编制 173
  6.2.1 电子商务项目质量计划编制 174
  6.2.2 电子商务项目质量计划的工具和方法 175
  6.2.3 电子商务项目质量计划的结果 178
6.3 电子商务项目质量控制 179
  6.3.1 电子商务项目质量控制模型 180
  6.3.2 电子商务项目质量控制工作的方法和技术 183
  6.3.3 电子商务项目质量控制的输出 187
本章小结 188
案例分析 190
练习题 192
参考文献 192

第7章 电子商务项目人力资源管理 193
7.1 电子商务项目人力资源管理概述 194
7.2 电子商务项目人力资源计划 195
  7.2.1 电子商务项目的干系人 195
  7.2.2 项目经理的素质和职责 196
  7.2.3 电子商务项目成员的素质和职责 197
  7.2.4 电子商务项目的组织结构 201

7.2.5	定义和分配工作	204
7.3	电子商务项目人员配备	206
7.3.1	组建项目团队的合适时间	206
7.3.2	选择团队成员的标准	206
7.3.3	招收团队成员的方法	208
7.4	电子商务项目团队建设	209
7.4.1	项目团队发展和成长的阶段	209
7.4.2	高效项目团队的特征	215
7.4.3	高效项目团队的建设方式	216
7.4.4	多元化团队的协调问题	221
本章小结		221
案例分析		222
练习题		226
参考文献		226

第8章 电子商务项目沟通管理　　227

8.1	电子商务项目沟通管理概述	228
8.1.1	项目客户关系管理	229
8.1.2	项目沟通的概念和模式	230
8.1.3	PMBOK2004定义的项目沟通管理	232
8.2	项目沟通计划编制	233
8.2.1	项目沟通计划编制	233
8.2.2	项目沟通内容	235
8.3	信息分发和绩效报告	236
8.3.1	信息分发的内容	236
8.3.2	信息分发的渠道	237
8.3.3	信息分发的方法	240
8.3.4	信息分发的效率	240
8.3.5	绩效报告	241
8.4	有效沟通基本原理	243
8.4.1	遵循沟通原则	243
8.4.2	找出沟通障碍	244

CONTENTS

   8.4.3 使用沟通技巧 246
   8.4.4 选择沟通工具 247
   8.4.5 高效的会议沟通 248
   8.4.6 良好的冲突管理 251
 本章小结 253
 案例分析 254
 练习题 255
 参考文献 256

第9章 电子商务项目风险管理 257
9.1 电子商务项目风险管理概述 258
  9.1.1 项目风险基本原理 258
  9.1.2 PMBOK2004定义的项目风险管理 260
9.2 电子商务项目风险管理计划 262
  9.2.1 电子商务项目风险管理计划 262
  9.2.2 电子商务项目风险分解结构 263
  9.2.3 风险概率与影响的定性等级 264
9.3 电子商务项目风险识别 265
  9.3.1 风险识别方法 265
  9.3.2 项目常见风险来源与分类 268
  9.3.3 风险程度的定性分析 272
  9.3.4 风险程度的定量分析 274
9.4 电子商务项目风险的应对策略 275
  9.4.1 减轻风险 276
  9.4.2 风险预防 276
  9.4.3 回避风险 277
  9.4.4 转移风险 278
  9.4.5 接受风险 279
  9.4.6 风险预留 279
9.5 电子商务项目风险监控 281
 本章小结 282
 案例分析 283

练习题	284
参考文献	284

第10章　电子商务项目收尾管理　286

- 10.1 电子商务项目收尾管理概述　287
  - 10.1.1 项目收尾管理的意义　287
  - 10.1.2 项目收尾管理的内容　287
- 10.2 电子商务项目管理收尾活动　288
  - 10.2.1 保存项目文档　288
  - 10.2.2 财务收尾　290
  - 10.2.3 撰写项目完工报告　291
  - 10.2.4 解散项目组　293
  - 10.2.5 必要时及时中止项目　296
- 10.3 电子商务项目合同收尾活动　298
  - 10.3.1 召开项目收尾会议　298
  - 10.3.2 项目验收　299
- 10.4 电子商务项目移交　300
  - 10.4.1 移交的程序及结果　300
  - 10.4.2 移交后的回访与保修　301
- 10.5 电子商务项目后评价　303

本章小结　305
案例分析　305
练习题　307
参考文献　308

第 1 章

电子商务项目管理基础

学习目标

- 掌握电子商务项目以及相关概念。
- 了解电子商务项目成功和失败的因素。
- 了解电子商务项目策划的流程。

任务书或角色扮演

- 尝试定义一个具体项目,列出该项目的最终可交付成果;列出该项目的项目干系人;对项目生命周期进行划分。
- 上网查查项目管理领域目前有哪些权威的认证。

1.1 项目和项目管理

1.1.1 项目概念

1. 项目的定义

美国项目管理专业资质认证委员会主席保罗·格雷斯(Paul Grace)曾经指出:"在当今社会,一切都是项目,一切也都将成为项目!"可见项目应用的广泛性。那么究竟什么样的活动可以称为项目呢?项目是一件事情、一项独一无二的任务,也可理解为在一定时间、一定成本内所要达到的预期目标的活动。美国项目管理协会(PMI)的定义是:项目是为提供某项独特的产品、服务或成果所做的临时性努力。其中,"独特"是指一个项目所形成的产品、服务或成果在关键特性上的不同;"临时"是指每个项目都有明确的起点和终点。根据该定义,在对项目的理解上,要注意以下的特点:具有明确的起止时间,具有预定目标,受到经费和人员的限制,都要耗费资源,并为达到目标付出努力,而且都是临时性、一次性的活动。图 1-1 给出了项目定义的示意。

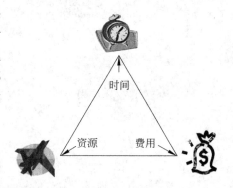

图 1-1 项目定义示意图

2. 项目的干系人

项目干系人又称为项目相关利益者,是指积极参与项目,或其利益会受到项目执行或完成情况影响的个人或组织(见图 1-2)。项目干系人对项目的目的和结果施加影响。项目管理团队必须识别项目干系人,确定他们的需求和期望,尽最大可能地管理与需求相关的影响,以获得项目的成功。

图 1-2 项目干系人

项目不同的干系人对项目有不同的期望和需求,他们关注的目标和重点常常相去甚远。例如，业主也许十分在意时间进度，设计师往往更注重技术一流，政府部门可能关心税收，附近社区的公众则希望尽量减少不利的环境影响等。弄清楚哪些是项目干系人，他们各自的需求和期望是什么，这一点对项目管理者来说非常重要。只有这样，才能对干系人的需求和期望进行管理并施加影响，调动其积极因素，化解其消极影响，以确保项目获得成功。

通常，下列人员或组织可能成为项目的干系人。

1) 发起人

发起人是指以现金或者其他形式为项目提供财务资源的个人或者团体。早在项目刚开始构思时，发起人即为项目提供支持，包括游说更高层的管理人员，以获得组织的支持，并宣传项目将给组织带来的利益。在整个项目选择过程中，发起人始终领导着项目，直到项目得到正式批准。

2) 客户

客户也称为委托人或业主，即项目最终成果的需求者和使用者。客户是项目团队获得项目信息的关键来源，在项目范围的确定中，客户起着重要的作用，同时客户影响着项目的执行过程，并负责检验项目的可交付成果。

3) 项目经理

项目经理是由上级组织授权或委派来保证按照客户的需求来完成项目，并对项目全面负责的人。项目经理职位是一个富有挑战性的、需要承担重要责任的岗位。项目经理必须能够理解项目的细节，同时又能够对项目进行整体管理。

4) 项目团队

项目团队是为实现项目的共同目标而相互依赖、协同合作的群体。项目团队能否有效地执行项目是项目成败的关键因素。一个有效的项目团队应该善于协作，并能包容团队成员的缺点。项目工作需要团队成员进行准确而清晰的沟通，并为达到工作质量和按期完工而付出努力。

5) 职能经理

职能经理是指在公司行政等各职能领域担任管理角色的人，如人力资源、财务、会计、研发或设计等部门经理。他们拥有自己稳定的团队来执行持续的职能工作，在他们各自的领域内，职能经理承担着直接管理的责任。

项目经理需要与职能经理进行合作，从而更好地利用职能部门为项目提供服务。例如，为了更好地完成项目任务，项目经理可能协同人力资源部门经理一起寻找新的项目团队成员。同时，财务部门经理能够为项目提供资金来源以及其他详细预算资料。此外，项目需要从这些部门获取具备专业技能的专家等资源。

6) 商业合伙人

商业合伙人是指以合同的形式提供项目所必需的组件或服务的外部公司。商业合伙人主要有承包商和供应商。承包商是依据合同而实施项目工作的一方，不具有对项目产品的所有权。供应商是指为项目提供原材料、设备和工具等物资设备的个人或组织。

7) 其他项目干系人

与项目有利益关系的其他组织或个人。其他项目干系人主要包括政府有关部门、新闻媒体、竞争对手、合作伙伴和社区公众等。

3. 项目的生命周期

PMI 把项目的生命期定义为:"项目是分阶段完成的一项独特任务,一个组织在完成一个项目时会将项目划分成一系列的项目阶段,以便更好地管理和控制项目,更好地将组织运作与项目管理结合在一起,项目各阶段的叠加就构成了一个项目的生命期。"典型的项目生命期划分如表 1-1 所示。

表 1-1 项目生命期的阶段

名 称	主 要 内 容
概念阶段	主要任务是确认和批准一个项目(或项目的某个阶段)执行,承诺开始一个项目
计划阶段	主要任务是明确项目目标和范围,并确定周密的项目计划
实施阶段	主要内容包括需求管理、开发管理、测试管理、运行管理和项目后评价管理
控制阶段	确保项目依照项目计划和目标完成的重要过程,进度控制、成本控制、质量控制、风险控制和变更控制
收尾阶段	包括项目验收、合同收尾和行政收尾

项目生命期的阶段划分并非唯一,最为典型的就是上述五阶段划分法。根据项目的不同,有些项目的生命期划分得很笼统,而有些则划分得很详细。图 1-3 可以帮助我们进一步理解项目生命期划分的多样性。

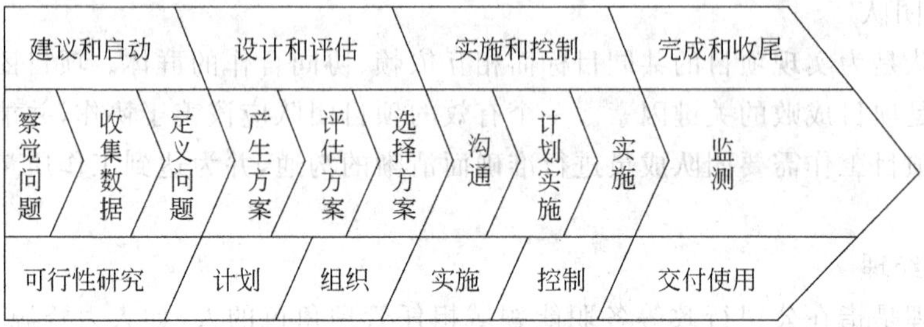

图 1-3 三种不同生命期划分的比较

1.1.2 项目管理的概念和特点

1. 项目管理的定义

项目管理是 20 世纪 50 年代末期发展起来的一种计划管理方法,它一经问世就为人们所瞩目。1957 年,美国杜邦公司用这种方法进行设备维修,使维修停工时间由原来的 125 小时锐减为 78 小时;1958 年,美国人运用项目管理技术,一举使北极星导弹的设计周期缩短整整 2 年。20 世纪 60 年代以后,项目管理在航空、航天、医学、化工和法律等众多领域发挥着不可或缺的作用,与人们的日常生活紧密相连。

那么,什么是项目管理呢?项目管理就是在确保时间、经费和性能指标的限制条件下,将各种知识、技能、手段和技术应用到项目中,进行计划、组织、协调和控制,以尽可能高效率地完成项目任务,达成项目目标,让所有项目相关者满意。

2. PMI 和项目管理的内容

1) 美国项目管理学会(PMI)

美国项目管理学会(Project Management Institute,PMI)成立于 1969 年,是一个有着近 5 万名会员的国际性学会,它致力于向全球推行项目管理。PMBOK(Project Management Body of Knowledge)是 PMI 早在 20 世纪 70 年代末率先提出的,几经修订,成为现在的项目管理知识体系。在这个知识体系中,项目管理被划分为 9 个知识领域,即范围管理、时间管理、成本管理、质量管理、人力资源管理、沟通管理、采购管理、风险管理和综合管理。国际标准化组织以此为框架,制订了 ISO 10006 关于项目管理的标准,如图 1-4 所示。PMBOK 涉及的项目管理知识领域中又以项目的时间管理、费用管理和质量管理为关键部分,其项目管理的基础是平衡时间、质量和费用的关系。

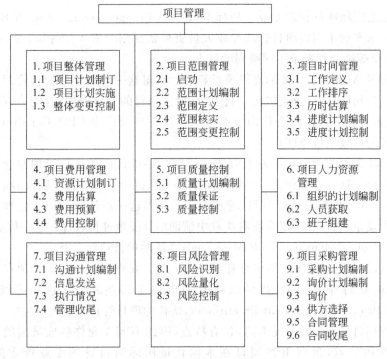

图 1-4 项目管理知识领域

2) 国际项目管理协会(IPMA)

国际项目管理协会(International Project Management Association,IPMA)是成立于 1965 年、总部设在瑞士洛桑的国际项目管理组织,IPMA 的成员主要是各个国家的项目管理协会,到目前为止共有 34 个成员。这些国家的组织用他们自己的语言服务于本国项目管理的专业需求,IPMA 则以广泛接受的英语作为工作语言提供有关需求的国际层次的服务。为了达到这一目的,IPMA 开发了大量产品和服务,包括研究与发展、教育与培训、标准化和证书制以及有广泛的出版物支撑的会议、讲习班和研讨会等。

1984 年美国项目管理协会推出项目管理知识体系 PMBOK 和基于 PMBOK 的项目管

理专业证书 PMP(Project Management Professional Certification)两项创新。在美国项目管理协会的实践基础上,国际项目管理协会决定在全球范围内推行国际项目管理专业资质认证标准。

国际项目管理专业资质认证(International Project Management Professional,IPMP)是国际项目管理协会在全球推行的四级项目管理专业资质认证体系的总称。IPMP是一种对项目管理人员知识、经验和能力水平的综合评估证明,根据IPMP认证等级划分获得IPMP各级项目管理认证的人员,将分别具有负责大型国际项目、大型复杂项目、一般复杂项目或具有从事项目管理专业工作的能力。IPMP具有广泛的国际认可度和专业权威性,代表了当今项目管理资格认证的国际水平。国际各大公司已经逐渐将IPMP证书作为其项目管理从业人员所应具备的基本要求之一,在国内IPMP证书也将作为我国各大企业对项目管理人员素质考核的主要参考因素,并会逐渐演变为项目管理人员的基本要求和执业资格。

IPMA依据国际项目管理专业资质标准(IPMA Competence Baseline,ICB),针对项目管理人员专业水平的不同将项目管理专业人员资质认证划分为4个等级,即A级、B级、C级和D级,每个等级分别授予不同级别的证书。

A级(Level A)证书是认证的高级项目经理。获得这一级认证的项目管理专业人员有能力指导一个公司(或一个分支机构)的包括有诸多项目的复杂规划,有能力管理该组织的所有项目,或者管理一项国际合作的复杂项目。这一等级称为CPD(Certificated Projects Director,认证的高级项目经理)。

B级(Level B)证书是认证的项目经理。获得这一级认证的项目管理专业人员可以管理一般复杂项目。这一等级称为CPM(Certificated Project Manager,认证的项目经理)。

C级(Level C)证书是认证的项目管理专家。获得这一级认证的项目管理专业人员能够管理一般非复杂项目,也可以在所有项目中辅助项目经理进行管理。这一等级称为PMP(Certificated Project Management Professional,认证的项目管理专家)。

D级(Level D)证书是认证的项目管理专业人员。获得这一级认证的项目管理人员具有项目管理从业的基本知识,并可以将它们应用于某些领域。这一等级称为PMF(Certificated Project Management Practitioner,认证的项目管理专业人员)。

由于各国项目管理发展情况不同,各有特点,因此IPMA允许各成员国的项目管理专业组织结合本国特点,参照ICB制订在本国认证国际项目管理专业资质的国家标准(National Competence Baseline,NCB),这一工作授权于代表本国加入IPMA的项目管理专业组织完成。

3)中国项目管理研究委员会(PMRC)

我国也成立了一些项目管理专业组织,最著名的是中国项目管理研究委员会(Project Management Research Committee China,PMRC)。该组织成立于1991年6月,并作为中国项目管理专业组织的代表加入了国际项目管理协会(IPMA),成为IPMA的成员。PMRC建立了与国际接轨的中国项目管理知识体系(C-PMBOK),引进并推行国际项目管理专业资质认证(IPMP),基于国际项目管理协会提出的认证标准ICB,建立了既能适合我国的国情又能得到国际认可的中国项目管理能力基准(C-NCB)。与此密切相关,国家劳动和社会保障部于2002年颁布了《项目管理师国家职业标准(试行)》,并授权有关机构开展相应的国家职业资质(项目管理师)认证工作。

4) 项目管理的内容

(1) 项目范围管理。是为了实现项目的目标,对项目的工作内容进行控制的管理过程。它包括范围的界定、范围的规划和范围的调整等。

(2) 项目时间管理。是为了确保项目最终按时完成的一系列管理过程。它包括具体活动界定、活动排序、时间估计、进度安排及时间控制等项工作。很多人把GTD时间管理引入其中,以求大幅度地提高工作效率。

(3) 项目成本管理。是为了保证完成项目的实际成本、费用不超过预算成本、费用的管理过程。它包括资源的配置、成本和费用的预算以及费用的控制等项工作。

(4) 项目质量管理。是为了确保项目达到客户所规定的质量要求所实施的一系列管理过程。它包括质量规划、质量控制和质量保证等。

(5) 项目人力资源管理。是为了保证所有项目关系人的能力和积极性都得到最有效地发挥和利用所实施的一系列管理措施。它包括组织的规划、团队的建设、人员的选聘和项目的班子建设等一系列工作。

(6) 项目沟通管理。是为了确保项目的信息的合理收集和传输所需要实施的一系列措施。它包括沟通规划、信息传输和进度报告等。

(7) 项目风险管理。涉及项目可能遇到各种不确定因素。它包括风险识别、风险量化、制定对策和风险控制等。

(8) 项目采购管理。是为了从项目实施组织之外获得所需资源或服务所采取的一系列管理措施。它包括采购计划、采购与征购、资源的选择以及合同的管理等项目工作。

(9) 项目集成管理。是指为确保项目各项工作能够有机地协调和配合所展开的综合性和全局性的项目管理工作和过程。它包括项目集成计划的制定、项目集成计划的实施、项目变动的总体控制等。

3. 项目管理的特点

1) 项目管理具有复杂性

项目一般由多个部分组成,工作跨越多个部门或机构,需要运用多种学科的知识来解决问题;项目工作通常没有现成的可以借鉴的经验;项目实施中有很多不确定性因素和风险;项目团队往往由来自不同组织,具有不同背景和经验的人员组成,在管理上难度较大等。这些因素决定了项目管理是一项复杂的工作,与日常(具体)操作相比,更需要知识、技能、工具和技巧等。

2) 项目管理具有探索性

由于项目的唯一性和独特性,项目管理必然要承担风险、勇于探索,才能成功。这也是项目与一般重复性管理的主要区别。项目的探索性可能有比较高的失败率,这是目前项目管理实践的现实。但随着科学技术的发展,人们能够从众多项目管理的实践中提炼出一些具有普遍意义的经验与教训,同时科学技术也为人们带来多种解决问题的方案,通过试验的方法，人们也可以降低项目失败的概率。

3）项目管理需要更多的协调与沟通

项目的复杂性随着范围的不同而有很大变化。项目越大越复杂，对涉及的学科、技术、知识和技能等要求也就越高。项目进行过程中常常需要组织内部和外部的多个部门的配合，要求这些组织、部门迅速做出响应。这样的情况下，对项目经理的要求就更多地体现在协调资源和人员沟通方面。缺乏良好组织协调和沟通的项目管理，根本不可能成功。

4）项目经理在项目管理中起着非常重要的作用

项目经理的位置是由特殊需要形成的，项目经理除了行使一般职能经理的职能外，还必须利用项目管理的专业知识、技能、工具和技巧去解决项目中的突发事件和各种矛盾等。许多学者都承认项目经理是项目小组的核心与灵魂，也是项目能否成功的一个关键因素。

1.2 电子商务项目

1.2.1 电子商务的发展和电子商务项目

CNNIC 第 29 次互联网络发展状况调查显示，2011 年网络购物用户规模继续实现较快增长。截至 2011 年 12 月底，我国网络购物用户规模达到 1.94 亿人，网络购物使用率提升至 37.8%（见图 1-5）。与 2010 年相比，网购用户增长 3344 万人，增长率为 20.8%。2011 年我国网络购物市场交易金额为 7566 亿元人民币，较 2010 年增长 37.4%，网络购物交易总额预计占到全国社会消费品零售总额的 4.2%。

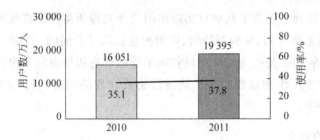

图 1-5　2010 年和 2011 年网络购物用户数及使用率

电子商务越来越深刻地影响着社会经济发展的进程，并从根本上改变着传统商务模式和生活方式。电子商务的广泛应用降低了企业经营、管理和商务活动的成本，促进了资金、技术、产品、服务和人员在全球范围内的流动，推动了经济全球化的进程。今天，电子商务的应用已经成为决定企业竞争力的重要因素，美国亚马逊、eBay 以及中国的阿里巴巴等公司的成功运作说明电子商务正在引领世界服务业的发展，并影响着未来的商业发展模式。

企业要实施电子商务，首先需要对电子商务的运作模式进行策划，其次要进行电子商务系统的建设，然后在电子商务系统的基础上，承接订单，组织生产和配送，进行电子商务的运营管理。显然，上述工作都可以项目的方式运作。于是，电子商务项目应运而生。这种运用电子手段和互联网技术，为公司、顾客和供应商等提供独特的、复杂的电子产品及服务，而进行的一种一次性的动态的工作，我们就称之为电子商务项目。通常实施电子商务的企业分别对应着3类电子商务项目：电子商务策划项目、电子商务系统项目和电子商务运营项目。

所谓电子商务策划项目，是指根据企业的战略目标和产品定位，选择合适的电子商务运作模式、明确电子商务需求的过程。比如，需要确定到底是采用B2C（Business to Consumer，企业与消费者之间的电子商务）模式还是B2B（Business to Business，企业与企业之间的电子商务）模式？电子商务的赢利模式如何？

所谓电子商务系统项目，是指在明确电子商务需求的基础上，对电子商务网站或系统进行分析、设计、实施和试运行的过程。这里的实施可能有多种情况：

(1) 电子商务应用系统全新的开发和测试；
(2) 电子商务套装软件的部署和二次开发；
(3) 企业内外系统之间的集成和相应的开发；
(4) 外包商出租的电子商务系统客户化定制；等等。

所谓电子商务运营项目，是指电子商务网站或系统已经投入运行的基础上，企业在网上承接订单，然后按订单组织生产和交付的过程。这时企业将一个订单或一批订单的实现确定为项目的目标，企业关于订单的处理流程成为电子商务运营项目的生命期。

需要注意的是，电子商务项目是指一个过程，而不是过程终结后所形成的成果。例如，人们把一个新网络图书馆系统的建设过程称为一个项目，而不是把图书馆系统本身成为一个项目。由于电子商务项目必须在一定的组织机构内，利用有限的人力、物力和财力资源在规定的时间内完成任务，任何电子商务项目的实施都会受到一定的条件约束。其中，质量、进度和费用是项目普遍存在的3个主要约束条件。电子商务项目的绩效也是通过这3个主要目标的完成情况来衡量，即时间（项目是否按时完成）、费用（项目是否符合预算）和性能（项目达到客户满意的程度）。功能的实现、质量的可靠、数量的饱满以及技术指标的稳定是任何可交付项目必须满足的要求，项目合同对于这些均有严格的要求。

1.2.2 电子商务项目的特点

电子商务项目作为项目中的一种类型，具有项目的共同特点。

(1) 一次性。项目的一次性主要是指项目是一次性的努力。一次性是项目与日常运作最大的区别。任何成功的项目，无论其效益或影响如何，就项目本身来说，都是一次性的努力。例如，企业网站项目，随着网站的建成发布，项目也就结束了。建网站是一次性的努力，但网站的影响可能很长远。项目的一次性还体现在项目是独一无二的。如给甲乙两个企业设计网站，虽然工作性质相似，但甲企业与乙企业的商业模式和网站需求可能差别很大，所以虽然同为建网站，但成本、工期和作业方式可能相差很远，因而给甲企业设计网站和给乙企业设计网站，因其特定的需求不同，项目仍是独一无二的。

(2) 目标明确性。任何项目都有一个明确界定的目标，项目的一切工作要以目标为导向，目标贯穿于项目始终，项目计划和一系列实施活动都是围绕目标展开的。项目的目标通常用工作范围、进度计划和成本来表达。例如，一个企业的电子商务项目目标可能是花2万元人民币，用1个月的时间，到阿里巴巴第三方平台上开设商铺，以拓展销售渠道，增加贸易机会；另一个企业的电子商务项目目标可能是花100万元人民币，用9个月的时间构建商务网站,开展网上销售,以扩大销售范围,提高销售收入,提升企业产品品牌知名度。

(3) 任务相关性。项目的执行是通过完成一系列相互关联又互不重复的任务而达到预定的目标。这些任务由于其关联性,必须按照一定的顺序执行。例如,一个企业商务网站项目就可能包括需求调研分析、网站总体规划、系统平台选择、网站应用系统开发、网站内容建设和域名登记等任务,这里多项任务都是环环相扣、内在相关的,其中某些任务在其前项任务完成之前不能启动,而另一些任务则可以并行实施。如果这些任务相互之间不能协调地开展,就不能实现项目的目标。

(4) 资源限定性。项目需要运用各种资源来执行任务,包括人、财、物、时间、技术、信息等各方面的资源,每个项目的资源都在一定程度上受到客观条件的约束。如果项目在人、财、物、时间等资源上宽裕,那么其成功的可能性就会高;相反,则项目成功的可能性就会大大降低。

(5) 周期确定性。任何项目都是在限定的期限内完成的,有明确的开始时间和结束时间,即具有确定的项目周期。例如,一个企业的网站建设项目可能是从 6 月 10 日开始到 9 月 20 日结束。

(6) 不确定性。任何项目在执行过程中都包含着一定的不确定性。一个项目开始前,应当在一定的假定和预算基础上准备一份计划,包括质量性能要求和时间、成本的估算。这种事先的假定和预算与将来的项目真实情况难免会有偏差,从而给项目带来了一定程度的不确定性,可能还会影响项目目标的实现。

1.2.3 电子商务项目的生命周期

1. 电子商务策划项目的生命期

在《e 化七步——电子商务转型的策略指导》一书中,Mohan Sawhney 和 Jeff Zabin 两位作者提出了一个七步实现电子商务的生命期模型:e-vision(e 愿景)、e-evolution(e 演化)、e-strategy(e 战略)、e-process(e 流程设计)、e-implementation(e 实施)、e-channel conflict(e 渠道冲突)和 e-organization(e 组织)。电子商务的策划项目要涉及或考虑以上七步的内容。一般来讲,电子商务策划项目具有如图 1-6 所示的生命期。

1) 电子商务愿景和支持战略的确定

这是实现电子商务策划的第一步。这一阶段的工作主要是进行充分的商务分析,主要包括需求分析(包括企业自身需求、市场需求以及客户需求等)和市场分析(包括市场环境分析、客户分析、供求分析和竞争分析等)两个方面。在对企业的行业背景和市场需求进行分析,明确了公司战略、目标市场和

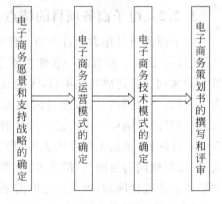

图 1-6 电子商务策划项目的生命期

目标顾客的基础上,电子商务的策划团队需要确定公司的电子商务愿景和目标,例如改善客户满意度,或增加销售额,或增加利润率,或增加市场占有率,在此基础上,确定电子商务需要支持的企业战略。比如,是成本领先战略,还是差异化战略或者焦点战略。不同的战

略对于电子商务有着不同的项目需求。

2) 电子商务运营模式的确定

在明确了电子商务支持的企业战略类型后,需要进一步明确企业将核心业务从传统方式转移到电子商务模式时需要采取的策略,确定企业的商务运营模式。商务运营模式规划并不直接针对企业未来需要建造的电子商务系统,其主要目标是为未来的电子商务系统规划提供依据。比如,需要确定到底是采用B2C模式还是B2B模式?电子商务的赢利模式如何?该阶段的主要任务是确定电子商务系统的商务模式,以及与商务模式密切相关的网上品牌、网上商品、服务支持和营销策略等要素。

3) 电子商务技术模式的确定

根据采用的技术的不同,目前企业实施的电子商务模式有三大类:一是基于增值网络和内联网(Intranet)的封闭电子商务模式。在这一模式下,企业有选择性地接受信息并控制与企业连接的用户。二是基于EDI(Electronic Data Interchange,电子数据交换)的企业外联网(Extranet)基础上的企业间电子商务模式。在这一模式下允许与企业有密切业务关系的单位通过网络实现与企业的互联,并通过防火墙禁止非关联的单位或个人连接,以保证网络的安全。三是基于Web互联网(Internet)基础上的企业间电子商务模式。这是目前使用比较多的模式,因为基于Web的企业间电子商务模式是采用标准化的网络和标准化的电子商务协议以及标准化的通用网络商务软件,使网上电子商务的开展和维护更为规范。

4) 电子商务策划书的撰写和评审

在完成了上述工作之后,还需要进一步明确电子商务系统的功能需求,对进度的要求、最大的投资金额限制以及对电子商务系统建设项目的投入产出情况进行分析,在此基础上,将得到的成果文档化,形成一份完善的电子商务策划书,提交给企业的高层审查。

2. 电子商务系统项目的生命期

我们知道,信息系统项目的生命期一般包括系统规划、系统分析、系统设计、系统实施、系统运行和维护5个阶段。电子商务系统的建设是一类典型的信息系统建设项目。显然,电子商务系统项目也可按照上述5个阶段进行管理,依次制订各阶段的任务范围、进度、费用安排以及质量要求,我们把这5个阶段构成的生命期称为电子商务系统项目的生命期,如图1-7所示。

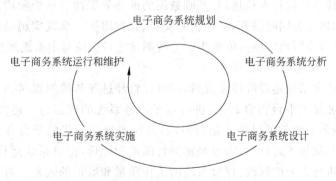

图1-7 电子商务系统项目的生命期

1）电子商务系统规划阶段

电子商务系统规划阶段的任务是对组织的环境、目标、现行系统的状况进行初步调查，在电子商务的支持战略、商务模式和技术模式确定的情况下，对建设新系统的需求做出分析和预测，同时考虑建设新系统所受的各种约束，设计支持未来电子商务系统的功能体系结构，说明系统各个组成部分的结构及其组成，给出系统建设的实施步骤及时间安排，评估系统建设的开销和收益。在上述基础上，写出规划分析报告。

2）电子商务系统分析阶段

电子商务系统分析阶段的任务是根据系统规划分析报告中所确定的范围，对现行系统和商务流程进行详细调查，描述现行系统的业务流程，指出现行系统的局限性和不足之处，确定新系统的基本目标和逻辑功能要求，即提出新系统的逻辑模型。系统分析阶段的工作成果体现在系统分析说明书中。

3）电子商务系统设计阶段

在完成上述系统分析的基础上，在掌握电子商务成熟技术和了解最新技术进展的情况下，充分结合商务和技术两方面因素，从子系统、前台、后台、技术支持、系统流程和人员设置等各个方面全面设计电子商务系统。系统设计阶段的任务是根据系统说明书中规定的功能要求，考虑实际条件，具体设计实现逻辑模型的技术方案，即设计新系统的物理模型。

这个阶段的技术文档是系统设计说明书。

要注意的是，在进行电子商务系统设计时，需要注意系统的客户数目是动态增长的，而且客户量是不确定的，所以系统负荷达到峰值的速度可能是不可预知的。设计时一定要为未来系统的发展预留一定的空间。

4）电子商务系统实施阶段

电子商务系统实施阶段是按系统设计说明书的要求将系统的设计付诸实施。这个阶段的工作可以分为两条线：一条线是按照电子商务系统设计的要求，全面调整、变革传统的组织结构和相应的商务流程，以适应电子商务运作方式的要求；另一条线是按照电子商务系统设计的要求，全面进行计算机软硬件配置、网络平台建设、电子商务系统的开发或集成、应用系统的调试和测试，完成电子商务系统技术支持体系的建设，从技术上保障电子商务系统的正常运作。

这一阶段的任务还包括人员培训、基础数据的准备等工作。这个阶段的特点是许多互相联系、互相制约的任务同时展开，必须精心安排、合理组织。系统实施是按实施计划分阶段完成的，每个阶段应写出实施进度报告。系统测试之后应该写出系统测试分析报告。

5）电子商务系统运行和维护阶段

上述流程变革和系统建设阶段完成后，就可以将经过变革的组织结构和商务流程与已经建好的电子商务技术平台整合起来，进行电子商务系统的试运行。再经过必要的调整、改进以后，电子商务系统就可以进入运行阶段，开始实现新一代电子商务系统在企业中的应用。电子商务系统投入运行后，需要经常进行维护和评价，记录系统运行的情况，根据一定的规则对系统进行必要的修改，评价系统的工作质量和取得的效益。对于不能修改或难以修改的问题记录在案，定期整理成新的需求建议书，为新的电子商务项目规划做准备。

3. 电子商务运营项目的生命期

电子商务利用一种前所未有的网络方式将顾客、销售商、供货商和雇员联系在一起,将有价值的信息迅速传递给需要的人们。对于一个电子商务运营项目来说,一份订单或一批订单驱动了一个项目,对订单处理和满足的过程就是企业的商务流程,构成了电子商务运营项目的生命期。

商务流程是指企业在具体从事一次商贸交易过程中的实际操作步骤和处理过程。这一过程可细分为:(1)工作流或事务流,即商贸交易过程中的所有单据和实务操作过程;(2)物流,即原料、产成品或商品的流动过程;(3)资金流,即交易过程中资金在双方单位(包括银行)中的流动过程;(4)信息流,即反映事务流、资金流和物流的信息过程。对于电子商务运营项目来讲,强调的是其中的工作流或事务流,一般来讲,电子商务运营项目的生命期包括如图 1-8 所示的事务流:

(1) 销售商发布商品信息;
(2) 合作双方谈判和订货;
(3) 购买商支付货款。今后越来越多的是电子支付,对于有些订单来说,也可以是收货以后再付款;
(4) 按订单采购原材料并组织生产;
(5) 根据订单,进行物流配送;
(6) 销售商对产品进行售后服务和支持。

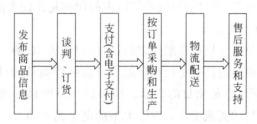

图 1-8 电子商务运营项目的生命期

当然,以上各个环节不一定非得在订单涉及的双方(销售商和购买商)之间进行,作为销售商来说,可以将其中的一些环节外包出去,比如可以将第(4)~(6)步中的某一步或某几步外包。举例来说,可以将制造环节外包给制造型企业,也可以将物流配送外包给专门的物流配送企业,还可以将售后服务或支持外包给专门的售后服务企业,从而将企业的资源集中在自己的核心竞争力上。但是,为了实现更好的客户满意度,销售商有必要按照项目的方式将整个订单处理和满足的工作流管理起来,统一安排进度、成本和质量。

由于电子商务项目的生命周期主要描述项目从开始到结束所经历的各个阶段,也可以根据项目管理的过程将电子商务项目分为概念阶段、规划阶段、实施阶段和收尾阶段 4 个阶段。

1) 概念阶段——识别需求

项目概念阶段的主要任务是确认和批准一个项目执行,项目产生的基础是确定适合客户的需求。识别需求的主要任务是确认需求,调查研究、收集数据、分析投资收益比,研究项目的可行性并且提交可行性报告。概念阶段的其他内容包括明确项目风险、制定战略方案以及编制项目建议书或商业计划书。最终承诺开始一个项目并且明确承诺项目要达到的目标,也就是项目的预期结果或最终产品。

一般来说,项目目标至少要包括工作范围、项目进度、项目成本和项目质量4个元素。其中,项目目标应该非常明确、具体、可操作和可测量。理想情况是项目开始时就应该有一个明确的目标,但是在现实项目中,特别是电子商务的项目中,则很难做到。一种情况是项目开始往往不很清楚需要什么,在项目进行中才能逐渐明确需求;第二种情况是项目过程中目标常常会发生变动,不得不进行项目变更和返工。

2) 规划阶段——提出解决方案

项目的概念阶段结束后,项目进入规划阶段。该阶段的主要任务是明确项目目标和范围,并确定周密的项目计划。每一个成功的项目都必须有周密的项目计划。一个好的项目计划提供了项目的全景描述,是项目所有人员全面了解项目内容的最好工具。项目计划本身具有稳定性和约束性,是实施项目控制最有力的标准和依据。计划可能随着项目的深入而更新,但是任何计划的变动都必须遵循项目的变更控制程序。

在规划阶段,项目组成员应根据项目的目标和验收标准等要求制订完整的项目计划。定义工作分解结构是项目规划阶段的重要内容之一,也是规划阶段的核心。规划阶段还包括确定进度计划、项目预算、项目的质量计划和沟通计划等。

从项目的整个周期来看,项目的规划阶段所占的比例是比较大的。

3) 实施阶段——执行项目

在规划阶段产生的项目计划被批准后,项目组应组织人力、协调其他资源以执行计划,开始项目的实施工作。项目的执行是使项目组成员能够按项目的目标有计划地组织工作,以便成功地实现项目目标,满足项目的要求。项目组成员的目标都是共同完成项目,一般由项目经理总体负责项目的实施工作。对于大型的电子商务项目,可以将项目分成多个子项目进行同步开发,因此就需要一个总的项目管理组负责对各个子项目的公共部门进行指导、协调和管理,各个子项目应有各自的项目管理小组;也可以利用项目管理办公室的方式组织大型项目的项目管理。

在实施阶段中,项目控制是确保项目依照项目计划和目标完成的重要过程。项目控制就是监视和测量项目的实际情况。一般需要细化目标,制订工作计划,协调人力和其他资源,定期监控进展,分析项目偏差,采取必要的措施以实现项目目标。若发现实施成果偏离计划,就应找出原因,采取行动,使项目回到计划轨道上来。在项目的控制过程中,主要包括进度控制、成本控制、质量控制、风险控制和变更控制。因为电子商务项目的不确定性,项目监控显得非常重要,应建立电子商务项目监控体系跟踪项目的运行状态。

4) 收尾阶段——结束项目

该阶段的主要工作是移交工作成果、财务清算审计、文档整理归档、项目评估验收、项目终结。由于电子商务项目持续性发展的特点,项目的收尾阶段不同于工程项目等其他一次性项目,需要根据实际情况来界定其边界。

1.2.4 影响电子商务项目成功的因素

1. 不成功的原因

电子商务项目范围广,技术含量高,对企业人员素质和企业能力的要求较高,因此,它具有很大的不确定性,往往由于当初对困难估计不足,低估了某些资源的成本,而造成项目目标的偏移甚至项目的失败。电子商务项目不成功的因素主要有以下几个方面。

1) 企业能力不能满足电子商务项目的要求。

企业能力不足,一方面体现在企业的管理水平难以适应电子商务项目的需要,另一方面是企业人员的素质和业务流程不能满足要求。电子商务项目与以往的标准工作不同,电子商务项目往往是并行工作,要求人员具有一定的素质,在协同工作的同时,项目成员都要承担部分管理工作。协同管理不是天生就有的,它是在管理理论的发展、技术的进步以及工作的复杂性和动态性的基础上累积形成的。

2) 对技术和管理的认识存在误区

电子商务项目需要技术的支持。现在多数企业认为建立了网络,办公实现计算机化,与客户之间通过网络进行通信,就是在进行电子商务;也有很多人认为具有专门 IT 技能的人员组成的团队就能完成电子商务项目。这些都是认识误区。在项目管理中,"人"是很重要的因素。一个项目的成功与否与被雇佣的人才的质量有着直接的关系,尤其是管理这些项目人员的经理。电子商务项目经理不仅要具备 IT 知识,还要通晓如何管理项目以及如何管理项目团队。

3) 任务和目标的设定以及资源配置不合理。

电子商务项目是一个复杂的系统,任务和目标具有复合性,且具有高风险性,任务和目标设定是否现实、合理是企业在实施电子商务项目中面临的主要问题之一。电子商务项目涉及多部门、多人员,他们拥有各自的信息资源,容易形成封闭的管理模式,各人员不愿将自己的资源公开,势必造成资源浪费,使电子商务项目的成本升高。同时,电子商务项目在实施过程中往往分成多个子项目,各子项目之间的资源没有统筹管理,也容易造成资源的浪费。

4) 对项目的实施控制不够完善。

电子商务是一个新兴的领域,对其实施控制管理的研究目前还处于探索阶段,没有形成普遍的标准和规范,这是电子商务项目不成功的关键因素。

5) 组织结构不适应电子商务项目要求

电子商务项目的成功与否,与其组织结构方面的能力有着密切的关系。波士顿顾问公司在题为《电子商务组织企业:全球和亚太地区的挑战》的报告中指出,亚太地区许多公司的电子商务战略将面临失败,除非它们能有效地组织企业,以应对电子商务的特殊挑战。

电子商务项目要求组织结构具有灵活性,适应组织文化的能力,由于项目团队中部分成员为兼职人员,并且为跨部门工作,这就更需要组织结构便于部门间和个人间的横向交流,组织层次不宜过多,管理幅度适当,有利于协同工作。只有在以这样的组织结构作为保障的基础上,才有利于电子商务项目的成功实施。

6）环境变化

电子商务项目的目标不是固定不变的,而是随着技术和竞争对手的变化而变更或更新,在这种情况下要及时变更项目进度计划。同时,也会有某些内部因素影响或外部环境变化,因此项目团队要保持积极的适应心态来面对环境的变化。

2. 成功的条件

电子商务项目是一种复杂的项目系统,具有灵活性、创新性、复杂性和动态性的特点,由于其范围广泛、并行工作,项目具有高风险性,更需要贯穿整个项目过程中的协调统一管理,使得整个项目成员能够信息共享,资源配置合理,以达成协同工作。成功的电子商务项目需要具备以下几个条件。

（1）电子商务项目的目标与范围一开始就界定清楚。范围可能会随着工作而发生变化,但是范围一定要随时与目标保持一致。

（2）根据里程碑判断整个进度表是否按时执行。电子商务项目实施过程中为可测任务划分出重要里程碑,每个划分出来的子项目也划分出一系列的里程碑。管理者可以根据里程碑判断整个进度表是否按时执行。

（3）项目小组有良好的心态去适应来自外界和内部的变化,能积极地应对问题的出现,因为变化正是电子商务的希望所在。

（4）项目经理的管理不是事无巨细,也不是泛泛地管理,而是很好地监督进程,评估项目里程碑以及项目的最后结果,积极参与解决重大问题。

（5）项目团队高度协同工作,信息共享。团队的成员参与一部分管理工作,如界定、评估和更新自己的工作。

（6）项目管理是知识管理,它是复杂的,需要现代化的管理手段。如建立"数据信息管理系统",实现信息高度共享和资源动态调配,并逐步实现零距离沟通、实时管理和网上办公,为项目管理的实施提供强大的支持。

1.3　电子商务项目策划与设计

1.3.1　电子商务项目策划与设计的流程

电子商务项目要想获得成功,离不开周密的项目策划与设计。电子商务项目策划与设计是指项目实施前所做的计划准备工作。主要任务是识别需求和形成解决方案。这项工作是电子商务项目获得成功的基础。

电子商务项目策划与设计的任务是完成项目周期第一阶段和第二阶段的全部工作,包括分析需求和提出建议、可行性分析、确认需求、制定并发布需求建议书、提出解决方案、评价并选择方案、合同签约等多项任务,其工作流程如图1-9所示。

1. 分析需求、提出建议

分析客户的电子商务需求并提出项目建议通常有两种情况:第一种情况是客户企业内部的管理人员在工作中发现需求,提出建议;第二种情况是客户企业的外部机构(如咨询公司或承建商)凭借其专业背景,对电子商务发展的认识比较深,了解的信息比较多,有的还和客户有一定的业务关系,对客户比较了解,因而比较容易发现客户有需求,并帮助客户进行需求分析,提出项目建议。

2. 可行性分析

无论是客户企业内部人员提出的建议,还是企业外部人员或机构提出的建议,企业在作决定前,一般都会进行可行性分析,初步研究项目的开展是否可行。企业通常会在内部指派专门人员来进行这项研究,或者委托咨询公司进行可行性研究,最终提出一份详细的报告供企业高层讨论决策。

3. 确认需求

这是客户企业内部的决策过程。如果企业高层通过投资方案,就开始准备需求建议书;如果企业高层不同意投资,则项目到此结束。如果企业高层原则上同意本项目,但对可行性方案不满意,则返回有关负责可行性研究的人员,继续研究并修正方案。

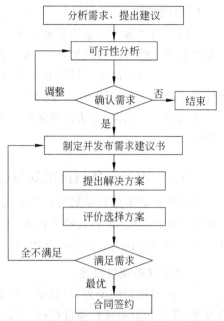

图 1-9　电子商务项目设计工作流程

4. 制定并发布需求建议书

需求建议书(Request For Proposal,RFP),或招标书,是由客户针对要建设的项目提出的需求文档,其中会定义项目要达到什么目标,解决什么问题,提供什么资源,有什么时间限制,对承建商有什么要求以及各类指标的评价标准等内容。需求建议书一般由客户企业制订发布(当然也可以委托咨询机构帮助)。

5. 提出解决方案

在客户发布需求建议书后,相关承建商会仔细研究 RFP,以决定是否投标。如果承建商决定投标,他就要提出相应的解决方案,一般包括商务和技术两个部分。商务部分主要包括承建商的资质、实力、同类项目经验、交付物以及报价等内容;技术部分主要包括电子商务系统设计、集成方案,项目实施的任务、进度以及人员组织计划,培训以及售后服务等内容。每个承建商都会以书面方式把有关信息交给客户。研究并提出解决方案是承建商为争取客户项目合同所必须完成的工作,一般是独立完成。

6. 评价选择方案

这一阶段的工作由客户企业主持。客户将所有投标人的投标书交给一个专业评审小组按照评价标准进行评议,以确定其中的最优方案。如果可以确定一个满足要求的最优方案,客户就会选择相应的投标人为本项目的承建商,与他洽商合同签约事宜。如果所有的投标书都无法满足要求,就要回头重新研究需求建议书,确定哪些要求或条件不合理,以便修正后再次发布。

7. 合同签约

合同签约是客户与承建商双方必须共同参与的工作。通常由主动的一方或有经验的一方先起草一份合同的框架，供双方代表作为讨论的基础。

以上就是电子商务项目策划与设计的整个过程以及在这个过程中每一个阶段的任务和任务承担的主体的分工。其中需求分析、可行性分析、制定需求建议书、提出解决方案、合同签约都是技术性、方法性很强的工作。这对项目所涉及的各主体人员的素质提出了较高的要求。

1.3.2 电子商务项目策划与设计的内容

通过电子商务项目策划与设计的流程，可以了解电子商务项目策划与设计的成果包含多种类型的报告或文档，这些文档的内容有的不同，也有的相似或相的。综合来看，电子商务项目策划与设计主要包含以下内容。

1. 电子商务项目概述

简要说明项目的要点，让读者了解整个项目的大体情况，包括以下内容：项目名称、项目背景（需求和迫切性）、项目目标、项目内容（包括实现的主要功能和采用的相应技术）、项目的投资规模和建设周期、项目收益。

2. 电子商务项目需求分析

根据需求调研得到的结果，从行业、企业、市场和竞争等方面详细分析电子商务能为企业解决哪些问题，带来哪些商业机会，说明企业开展电子商务的必要性。此部分内容首先是企业业务分析，即从企业自身角度分析电子商务的需求情况。比如企业简介、存在的问题、企业的电子商务需求。其次是企业的目标市场。目标市场分析包括两个方面：目标市场的特点，包括客户的特点、个人客户上网情况、企业客户信息化情况；目标市场的电子商务需求，说明目标市场有哪些电子商务需求，电子商务是否更能满足目标客户要求等。最后是竞争对手分析。列出主要的竞争对手，分析其电子商务的开展情况以及效果，说明竞争对手可供借鉴的内容以及本企业的优势。

3. 电子商务项目可行性分析

从技术、经济和业务等方面分析项目实施的可行性。技术可行性是根据当前的技术发展状况，结合项目特点，从技术角度分析项目的可行性。经济可行性需要定性和定量分析项目的经济价值，结合企业可使用资源状况，分析项目运作的经济可行性。业务实施可行性需要说明项目实施对企业商务活动、目标客户以及合作伙伴（供应商、代理商）会产生哪些影响，分析这些影响是否成为项目实施的障碍。

4. 电子商务项目总体规划

首先是项目目标定位，说明电子商务项目的业务领域和服务对象，以及项目建设所要达到的目的，明确项目不同阶段要达到的目标。其次是项目商务规划，包括商务模式、主要业务流程和盈利方式。然后是项目技术规划，包括系统体系结构和技术路线选择。最后是网站域名规划。

5. 电子商务平台系统设计

这一部分包括 4 个方面的内容：系统网络结构设计，说明电子商务系统的网络结构，绘制拓扑结构图；系统安全设计，说明电子商务系统在保障安全方面的考虑和措施；硬件选型方案，说明电子商务系统使用的各种硬件和网络设备选型；软件选型方案，说明电子商务系统使用的各种软件选型。

6. 电子商务应用系统设计

这一部分包括两方面的内容：一是网站形象设计，商务网站是企业从事电子商务活动的基础平台，网站的形象是指站点展现在用户面前的风格，包括站点的标志、色彩、字体、标语和版面布局等方面的内容；二是系统功能设计，以图形的方式表示系统的功能结构，并用文字说明各模块所要实现的功能。

7. 电子商务项目实施方案

包括项目实施的任务、项目实施人员的组织以及项目实施进度计划。

8. 电子商务项目运营管理计划

包括电子商务系统管理计划、电子商务组织管理计划、电子商务安全管理计划和网站推广计划。

9. 电子商务项目预算

包括实施本项目的总体预算以及明细列表。

10. 电子商务项目评估

从技术、经营、管理和市场等方面评估系统实施可能面临的风险以及可以获得的收益，并对面临的风险提出改进的策略。

本章小结

本章从项目的概念谈起，系统地介绍了电子商务项目的概念与特征。所谓电子商务项目，是指运用电子手段和互联网技术，为公司、顾客和供应商等提供独特的、复杂的电子产品及服务，而进行的是一种一次性的动态的工作。通常有 3 类电子商务项目：电子商务策划项目、电子商务系统项目和电子商务运营项目。电子商务项目是一个复杂的项目系统。具有灵活性、创新性、复杂性和动态性的特点。

电子商务项目的生命周期主要描述项目从开始到结束所经历的各个阶段，根据项目管理的过程将电子商务项目分为概念阶段、规划阶段、实施阶段和收尾阶段 4 个阶段。电子商务项目组织结构的类型主要有职能型、项目型和矩阵型 3 种形式。

电子商务项目策划与设计是指项目实施前所做的计划准备工作。主要任务是识别需求和形成解决方案。电子商务项目策划与设计主要包含电子商务项目概述、电子商务项目需求分析、电子商务项目可行性分析、电子商务项目总体规划、电子商务平台系统设计、电子商务应用系统设计、电子商务项目实施方案、电子商务项目预算、电子商务项目运营管理计划以及电子商务项目评估。

案例分析

1. 酒类垂直 B2C 酒仙网

2011年11月,成立仅两年时间的酒类垂直电子商务网站(自主型B2C)酒仙网在一个月之内迎来"双喜":11月11日"光棍节"当天,酒仙网单日销售突破千万,创中国酒业单日销售额最高纪录;11月15日,红杉资本与东方富海联手向酒仙网注资5000万美元,再创中国酒业单笔融资最高纪录。

其后的11月21日,"酒仙网"董事长接受了央视财经频道"创业天使"的专访,被问及"电商冬天"话题时,显得从容而淡定:"当别人都说冬天的时候,我真的不知道冬天在哪里,到现在为止,酒仙网还没有这样的感觉。别的企业都在裁员,但是酒仙网每一天都有新的员工报到,还在高速地增长。一个好的公司是不存在冬天的。甚至我认为,别人的冬天也许就是我们的春天,是我们的机会。"

酒类电商的"春天"来临了吗?在"电商入冬"的市场环境下,酒仙网凭什么逆势飞扬?电子商务又将给中国酒业带来怎样的改变?

2. 电商领域的"迟到者"

探寻中国电子商务的发展轨迹,不难发现,酒类电商本身就是电子商务领域的"迟到者"。

这要从中国电子商务的发展轨迹说起。中国电子商务的崛起分为两个阶段:第一阶段是2000年前后,这是电子商务第一波浪潮,也是被称为"最为艰难"的时期,大浪淘沙之后,B2B模式的阿里巴巴成为这个领域的王者;第二阶段是2007—2009年,在第二波浪潮中,在第一阶段创业的京东、当当与后起之秀拉手、凡客诚品等B2C模式强势崛起,形成群雄割据局面。

正是在电子商务第二波浪潮中,一大批传统行业中的企业,也包括酒水行业才开始尝试进入电子商务领域。据《东方酒业》介绍,目前有据可查的酒类电子商务网站虽有一百多家,但能够给人留下深刻印象的网站则屈指可数,只有酒仙网、也买酒、中国糖酒门户和美酒网等不到10家。而过去5年,中国电子商务交易额年均增长28%,2010年中国电子商务市场零售额更是达到4000亿元人民币。其中酒类所占份额不到1%。这与服装、家具、家电等行业所占的份额相比,酒类电商明显来得太晚。

实际上,据《东方酒业》调查,早在1996年,广东"烟酒在线"就已经开始涉足电子商务,进行积极探索,但由于其操作手法主要在于"电话营销",加上酒类行业对电子商务处于"盲点"状态,所以有研究者认为,这一阶段可看作酒类电商的"萌芽阶段"。企业开始"触网"始于1998年,这一年"洋河"开始涉足电子商务,不但包括产品营销与销售,甚至包括原料的网上招标与采购。但在当时,电子商务对酒类行业而言仍然还是一个新潮名词,加上"洋河"正处于全国市场扩张阶段,电子商务领域显然不是战略核心,企业并未全力耕耘。应该说在2008年之前,酒类电商都是处于"萌芽阶段",因为在这一时期,酒类行业并没有一家真正意义上的电子商务企业,也没有一个酒类电商品牌被人们熟知。酒类真正"触网"是在2008年。其标志是2008年6月,"也买酒"在上海成立,同时期黄酒龙头企业"古越龙山"在淘宝商城开了店铺,并且在2008年依托自身拥有全国最大的原酒基地的优势建立起中国黄酒交易网,作为投资者进行黄酒原酒交易平台的搭建。

酒类电商真正进入发展阶段则是在2009—2010年。据《东方酒业》了解,2009年,美酒网在深圳成立,酒仙网在山西成立;2010年,五粮液宣布投入200万元资金用于电子商务网站的建设,贵州茅台也在其官方网站上开辟了茅台网上商城,直接针对消费者开展B2C销售。

酒仙网虽然进入电商领域的时间并不是最晚,但是,酒仙网真正成为B2C电商网站并进行规模化、专业化运作的时间其实是在2010年下半年。所以,酒仙网是中国电子商务领域的"迟到者",同时也是酒类电商领域的"迟到者"。

3. 电商领域的"革命者"

如果将酒仙网看做"革命者"的话,那么酒仙网给中国酒业带来了怎样的影响和改变?有着怎样的"革命"价值?

从行业的角度来看,首先,酒仙网创造了历史。单天销售逾千万,对中国酒业而言,这是一个前所未有的销售奇迹,是企业梦寐以求的理想,依靠传统渠道,显然不可能做到。其次,"酒仙网"改变了渠道模式。传统的中国白酒业,多少年来形成了从厂家到经销商,到消费者,中间甚至多了一个分销商的销售模式。而电子商务的受众群体都是目前比较成熟的网购人群,他们的网购习惯已经形成,特殊状况下才会到店面,一般情况下都不会到精品店买东西;另外,目前没有网购习惯的人群在电子商务影响下也将习惯于网购,长远来看,这是必然趋势。而目前在厂家不知该如何切入这一渠道的情况下,酒仙网正好弥补了空缺。从这一点来看,酒仙网对厂家实际上是一个全新市场、全新渠道的开辟和拓展,是影响传统酒水销售结构的一个根本的观念改变。另外,酒仙网对产业带来了影响。中国酒业普遍存在上游强、下游弱的现象,这对于一个产业的发展肯定是不利的。而酒仙网给产业所带来的最大影响在于,酒类电商模式实现了上下游企业之间的公平对话。从这些价值来看,酒仙网无疑是在进行一场"革命",引领了一种趋势。

回头来看,中国酒业发展至今,历来的"革命"者都是能够洞察市场先机、把握时代脉搏,通过商业模式的创新从而推动行业发展,引领发展趋势。比如,1977年,"汾酒"打破了"泸州老窖"对浓香型白酒市场近20年的垄断以及在浓香型白酒生产技术上的垄断,清香崛起,连续16年成为中国酒业老大,成为计划经济时代的标志性事件;1994年,五粮液率先整合渠道资源,十年时间完成时代转轨,成为中国第一;1997年,"口子窖"、"小糊涂仙"发起终端革命,中国酒类行业从广告营销转为渠道营销;2001年,"茅台"推出年份酒,掀起中国白酒高端革命,中国白酒第一次在价格上打败洋酒,打破了洋酒在中国蒸馏酒市场高端的绝对领先地位,为白酒产业的发展提供了广阔空间。

如果说过去这些上游企业发生的"革命"改变或影响了今天的中国酒业,那么现在酒仙网所带来的"革命"正是下游渠道商的革命。

作为目前酒类电商的引领者,酒仙网的成功为传统酒类销售提供了新模式,也为酒类电商的发展提供了方向,从这个意义上看,酒仙网的成功,与曾经改变酒业历史的广告酒模式、盘中盘模式、文化酒模式和年份酒模式一样,在颠覆传统的同时,驱动了中国酒业的发展,"革命"意义不言而喻。

4. 电商领域的探索者

"革命"必经曲折。实际上,在酒仙网成立之前,其灵魂人物郝鸿峰领衔的"山西百世"已经是当地年销售规模过10亿元的经销商翘楚。在已经取得阶段性成功的时候,为何进军北京市场?尤其是投身于互联网这样一个被认为高风险的领域?这期间,酒仙网又经历了怎样的曲折?

"酒仙网"的创业轨迹实际上正是其创业者郝鸿峰作为一个年轻的企业家不断追求梦想,实现梦想,超越梦想,积极探索企业发展的必然结果。

在2008年3月的春季糖酒会,喝了一点酒的郝鸿峰对同事们提出了一个让大家大吃一惊的目标:要做全世界最大的酒类流通企业。然而,"百度"之后,郝鸿峰自己也吓了一跳:世界上最大的酒类流通企业是英国的帝亚吉欧,2007年其营业额已经达到170亿美元,折合人民币就是上千亿元。这个目标显然是一个遥远的梦想。那么,千亿做不了,能不能做到百亿呢?做不了全世界最大,能不能先成为中国第一呢?冷静下来的郝鸿峰开始重新设定目标。他从2008年秋天开始进行研究,并最终确定了"百亿"的战略目标。对于这个目标,郝鸿峰认为,只有像国美、苏宁这种模式,通过零售才有可能实现。但是,在进一步调研之后,郝鸿峰发现:假设走连锁模式,如果一个店的营销额达到500万,那么算下来要开上千家店。假如一个店10个员工,那么员工就要上万名。另外,房租太高,营业额如果太低,就不能保证绝对盈利,而当时已经走在连锁前沿的"华泽"和"久加久"同样日子艰难。这个商业模式显然不是郝鸿峰想要的。

机遇来自于偶然。2009年7月,在清华大学读EMBA的郝鸿峰在最后一节课听到了教授讲电子商务,虽然这是个并不陌生的名词,但却是他第一次深入了解这个领域。他听完之后一下子有了豁然开朗的兴奋感:原来这个世界上还有这样一个生意!本来沮丧的他,忽然间找到了一个新的工具、新的模式和路径。

2009年10月9日,酒仙网在太原成立。"成立之前,我在想,不就是开一个小网站吗,咱们就可以覆盖全中国,这是多么好的事情。同时我也在想,是不是做了一个酒类行业的携程啊,像携程一样,打个电话,然后就给你送货去了,像买飞机票一样方便。"抱着实验的态度,郝鸿峰投入200万元开始着手。然而,仅仅几个月,200万元资金就全部用完,但是作为一个电子商务网站,酒仙网的订单却寥寥无几。

"当时很艰难,每天只能卖10来单左右。打一个广告就至少1万多元,卖出的酒却只有1千多元",郝鸿峰告诉《东方酒业》。转机在不经意间来临,一天早上,远在外地的郝鸿峰接到一个十万火急的电话,说不得了了,呼叫中心一天就打进去8000多个电话。

一天就打进去8000多个电话?这让郝鸿峰既激动又兴奋。呼叫中心也从过去的20个人逐渐扩增到50人、80人、100人。这个时候,郝鸿峰才终于在这样一个新的渠道里看到了曙光。

而接下来发生的一件事则成为了酒仙网的转折。"酒仙网从北京请了一个电子商务专家到山西。专家去看了看说,郝总人也不错,事业有前途,待遇又不低,但是我不能去,因为这个地方太落后了。"郝鸿峰回忆。受到这句话的刺激,于是酒仙网就将总部搬到了北京,并且建立了120个席位的呼叫中心。

但是一开始,酒仙网还并非真正意义上的电子商务网站,主要采取的是比较简单的电话营销模式,是介于传统零售和电子商务之间的一个中间业态,在电商领域早已过时。"必须转型,否则很难在北京或者电子商务领域立足。"郝鸿峰说。在用了6个月的时间对酒仙网的网站重新改版、人员结构重新构建之后,酒仙网才真正从一个半专业的电话经销公司转型成为一个真正意义上的互联网公司。

不难发现,如果将2010年11月之前看做是"酒仙网"的探索阶段或寻找方向阶段的话,那么2011年的11月,对酒仙网而言,光棍节单日销售过千万、5000万美元风投的进入,则标志着酒仙网已经到了一个快速扩张的阶段,到了一个可以看得到未来希望的阶段。

5. 电商领域的建设者

"革命"容易建设难。对酒仙网而言,虽然今天的成功证明其找到了打开电子商务的钥匙,虽然资本的进入为企业注入了发展动力,使企业看到了未来的曙光,但是对酒仙网而言,这一切却只是开始。

在郝鸿峰看来,如何让更多的企业看到酒类电商的价值,如何让消费者真正认可酒仙网,如何真正实现全国市场快速送达,这是一个战略工程。

酒仙网目前的合作企业已经达到400多家,产品条码达到了4000个,这其中不仅有一二线名酒企业,同时也有区域性强势品牌。明年的目标是合作企业达到一千个品牌,产品条码达到一万个。在郝鸿峰看来,中国有1.8万家酒类生产企业,但随着社会竞争越来越激烈,许多企业面临生死边缘。比如一个中小白酒生产企业,如果其销售额每年低于5000万元,基本上在未来三年内将被淘汰或灭亡。但是中国酒是有传统历史和文化的,每个品牌都有其独有的文化特色,借助酒仙网这样一个平台,他们能够以一种低成本的营销方式分销到全中国市场,再不必为生存危机而担忧。

为了最大限度地让利给消费者,在酒仙网的经营上,核心产品50%以上实现了从厂家直购,保证了中间只有一个环节。中间环节的减少,保证了消费者能够享受到市场上没有的价格实惠。同时,在推广上,与其他B2C企业拼命在广告上烧钱不同的是,酒仙网非常注重消费者的体验,尽可能给消费者提供高性价比的产品,而不是把钱浪费在广告费用上。郝鸿峰认为,这正是酒仙网与其他B2C的本质区别。

为了达到全国市场及时送达、无盲点覆盖,随着第二轮资金进入,不仅是北京酒仙网仓储中心正在扩建,酒仙网广州、上海、武汉和成都四地集中仓规划和建设也已经基本完成,同时,酒仙网将运用新进驻的风险投资在各省会城市建立省会分仓。在郝鸿峰的计划中,集中仓和分仓建设完毕后,酒仙网将在全国大多数地区实现24小时送达的目标。

当然,在硬件建设的同时,专业人才的引进、品牌的整合、配送队伍的完善、办公场地的扩张、培训机构的加盟等系列软件建设也在同步进行。

这不仅仅是一个企业自身的建设,同样是对酒类电商行业的建设,也是对中国酒业的建设。因为,10年前的今天,高端酒建设者茅台推出了年份酒,奠定了中国白酒在高端白酒市场的地位,影响深远,意义重大。同样,再过5年或者10年,当我们回头来看酒仙网,相信其意义同样非凡而重要!

(案例摘自http://www.aliresearch.com。)

思考：

根据以上材料，分析酒仙网开辟网上销售这一电子商务优化项目的成功因素。

练习题

1. 什么是项目？举例说明项目具有的特征。
2. 电子商务项目的概念是什么？它与一般项目相比又有哪些特点？
3. 电子商务项目可以分成哪几种类型？它们之间有什么主要区别？
4. 电子商务项目的生命周期可以划分为哪几个阶段？每个阶段的主要任务是什么？
5. 简述电子商务项目策划与设计的流程。
6. 电子商务项目策划与设计包括哪些主要内容？

参考文献

[1] 李琪.电子商务项目策划与管理[M].北京：电子工业出版社，2011.
[2] 池仁勇.项目管理[M].北京：清华大学出版社，2009.
[3] 戚安邦.项目管理学[M].天津：南开大学出版社，2003.
[4] 贝内特.P.利恩兹,等.电子商务项目实施管理[M].沉婷译.北京：电子工业出版社，2004.
[5] 李峻峰.电子商务环境下企业业务流程重组的探讨[J].企业经济，2007(4)：15-17.
[6] 左美云,杨波.电子商务项目的分类与生命期研究//第14届海峡两岸资讯管理发展策略研讨会论文集.台湾，2008：669-675.

第 2 章

电子商务项目需求分析和可行性研究

学习目标

- 了解电子商务项目市场调查的流程和信息收集方法。
- 掌握发现需求、识别需求的方法和技术。
- 掌握可行性分析报告的写作。

任务书或角色扮演

- 选择一个项目,如某品牌女装店,拟定调研计划,并进行需求调研。
- 对某品牌女装店项目进行竞争对手分析。

2.1 电子商务市场调查

图2-1是网络上流传的一组关于客户需求、项目分析和程序设计的漫画,它或许有些夸张,或许有些歪曲,但是,至少会引起我们的一些思考。

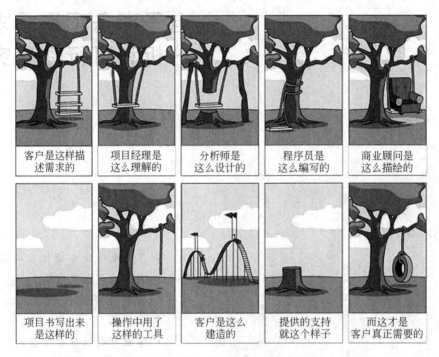

图2-1 一组关于客户需求、项目分析和程序设计的网络漫画

由这组漫画可以得出一个结论:客户是整个项目的发起者,项目开发的前提是为客户创造价值,因此需要将客户需求放在项目的首要地位,把客户作为团队的成员,认真地做好需求分析,准确地制订项目目标。

2.1.1 市场调查是需求分析的基础

电子商务项目需求分析实质上就是要了解企业现阶段具有哪些电子商务需求,以便确定是否有必要开展电子商务。而要准确地发现和识别电子商务的需求,就必须对企业的运行状况、经营环境、竞争态势和市场机遇进行细致的观察和准确的分析。所以,电子商务需求分析主要包括以下任务。

1) 开展市场调研

没有调查就没有发言权。要准确分析企业的电子商务需求,首先就要开展市场调研,掌握大量一手和二手资料,充分了解企业的内部和外部情况,作为后续分析的基础。

电子商务市场调研主要包括行业发展调研、企业业务调研、目标市场调研和竞争对手调研等几个方面的内容。

2) 进行需求分析

在市场调研收集到大量信息的基础上，还要进行需求分析，采用科学的方法对收集的资料进行分析整理、归纳综合，全面地认识企业存在哪些电子商务需求，需求的迫切性以及这些需求将给企业带来哪些市场机会或多大的市场空间，并提出相应的建议。

2.1.2 市场调查的内容

作为企业，电子商务需求可能来自管理、研发、生产、营销、市场和服务的各个业务环节当中，要分析电子商务在哪些环节能有所作为，首先就要开展需求调研，获得企业及其所在行业、目标市场和竞争对手的资料。企业的调研通常在以下几个方面开展调研。

1. 行业发展调研

通过查阅行业分析报告等途径了解企业所在行业的情况，了解该行业的市场规模、特点以及电子商务发展前景。本项调研对于网络创业企业的项目设计是必需的。行业调研可能包括以下内容：

- 行业规模有多大？
- 行业有什么特点？
- 行业发展程度如何？
- 行业发展趋势是怎样的？
- 电子商务目前在该行业扮演着怎样的角色？
- 电子商务发展前景如何？

2. 企业业务调研

通过查阅企业内部档案及与业务人员访谈等方式了解企业的有关情况，以发现问题、寻找机会。企业业务调研大致包括以下内容：

- 企业的主营业务是什么？
- 企业目前采用什么商务模式？
- 企业的业务流程是怎样的？
- 企业拥有哪些资源？
- 企业的优势在哪里？
- 生产经营中存在哪些问题？

3. 目标市场调研

通过查阅各类互联网分析报告及开展问卷调查等方式了解企业目标客户对电子商务的接受程度和需求情况，为后续市场分析提供依据。该项调研可能包括以下内容：

- 企业主要的客户对象。
- 目标客户的基本特点（年龄构成、教育情况和收入情况等）。
- 目标客户的区域分布。
- 目标客户的信息化程度。
- 目标客户的网上购物倾向。
- 目标客户的个性化需求。

- 目标客户对价格的敏感程度。

在目标市场调研中经常会使用中国互联网信息中心（CNNIC）所做的调查报告。CNNIC作为国家级的互联网信息中心，会定期或不定期地开展互联网的有关调查，如一年两次的"中国互联网络发展状况统计调查"和不定期的"中国互联网络热点调查"等。从调查报告中能得到许多有参考价值的数据和结论。

4. 竞争对手调研

通过问卷调查、搜索引擎搜索或对竞争对手网站进行研究等方式查找竞争对手的相关资料，了解竞争对手的电子商务实施情况，为后续的市场分析提供依据。该项调研包括以下内容：

- 竞争对手是谁？
- 竞争对手是否已经实施电子商务？
- 竞争对手开展了哪些电子商务业务？
- 竞争对手实施电子商务的效果。
- 竞争对手的电子商务业务对本企业的经营造成了哪些影响？
- 竞争对手的客户对其电子商务业务有哪些正面和负面的反映？
- 竞争对手电子商务业务有哪些经验可供借鉴？
- 竞争对手电子商务业务有哪些教训需要吸取？

2.1.3 市场调查的程序及方法

1. 市场调查的程序和步骤

要确保市场调研的质量，必须制订周密的调研计划，遵循科学的调研程序。市场调研通常分为制订调研计划、实施市场调研、调研资料整理分析及撰写调研报告4个具体步骤。

1）制订调研计划

（1）确定调研目标。

确定调研目标就是明确本次调研要达到什么目的，是了解企业存在什么问题、具有哪些电子商务需求，还是发现电子商务能给企业带来哪些新的商机，又或者是了解企业的经营环境和竞争情况。明确的调研目标是确定后续工作内容的基础。

（2）选定调研对象。

调研对象是指电子商务系统的使用者或者管理者，既可能是企业内部的相关人员与部门，也可能是相关的供应商或渠道商，还可能是普通（网络）客户。调研对象可以是一个企事业单位，也可以是某个单位的一些部门或某些个人。

调研对象应该尽量明确，只有通过调研人员与调研对象的直接沟通，才能取得第一手的资料。

（3）确定调研方法。

确定调研方法是指通过什么方式来收集资料。目前常用的调研方法包括现有资料分析法、问询法、座谈会法和观察法等。为了达到调研的总体目标，应该根据每次调研的目标、调研对象等因素采用不同的调研方法或不同方法的组合。在互联网高度发达的今天，有些调研项目可以通过网络来完成。

(4) 确定调研时间、人员和资金预算

确定调研时间是指根据调研内容的多少和时间的要求,有计划地安排调查研究的进度,以便使调研工作有条不紊地进行。如应该何时做好准备工作,何时开始并在多长时间内完成某调研项目等。调研时间表应包括调研计划的制订、实施需求调研、调研资料整理分析及撰写调研报告等的时间安排。调研人员数量是根据调研工作量与调研时间表安排而确定的,通常,调研人员由领队、调研员和需求分析人员等组成调研小组。在调研过程中,与调研对象协调是极其重要的工作,往往由调研小组的领导人员负责此项工作或者专门建立协调机制,以保证以最大的可能搜集到调研对象的信息。

调研的资金预算主要包括调研所需要的交通费、场所使用费、人力资源费用和耗材费等。

2) 实施需求调研

(1) 调研准备。

在调研计划的基础上,对调研小组的每个成员进行分工,让每个调研人员了解调研目标及任务,做好实施前的准备。如对于问卷方式,要设计好调查问卷;对于座谈方式,则对每一个调研对象要分别列出需要调研的问题,由此制作出有针对性的调研问题列表。

(2) 需求调研。

需求调研是将调研计划付诸实践的行为,这一工作就是以调研计划为指导,执行事先设计好的调研表中所列的任务。如采用座谈方式,就要将所列问题与调研对象进行沟通,明确业务流程与调研对象的期望,搜集相关的文字资料与数字资料。

这个环节成本最高,耗时最久,并且由于信息的质量直接影响到对其进行分析所得的报告结果的可靠性,所以在此环节一定要采取各种监管措施,保证能收集到所要的全部信息,并保证信息的准确可用性。

(3) 调研资料的整理和分析。

资料是杂乱的,有的是重复无用的,这就需要按照调研目标进行归类整理,剔除与调研目标无关的因素以及可信度不高的信息,对余下的信息进行全面系统的统计和理论分析,使资料系统化与条理化。

在进行该项工作时,首先应审查信息的完整性,如所需信息并不完备,则需要尽快补齐;其次,应根据本次调研的目的以及对所收集信息的质量要求,对信息进行取舍,判断信息的真实性;然后,对有效信息进行编码和登录等,建立数据文件库;最后,依据调研方案规定的要素,按统计清单处理数据,把复杂的原始数据变成易于理解的解释性资料,并应用科学的方法对其进行分析综合,从而得出有价值的结论。在分析的过程中,应严格以原始资料为基础,实事求是,不得随意扩大或缩小调查结果。

(4) 撰写调研报告。

调研报告是对调研成果的文字反映,其主要内容包括调研目标、调研过程、调研方法和调研总结,是调研工作的最终成果,应该具有真实性、客观性和可操作性,能切实为企业提供有用的信息和建议,为企业规划电子商务提供各种依据和参考。

调研报告除正文以外,还应该将调研过程中的各种详细记录作为调研报告的附件,供日后参考查阅。

2. 市场调查的基本方法

市场调研有多种方式,包括资料分析法、问询法、座谈会法和观察法等。在电子商务项目需求调研中主要使用现有资料分析法和问询法。

1) 调研资料的分类

调研资料按来源可分为一手资料和二手资料两种。

一手资料是指向被调研者收集的、尚待汇总整理,需要由个体过渡到总体的统计资料。一手资料必须由企业进行首次亲自搜集,作为本次调研专门收集的资料,它更详细,更富有针对性,但同时需要花费更多的时间和成本。一般通过实地调研、访问有关人员等方式获得一手资料。在收集一手资料时应考虑成本因素,重点收集与调研目标有关的重要信息。

二手资料是指已经经过整理加工,由个体过渡到了总体,能够在一定程度上说明总体现象的统计资料,也称为次级资料或现成资料。它与一手资料相比,具有成本低、获得速度快,能及时使用的优点,可以节省人力、物力和财力。二手资料可以来自企业内部,也可从外部获得。随着网络应用的普及,从互联网上可以获得大量的二手资料。

2) 现有资料分析法

现有资料分析法也叫文案调查法或二手资料调查法,是调研人员充分了解调研目的后,搜集企业内外部资料,通过衔接、对比、调整、融会等手段,综合分析后得出市场调研报告的方法。

现有资料的主要来源如下:

(1) 企业内部档案,如财务报告、销售记录、剪报和影音资料等。

(2) 外部机构调研资料,如政府的统计调查报告、学术研究机构的调查报告和调研公司已有的调研报告等。

(3) 外部期刊或专业书籍、杂志。

(4) 各类展会的免费或有偿资料、展品和宣传品等。

(5) 竞争者的对外宣传、公报、正面或侧面的报道和采访等。

伴随互联网的高速发展,信息在网络中发布和传送十分方便快捷,大大提高了信息容量,网络信息内容包罗万象。通过使用网络,现有资料分析法变得无所不能;在搜索引擎输入感兴趣的关键词,成百上千页的相关信息将呈现在你的眼前;网上 BBS 和 QQ 群组有许多友好和乐于表现的朋友和专家,由于其开放性、自由性、平等性、广泛性和直接性等特点,使搜集大量信息非常方便。互联网已逐步成为二手资料的新的重要来源。

现有资料分析法具有如下优点:

(1) 成本低廉而且节省时间。对于广大中小企业,这无疑是最有吸引力的一点,而所需的仅是耐心和平时的积累。

(2) 提供解决问题的参考方法。决策者面对的问题很少是史无前例的。通过查阅现有资料,往往能发现已有的案例,甚至可以通过调研报告直接发现什么是正确的决策。

(3) 提供必要的背景或补充材料,可作为一种调研支持手段。当使用不止一种调研方式时,选择现有资料做补充或支持,可以使结论更具说服力。

现有资料也存在以下的局限性:

(1) 可得性。很多问题一般没有现成的资料或资料不充分。如果找不到需要的资料，只能另外采取其他调研方式。

(2) 相关性。经常看到由于对象、形式或方法的原因，虽然有现有资料，但缺乏相关性，无法使用。比如看到有关建设网上书店的需求分析报告，可是无法用到时装网站的需求分析中，因为相关性成问题。

(3) 准确性。现有资料中不可避免地会存在错误或问题：合作关系上隔了一层甚至数层的来源、可信度不高的出具机构、去年或前年的数据以及研究倾向或立场差异都会造成现有资料的准确性问题。网络信息虽然来源充分，但是其中鱼龙混杂、真假难辨，其准确性也受到挑战。

3) 问询法

问询法也叫问卷法或访问法，是通过直接或间接询问的方式搜集信息的调研方法。通常做法是由调研机构根据调研目的设计调研问卷，选定调研对象，通过调研人员对调研对象的访问得到调研的一手资料，最后经统计分析得出调研结果。问询法的具体形式多种多样，根据调研人员同被调研者接触方式的不同，可以分为访谈法、电话法、邮寄调研法和留置问卷法等方法。

(1) 访谈法。

它是指调研人员同被调研者直接面谈，询问有关问题，当面听取意见，收集大家反映的方法。通过访谈法，调研人员可以提出已经设计好的各种问题，收集比较全面的一手材料，同时还可通过被调研对象的回答表情或环境的状况，及时辨别回答的真伪，有时还能发现意想不到的信息。访谈法需要调研人员有较高的素质，熟练掌握访谈技巧，并事前做好各种调研准备工作。访谈法可采取个别访谈的方式，也可采取小组访谈和集体座谈的方式。

个别访谈是指调研人员与被调研者面对面进行单独谈话来收集资料的方式。个别访谈有许多优点：调研人员可以提出许多不宜在人多的场合讨论的问题，深入了解被调研者对问题的看法；记录的真实性可以得到当场检查，减少调研的误差，在取得被访者的同意后，还可以使用录音设备等辅助手段帮助提高记录的可靠性；调研的灵活性较高，访谈员可以根据情况灵活掌握提问题的次序，随时解释被访者对问题提出的疑问；拒答率较低。

但个别访谈也有它的缺点：由于需要一个个地进行面谈，调研周期较长，调研的时效性较差，调研费用较高。个别访谈法一般适用于调查范围小，但调研项目比较复杂的调研项目，比如要了解企业自身对开展电子商务有什么需求，对相关业务人员和管理人员的调研就比较适合采用个别访谈方式。

小组访谈指将选定的调研样本分成若干个小组进行交谈，由调研人员分头收集信息。可以按照调研对象的特点或者调研的某个具体问题分组，每组3~5人。这样可以比个别访谈节省一些时间，同时也具有个别访谈的一些特点。

集体座谈指将选定的调研样本以开座谈会的方式收集意见，取得信息。集体座谈可互相启发，节省时间和费用，但参加人数较多，需要调研人员有较高的能力，充分了解每个参加者的意见。

(2) 电话法。

电话法指调研人员借助电话，依据调研提纲或问卷，向被调研者进行询问以收集信息的一种方法。

电话法的优点是可以在较短的时间里获取所需要的信息,节省时间和费用;电话号码是随机选取的,无须受访者的个人信息即可找到他们,非常方便。但它也有一定的局限性,电话问询的时间不可能太长,调研项目要简单明确,所以调研的内容及深度不如面对面个别访谈和问卷调研;调研过程中无法显示照片、图表等背景资料,无法对比较复杂的问题进行调研;由于回答的真伪难以辨别,记录的准确性也受到一定影响;拒访率高,很多受访者感到贸然打入的电话干扰了他们的正常生活。

采用电话问询时,由于时间的限制,多采用两项选择法向通话者进行询问,即要求被访者从两项要求中选择其一,这种方法可以得到明确的回答,便于汇总,但无法了解被访者的意见差别,在实际操作中还需要同时使用其他方法以弥补不足。

电话法的主要特点在于可以迅速获得有关信息,所以特别适用于调研项目单一,问题相对比较简单明确,需要及时得到调查结果的调研项目。

(3) 邮寄调研法。

邮寄调研法是指将设计印制好的调研问卷通过邮寄的方式送达被调研者,由被调研者根据要求填写后再寄回来的一种调研方法。使用邮寄调研,调研样本的选择受到的限制较少,调研的范围可以很广泛,并可以节约可观的调研费用。同时,由于只靠问卷与调研对象进行问询,可避免访谈法中受调研人员倾向性意见的影响,也增强了调研的匿名性,可以得到一些不愿公开谈论而企业又很需要的比较真实的意见。

邮寄调研法的缺点在于回收率较低,对问卷设计有较高的要求,缺少调研人员与调研对象之间的交流,而失去了对回答的准确和完整性的有效控制。但是在调研过程中可以加大样本容量,从而抵消一部分由于低回收率造成的调查误差。

随着互联网的应用普及,邮寄调研法已越来越多地采用以电子邮件的方式直接发送到被调查者的电子邮箱中,或者在邮件正文中给出一个网址链接到在线调查表页面,被访者回答完毕将问卷回复给调研机构。

使用 E-mail 进行市场调研时应注意以下几点。

① 尽量使用 ASCII 码纯文本格式文章。邮件尽量使用纯文本格式,使用标题和副标题,尽量使电子邮件简单明了,易于浏览和阅读。

② 首先传递最重要的信息。主要的信息和重点内容应安排在第一屏可以看到的范围。

③ 邮件主题明确。一般可以把文件标题作为邮件主题,主题是收件人最先看到的,如果主题新颖且富有吸引力,可以激发调研对象的兴趣,才能促使他们打开电子邮件。

④ 邮件越短越好。因为电子邮件信息的处理方法不同于印刷资料,应尽量节约收件人的下载和浏览时间。

⑤ 应争取被访问者的同意,或者估计被访问者对调查的内容感兴趣,至少不会反感,并向被访问者提供一定补偿,如有奖问答或赠送小件礼物,以降低被访问者的敌意。

(4) 留置问卷法。

留置问卷法是指访问员将调研表当面交给被调研者,经说明和解释后留给调研对象自行填写,由调研人员按约定的时间收回的一种调研方法。

留置问卷法的优点是填写时间充裕,被调研者的意见不受调研人员的影响;访问员经验之间的差异对调研质量的影响不大;可以对被访者回答的完整性和可信性给予及时评价和检查;保证问卷有高的回收率。与电话调研相比,留置问卷调研可以克服或降低调研时间的限制,因而可以适合较复杂问题的调研。

留置问卷法的缺点是调研地域范围有限,调研费用较高,不利于对调研人员的监督管理,对调研人员的责任心有较高的要求。

近几年兴起的互联网在线问卷调查可以有效地克服上述地域范围限制。在线问卷调查将调查问卷放置在 WWW 网站上,等待访问者访问时主动填写问卷,如 CNNIC 每半年进行一次的"中国互联网络发展状况调查"就是采用这种方式。这种方式省却了问卷印刷、邮寄和数据录入的过程和费用,效率得到大幅度提高,而且填写者一般是自愿性的;但其缺点是无法核对问卷填写者的真实情况,为达到一定的问卷数量,网站还必须进行适当的宣传,以吸引大量访问者参与调查。

上述 4 种收集信息的方法各有所长,在实际中进行具体应用时,应根据调研目的和要求,扬长避短,选用不同的方法组合,及时有效地取得所需资料。

4)座谈会法

座谈会法也叫客户沙龙法或焦点小组访谈法,一般是由 8~15 人组成,在一名主持人的引导下对某一主题或观点进行深入讨论。座谈会法的关键是使与会者相互激发,引导话题深入进行,使参与者对主题进行充分和详尽的讨论,从而全面彻底地了解他们对某种产品、观念、组织或者社会现象等的看法和见解。

合格的受访者和优秀的主持人是座谈会法成功的关键。座谈会的小组成员应该在大背景上一致,以避免冲突和陌生感。太大的差异会抑制讨论,比如在员工座谈会中如果有主管在场,座谈会可能难以展开。对主持人的要求是两方面的:一方面,对于调研委托者而言,要有主持人较高的市场调研能力,充分全面地领会调研要求,有强烈的服务意识,可靠,顽强;另一方面,对与会者而言,主持人要对人情世故有深刻的理解,在倾听、表达、观察和交流能力方面缺一不可,并且要耐心、谨慎、灵活。

座谈会法通常用于在进行大规模调研之前所进行的试探性调研中,它可以了解到参与者的态度、感受和满意程度。调研人员应避免将调研结果推广到所有的受众,毕竟这种方法的样本规模太小,很难具有完全的代表性。

5)观察法

观察法是调研人员通过观察被调研者的活动而取得一手资料的调研方法。与在调研中向人们提问不同,观察法主要是观察人们的行为。在实际操作中,一般由调研人员采用耳听、眼看的方式或借助各种摄像、录音器材,在调研现场直接记录正在发生的行为或状况。

成功地运用观察法,并使其成为市场调研中的数据收集工具,必须满足 3 个条件:

(1)所需信息必须是能够观察到的或者是能从观察到的现象中推测出来的。

(2)所要观测的对象必须是充分的、频繁发生的,或在某方面是可预测的,否则成本无法控制。

(3) 所要观测的行为或现象必须是相对短期的,比如一些家庭的汽车购买决策过程,如果是一周或数周,还可以接受,但如果是一个月或数个月,就无法使用观察法了。

观察法是一种有效的信息收集方法,它可以避免许多由于调研员或问卷法中的问题所产生的误差和错误,更快、更准确地收集资料;观察法可以避免让调研对象感觉到正在被调研,被调研者的活动不受外在因素的干扰,从而提高调研结果的可靠性。但现场观察只能看到表面的现象,而不能了解到其内在因素和缘由,并且在使用观察法时,需要反复观察才能得出切实可信的结果。同时也要求调研人员必须具有一定的业务能力,才能看出结果。

2.2 电子商务需求分析的内容

2.2.1 企业业务分析

1. 企业业务分析的方法

所谓企业业务分析,就是从企业自身业务角度分析企业存在哪些电子商务的需求,以及采取什么方式可以满足这种需求。一般可按照以下思路进行分析。

(1) 综合分析需求调研获得的一手和二手资料,重点分析企业拥有的核心能力是什么,运作中存在哪些主要问题;电子商务能否巩固企业的核心能力,解决存在的问题。在解决问题方面,电子商务主要能帮助企业提高效率,降低成本,提高客户服务水平,低成本扩大销售范围,增加销售量。

(2) 根据需求调研资料,从业务拓展的角度分析开展电子商务能给企业带来哪些新的商业机会,发现企业的电子商务需求。在业务拓展方面,电子商务主要能帮助企业扩大销售范围,增加销售量,提升品牌知名度,提供伴随互联网诞生的新的产品和服务。

(3) 针对发现的问题和机会,结合企业的发展状况和经济实力,提出需求建议,说明企业存在哪些电子商务需求,以什么方式可以满足这些需求。目前常见的方式包括到阿里巴巴等第三方平台开设商铺,建立企业商务网站,建设包括 ERP(企业资源计划)、CRM(客户关系管理)和 SCM(供应链管理)在内的电子商务综合应用系统等几大类。

(4) 以文字形式表述企业业务分析的内容,大致包括行业发展分析、企业基本情况、企业存在的问题、电子商务需求及建议等几个部分,其中行业发展分析对于网络创业企业的项目设计是必需的,对于传统企业 e 化项目,该项内容在不影响分析结果的情况下可以省略或整合到企业基本情况中说明。

下面以芬芳鲜花店为例说明企业业务分析的过程。

芬芳鲜花店是以售卖鲜花为主营业务的鲜花零售店。行业发展调研资料显示花卉业发展快、利润高、市场大,是典型的"朝阳产业",另一方面电子商务在其中所占的份额还不到 10%,存在巨大的发展空间。因此从行业角度分析,花卉业电子商务是一块潜力巨大、尚待开发的处女地。

通过企业业务调研发现企业经营中存在的主要问题是经营成本较高,其原因是鲜花很容易枯萎,进货多会导致损耗率加大,进回来 1000 枝花,最多只能卖出去 200～300 枝,卖不出去的只有作为损耗处理。有时某些品种进货不足又不能满足客户要求。根据目前的业务流程，每天进货的数量和品种主要凭经验，免不了会出现进货和销售之间的偏差，这种偏差时多时少，难以控制，从而使得鲜花的损耗居高不下，导致经营成本较高。

企业业务调研还发现花店存在的另一个问题是销售规模停滞不前。由于鲜花销售通常是区域经营，客户基于方便的原因一般都光顾就近的花店，附近没有花店的客户会去品牌知名度较高的鲜花集市选购花束。芬芳鲜花店品牌知名度不高，基于成本和风险控制因素只在天河某办公区域开设有一家实体店，因而遇到发展瓶颈。

电子商务能否为芬芳鲜花店解决经营中遇到的问题呢？经过分析，建设网上花店就可以帮助芬芳鲜花店降低经营成本、扩大销售规模。有了网上花店，即使是距离较远的客户，只要在网上轻点鼠标就可以直接订购鲜花，距离远近不再成为问题，客户得到了方便和实惠，自然产生上网订购鲜花的动力；对芬芳鲜花店来说，无须加开分店就可以有效地扩大销售规模。在成本方面，有了网上订购，芬芳花店就可以改变目前先进货后销售的业务流程，直接根据客户的订单按需进货，既能满足客户的需要，又能做到进货与销售之间的偏差可控，降低鲜花损耗，从而达到降低成本的目的。

经过分析还发现，电子商务还有助于芬芳鲜花店拓展新的配套业务。芬芳鲜花店可以在网上花店使用图片、动画等手段展示并销售礼品、贺卡和饰品等其他商品，拓宽花店经营的种类和范围。

对调研资料和以上分析进行浓缩和提炼，按要求以文字形式表述出来，就完成了以下芬芳网上鲜花店的业务需求分析。

案例：芬芳网上鲜花店业务需求分析

（1）行业特点。

芬芳鲜花店属于花卉经营行业。花卉业被誉为"朝阳产业"。近10年来，世界花卉业以年平均25%的速度增长，远远超过世界经济发展的平均速度，鲜花的利润高、市场大，是世界上最具有活力的产业之一。中国花卉业起步于20世纪80年代初期，经过20多年的恢复和发展，取得了长足的进步。我国鲜花销售额2003年为40.9063亿元人民币，2004年为105亿元，增长迅速。虽然鲜花业销售额迅速增长，但是电子商务在其中所占的份额还不到10%，处在起步阶段。我国绝大多数鲜花销售公司还处于传统营销阶段，所以鲜花的网上销售蕴涵着巨大的商机。

（2）企业简介。

芬芳鲜花店是一家鲜花零售店，主要销售各种鲜花、绿色植物和各种鲜花附属产品（如花篮、水晶土、养料和鲜花包装纸等），同时经营鲜花包装、快递等项目。现有员工10人，每天的鲜花销售额为2000~2500元。芬芳鲜花店现有店面地处广州市天河区，这是一个办公大楼集中的区域，也是休闲娱乐和消费中心。该店开张五年来，采用传统的营销方式，以零售为主要销售渠道开展业务，经营平稳，业绩尚可，进货、销售和配送都已比较成熟，也积累了一批老客户。

(3) 存在问题。

鲜花零售利润可达50%~80%,十分可观。但是由于鲜花很容易枯萎,所以它的损耗率相当大。进回来1000枝花,最多只能卖出去200~300枝,卖不出去的只好作为损耗处理扔掉。现在进货的数量和品种主要凭经验,难免会出现进货和销售之间的偏差。这使得鲜花的损耗率居高不下。这是经营成本高的一个主要原因。

芬芳鲜花店地处天河办公区,在这几年的经营中赢得了一定的口碑,客户忠诚度也比较高。但是光顾花店的大都是附近的客源,距离远的客户由于选购不方便,加之"芬芳"的品牌知名度不高,难以吸引他们的光临。芬芳鲜花店也曾考虑过加开分店,并加强宣传,提升"芬芳"的品牌知名度,但计划投入较大,而且难以确定效果,实施的风险较高,因而一直没有付诸实施。这使得芬芳鲜花店销售规模停滞不前,发展遇到瓶颈。

芬芳鲜花店计划发展礼品、贺卡和饰品等配套业务,但由于店面面积有限,难以对多样货品进行展示。

芬芳鲜花店还计划发展公司礼仪、生日派对等鲜花的集中订购,但相比于大南路鲜花一条街,花店的知名度不高,店面展示的鲜花品种和数量也有限,使得该类业务未能开展起来。

(4) 企业的电子商务需求。

为了解决上述问题,芬芳鲜花店希望突破传统的经销方式,建设芬芳网上鲜花店,实现网络营销与传统营销双通道同时运行的新型鲜花营销模式。开办网上鲜花店的需求建议如下。

① 将现有的预估鲜花需求数量和品种,先进货后销售的流程,改为根据客户的订单按需进货,减少进货与销售之间的偏差,降低鲜花的损耗,降低经营成本。为此,网站建设必须具备网上订购、网上支付和配送管理功能。

② 通过网络,使鲜花店突破时空限制,客户无论地理距离的远近,都可以方便地访问网上鲜花店订购鲜花,不再受到地域的限制,拓宽了客源范围,扩大了销售规模。为此项目实施必须考虑配送能力、配送方式、配送范围和时效等问题。

③ 通过网站,用图片、动画等手段,可以大量展示各种花卉品种及其搭配,还可以展示礼品、贺卡和饰品等其他配套商品,不会因店面面积而受限制,可以拓宽鲜花店经营的种类和范围。为此网站建设需考虑带宽和客户响应速度等问题。

④ 可以通过网络广告等推广方式提高鲜花店的知名度,并且无须扩充店面或加开分店投入就能达到扩大经营规模和经营范围的效果。大大降低了实施风险。为此项目实施应将网站推广放在重要位置。

2. 企业业务分析过程中需注意的问题

(1) 做企业需求分析时必须考虑商机的可达性,应避免空中楼阁式的伪需求。通过需求分析发现的电子商务给企业带来的商机必须具备一定的可达性,站在企业的角度要既能看得见,又能摸得着,否则即使蛋糕客观存在,但你不具备吃蛋糕的条件,这一需求对你来说就成为了不切实际的伪需求,后面所有围绕这一不可能实现的需求而展开的设计都将成为空中楼阁,变得毫无意义。下面结合实际案例对此做进一步说明。

第2章　电子商务项目需求分析和可行性研究

案例：亿联网上教材专卖店业务需求分析

  为了做好网上教材专卖店，我们对广州市的小学、中学、高中、中专、技校和大学进行了初步的调查，得到下列一组数据。广州市各区小学合计537所，广州市各区高中合计170所，广州市省属中专61所，市属中专32所，成人中专19所，技工学校52所，大学36所。若按照以下数字：一所小学平均每学期采购学生学习用的教材5000册、采购图书馆馆藏图书资料1000册；一所中学平均每学期采购学生学习用的教材9000册，采购图书馆馆藏图书资料1200册；一所高中平均每学期采购学生学习用的教材1.1万册，采购图书馆馆藏图书资料1500册；一所中专学校或技校平均每学期采购学生学习用的教材1万册，采购图书馆馆藏图书资料1300册；一所大学平均每学期采购学生学习用的教材6万册，采购图书馆馆藏图书资料8000册。我们将得出广州市各类学校平均每年所需的教材是2317.24万册。假设各学校采购的教材平均每册15元，那么广州市各类学校每年所需购买教材图书费用是34 758.6万元。这是多么巨大的数字，教材批发行业市场规模可观！

  我们准备成立一个亿联网上教材专卖店，专门在网上经营各类学校的各种教材及图书资料。该专卖店直接与多家出版社签订协议，成为出版社的一级分销商，同时设有物流配送服务，并且采用无仓库、零库存、按需物流配送的经营方式，以降低教材成本，提高市场竞争力，力求在该专卖店推向市场后第一年就占0.5%的市场份额，以后逐年增加。预计到2010年占市场份额的5%，2015年占市场份额的10%，2020年占市场份额的20%。该专卖店达到一定规模后还计划在其他大中城市开设连锁店，使之成为一所全国联网的网上教材专卖店。以此数据估算，亿联网上教材专卖店首年的营业额是173万元，2010年的营业额将达到1737万元，2015年的营业额将达到3475万元，2020年的营业额将达到6951万元。

  我们的结论是亿联网上教材专卖店市场前景广阔，十分值得投资。

  上面这一案例就是伪需求的典型。案例中提供了大量的数据对教材销售市场进行定量分析，表面上看教材的需求强劲，收入有保证，项目前景很好。但实际上教材是有专门流通渠道的，目前还不是在市场上自由竞争的产品，稍加分析就可以发现这个庞大的市场是不属于新成立的亿联网的，教材的市场需求对亿联网来说是不切实际的伪需求。需求不正确，后面的所有工作都将成为无用功，整个项目也因此被否定。

  (2) 应结合调研实际说明实施电子商务对企业有哪些好处，避免脱离企业业务空谈电子商务需求。

  理论上说，电子商务能为企业带来多项收益，如帮助企业提高效率、降低成本、扩大销售范围、增加销售量、提高客户服务水平、提升品牌知名度等。但是不同的企业基于其不同业务和发展现状，在其中所能得到的收益是有区别的，比如对于电子商务能够降低企业成本，有的企业通过网上订货系统，可以按需组织生产和货源，减少材料的损耗，从而降低成本；有的企业通过网上销售，其产品可以直接和消费者见面，减少中间环节，减少对销售人员的需求，降低渠道销售费用；有的企业通过建设商务网站，无须增加营业场地就可以展示更多的产品，降低了场租费用；有的企业通过互联网将传统管理过程中许多由人处理的业务通过计算机和互联网自动完成，从而降低人工费用；还有的企业利用网上促销来降低促销费用。

所以一定要结合企业的实际业务来说明电子商务能帮助企业解决哪些问题,带来什么商机,这样的分析才具有说服力。下面结合实际案例对此做进一步说明。

案例:美佳网上礼品店业务需求分析

美佳公司是一家礼品销售公司。该公司主要销售各种玩具、服饰、首饰及其各种附属产品(如包装纸、包装盒等),同时经营礼包、快递等项目,目前公司主要的营销方式还是传统营销。随着互联网的普及和公司的不断壮大,传统营销已经显得力不从心。为了拓宽业务,吸引更多客户,降低营销成本,减少中间环节,节约配送时间,公司非常有必要引进网络营销手段,尽快建立自己的网上销售系统。这样可以扩展业务范围,使公司与国际接轨,是把公司做大做强的必经之路。

美佳网上礼品店的需求是:

(1) 通过网上礼品店树立全新的企业形象。

对于一个以礼品销售为主的大型连锁企业而言。企业的品牌形象至关重要。特别是对于互联网技术高度发展的今天,大多客户都是通过网络了解企业产品、企业形象及企业实力。因此,企业网站的形象往往决定了客户对企业产品的信心。建立具有国际水准的网站能够极大地提升企业的整体形象。

(2) 通过网上礼品店增强销售力。

销售力指的是产品的综合素质优势在销售上的体现,现代营销理论认为,销售即传播。销售的成功与否,除了取决于能否将产品的各项优势充分地传播出去之外,还要看目标对象从中得到的有效信息有多少。由于互联网所具有的"一对一"的特性,目标对象能自主地选择对自己有用的信息。这本身已经决定了消费者对信息已经有了一个感兴趣的前提。使信息的传播不再是主观加给消费者,而是由消费者有选择地主动吸收。同时,产品信息通过网站的先进设计,既有报纸信息量大的优点,又结合了电视声、光、电的综合刺激优势,可以牢牢地吸引住目标对象。因此,产品信息传播的有效性将大大提高,同时也提高了产品的销售力。

(3) 借助网上礼品店提高附加值。

许多人知道,购买产品不仅买的是那些看得见的实物,还有那些看不见的售后服务。这就是产品的附加值。产品的附加值越高,在市场上就越有竞争力,就越受消费者欢迎。因此,企业要赢得市场,就要千方百计地提高产品的附加值。在现阶段,传统的售后服务手段已经不能满足客户的需要,为消费者提供便捷、有效、即时的 24 小时网上服务,是一个体现项目附加值的全新方向。世界各地的客户在任何时刻都可以通过网站下载自己需要的资料,在线获得疑难的解答,在线提交自己的问题。

这个案例的主要问题是需求分析没有结合美佳公司的礼品业务展开,让人感觉很空洞。美佳公司"使用传统营销已经显得力不从心"表现在哪里?建一个网站就能"树立全新企业形象"?美佳网上礼品店怎样增强礼品的销售力?提高了什么附加值?这些问题在上述案例中都没有具体说明,也就难以得到认同。这种"放之四海而皆准"的通用性需求分析实际上是没有什么价值的。

(3) 企业业务分析不能只考虑企业本身是否有电子商务需求,还要考虑企业的产品和服务是否适合采用电子商务方式。

在企业生产经营的商品中,不同的商品对于消费者来讲,在选购和决定购买的行为上是有区别的。并不是所有的商品都适宜于网上销售,因而在企业需求分析的过程中,不仅要看企业是否有电子商务需求,同时也要根据企业产品特色来选择网上开展的业务。

案例:中国E餐网业务需求分析

(1) 行业特点。

据权威机构统计:"餐饮市场最为发达的广州市目前人均年餐饮消费达到4143元,是全国平均水平的7倍以上。"这种情况必然带来餐饮业的迅速成长,因为人们对食品餐饮总需求是随生活水平提高和社交活动增多而逐渐增多的,但这些需求由家庭厨房满足的部分却越来越少。广州城市地理功能划分较为明显,商业区、工业区和住宅区都是分开的,人们的居住地点和上班地点截然分开,一般人花在上班路上的时间较多,使午餐的市场化趋势日趋明显,食堂等生活服务设施的社会化、市场化也越来越普遍。这样,在市场上购买午餐的比例将会越来越大。

(2) 企业简介。

"中国餐-Chinese Meal"是一家环境幽雅的大型中式快餐连锁店,总店位于广州市中心区天河北商务区。公司秉承"注重满足大众日常生活需求"的经营理念,经营三年来业绩不错,以店面就餐、电话订餐为主要销售渠道,在天河、东山、海珠、越秀等区开有8家分店,主要经营中式快餐。

(3) 存在的问题。

① 目前公司只是集中于几个商务区,经营覆盖面不够大,发展受到限制。公司曾考虑扩大经营,经过研究发现场地租用费用将使公司开分店的成本大大增加,考虑到经营成本,公司对加开分店比较谨慎。

② 分店数量不够多,造成离配送点较远的地方配送速度较慢,电话订餐客户对饭菜的保鲜有意见。

③ 目前采用电话订餐方式,各分店之间没有建立统一的管理系统,如果客户订错送餐区域,要人工通过电话通知相应区域进行配送,造成反应速度慢,效率不高。

(4) 企业的电子商务需求。

"中国餐-Chinese Meal"为解决运营中存在的问题,扩大经营规模、降低经营成本、实现快速的配送,必须创新经营模式,开设网上订餐,实现"厨房+配送"的新型快餐营销模式。开办中国E餐网的需求建议是:

① 重点攻击订餐市场,开通网上订餐,将分店扩张改变为"厨房+配送"模式,省去店面成本,在不同的商业区只需租用较小的店铺进行操作,位置也无须选择商业旺铺,大大降低租金,以低成本迅速扩大经营规模。为此要建立起有效的配送系统。

② 所有订餐点统一管理,连锁经营,由网店管理系统统一管理采购和配送,降低采购成本,提高送餐效率,减少订单出错机会,提高客户满意度。为此要建立统一的订餐门户网站和后台管理系统,提供网上订餐、网上支付和采购配送管理功能。

③ 通过网站的宣传推广,提高中国E餐网的品牌知名度,稳定老客户,增添新客户。为

此项目实施应重视网站推广工作。

案例点评:一日三餐是人们每天都不断重复的活动,在广州等大城市,由于城市地理功能划分较明显,人们的居住地点和上班地点一般距离较远,使得午餐市场化的现象日益普遍。本案例瞄准这个发展壮大中的市场机会,将网络技术引入传统的餐饮行业,开办中国 E 餐网,以"厨房+配送"的创新模式重点攻击订餐市场,实现低成本快速扩张,抢占午餐这个大市场。上述案例的需求分析思路清晰,给人感觉是一个很有前景的项目。

2.2.2 市场分析

所谓市场分析,就是从企业目标客户的角度分析他们是否具有网络使用基础,能否接受电子商务方式以及有什么电子商务需求。企业业务分析研究的是企业自身是否具有开展电子商务的需求,而企业市场分析研究的是企业的客户是否需要、能否接受电子商务业务方式,二者分析的出发点是不同的。

下面介绍企业市场分析的过程。

(1) 要从企业目标客户的角度分析电子商务的需求,首先就要明确在电子商务方式下,企业的目标客户集中在哪些人群,目标市场在哪里。

确定合适的目标市场是十分重要的。如果目标市场的范围确定得太大,将会耗费大量的人力、物力和财力;如果目标市场的范围确定得太小,又很难找到利润的增长点。企业的目标市场是根据企业的产品定位或服务内容来确定的,即分析哪些人最喜欢你的产品或服务。确定目标市场的范围的基本原则是巩固现有市场,开拓潜在的新增市场。

(2) 将企业的目标市场细化为可供分析、度量的分组,为分析目标市场的特点提供基础。目标市场可以按照以下特性进行划分。

① 统计特性:主要依据一些特定的客观因素,诸如性别、民族、职业和收入等。
② 地理特性:主要是客户所在的国家、地区、工作环境和生活环境等。
③ 心理特性:主要包括人格特点、人生观、信仰、阅历和愿望等。
④ 客户特性:客户的上网情况、网上购买频率和网上的购买欲望等。

(3) 根据需求调研资料,结合分析中设想的电子商务开展方式,有针对性地总结目标客户有什么特点,能否接受、是否需要电子商务。这一步骤可使用的方法很多,如将企业的客户资料和中国互联网信息中心(CNNIC)所做的统计报告进行比较,了解客户上网和网上购物的情况,以此衡量电子商务的市场基础。又如可以定期跟踪与分析 CNNIC 的统计报告,以了解网民的变化情况与网上购物的发展趋势,以确定电子商务市场的发展空间。

(4) 分析电子商务给目标客户带来哪些好处。这里分析的角度很多,比如:

- 从职业需求出发,你的顾客需要什么?你提供的电子商务产品或服务能与顾客所需要的某些职业教育结合在一起吗?
- 从家庭生活需求出发,顾客需要什么,你目前的产品能满足这些需求吗?你提供的电子商务产品或服务是否能更好地满足这些需求呢?你能为众多用户在网上创造出他们所需要的社区环境吗?
- 从利益出发,顾客需要什么?你提供的电子商务产品或服务能够为顾客带来财富吗?能帮助他们开发额外的机会吗?如果你在网上为消费者提供同样品质,但价格大大低于网下的商品,一定会赢得消费者的拥护。

- 从生活出发,顾客需要什么?你提供的电子商务产品或服务能减轻顾客的生活负担吗?一个经常乘坐飞机的人,如果能在他的移动电话上提供短信息服务,使他及时了解有关飞机航班延误的信息,他会非常高兴;如果你的产品还能在目的地为他安排一辆机场班车,来弥补损失掉的时间,那就更好了。
- 如果顾客使用了你提供的电子商务产品或服务,能够使他们节省钱财或精力方面的付出吗?
- 你是否增进了他们的乐趣或社会地位?

通过分析,说明客户存在哪些电子商务需求(如追求廉价、方便性和个性化等),电子商务是否满足了他们的这些需求。

(5) 以文字形式表述企业市场分析的内容,大致包括企业的目标市场、目标市场的特点和目标市场的电子商务需求等几个部分。

下面仍以芬芳鲜花店为例说明企业市场分析的过程。

对于芬芳鲜花店来说,主要业务是鲜花销售,目前的配送能力范围为广州市区,因而其目标市场就锁定在广州市区范围内的鲜花消费者。那么这些鲜花消费者能否接受网上购花呢?可以用直接和间接两种方法来回答这个问题。

直接的方法是根据调研得到的有关数据,经过分析得出结论。通过对实体花店的客户进行有奖问卷调查的方式,了解到实体花店的目标市场中20~40岁的人群占83%,大专以上教育程度的占75%,具有上网习惯的占89%,月收入在3000~5000元的占90%,能接受网上支付方式的占73%。根据上述调研数据得出结论:芬芳网上鲜花店现阶段的目标市场主要集中在20~40岁的白领人群,其中大多数都有上网习惯,可以接受网上购花的方式。

间接的方法是结合CNNIC的统计报告得出结论。根据CNNIC发布的《2008年中国网络购物调查研究报告》,可以得出网络购物用户的年龄、学历和收入情况,分别如表2-1到表2-3所示。

表2-1 不同城市网购网民年龄结构

城 市	不到18岁网民占比/%	18~24岁网民占比/%	25~30岁网民占比/%	31~35岁网民占比/%	36~40岁网民占比/%	40岁以上网民占比/%	合计/%
北京	3.4	31.4	34.0	13.0	9.6	8.6	100.0
上海	2.8	35.0	29.5	13.7	9.8	9.1	100.0
广州	3.9	35.7	30.4	17.1	8.1	4.7	100.0
其他城市	3.4	41.4	29.5	12.9	7.2	5.5	100.0

表2-2 不同城市网购网民月收入结构

城 市	500元以下网民占比/%	501~2000元网民占比/%	2001~5000元网民占比/%	5000元以上网民占比/%	合计/%
北京	11.2	28.2	42.7	17.9	100.0
上海	10.7	25.5	38.1	25.8	100.0
广州	13.5	29.2	37.5	19.8	100.0
其他城市	14.7	42.4	31.1	11.8	100.0

表 2-3 不同城市网购网民学历结构

城　　市	初中及以下网民占比/%	高中网民占比/%	大专网民占比/%	大学本科网民占比/%	硕士及以上网民占比/%	合计/%
北京	1.8	13.2	22.6	51.4	10.9	100.0
上海	4.0	8.0	24.1	55.8	8.0	100.0
广州	2.3	10.2	25.3	50.5	11.7	100.0
其他城市	4.4	12.3	26.7	48.3	8.3	100.0

从表 2-1 到表 2-3 中可以看出,网络购物用户年龄 18～40 岁的占比接近 90%,学历在大专及以上的比例也高达 86%,月收入 2000 元以上的占 56%。说明网络购物用户以年轻、高学历和有一定的经济基础的人群为主。另一方面从芬芳鲜花业务的特点入手,根据经验或观察可以了解到芬芳鲜花店的客户以有一定经济基础的、追求浪漫时尚的年轻人为主,与 CNNIC 网络购物的主流人群相重合,由此可以推论芬芳鲜花店的目标市场具备网络购物的基础,可以接受网上购花的方式。

在确定芬芳网上鲜花店具备市场基础后,下一步就要分析网上鲜花店能给目标客户带来哪些好处。经过分析,有了网上鲜花店,客户只需上网轻点鼠标,就可以完成选购花卉和在线支付过程,客户无须再亲临花店,节省了时间和精力,大大方便了客户。这里在线支付是关键环节,因为对于鲜花订购来说,订货人与收货人通常是不同的,不能采用货到付款的方式,所以必须提供网上支付才能达到顾客足不出户实现网上订花的目的。此外,网站还可以提供各种定制服务,如允许客户通过网站设计个性化花束,以满足客户追求浪漫时尚和个性化需求。

对以上分进行浓缩和提炼,按要求以文字形式表述出来,就完成了下面的芬芳网上鲜花店的市场需求分析。

案例：芬芳网上鲜花店市场需求分析

(1) 企业的目标市场。

芬芳网上鲜花店主要提供鲜花、礼品以及相应的服务。目前的配送能力范围为广州市区。为了全面了解鲜花需求人群的情况,我们对实体花店的客户进行了有奖问卷调查,结果显示花店的目标市场中 20～40 岁的人群占 83%,大专以上教育程度的占 75%,具有上网习惯的占 89%,每月收入在 3000～5000 元的占 90%,能接受网上支付方式的占 73%。因此网上鲜花店现阶段的目标市场是主要集中在 20～40 岁的白领人群,网上鲜花店的各种服务以满足他们的要求为主。

(2) 目标市场的特点。

根据问卷调查,芬芳网上鲜花店目标市场的特点可以概括如下。

① 年龄在 20～40 岁之间的白领人群,有一定的经济基础,经常上网,可以接受网上支付方式。

② 工作繁忙,闲暇时间少。

③ 追求浪漫时尚,讲究品位,消费观念比较开放,具有个性。

(3) 目标市场的电子商务需求

以上分析说明目标市场不仅能够接受网上花店,而且还会主动去使用网上花店提供的服务。

①年轻的白领阶层由于工作繁忙,他们需要以最简便快捷的方式选购鲜花。如果通过电话订花,由于订货人与收货人通常是不同的,难以采用货到付款的方式,所以支付是个困难。而通过花店,客户在网站上选购花卉,在网上支付,节省了客户选购、支付和配送时间,实现了足不出户便能送花,很好地满足了他们的要求,为此实现网上在线支付是关键环节。

②由于他们的消费观念比较开放,网上订购和网上支付等新的交易方式容易被他们接受,还能满足他们追求新鲜时尚的生活态度。

③他们追求浪漫时尚,对服务有个性化的需求,网站可以采取各种服务方式满足他们的需求。

案例:中国E餐网市场需求分析

(1)企业的目标市场。

"中国餐-Chinese Meal"主要经营中式快餐。从现实的快餐市场看,午餐是一个规模巨大并且成长迅速的细分市场。通过对实体店送餐人员的访谈了解到目前电话订餐的多数是办公室白领,以写字楼或商住楼办公人员为主,中国E餐网主攻的订餐市场以满足他们的要求为主。

(2)目标市场的特点。

根据调研结果,中国E餐网的目标市场有以下特点。

①在写字楼或商住楼办公,办公场所大多数有上网条件。

②工作压力大,空余时间比较少。

③有一定的受教育程度,易于尝试和接受新事物。

④要求较高的生活品质,吃午餐不仅在于填饱肚子、补充热量,而且更渴望从优良的服务和美食文化中获取一种精神上的享受。

(3)目标市场的电子商务需求。

以上分析说明目标市场有条件在网上订餐。只要工作到位就会吸引他们光临中国E餐网。

①现实中的写字楼多数没有食堂,办公室白领必须跑上跑下到附近的餐厅吃饭,经常要排队,既浪费时间,也不方便。客户在网上订餐,节省了时间和精力,还能很便捷地选择饭菜,预订送餐时间,很好地满足了他们的要求。为此饭菜口味和及时配送是关键环节。

②由于他们易于尝试和接受新事物,网上订餐这种新的交易方式容易被他们拿来"尝鲜",若操作得当,甚至会被他们作为时尚加以追捧。

③他们追求生活品质,对服务有较高要求,网站应采取各种方式创造出热情、周到、高水准的服务,来提高顾客的满意程度。

案例点评:本案例的需求源自午餐市场化的日益普遍带来的巨大商机。开办中国E餐网来抓住这一商机是一个很好的设想,但前提是快餐一族至少要具备上网条件,否则只能是竹篮打水,设想就会成为空想。本案首先根据调研访谈结果将目标市场确定为办公白领,然后再沿着办公和白领这两条线索说明目标市场具备网上订餐的条件,也可以从网上订餐得到实实在在的方便,从而在客户的角度上为项目找到了落脚点,达到了市场需求分析的基本要求。本部分最好能做进一步调研,细致地分析挖掘客户的需求。比如目标客户更注重饭菜口味、送餐时间,还是饭菜价格,又或是自主定制饭菜等,才能为后续的设计实施提供更充分的依据。

总之,做企业市场分析要掌握正确的方法。

(1) 要认识到企业的目标市场、目标市场的特点和目标市场的电子商务需求3个部分之间是有内在的逻辑关系的。只有确定了目标市场,才能分析这个目标市场有哪些有利于开展电子商务项目的特点,而这些特点恰恰是目标客户产生电子商务需求的基础,三者环环相扣。

(2) 要紧密结合企业客户的需求进行分析,牢牢抓住电子商务能给客户带来实质性的收益这一根本点。目标市场的文化程度高、是年轻白领,说明开展网上业务有基础,有基础不代表有动力,最吸引客户使用网上服务的动力还在于客户能否得到实质收益。比如"赢在中国"第三赛季获奖选手李璇开办的闪烁珠宝网站,其口号是"同样钻石,价格一半",这种情况下只要客户知道并信任这个网站,由于同样品质的钻石能比网下低一半的价格,给客户带来了实实在在的价值,所以即使客户是不会上网的老人,他也会创造条件成为网站的客户。

(3) 要不断跟踪 CNNIC 的相关报告,使分析能与互联网的快速发展紧密结合。如根据 2008 年 6 月发布的《第 22 次中国互联网络发展状况统计报告》,从学历的角度分析,互联网显现向下扩散的趋势;从上网地点角度分析,网民在家上网比例持续上升,从 2007 年 12 月的 67.3% 上升到目前的 74.1%。这些发展会影响到网上需求的变化。

2.2.3 竞争对手分析

1. 企业竞争对手分析的方法

所谓竞争对手分析,就是从企业竞争对手的角度分析电子商务的需求,了解竞争对手电子商务的开展情况、运作效果如何,是否对本企业的业务构成威胁,是否已成为本企业开展电子商务的障碍,对其中效果良好的内容是否可以借鉴。

竞争对手的调查与分析是需求分析不可缺少的重要内容。同传统的商务活动一样,竞争对手的产品与服务一直影响着企业的管理、生产与经营,甚至造成很大的威胁。尤其是竞争对手已经在网上开展了业务,那么竞争对手的经营状况对于一个新进入企业在行业竞争中的成败是至关重要的,竞争对手在网络营运方面的优势可能是后来者进入的巨大障碍。

电子商务领域竞争对手分析可以按以下步骤进行。

1) 确认竞争对手

竞争对手分析首先要对本行业主要的竞争者的类型作全面的了解,大致可以分为以下几种类型。

(1) 直接竞争对手。他们的产品或服务与本企业具有极大的相似性,客户很容易转而向他们购买产品或接受服务。因此他们是最激烈的竞争对手。

(2) 间接竞争对手。他们提供与本企业相似的替代产品或服务。这类竞争者可能具有相同或相似的价值取向,所以具有相同的目标市场,只是提供的产品不同。

(3) 未来竞争对手。他们是那些虽然还没有进入,但随时都有可能进入的公司。就网上销售而言,一旦间接竞争者看到你的产品在他们的市场取得成功,他们就会模仿,这样间接竞争者就变成了直接竞争者,或许是可怕的竞争者。

第2章 电子商务项目需求分析和可行性研究

竞争对手可能会有数十个甚至上百个,界定已经存在的和潜在的竞争对手存在一定的难度。因此要有所限制地确定主要竞争对手,即那些将会给你的商业活动带来现实威胁的主要竞争者。在明确竞争对手的同时,也就确定了本公司在竞争中的地位。

2) 分析竞争对手

(1) 建立竞争对手分析档案,并进行系统分析。竞争对手分析档案是一张内容丰富的表格。它的第一列是竞争对手名单,第一行是能反映竞争对手同质性和异质性的一组判别标准,包括从公司咨询到竞争策略的信息。同时将本公司的相关信息也列入表中,这样就可以使本公司与其他公司的市场竞争地位等相关情况一目了然。表 2-4 是广州地区几个星级酒店的网站分析档案。

表 2-4 广州地区几个星级酒店的网站分析档案

酒店名称	网址	星级	语言	网上订房	会员系统	空房查询	论坛社区	信息发布系统	行业资讯	页面设计	站内搜索
花园酒店	www.gardenhotel-guangzhou.com	5	中、英	有	有	无	无	无	无	精美	无
中国大酒店	Marriott.com	5	英	有	有	有	有	有	有	一般	无
广东胜利宾馆	www.vhotel.com	3	中、英、日	有	无	有	无	有	无	一般	无
白天鹅宾馆	www.whiteswan-hotels.com	5	中、英	有	无	无	无	无	无	一般	无
白云宾馆	www.baiyunhotel.com	4	中、英、日	有	无	有	无	有	无	简单	无
广东迎宾馆	www.hhg.com.cn	4	中、英、日	有	无	有	无	有	无	一般	无
江湾大酒店	www.riversidehotel.com.cn	4	中、英	有	无	无	无	有	无	简单	无

竞争对手分析档案是很有价值的分析工具,它可以帮助企业从企业信息、产品与服务信息、客户信息以及竞争优势等几个方面对竞争对手进行比较分析。

(2) 了解竞争对手电子商务的战略和所开展的主要网上业务。企业是通过投入资产、技术以及发挥自己的竞争优势获取成功的,可以通过全面浏览、测试与研究竞争对手的网站,寻找介绍竞争对手的相关资料,来分析竞争对手的电子商务战略、网上市场定位以及在网上开展的主要业务。除了竞争对手的网站,分析资料还有以下几个方面的来源。

① 年报。如果竞争对手是一家上市公司,可以从网上或报刊上直接获取其年报。

② 证券公司。每家大型的证券公司都有相关的部门负责收集、分类和分析各种经济数据。

③ 政府部门。政府的相关管理部门,如证监会、商务部等。

④ 互联网。除各种网站以外,还可以通过各种搜索引擎搜索相关的信息。

(3) 研究竞争对手网站的设计结构与运行效果。

这一部分主要包括竞争对手网站的功能和信息结构分析、竞争对手网站的设计风格评价、竞争对手提供的产品种类与服务特色分析、竞争对手商务模式分析和业务流程分析、竞争对手网站客户服务效率分析、竞争对手网站信息更新频率分析等内容。通过对成功的竞争者进行深入分析,就能发现他们成功的原因所在,从而帮助企业构建自己的商业蓝图;对竞争者的弱点进行分析,可以让企业接受失败的教训,从而发现市场机会。总之,竞争对手调查与分析的目的是了解原来的竞争对手是否上网,洞察已经在网上开展了业务的竞争对手的情况,分析竞争对手的优势和劣势,研究竞争对手电子商务运作的效果。通过竞争分析,可以明确企业在竞争中的地位,以便制定本企业具有竞争力的发展战略。

案例:芬芳鲜花店竞争对手分析

"我喜欢"花店也是一家中型鲜花销售公司,是芬芳鲜花店的老竞争对手。它也位于天河区,与芬芳鲜花店距离不太远,花店产品种类、产品质量和硬件条件与我公司不相上下。该公司在2个月前开通了网上销售系统,知名度有所提高,客户数目增加,芬芳鲜花店的一些客户也转到了他们那里。但是他们的网站主要存在以下问题:

(1) 网站的知名度还不算很高,没有下力气去推广。
(2) 网站只面对大批量的花束销售,没有面对零售市场。
(3) 网站销售的流程比较复杂,不能做到在线支付。

以上情况均可作为芬芳鲜花店开发网站时的参考。

2. 电子商务市场需求识别的方法

在电子商务新项目形成的过程中,首先是项目的市场需求识别和确定,项目的进一步成功开展在很大程度上依托于最初的需求定位,只有正确而清晰的需求才能将电子商务项目引入成功的轨道。

能够诱发电子商务需求的有以下8种因素。

1) 意外事件产生(或突现)需求

世界天天都有突发事件产生,这些突发事件往往使企业产生对电子商务的需求。例如,一场火灾使某个企业损失惨重,该企业面临改组重构,就有可能摆脱原来的束缚,在电子化的基础上构筑商务流程。再如,一个企业的总经理突然被安排出国访问,他就可能急于建立本企业的网站以及基于网站的远程指挥系统,以便在国外可以随时通过网络了解和指挥企业的运营,使出国访问不妨碍他对企业的控制。因此,我们应该关注对企业产生影响的突发事件,及时分析它给企业带来的各种影响,寻找机会。有很多企业,对发展电子商务的需要在客观上是一直存在的,但这种需要未能引起管理层的充分注意,而当意外事件发生后,这种需要便突现出来。很多项目就是由于突发事件才促成的。

案例:数据备份系统

在震惊世界的9·11事件中,美国世贸中心大楼里有一个公司损失最小,因为该公司拥有一个数据及时备份系统,该系统自动将公司重要的备份数据及时通过网络传输到郊区的信息中心保存起来。恐怖分子袭击事件发生以后,媒体报道了这一消息,导致提供数据备份系统的开发商顾客盈门,以前不太注意数据安全的公司开始警觉,加大了对数据安全方面的投入。有一个IT企业及时注意到这一需求的变化,开发并营销数据及时备份系统,生意十分火暴。

2) 市场竞争产生需求

市场竞争是企业采用电子商务的原始动力。当一个企业的竞争对手采用了电子商务并且收到明显成效以后,这个企业必须做出应答,一般也会发展电子商务,以提高自己的竞争力来与竞争对手抗衡,否则就有可能被淘汰出局。因此,企业需要关注竞争对手的动向。例如,作为一个旅游饭店,建立自己的网站并且链接到有关的旅游门户网站,可能对扩大客源很有好处。如果你所在的这座城市的大多数酒店都已经上网了,而你的酒店还没有,那你就可能失去一大批本应可以争取的旅客,丧失了一块市场。

案例：兴海饭店的觉醒

兴海饭店是全国 10 281 家旅游饭店之一。该饭店一直采用传统的销售策略,在 1998 年以前客房的出租率始终在 65% 以上。从 1999 年以来,客房出租率不断下滑,到 2001 年底,已经不到 50%。而同期当地的旅游人数则增加 6% 以上,同类饭店客房出租率平均达 68% 以上。兴海饭店经理请来大学的专家帮助诊断。专家调查发现：同类饭店早在几年前就加入携程网,现在通过网上订房的客人已经占相当大的比例。兴海饭店的经理回忆说,过去也有过一些旅游网站的业务人员来找他,劝他入网,可他当时并没有在意,现在看来是吃亏了。不过,亡羊补牢也是必要的,他决心开始利用互联网,加盟一些旅游网站。于是,他拨通了一个网页制作专家的电话,打算先建立自己的主页,再寄宿到旅游专业网站上,并接受旅游专业网站的相关营销服务。

3) 经济环境的变化产生需求

经济环境是开展电子商务的外部条件之一。经济发展是有周期的,在西方资本主义国家,有增长、衰退、萧条和复苏等不同的阶段。在我国,发展和紧缩也是周期性出现的。通常,在经济发展和高速增长阶段,各种投资项目机会就会增多；在经济衰退和经济紧缩阶段,机会就会减少。但对电子商务而言,情况有所不同。在经济衰退和经济紧缩阶段,企业需要降低成本,而采用电子商务技术可以帮助企业实现这个目标,所以企业仍有建立电子商务项目的需求。一般来说,如果经济环境发生了变化,企业采用电子商务的机会就可能增加。例如,在出现了经济从增长向衰退转化势头的情况下,企业为了迎接即将到来的严峻挑战,降低运行费用,可能会增加对电子商务的需求。在经济萧条阶段出现经济复苏的兆头时,企业为了迎接未来的扩张,发展电子商务的需求也会增加。因此,只要我们以积极的心态去对待经济环境的变化,我们就会发现电子商务项目的机会总在身边。

案例：我不怕经济不景气

如同在股票投资领域有牛市投资高手和熊市投资高手一样,做电子商务项目也有各种类型的高手。黎明是电子商务领域的一个"熊市高手"。他开了一家软件开发公司,主要是利用数据库技术帮助中小企业建立管理信息系统(MIS),生意一直很好,他的客户大多数是那些处于紧缩状态的中小企业。在谈到他的经营特色时,黎明说："越是经营困难的企业,就越能从我这里得到好处。因为我帮助他们建立的 MIS 系统可以有效地帮助这些企业提高管理效率,减少人员开支。因此,经济越是不景气,经营困难的企业越多,我的生意反而越好。此外,由于我的资金比较充裕,对于信誉好的客户,我可以先少收他的钱,允许他欠款,等到他的日子好过了,再付清我的钱。这样,他们都喜欢与我做生意。我不怕经济不景气。"

  4) 经营环境的变化产生需求

  企业经营环境的变化对发展电子商务的影响更为直接。例如,电信系统服务降价,宽带骨干网铺到了门口,新一代计算机软件问世,第三方物流企业的发展,银行电子结算支付系统的不断完善,都有可能在一定的范围内、一定的程度上刺激企业对启动电子商务项目的需求。再如,随着银行卡功能的不断完善,持卡消费的人群越来越多,在这种情况下,哪个商场的刷卡系统比较先进、快捷,哪个商场就能吸引更多的顾客购物。因此,刷卡系统的添置与更新的需求就会产生。

案例:如果宽带到户,我就开展电子商务

  我的公司生产桶装水。我知道网上销售是桶装水服务的一个很有效的技术手段和渠道。例如,上海的正广和桶装水于1993年上市,到1998年形成了40万客户,于是将配送业务从总公司剥离出来成立了正广和网上购物公司,当时还是电子订购。到2000年1月,85818.com.cn正式投入运行,到2001年底,已经涵盖日用品、文化体育用品、家用电器等2万个品种,开通了6个城市的业务,客户数达80万人,网上交易额近3亿元。我们目前的做法是通过水站来分销产品。通常,一家水站代理多个品牌,由于我们厂商没有掌握客户资料,常常受制于水站。而上海正广和通过在线订购直接掌握客户的信息,公司对供水站或配送站采取直接管理,无论是加盟店还是直属店,都必须按照公司的统一规范来操作。这样,水站只具备物流功能,从而有效地防止了不正当竞争与客户的流失,公司掌握了主动权。

  现在的问题是客户上网不方便,网上浏览和登记的速度太慢。所以,我们开展网上销售服务的条件还不成熟。不过我们已经开始准备建网站了,一旦本地区宽带到户,我就开展网上服务,搞电子商务,学习正广和的做法。

  5) 企业高层的人事变化产生需求

  企业的经理层人事变更是经常发生的。变动之后,新的领导人可能会有新的经营理念和工作计划,也可能不太喜欢上届领导人留下来的商务流程、办公自动化系统和其他电子商务系统,希望推倒重来或进行较大的调整。在这种情况下,一个改革的建议或建设新系统的建议往往很容易得到批准。这就是人事变化产生的项目需求。例如,某机械加工厂换了3个厂长之后,觉得原来该厂自己建设的网站档次不够,网页浏览速度太慢,决定请专业公司重建企业网站。一般来说,企业的新任总经理会踌躇满志,希望在他任职期间使企业尽快出现新的起色。他们欢迎各种建设性的意见,容易接受新生事物,因此,建设电子商务系统的可能性比较大。有的电子商务专业服务公司专门瞄准一些大企业的动态,趁大企业经理层变动之际,及时去企业宣传游说,建立第一印象,往往收到较好的效果。有些企业中下层经理人员或业务人员原来就有很多想法,但没有得到领导的赏识。他们趁领导层变动

之机将这些想法再次提出来,往往能够得到采纳,从而为自己才华的施展开辟一个新天地。

案例:让人看了就想买

同心食品厂主要生产糕点和月饼,过去已经建立起自己的主页,但新任总经理不满意。总经理指示其网站主管找专业机构对网站进行改造。下面是该厂网站主管在当地网络服务公司的一段谈话:"我们过去的网站主要侧重于企业的介绍。新任老总要求我们在网站上突出产品的宣传,将我们的糕点和月饼栩栩如生地搬到网上,让人家看了还想看,看了就想买,看了就想拨电话或在网上下订单。为此,食品厂专门配备了一个销售电话给我们部门,也将网上销售的情况作为考核我们的一个指标。我来贵公司的目的就是想寻求你们的帮助,看如何改造我们的网站以及建立一个有效的电子商务销售服务体系。"

6) 经营方针的改变产生需求

企业经营方式的改变必然会引起企业业务性质的变化和流程的重组。此外,企业的内部网、外部网以及客户关系管理系统也会随之发生变化,这也是发展电子商务项目的机会。可以认为,当今绝大多数企业在调整经营方针时,都会考虑如何利用新技术来节约成本,提高效率,提高竞争力,考虑如何在一个新的、比较高的起点上来发展新的业务,从而形成对电子商务的需求。

案例:拒绝未经编码的产品

这里所说的是一家日用品商场,一直以便宜著称。由于对进场的货源管理较松,商场的假冒伪劣产品较多。随着消费者自我保护意识的加强,顾客投诉越来越多。商场决定调整经营方针,加强对货源的管理,树立品牌形象。具体做法是:借助于电子商务手段,建立商品进场登记制度,所有的销售商品必须有条形码,有些没有条形码的生鲜品也必须在编码后才能销售。这样,商场将建立条形码读入系统和数据管理系统,在结算方面采用收款机辅助人工作业,任何柜台在任何时间售出任何商品,都一一自动记录在案,一旦出现顾客投诉,可以追查到人。而且,通过建立这个系统,商场管理人员预计可以减少1/6,管理成本大大降低。

7) 企业重大活动计划产生需求

重大活动对电子商务的需求往往是临时的、一次性的。例如,某地区想搞一个大型的展览会,为了宣传和征集企业参展,主办单位可能要建立网站,也可能考虑建设一个可供参展商信息交流和网上贸易的平台,还可能考虑在展览现场设置一套安全监控系统。再如,某企业计划参加一个重大的异地投标项目,可能需要制作一套多媒体演示系统用以向客户解释他们的解决方案。因此,如果一个单位计划举办或参加某种重大活动,那么,这个单位就有可能需要发展电子商务项目,专为计划中的重要活动服务。

案例:谁能设计展会网页

展会是很多企业和政府机构经常需要举办的活动。伟业公司就是一个专门为企业或政府部门举办展会服务的公司,业务增长很快,公司利润每年都以超过20%的速度增长,每年承接的展会任务达20多个。为了开展业务,公司决定招聘能制作展会网页的网页设计师。很多网迷报名应聘,都没有能够成功。后来,伟业公司的人事经理应邀为网迷指点迷津。他说:网迷们总是喜欢像做娱乐性的个人主页那样来展示自己的网页制作技巧,其实这陷入了一个误区。展会网页是不同于娱乐性个人网页的,因为我们要通过网页来做生意。第一,它必须便于访问者了解展会的各种信息,主页显示要点,信息量要大;第二,要使商家对展会感兴趣,从而下决心掏钱买展位参加展览,因此网页设计者应擅长各种文字表达,具备广告设计的功底;第三,一定要使商家报名变得容易,因此报名表的下载或在线报名的环节不能缺少;第四,网页也要考虑如何吸引普通参观者。因此,展会网页的设计师不仅需要有网页制作技巧,更多的是需要有一个对展会网页的整体构思。

8) 企业业务扩张产生需求

企业在扩张的阶段最需要电子商务来帮忙。一个企业到了业务扩张的阶段,往往自己已经积累了一批成熟的业务模式和经验。电子商务则可以帮助企业将这些模式和经验规范化地确定下来,利用计算机的快速处理能力和网络传播能力,使之可以在更大的范围内、更便利地推广应用。

案例:只有在线管理,我才能扩大规模

华新数码物业管理公司承担了几十个高档住宅小区的物业管理工作。物业管理行业的公司大多数很难赚钱,就经营目标而言,只有保持在微利水平上才能使业主满意。因此公司的赢利水平只能通过降低成本、增加服务、扩大规模等方法提高。而采用传统的管理方式,往往超过10个小区的管理业务就难以控制,因为你无法检查每个小区工作人员的具体工作情况,更难以应答业主的投诉。这种压力使华新物业管理公司的张总经理下定决心开发在线管理系统。他说:"要提高服务质量,又要提高赢利能力,我只能通过在线管理来扩大规模。"

经过大约18个月的努力,他终于成功地开发了在线管理系统。应用这个系统后,物业公司的管理能力可以管辖100多个住宅小区,每个小区管理人员的工作状态、业主投诉和处理情况都可以在总控制室一览无余,大大提高了所管辖小区的服务质量。

2.3 电子商务项目的可行性分析

2.3.1 可行性分析的概念

对于电子商务项目来说,可行性分析主要是对电子商务系统实施框架进行分析,以作为系统开发实施的主要依据。可行性分析是决定该系统能否立项以及立项后大致按什么规模、什么模式开发的决策性分析。目的是用最小的代价在尽可能短的时间内确定问题是否能够解决,为项目决策提供经济、技术方面有价值的依据。

一般,电子商务项目的可行性研究要回答以下问题:技术上是否可行?经济上是否有生命力?财务上是否有利可图?需要投资多少?能否筹集到全部资金?需要多少时间完成?需要多少人力、物力资源?

2.3.2 电子商务项目可行性分析的内容

1. 电子商务项目技术可行性分析

技术可行性分析主要包括以下几方面的内容。

1) 技术先进性和成熟性分析

所谓先进性是指系统设计应当立足先进的技术,采用最新的技术成果,从而使系统具有一个较高的起点。之所以要选择先进的技术,是因为电子商务系统的实现技术发展很快,而系统的建设则需要一定时间,如果在设计的开始阶段没有在技术上领先,将对企业电子商务的竞争能力产生不利影响。

当然,采用的技术也不是越先进越好。一方面,技术相对于项目本身的需求过于超前会导致费用升高,造成浪费;另一方面,过于超前的技术未必稳定成熟,电子商务系统建设在注重先进性的同时还要注重成熟性。

所谓技术成熟性是指建设系统时应选用符合标准的或者是受到市场欢迎并广泛认同的技术。电子商务项目实施是一项复杂的工程,如果选用的技术不注重标准化,将难以保证系统运行的稳定可靠,可能给企业带来损失,对企业的服务、形象等方面带来不利的影响。

因而企业的电子商务在技术上应坚持先进性和成熟性并举的原则。一方面,要选择先进的技术,在满足需求的基础上要适度超前并具备良好的可扩充性,以保证系统建成后的性能和应用周期;另一方面,要选择一些比较成熟的技术,以确保采用技术的可实现性以及日后系统运行的可靠性。

2) 技术支持度分析

技术支持度包括两个方面。一是项目建设的技术支持度,分析满足应用功能需要使用哪些技术以及这些技术的可得性。首先在技术的选择上要充分考虑对系统功能实现的支持程度,要选择能够充分支持功能需求的技术。例如,企业建立商务网站的目标是在网上销售商品并与供应商、合作伙伴等进行网上的信息交流,那么网站的主要功能包括信息浏览、信息检索、信息反馈、网上支付和网上认证等,为此可能需要配备包括WWW服务器、数据库服务器、邮件服务与认证服务器、防火墙/代理服务器、中间组件和网络服务操作系统等在内的软硬件,还需要开发商务应用系统。经分析,以上需求可分为平台、构建和应用系统开发两大部分,目前市场对这些技术的支持程度是充分的,其中平台构建部分可在众多厂家的产品中进行优选并集成,应用系统开发部分如果本身没有技术力量,可采用外包的方式开发。二是项目运行的技术支持度,分析项目建成后,企业是否具备足够的技术力量维持系统的正常运行。例如,以网上销售为目的商务网站,建设方案从性能、开放性方面考虑选择了小型机和UNIX系统,如果企业没有相配套的UNIX运行维护队伍,那么系统投入运行后的技术支持程度就会成问题。在这种情况下,要么调整采用的技术以满足技术支持要求,要么建设与系统运行相配套的技术支持体系,如投入资金培训UNIX维护人员或服务外包。

3) 与原有技术或资源衔接程度分析

很多企业为提高生产和管理的需要,在电子商务系统建设之前已经建立了相关的信息系统,因而在考虑采用技术时,应优先选择与企业原有技术衔接程度高的技术,这样无疑可以节省大量人力、物力和财力等方面的开支。例如，从操作系统的体系结构看，目前主流的产品分成 UNIX 和 Microsoft Windows 两大家族。产品所要求的硬件环境、开发手段和维护都有所不同。如果企业准备建设在线销售网站，原先的内部信息系统是基于 Windows 体系建设的，那么在功能和性能满足要求的前提下，网站建设应首选 Windows 架构，以便于利用现有技术资源，并方便日后的系统集成。

案例：芬芳网上鲜花店技术可行性分析

网上花店是一个中小型的电子商务网站，主要实现在线销售鲜花和礼品，具有商品多级检索、购物车、订单提交和查询、自助订花等功能，涉及数据库、动态网页、安全电子支付（SSL）和防火墙等多种技术，这些都是现阶段已经相当成熟可靠的技术，可以确保日后网站的性能和运行的可靠性。

技术支持方面，网站平台构建有多种现成的软硬件应用集成技术解决方案可供选择。网站应用系统开发方面，虽然实体鲜花店没有太多的技术开发力量，但可以通过系统外包、主机托管等方式实现。

2. 电子商务项目的经济可行性分析

电子商务项目的经济可行性研究，是通过对项目成本与可能取得的效益进行比较分析，即通常所说的成本效益分析，来判断项目的可行性程度。

1）项目投入成本估算

电子商务系统的成本可分为规划建设成本与运行管理成本两部分，如表 2-5 所示。

表 2-5 电子商务系统的成本

规划建设成本	系统规划费用	调查分析
		方案设计
	系统建设费用	软硬件购置费用
		ISP 服务费用
		系统开发费用
运行管理成本	运行费用	网站推广费用
		人员费用
		耗材费用
		域名、通信线路等费用
		安全费用
	管理费用	系统完善费用
		系统纠错费用
		数据更新费用
		岗位培训费用

2) 项目产出效益评估

企业通过电子商务项目获得的效益可以从直接经济效益和间接经济效益两方面进行分析。

(1) 直接经济效益。

直接经济效益是指电子商务系统建成运行后所产生的经济效益。电子商务的直接经济效益主要包括以下几部分。

① 降低管理成本。电子商务通过使用电子手段和电子货币等，大大降低了管理的书面形式的费用。

② 降低库存成本。大量的库存意味着企业流动资金的占用以及仓储面积的增加。利用电子商务可以有效地管理企业库存，降低库存成本，这是电子商务企业的生产和销售环节中最突出的特点。

③ 降低采购成本。利用电子商务进行采购，可以提高劳动效率和降低采购成本。

④ 降低交易成本。虽然企业从事电子商务需要一定的投入（如域名、软件系统和硬件系统的维护费用），但是与其他销售形式相比，使用电子商务进行交易的成本将会大大降低。

⑤ 时效效益。通过电子商务能够使商务周期加快，使商家提前回笼资金，加快资金周转，使单位时间内一笔资金能从事多次交易，从而增加年利润。

⑥ 扩大销售量。通过电子商务，企业产品可以打破地域限制，有更多的市场空间和交易机会，能够扩大销售量，为企业获取更多的利润。

⑦ 销售广告版位。电子商务系统的网站可以出售广告版位来获得利润，这需要电子商务系统的网站知名度高。

(2) 间接经济效益。

间接经济效益是指电子商务系统通过对相关业务的积极影响而获取的收益。间接经济效益的估算要困难得多。因为电子商务系统通过提高管理水平、增强反应和应变能力等方式，使企业的许多部门和岗位都收益，这其中有的是有形的，有的是无形的，要对此做出准确估计的难度相当大，电子商务的间接效益主要包括以下几个方面。

① 提高工作效率和管理水平所带来的综合效益。

② 提高企业品牌知名度所带来的综合效益。

③ 实施电子商务后，由于信息迅速、准确地传递而获得的收益。

④ 企业通过互联网为客户提供产品的技术支持，一方面可以为企业节约客户服务费用，另一方面可以提高客户服务水平和质量。

3) 确定项目的经济可行性

根据上述成本估算和效益评估，采用合适的财务评价方法来确定项目在经济上是否可行。值得指出的是，电子商务系统的效益并不仅仅体现在可以货币化的直接经济效益上，不是所有的投资都有足够的直接经济效益，甚至都未必有直接经济效益，有时候难以货币化的间接经济效益比前者要大得多。例如，银行、餐饮和物业管理等服务行业的企业，直接经济效益可能比较难以评估，或者评估出来的直接经济效益可能不是很大；而如果是制造业，由于有制造环节，有库存，一般来说这个直接经济效益可能就会比较可观，往往是即使不考虑间接经济效益，这个回报也已经很大了。但这并不是说直接经济效益不大项目就不可行。企业需要根据间接经济效益的情况进行综合评估。比如由于直接经济效益不显著，银行就不投资在安全系统上，这个决策显然是有问题的。因为银行有这个策略，有这个需求，能够带来许多间接经济效益，对长远发展有好处，因而也是可行的。

所以进行电子商务项目的可行性分析，一定要认真考虑项目能产生什么效益，既可以是直接经济效益，也可以是间接经济效益。这个效益的点一定要把握好，否则企业管理层不会通过项目立项，使本来可行的项目胎死腹中。例如，某大型企业要上一个物流系统，在经济可行性分析中，对项目的效益主要是提到应用了这个物流系统以后，将提高物流的工作效率：以前是手工输入，将来是无线条形码机器扫描；以前是人工打单，将来是机器自动生成和打印等。该企业的高层认为投资这么大，只取得这样一些间接经济效益，主要的好处只是"自动化"和"减少人工"，判定这样的投资不合理、不合算，要求重新考察项目的可行性。物流和IT部门经过重新考察，修订了投资的策略和目的，提出的新报告补充并细化了效益内容，如通过快速出物流系统能够降低库存2~3天，相当于多少资金；通过自动化的系统能够全面实现自动的"先进先出"，减少物料过期，根据过去的历史数据，相当于每年减少多少金额的物料损耗等。这个调整后的报告再次向企业高层进行汇报的时候，很快就获得了通过。说到底，直接经济效益和间接经济效益并不是一个单一的关系，而是相互影响的，对于电子商务项目来说，往往间接经济效益的比重反而更大，因而在确定项目的经济可行性时要认真分析、综合考虑，才能得出客观、准确的结论。

案例：芬芳网上鲜花店经济可行性分析

建设芬芳网上鲜花店可以取得多方面的收益来源。

（1）网上销售带来的业务量的增加。

网上鲜花店能够突破距离和地域的限制，吸引广州市天河区以外的鲜花需求人群，为花店带来新的业务增长点。

（2）网上销售带来的成本节约。

通过网上销售，可以减少鲜花在门店存储的损耗，也可以减少鲜花流通成本。每枝花在网上销售的成本可以减少20%~30%，销售成本的节约也是增加了花店的收益。

（3）品牌增值带来的收益。

网站提供的在线订购和个性化服务功能实现了实体花店不能做到的事情，更好地满足了客户的需求，对提升芬芳鲜花店的形象，实现品牌增值将产生积极的作用。

（4）加盟服务带来的收益

对于配送能力不能达到的广州市区以外的地区，芬芳鲜花店计划采用加盟策略。在网站成功运营，有一定的品牌知名度以后，可以吸引其他鲜花店加盟，在带来服务收益的同时，与加盟店共同做大鲜花市场，实现共赢。

芬芳网上鲜花店的建设成本包括系统规划、软硬件系统购买、网站系统开发、网站推广、网站运营/维护等几部分费用。芬芳鲜花店的年收入在70万元左右，网站开始阶段的投入适中，与网站的收益相比，花店的投资还是值得的。

3. 电子商务项目的实施可行性分析

实施可行性分析是指对实施电子商务而采取的业务流程重组、人力资源调整、行业利益分配等方面因素进行分析,从而得出在业务实施方面项目是否可行的结论。

电子商务项目的实施可行性主要可以从内部管理和外部环境两个方面加以分析。

1) 内部管理可行性

内部管理可行性是确定企业是否在内部管理方面具有电子商务系统开发和运行的基础条件,可考虑的因素包括:

(1) 领导、部门主管对电子商务项目建设是否支持?态度是否坚决?

(2) 业务管理基础工作如何?企业现行业务流程是否规范?

(3) 电子商务系统的开发运行可能导致企业部门利益调整,如它降低了某个部门的贡献,而目前的激励机制是基于部门的,那么这些部门能否接受?是否配合?会产生多大的阻力?

(4) 企业管理人员和业务人员对电子商务应用能力和认可程度如何?新系统的开发运行导致业务模式、数据处理方式及工作习惯的改变,他们能否接受?

2) 外部环境可行性

电子商务系统是在社会环境中运行的,除了技术因素与经济因素之外,还有许多社会环境因素对项目的发展起着制约的作用。因此还要从外部环境上分析电子商务项目的可行性。外部环境可行性分析可考虑的因素包括:

(1) 准备开发的系统是否可能违反法律?比如有些商务活动在一个国家是合法的,但在另外一个国家就可能是非法的。

(2) 准备开发的系统是否符合政府法规或行业规范要求?

(3) 外部环境的可能变化对准备开发系统的影响如何?

(4) 网上客户对系统提供的功能、性能和内容等诸多方面是否满意?

(5) 企业合作伙伴对本企业开展电子商务是否支持?合作伙伴的利益是否受到影响?是正面还是负面影响?程度如何?如果是负面影响,他们可能采取什么行动?反过来又会对本企业产生哪些副作用?怎样避免或减低这些副作用?比如企业开展网上销售,不可避免地会面临网上渠道和网下渠道的价格冲突问题。互联网面向全国,而线下渠道中的不同区域代理商的价格可能有差异,线下的代理商本来就有"窜货"的现象,互联网加剧了这个过程。

案例:芬芳网上鲜花店实施可行性分析

从业务实施的角度分析,建设芬芳网上鲜花店有以下几项有利条件。

(1) 网上鲜花店预期效益明显,总经理高度关注并支持。这对项目实施是一个非常有利的条件。

(2) 芬芳鲜花店有五年的实体花店运作经验,货源保障可靠,有成熟的配送流程和队伍,广州市区内能够按照客户要求按时配送,网上花店只要求在销售业务流程的接单和客户服务环节做一些变动,其他方面基本不变,不涉及供应商和内部人员的利益调整,业务流程整合难度不大。

(3) 花店员工大多是30岁以下的年轻人,会上网及进行基本的电脑操作,经过短期培训即可掌握网上业务操作。

(4) 网上花店的主要业务是在线销售鲜花和礼品,符合国家有关法律法规及行业规范要求。

2.3.3 项目的筛选

在市场调查和市场需求的分析过程中往往会有多种商机浮现,但是,再好的电子商务项目也不可能满足所有的市场需求,再强的创业者也不可能同时成功发展多个项目。在项目初期一般会提出多个方案,而项目的计划与实施必须是经优选后确定的一个方案。这就需要我们具有在多个新项目中进行优选的能力,运用多方案评价的指标及综合评价方法,通过计算分析,在众多方案中选出技术先进适宜、经济合理可行的方案,作为详细论证的基础。

1. 确定项目方案的比较标准

方案比较标准主要应从以下几方面考虑。

1) 需求标准

一个优秀的电子商务项目首先要符合需求,项目的进一步发展必须建立在满足需求的基础上,不同的方案,必须向社会提供同等价值的服务,才可对它们的投资、费用等方面做出比较,通过项目的实施应该能够达到项目需求中所描述的基本要求。

2) 成本费用标准

不同的方案只有达到消耗的劳动价值相等,才能够比较它们产出价值的大小。进行方案比较时,既要考虑项目可能产生的直接费用,也要考虑项目实施所引起的各种间接费用。对项目实施的成本费用衡量应通过科学的方法进行全面、客观的评估,这样才能使方案的选择更加科学、可靠。

3) 效益标准

电子商务项目既具有经济效益,又具有社会效益,对效益的衡量应该有统一的标准。不同方案,其使用的价格体系必须一致,应使用同一地区、同一时期的价格。项目实施产生的效益也应该面对同样的市场、共同的区域,这样才具有比较的意义。

4) 时间标准

各种方案的投资回收期不会完全一样,在不同时期,收益状况也会有较大差别。因此,在进行方案比选时,不仅要求不同方案的计算期要达到可比,而且不同时间点上发生的现金流量需要用资金时间价值折算成现值方能达到可比。

2. 项目筛选的方法

进行多个方案的比较和优化是电子商务新项目决策的关键,通过项目方案的筛选要确定出最优的项目方案进入下一步的项目孵化和项目实施过程。在面临多项可供选择的项目方案时,可按以下方法进行比较和选择。

1) 综合评分法

综合评分法的特点是制订项目的目标体系和评价标准,对各个项目方案中每个目标的实现方案评定一定的优劣分数,然后按一定的算法规则给各方案算出一个综合总分,最后按此综合总分的高低选择方案。

2) 目标排序法

目标排序法是对项目拟实现的全部目标按重要性进行排序。在此基础上,从全部备选方案中首先选择出能够较好地实现首要目标的方案,然后继续在所选出的备选方案中选出能够有效实现次要目标的方案,这样按目标的重要性一步一步地选择下去,最终可以确定与项目目标最吻合的备选方案。

3) 逐步淘汰法

逐步淘汰法是对各个备选方案与项目目标逐一进行评价和分析,对比条件逐渐严格,对不符合条件的方案采取逐步淘汰的办法,直至最后最优方案被确定下来。

4) 两两对比法

两两对比法是把备选方案按照一定的标准进行两两分组,同组的两个方案进行对比,通过对比确定该组中较优的项目方案,在此基础上权衡不同组中项目方案的优劣和差距,再做出综合评价并进一步分组比较,最后一个小组中的优势项目方案就是项目筛选得到的最优方案。

不论采用何种方法,项目筛选都要特别注意方法的科学性和合理性,不同项目方案一般都存在各自的优势和劣势,孰轻孰重不能仅仅凭借主观判断,要尽可能地利用科学的方法进行定量或定性分析和评估,根据不同情况选择不同的方法,并通过多种方法进行验证,以保证决策的准确性。

2.4 电子商务项目可行性分析报告的撰写

电子商务项目的可行性研究报告是项目审批立项、领导决策的重要依据,关系到整个工程的质量和投产后的经济社会效益。为了保证报告的质量,应切实做好编制前的准备工作,占有充分的信息,进行科学的分析、比较与论证,做到编制依据可靠,报告结构内容完整,文本格式规范,附图、附表、附件齐全,报告的表述形式应尽可能数字化、图表化,满足投资决策和编制项目初步设计的需要。一般情况,电子商务项目的可行性研究报告应按照以下结构和内容编写。

2.4.1 可行性研究报告的格式

1. 项目概要说明

(1) 项目名称、承办单位、项目负责人和经济负责人等基本情况。

(2) 承办单位和科研单位的背景(基本情况和条件)。

(3) 建设项目提出的必要性和经济意义:历史状况、发展背景、理由和社会经济意义论述。

(4) 可行性研究的依据和范围。

2．市场调查预测和建设规模

（1）建设的必要性：说明该项目建设的重要性和必要性。

（2）市场预测：从市场需求、发展趋势和销售情况预测分析。

3．产品规模和产品方案

（1）产品规模：项目设定的正常生产运营年份可能达到的产品生产、销售和服务能力。

（2）产品方案：拟建项目的主导产品、辅助产品或副产品及其生产能力的组合方案，包括产品品种、产量、规格、质量标准、工艺技术、材质、性能、用途和价格等。

（3）产品销售收入预测。

（4）产品生产工艺：当该电子商务项目涉及生产产品时，要说明生产的工艺。

4．项目工程技术方案

（1）生产技术方案。

（2）网络系统技术方案。

（3）网站总平面布置和性能。

（4）主要软硬件设备选型。

5．厂址选择和建厂条件

虽然电子商务项目主要通过网络完成，但项目的实施仍然需要选择厂址、建设办公场地。项目建设地点选址要直观准确，要落实具体地块位置并对与项目建设内容相关的基础状况、建设条件加以描述。具体内容包括项目具体地址位置（要有平面图），项目占地范围，项目资源、交通、通信、运输以及水文地质、供水、供电、供热、供气、采暖和通风等条件，其他公用设施情况，地点比较选择等。此外，还需说明建厂的相关条件是否符合。

6．机构设置、生产定员和人员培训

项目建设期的组织机构设置、人员配置与分工情况，项目建成实施后的组织机构设置、人员配置、职能分工、运行管理模式与运行机制等。此外，还需要说明人员的来源、培训措施等相关内容。

7．环境保护和劳动安全

（1）环境保护。

（2）劳动安全。

8．项目实施计划进度

本部分就项目实施进度做出计划安排。

9．投资估算和资金筹措

1）投资估算

（1）土地、土建：占地面积、建筑面积及费用。

（2）水电增容：水、电增容数量与费用。

（3）设备与安装费用。

（4）固定资产投资调节税：土建费用的0～10%。

(5) 建设期贷款利息。
(6) 不可预见费用：占总投资的 3％～5％。
(7) 流动资金。
(8) 其他费用：技术转让费、培训费、设计费和咨询费等。
2) 资金筹措
(1) 自筹。
(2) 内引外联。
(3) 贷款：贴息贷款、银行贷款。
以上应写出金额。
3) 投资使用计划
本部分对资金的使用作出计划。

10. 经济效益和社会效益分析
1) 生产成本（支出）
包括以下各项：
(1) 原辅材料费；
(2) 水、电、燃料运输、包装费；
(3) 人员、福利；
(4) 房屋、设备折旧费；
(5) 维修费；
(6) 管理费；
(7) 销售费；
(8) 流动资金利息；
(9) 其他。
2) 利润估算
(1) 销售收入。
(2) 纯利润。
3) 投资效益分析
(1) 投资利润率。
(2) 投资回收期。

11. 项目评价
本部分应从项目投资意义、经济效益和社会效益情况得出项目可行的结论。论述应简单扼要。

12. 结论
在编制可行性研究报告时，必须要有一个研究的结论。结论可以是以下内容：
(1) 可以立即开始。
(2) 需要推迟到某些条件（例如资金、人力和设备等）落实之后才能开始进行。
(3) 需要对开发目标做某些修改以后才能进行。

(4) 不能进行或不必进行(例如技术不成熟、经济上不合算等)。

2.4.2 可行性研究报告编制的注意事项

在很多电子商务项目的可行性研究报告中往往存在一些具有普遍性的问题,使得报告失去了真实性和科学性,无法满足市场的需求。因此,在编制过程中需要注意避免以下几个方面的问题:

(1) 缺少量化指标,结论依据不足,可靠性差。
(2) 研究深度不够,投资估算精度差。
(3) 工作周期短,缺乏多方案比较。
(4) 融资方案不落实。
(5) 风险性分析不详细,缺少多因素分析。

本章小结

在开展电子商务项目时首先要进行需求分析,避免项目投资的盲目性,其过程和作用对于电子商务项目管理来说是至关重要的。市场调查是需求分析的基础。电子商务市场调查包括行业发展调研、企业业务调研、目标市场调研和竞争对手调研。市场调查的程序和步骤是制订调研计划、实施需求调研、调研资料整理分析和撰写调研报告。目前常用的调研方法包括现有资料分析法、问询法、座谈会法和观察法等。电子商务需求分析包括企业业务分析、市场分析和竞争对手分析。电子商务市场需求识别的方法有突发事件、市场竞争、经济环境的变化、经营环境的变化、企业高层的人事变化、企业的经理层人事变更以及经营方针的改变。

电子商务项目可行性分析的内容有电子商务项目技术可行性分析、电子商务项目的经济可行性分析、电子商务项目的实施可行性分析。在市场调查和市场需求的分析过程中往往会有多种商机浮现,但是,再好的电子商务项目也不可能满足所有的市场需求,再强的创业者也不可能同时成功发展多个项目,所以还需要对项目进行筛选。

进行可行性研究后,对研究的内容要撰写成可行性分析报告。可行性分析报告应该有规范的格式。

案例分析

案例 空中网项目需求分析

空中网于2002年3月18日由创办ChinaRen校友录的周云帆和杨宁创建,于2002年5月6日正式注册成立,并得到了美国硅谷和香港风险投资基金的支持。空中网致力于以MMS(彩信)、WAP(手机上网)和Java(手机游戏)等2.5G、3G为主要开发平台,以领先的技术水平和对用户的深入理解来提供广受欢迎的娱乐产品和完善的服务,为其丰富的内容得以实现提供重要保障。空中网与中国移动、中国联通、中国电信和中国网通结成合作伙伴关系,为中国超过3亿手机用户和超过3亿固定电话用户提供丰富多彩的电信增值服务。

2004年7月9日,空中网在美国纳斯达克挂牌上市,从成立到在纳斯达克上市仅用了2年零2个月,是中国企业在纳斯达克上市所花时间最短的公司。2005年5月,空中网全资收购国内有名的手机游戏公司——天津猛犸,并且推出了国内最大的手机游戏品牌"空中猛犸"。2005年9月,空中网获得电影《神话》和《无极》的手机娱乐业务唯一版权,并且推出中国首家电影WAP官方网站,从而奠定了手机与影视合作的先锋者地位。同年入选"中国高科技高成长50强",以23 848.6%的收入增长率高居榜首。2006年2月,空中网推出新域名Kong.net,并将其作为空中网的无线互联网门户,与当当网、搜房网、和讯网、硅谷动力一起开启了新一轮传统互联网门户和新兴的无线互联门户网站合作共赢的局面。

空中网打造的无线互联网门户品牌正以多元化发展的战略朝着国际化大公司的方向跨越,成为继互联网之后无线互联网新浪潮中的领袖企业。

1. 市场分析

中国是一个有接近4亿手机用户的大市场,也是世界上最大的市场。未来5年以后,用户会达到7亿。由于手机使用方便、携带便捷的特性,将成为人们生活中不可缺少的一部分。空中网敏锐地意识到,手机会从一个简单的通信工具变成集通信、信息和娱乐三位一体的工具。空中网要做的,就是把互联网与手机联系在一起,打造"无线互联网",推崇一种手机化的生活方式,这是未来人们随时随地获取信息、沟通和娱乐最便捷的方式。

2002年空中网成立之时,短信市场已经被领先者抢占,新浪等拥有互联网门户优势的企业借短信业务咸鱼翻身,大量的小SP(Service Provider,电信增值服务提供商)公司各展神通,甚至利用不规范的方式在被移动运营商释放出的业务空间中贪婪掘金。

这时候刚刚成立的空中网没有互联网门户公司的流量资源,一种自然的选择就是和大量的小SP公司进行混战,做好了也能有不小的回报。但空中网两位创始人在搜狐的工作经历和经验教训,使他们并不满足跟随大势,赚点快钱,而是从一开始就站在整个商业模式的高度去思考,积极探索差异化的商业模式(见图2-2)。

2. 战略目标

空中网的使命是为全球手机用户提供最人性化的服务,推崇便捷时尚的手机化生活方式,方便人们随时随地获取信息、沟通和娱乐。它的战略目标是成为全球领先的无线互动娱乐、媒体和社区服务的提供商。

3. 目标客户群

空中网的目标客户定位为中国上亿的手机用户,以15~35岁的年轻人为主。

4. 商业模式

空中网发展时间虽短,但赶上了最早开展2.5G业务的浪潮,同时与中国移动建立了良好的紧密合作关系,为后来的发展开了个好局。有了正确的业务方向,如何在竞争中取胜就靠运营模式了。2002年10月,空中网获得了电影《英雄》基于无线数据业务开发的唯一授权。这一创新合作模式取得了巨大的成功,不仅开创了手机服务提供商同电影合作的先河,也让新创立的空中网很快实现了赢利,而且一举树立了空中网在中国2.5G增值业务的领先地位。

空中网董事长周云帆说:"当SP公司还在围绕短信、彩信和WAP等讨论怎么做包月、

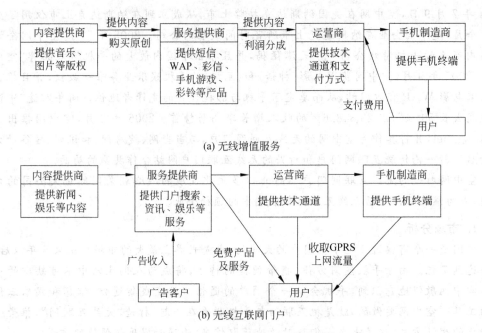

图 2-2 SP 与无线互联网门户的比较

怎么做单条、怎么做回复率的时候,我们已经按照传媒公司的方式来经营了。"

借《英雄》的东风,空中网有了资金方面的转机,从亏损到赢利。此外,因为《英雄》,移动运营商、手机终端以及其他内容提供商开始知道空中网,并开始跟空中网合作。《英雄》成了空中网发展的一个转折点。

在《英雄》上的成功,不但使空中网实现从亏到赢的转机,也使一种业务新天地在空中网的视野中轰然洞开。继《英雄》系列无线增值业务取得成功之后,空中网又相继获得多部电影的无线增值业务开发版权:2004 年的电影《功夫》,2005 年的电影《神话》和《无极》,空中网开发出一系列的短信、彩铃、彩信产品以及《功夫》游戏,甚至还推出了中国首家电影 WAP 官方网站。

对于与传统娱乐业的结合,周云帆颇有心得:与传统娱乐业结合,就是建立这样一个过程,它们已经赚了很多钱,同时也花了很多钱做广告的东西,在人们心目中就很有知名度。我们把其中的一些内容变成消费者通过手机可以享受的服务,而且可以赚到钱。所以很多传统行业,包括电影业和唱片行业都非常愿意跟我们结合起来。

实际上,不止影视娱乐业在与无线增值行业结合。比如银行,消费者在刷卡消费后,银行会通过短信提示消费的金额;再比如房产企业、商场,他们通过短信将广告发送到消费者的手机上。这些都是传统行业与无线增值服务商的合作,也是无线增值业务赢利的重要来源。

2006 年第一季度,通过收购 Sharp Edge,空中网在中国无线增值服务市场抢占了更多的份额,成为了中国电信和中国网通的顶级服务提供商。

在拓宽业务领域的同时,空中网也借机和资本市场对接,这时候两位创始人的海外留学和互联网公司的高管经历为其积累了资本运作的经验。这些经验和公司良好的赢利状况和发展前景相结合,使得2002年刚刚创业的公司,在2004年就成为了美国纳斯达克的上市公司,成为了从成立到上市用时最短的公司,两位创始人也成为纳斯达克上市企业中最年轻的创始人之一。

业务线的拓展和资本市场的对接成为带动空中网起飞的两翼,业绩与股价的良性互动,彼此激荡,空中网迅速完成了从一个边缘市场的掘金者向价值体系中的领导者身份的转变。

5. 主要业务

空中网目前的业务主要包括无线互联网门户 Kong.net、2G业务(包括 SMS、IVR 和 CRBT)、2.5G 业务(包括 MMS、WAP 和 KJAVA)等几大业务。

(1) 2G平台产品收入。SMS 收入一直是空中网 2G 收入的主要来源,所占比例超过 60%,其次是 IVR,最后是 CRBT 和其他收入。

(2) 2.5G 平台产品收入。WAP 收入一直是空中网 2.5G 收入的主要来源,所占据比例超过 50%,其次是 MMS 收入,最低的是 KJAVA 收入。

(3) 社区服务、手机媒体和互动娱乐收入。社区服务主要包括社区交友。手机媒体以手机为载体,是基于获取即时信息的新媒体,被国内先锋传媒人士称为"手机媒体"。互动娱乐包括手机游戏、铃声图片和彩铃。互动娱乐收入所占据份额基本保持在 50% 以上,是空中网营业收入的主要来源之一。媒体服务营业收入和社区营业收入规模相当,保持在 20% 左右的规模。而无线互联网门户 Kong.net 目前完全免费,没有赢利模式。

6. 核心能力

随着空中网的成功,也难免引来竞争者的蜂拥而入。不但其他 SP 公司可以模仿空中网的做法,和内容提供商签约,开发相关的产品;同时,由于内容提供商越来越意识到其对于 SP 们的重要性,内容采购成本和推广成本都在大大提高。在周云帆看来,目前市场还处于信息不对称的状况,谁能够比较早地发现内容,谁的方案更好;谁可以通过有影响力的关系获得独家资源,谁便树立了竞争门槛。"对于我们做互联网出身的团队来讲,互联网的经验也使我们比别人具备更强的产品能力,比如可以轻易地将互联网上的内容和虚拟社区搬到手机上。"

无线增值行业是一个代收费的模式,用户将使用无线增值服务产生的费用与电话费一起交给运营商,运营商再与无线增值服务提供商分成,形成一个非常巨大的产业链。空中网必须能够构筑有效的壁垒,战胜竞争对手,阻止潜在的进入者,同时在和上游的内容供应商和下游的移动运营商的博弈中保持自己赢得的收益。

在建立自己的核心竞争力过程中,空中网始终贯彻"速度为先、内容为本、营销为王、品牌制胜"的十六字方针,并且坚持保证品质、精细运营。

空中网放眼长远,关注整体业务发展,凡事提前准备。正是这种态度加上一系列好的时机,空中网虽然发展时间短,却以它的专注和全力以赴成为了新业务的引领者。可见,对时机的把握和速度是其成功的前提条件。

在内容方面,空中网除了深入开发自有内容,还与众多内容提供商开展合作,大量的对外合作缩短了他们自己探索的过程,"拿来主义"和"改良主义"扩大了空中网的产品线,丰富了服务内容,借助合作伙伴内容的力量,空中网走出了一条赢利的捷径。而空中网独特的立体营销攻势,使空中网业务线重点突出,产品遍地开花。

保证品质、精细运营使空中网在产品研发和运营上力求精益求精。产品从策划到上线严格控制每个环节,以求品质完全保证。市面上新出的手机,包括还没有上市的,空中网产品制作和运营人员都有,每个产品人员手持五六个手机,都能说出哪款手机更适合使用空中网的哪些产品和服务。

空中网从内容到营销,最终的目的是将空中网打造成为知名品牌,将通信、信息和娱乐集为一体,让更多的人享受空中网提供的便捷时尚的手机化生活方式。

一个更大的领域正在向空中网敞开大门,那就是无线互联网。

中国有 4 亿台手机,而未来 5 年以后,预计手机用户会达到 7 亿。尽管现在 4 亿名手机用户中只有一小部分使用无线互联网服务。但随着技术的发展,未来通过 PC 实现的互联网服务通过无线互联网在手机平台上一样可以实现。谁领先打造无线互联网服务,谁就能在未来占据先机。

以日本为例:日本的 3G 用户相当普及,1 亿多人口有 4000 万人使用 3G 服务,日本的企业和政府部门纷纷在建立专门的手机网站。手机上网在日本已经是主流的应用。

杨宁认为,通过 PC 上网需要一根线连到互联网上去,在农村铺设网络是不现实的,用无线的覆盖是效率最高、成本最低的方式,无线网络将是中国跨过数字鸿沟的最主要的方式。

这一点,空中网看到了,其他公司也会看到,随着无线互联网越来越普及,也会吸引更具实力的竞争对手进入,周云帆担心的不是纯粹的 SP 公司,而是来自新浪、TOM 等互联网门户的竞争。3 年前,空中网依靠彩信等 2.5G 业务领先于门户,是因为当时几大门户都尚未在 2.5G 业务上成气候。空中网是靠劫别人粮草起家的,3G 时代也自然会有人来劫空中网的粮草。

空中网开始通过并购和结盟为未来布局,以期在未来的全面竞争中抢得先机。

2005 年 5 月,空中网全资收购国内有名的手机游戏公司——天津猛犸,并且推出了国内最大的手机游戏品牌"空中猛犸",使空中网在中国和海外快速增长的移动游戏市场占据了更有利的位置。

从 2005 年底开始,空中网就启动了打造手机互联网门户网站的工作。2006 年第一季度,空中网推出了无线互联网门户新域名 Kong.net,确立了自身在中国无线互联网门户领域的早期领先地位。空中网宣称,这一主要业务将依靠广告模式赢利。

2006 年 5 月空中网与当当网、搜房网、和讯网和硅谷动力达成在无线互联网、互联网及电信增值业务领域的战略合作,开启新一轮传统互联网门户和新兴的无线互联门户网站合作共赢的局面。

思考:

(1) 怎样从客户杂乱无章的需求列表中提炼出其亟待解决的核心需求?

(2) 怎样确保客户需求的真实有效?

(3) 怎样确保客户的需求变更得到及时的响应?

案例点评：

通过空中网项目案例，我们可以总结出这样一条有效的项目需求分析线索：进行市场需求分析——制定战略目标——确定目标市场——制定业务范围（赢利模式）——形成核心能力。

空中网的商业模式之所以能获得成功，主要取决于以下几点：

（1）目标客户群体定位清晰，同时基数较大。好的商业模式定位有两种，第一种是定位高端，高举高打，让极少数的人消费，依靠高附加值和高价格来赢利；第二种是面对大众市场，制定普通消费者能够支付得起的价格，满足消费者的某些需求，依靠规模取胜。中国目前的4亿手机用户，即便只有10%的人使用空中网的服务，那也非常可观。

（2）深入把握消费者的需求，并不断加以引导。随着手机的发展，手机不再仅仅是一个语音通信工具，而是一个综合的资讯和娱乐平台，中国消费者对于手机的依赖程度非常高，并喜欢赶时尚潮流。空中网无疑看到了手机用户对于内容和娱乐的需求，加上人们生活节奏的加快，利用移动终端来满足自己的娱乐和资讯需求成为潜在的消费需求，空中网恰好满足了消费者在移动状态下的娱乐和放松需要，并通过和运营商的合作引领了"拇指"的时尚。

（3）业务模式的整合。创新很多时候不是来自创造，而是来自整合，互联网的发展异常迅速，很多传统产业都需要借助互联网来进行改造，而互联网与传统娱乐业结合，就可以将其中的一些内容变成消费者通过手机可以享受的服务，这自然受到传统产业的欢迎。此外，将互联网搬到手机上，也是媒介平台的大胆创新。因此，一个商业模式的创新，就在于是不是可以把两个不同的产业利用一个新的平台整合到一起，或者将一个产业放到新的一个平台上去运营，从而带来新的赢利模式。

（4）整合产业链资源。一个好的商业模式需要让产业链的成员都享受到利益，才能够带来最大化的商业价值。在无线增值行业中，真正面对消费者的是终端制造商和运营商，消费者只是使用增值服务商的服务，因此，对于产业链条的资源整合就非常重要，好的商业模式往往能够联通上下游的产业链条，从而使大家都捆绑在一起。空中网便是将上游的内容供应商和下游的移动运营商都整合到一起，从而通过和他们的利益分享来赢得收益。

（5）通过并购突出竞争优势。当商业模式成型并有一定的基础之后，并购将是重要的扩张手段，并购扩张可以建立竞争的壁垒，同时也可以让企业能够更好地利用好别人已经具备的资源基础。空中网在游戏领域的并购正是体现了这一点。

从空中网的模式可以看出，用户规模、消费者需求、创新业务平台、整合产业链、迅速扩张是一个商业模式得以成功的重要元素。

练习题

1. 如何发现企业对电子商务的需求？
2. 如何编制可行性研究报告？
3. 需求调研有哪些主要方法？说明各种方法的优缺点。
4. 对"网上礼品店"项目拟定调研计划，并进行需求调研。

5. 对"网上礼品店"项目进行企业业务分析。
6. 对"网上礼品店"项目进行市场分析。
7. 对"网上礼品店"项目进行竞争对手分析。
8. 某大型超市想开发一套电子销售系统,以配合实体销售。据悉,该超市商品品种齐全,在零售行业内享有一定的威望,但迟迟未开发电子销售系统的主要原因在于:(1)对网络安全的担忧;(2)支付体系的选择;(3)与超市内网的关系梳理。对此超市要开发电子销售系统进行需求分析并撰写一份需求分析报告。

参考文献

[1] 李琪.电子商务项目策划与管理[M].北京:电子工业出版社,2011.
[2] 贾晓丹.电子商务项目管理实训[M].北京:中国人民大学出版社,2011.
[3] 文燕萍.电子商务项目管理[M].北京:中国人民大学出版社,2010.
[4] 刘四青.电子商务项目管理[M].重庆:重庆大学出版社,2010.
[5] 王树进.项目管理[M].南京:南京大学出版社,2008.
[6] 左美云.电子商务项目管理[M].北京:中国人民大学出版社,2008.
[7] 朱国麟,崔展望.电子商务项目策划与设计[M].北京:化学工业出版社,2009.
[8] 徐嘉震.项目管理理论与实务[M].北京:中国物资出版社,2010.
[9] 中国互联网络信息中心.http://www.cnnic.net.cn.

第 3 章

电子商务项目范围管理

学习目标

- 了解电子商务项目范围管理的主要过程。
- 掌握工作分解结构的方法（WBS）。
- 掌握项目范围说明书的写作。

任务书或角色扮演

- 选择一个项目，如"校园二手物品网上交易"，界定其项目范围和产品范围。
- 对"校园二手物品网上交易"项目进行 WBS 的实践。

3.1 电子商务项目范围管理概述

案例：无穷无尽的报表

智达电子商务公司接到东方门业公司的订单，要求为其量身订制一套数据管理系统。在基本的功能确定之后，东方门业公司提出要能够按照自己的需求定制一些报表。由于智达电子商务公司近期业绩一直不太好，急于拿到订单，于是便答应了下来。双方的合同中并未就需要定制的报表数量和类型做出定义，只在合同末尾留下一句"未尽事宜，双方协商解决"的字样。

按照计划，3个月后该项目就已经结束了。双方对电子商务功能、性能等指标进行了鉴定，然后东方门业公司决定再试用一个月后付款给智达电子商务公司。一切好像都在意料之中，皆大欢喜。

然而，一个月以后，东方门业公司根据自身业务发展的需要，要求智达电子商务公司再为其在原有数据管理系统的基础上再开发若干新报表（由于报表极为复杂，用户极难通过自定义的方式做好），智达电子商务公司以已经完成合同为由拒绝执行新的报表开发义务，而东方门业公司则以"报表功能不完善"为由拒付智达电子商务公司电子商务开发费用。双方为此对簿公堂。

由于双方未对报表的数量、类型和规格等做具体的要求，即该项目在这项目表上没有明确的项目范围，因此该项目将是一个永无止境的项目。

3.1.1 项目范围的定义

1. 什么是项目范围

项目范围即为了交付具有一定特征和功能的产品或服务所应做的工作，简单地讲，就是项目要做什么，不做什么，如何才能实现项目的目标。

如果项目的范围定义不明确，或在实施过程中不能有效控制，变更就会不可避免地出现，而变更的出现通常会破坏项目的节奏和进程，造成返工，延长项目工期，降低项目工作人员的生产效率和士气等，从而造成项目最后的成本大大超出项目预算的要求。

案例：马拉松制造公司实施项目范围

马拉松制造公司有充裕的时间推行电子商务项目。该公司管理层经全面研究后，决定采用整合式战略。要求马拉松公司的电子商务目标有4点：(1)在网上吸引小型客户，开设较小的网上商店。(2)整合所有的市场区域。(3)为顾客提供高级的电子商务工具。(4)利用企业内联网与商业网上的信息为顾客提供经验和知识。

马拉松制造公司推行的电子商务项目实施范围包括所有的销售、营销、会计、制造与配送过程。

一般来说，确定项目范围的同时就定义了项目的工作边界，也就明确了项目的目标和项目主要的可交付成果。在进行项目范围定义的过程中，通常需要把主要的可交付成果分解为较小的且更易于管理的单元。现在国际上通用的工作分解结构——WBS 技术是现代项目范围管理计划中的一项关键内容。通过对项目目标和工作内容的分解,可以帮助你更加明确项目的具体工作内容,从而有效地计划和控制项目进程。

2. 项目范围与系统需求

项目是临时的,任何项目都有明确的起点和终点,这也就意味着,项目中的工作是有限的,在项目中存在一个清晰的界限,通过这个界限可以判断哪些工作属于这个项目,哪些工作不属于这个项目。如图 3-1 所示,位于项目边界内的工作就属于项目范围,而位于项目边界外的工作,无论多少,即使可能同项目有着千丝万缕的联系,都不属于项目范围。

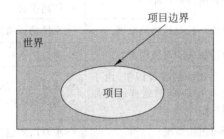

图 3-1 项目边界与项目范围

在电子商务项目中,电子商务系统的需求同项目范围有着密切的关系。首先,交付一个可以满足用户需求的电子商务系统是电子商务项目中最重要的工作之一。因此,这个电子商务系统的功能特征就决定了主要的项目范围。例如,一个实施 MIS 的电子商务项目中必须实现已经确定的 50 项需求,那么在项目结束时,就必须交付具有这 50 种功能的电子商务系统。在整个项目过程中,也就必须开发包括这 50 种功能的电子商务系统。整个开发过程中包括需求分析、设计、编码和测试的工作都是这个电子商务系统的项目范围之一。

当然,实施电子商务系统并不是全部,除了系统外,电子商务项目的范围中还经常包括更多的内容。比如一些电子商务项目的交付物中会包括系统功能规格说明书、系统设计说明书、系统使用手册和使用培训等。那么,项目经理就必须把编写满足要求的文档以及为相应的人员提供培训作为项目范围,并编排到进度计划中。对于一些特殊的电子商务开发项目,可能不仅仅是要求开发出一套电子商务系统。例如,某个研发新电子商务产品的项目目标之一是取得市场中的竞争优势、占据超过 20%的市场份额。对于这样的项目,项目经理甚至需要考虑是否把评估销售结果作为项目范围的一部分。

项目范围说明书是范围定义的工作成果,是项目范围的基准。表 3-1 对项目范围说明书中的主要内容进行了说明。

表 3-1 项目范围说明书的主要内容

项 目	说 明	举 例
项目目标	项目成功的标准,包括费用、进度、技术和质量等的标准	• 项目成本不超过 100 人月 • 项目工期 10 个月
产品范围说明书	项目创造的产品的特征	• 系统可以供 30 人并发访问

续表

项　　目	说　　明	举　　例
项目要求	项目交付物必须满足的条件和必须具备的能力	• 网站内容可以通过后台程序进行管理
项目边界	对于容易模糊的内容，明确哪些属于项目范围，而哪些不属于项目范围	• 将遗留系统的数据迁移到新系统属于项目范围 • 对所有异地系统使用者进行关于系统使用的面授不属于项目范围
项目可交付成果	项目中交付的各种产品	• 源程序 • 使用手册
产品验收准则	定义了验收项目交付物的原则	• 系统功能满足《需求规格说明书》的定义
项目制约因素	同项目范围相关的制约因素	• 项目团队对业务领域完全不了解
项目假设	同项目范围相关的假设因素，由于这些假设尚未实现，故这些假设都构成项目风险	• 项目组必需的人员可以在10天内到位 • 需求获取的工作可以在20个工作日完成
项目初步组织	初步的项目组织情况	• 项目团队包括 A、B、…
初步风险	初步识别的项目风险	• 需求获取的工作可能无法在20个工作日内完成
进度里程碑	在初期识别的里程碑，这些里程碑往往也属于项目制约因素之一	• 为保证×××大会的顺利召开，项目必须在×××日前投入试运行
资金限制	项目在经费方面的限制	• 项目总成本不超过100万元 • 项目设备投入不超过20万元
费用估算	根据对项目估计的结果，预计项目的费用情况	• 预计项目变动成本80万元
项目配置管理要求	在项目中使用的配置管理系统	• 在项目中使用组织定义的配置管理系统，版本控制工具使用CVS

3.1.2　项目范围管理中的常见问题

1. 项目方案的设计问题

项目达到目标的总体策略和方式上存在的不合理性对项目范围的影响极大，这种不合理性一般不是项目可行与不可行的问题，而是项目实施效率高低的导因，是对达成项目目标和方案的设计、达成项目范围合理与否的关键。

案例：阿里巴巴与亚马逊的物流模式

阿里巴巴是中国最大的综合性电子商务公司，从创业之始为解决物流、交易安全等问题做了大量的工作。阿里巴巴采用的方式是与众多第三方物流公司合作，建立起一个供需链生态圈。而国际上著名的亚马逊电子商务公司则是采用自建物流的方式，在某种程度上约束了它的快速增长。

利用第三方渠道与自建渠道这两种模式共存于世，两者谁更合理，用户认同度与业绩的增长速度将会作出正确的回答。

2. 项目范围蔓延问题

由于各种各样的原因,项目干系人会在项目实施过程加入许多细小的计划外工作,使项目范围像霉菌一样悄悄蔓延。项目管理者并不一定意识到其对项目的致命性破坏,直到有一天这些蔓延由量变引起质变,彻底摧毁项目为止,正所谓"千里之堤,溃于蚁穴"。

项目范围蔓延产生的原因主要有两种:一种来自客户;另一种来自项目组自身。

客户在项目实施过程中,一般会提出一些小的、略微增加一些工作量就能够实现的工作。这些工作虽然与项目成果无太大关系,但会使客户更愉快、更满意。然而,这些细小的变化积累起来就会造成项目工期的拖延、费用的超支,而到了那时不仅是项目发起人对项目不满意,客户同样会对项目不满意。客户不会因为对项目组在项目过程中所做的额外工作满意而抵消对整个项目延期的不满。更有甚者,尽管项目的延期可能是由于客户带来项目范围的蔓延引起的,但如果对这些范围蔓延不加以记录和确认,还可能会造成一些法律纠纷。

为了避免客户造成项目范围的蔓延,记住下面这条原则是十分有用的:"决不让步,除非交换。"变化是客户的权利,但任何项目范围的变化都需要通过商业谈判完成(尽管它可能不是正规的),必须在项目工期、费用或质量基准方面作出相应的、正规的变更。

由于项目组本身的原因造成的项目范围蔓延同样值得注意。因为这种情况造成的结果是没人买单的,所造成的损失只能由项目组或其所在企业承担。

项目组自身造成的项目范围蔓延比较隐蔽,它一般是由项目人员的技术心态造成的。技术人员从技术中获得的成就感促使他们自觉或不自觉地按照自己的兴趣去生产一些没有必要的、不合理的、满足自身情感需要的产品。

因此,不仅清晰地定义项目的需求和目标十分重要,定义清楚项目的边界,即决定哪些活动不属于项目范围也同样重要。

案例:雕弓满月

古代有一位将军偶然得到了一块上好的木料,决定交给一位著名的工匠打造一张好弓。经过一个多月的时间,这位工匠就将这张弓做好了,试了一下力道,确实非常完美。这时,他忽然觉得这么好的弓没有纹饰太单调了,不配它的身价,于是又动手在弓上雕花。又经过一个多月的时间,工匠用了浅浮雕、深浮雕、镂空等技法,将弓身上的花纹雕得非常好看,山川林木、脱兔飞鹰,栩栩如生。

在八月十五这天夜里,工匠把这张雕弓郑重地送到了将军府上。将军一看非常高兴,边饮边吟:"会满雕弓如满月,西北望,射天狼",说罢就抄起雕弓,对着夜空拉动弓弦。就在雕弓呈现出完美的满月形时,突然"啪"地一声断为两截。断开的地方正是雕弓上镂空技法用得最多的地方。

技术人员始终有种追求完美的心态,有时甚至不顾这种心态的反面作用。项目管理者对此要特别警惕。

表 3-2　PMBOK2004 对范围管理的定义

	启动 (Initiating)	规划 (Planning)			实施 (Executing)	监控 (Controlling)		收尾 (Closing)
		范围规划	范围定义	制作工作分解结构		范围核实	范围控制	
输入		1. 环境与组织因素 2. 组织过程资产 3. 项目章程 4. 项目初步范围说明书 5. 项目管理计划	1. 组织过程资产 2. 项目章程 3. 项目初步范围说明书 4. 项目范围管理计划 5. 拟准的变更申请	1. 组织过程资产 2. 项目范围说明书 3. 项目范围管理计划 4. 拟准的变更申请		1. 项目范围说明书 2. 工作分解结构词汇表 3. 项目范围管理计划(更新) 4. 可交付成果	1. 项目范围说明书 2. 工作分解结构 3. 工作分解结构词汇表 4. 项目范围管理计划 5. 绩效报告 6. 批准的变更申请 7. 工作绩效信息	
工具和技术		1. 专家判断 2. 样板 表格与标准	1. 产品分析 2. 其他方案识别 3. 专家判断 4. 利害关系分析	1. 工作分解结构样板 2. 分解		检查	1. 变更控制系统 2. 偏差分析 3. 补充规划 4. 配置管理系统	
输出		项目范围管理计划	1. 项目范围说明书 2. 请求的变更 3. 项目范围管理计划(更新)	1. 项目范围说明书 2. 工作分解结构 3. 工作分解结构词汇表 4. 范围基准 5. 项目范围管理计划(更新) 6. 请求的变更		1. 验收的可交付成果 2. 请求的变更 3. 推荐的纠正措施	1. 项目范围说明书(更新) 2. 工作分解结构(更新) 3. 工作分解结构词汇表(更新) 4. 范围基准的变更 5. 请求的变更 6. 推荐的纠正措施 7. 组织过程资产(更新) 8. 项目管理计划(更新)	

3.1.3 项目范围管理的主要过程

美国项目管理学院的 PMBOK2004 定义的项目范围管理过程包括以下几个过程:

(1) 范围规划。制订项目范围管理计划,记载如何确定、核实与控制项目范围,以及如何制订与定义工作分解结构(WBS)。

(2) 范围定义。制订详细的项目范围说明书,作为将来项目决策的根据。

(3) 制作工作分解结构。将项目大的可交付成果与项目工作划分为较小和更易管理的组成部分。

(4) 范围核实。正式验收已经完成的项目可交付成果。

(5) 范围控制。控制项目范围的变更。

上述过程不仅彼此之间,而且还与其他知识领域过程交互作用。根据项目的需要,每个过程可能涉及一个或多个个人或者集体所付出的努力。每个过程在每个项目或在多阶段项目中的每一阶段至少出现一次。

项目范围管理过程的输入、输出以及过程使用的工具与技术如表 3-2 所示。项目越简单,范围就越容易确定;而对于一个复杂项目,确定范围就会成为一件很困难的事情。变化无处不在,尤其对于抽象程度很高的项目而言,会遇到各种各样的变更。一些变更将造成项目范围的变化。如果不能很好地管理和控制这些变化,可能造成项目成本超出、进度拖延甚至让项目陷入混乱的状态。同样,也需要有科学的方法帮助项目经理控制项目范围的变化,这也是项目范围管理可以解决的问题。

3.2 电子商务项目范围规划

在西方,人们常常提到 KISS(Keep It Simple,Stupid)原则,就是在做事的时候保持简单,不要把本来简单的事情复杂化,不多做任何不必要的事情,但也不少做任何必要的事情。当然,必须首先搞清楚何为必要,何为不必要。项目管理也是这样,拿到一个项目,首先就要搞清楚完成项目任务需要进行哪些工作,其中哪些工作属于项目小组,哪些属于其他机构,在此基础上形成书面文件,以获得项目干系人的同意和认可。这实际上就是确定项目范围并编写项目说明书的过程。

3.2.1 项目目标定位

电子商务项目的定位是指企业转向电子商务后将经营什么产品或从事什么服务,服务对象是谁,通俗地说就是企业的电子商务做什么,为谁做。如芬芳网上鲜花店主要提供网上鲜花和礼品的订购服务,主要服务对象为网上年轻的白领人群,网站的定位就是为年轻的白领人群提供方便、时尚的网上鲜花和礼品订购服务。

电子商务项目目标是指企业实施电子商务后可以达到的可度量的目的,即项目建成运行后要达到什么样的目的和效果。

制定电子商务目标应遵循目标管理普遍使用的 SMART 原则。SMART 是 Specific(明确具体)、Measurable(可度量)、Attainable(可实现)、Realistic(现实性)和 Time-bound

(有时限)5个英文单词的首字母缩略语。

(1) 目标应具体明确,做到 Specific(S)。制定目标要清楚地说明要达到的目的,不要模棱两可。作为目标,具体明确是最基本的要求,如果没有明确的目标,就好像盲目地在走,会给人找不到方向的感觉。

(2) 目标应该有一组确定的指标作为日后衡量是否达到的依据,是可度量的,做到 Measurable(M)。目标的定量化是使目标具有可检验性的最有效的方法。如芬芳网上鲜花店第一阶段的目标是:从网站运营起一年内为推广期,利用多种宣传手段以及优惠措施,实现访问量500人次/天,用户注册量5000人,花店销售收入增长10%。这一目标指明了3个量化指标作为一年后目标检查的依据,十分明确具体。可以用定性化的术语来表达其达到的程度,如"芬芳网上鲜花店的总体目标是成为珠三角地区有影响力的鲜花网上销售企业",这里使用了"珠三角地区有影响力"这一定性化的术语表明网上花店要达到的规模。

(3) 目标应是在付出努力的情况下可以实现的。做到 Attainable(A)。设定的目标必须是在能力范围内可以达到的,同时又要在能力范围内稍稍设定得高一点儿,具有挑战性,这样才能激起斗志,取得更大的进步。如果设定的目标过于保守,就很难激起领导或投资人的兴趣。

(4) 在设定目标时,要切实地考虑其现实性,做到 Realistic(R)。理想和目标既有一定的联系,又相互区别。理想是我们想要追求的,但未必能成为现实,而目标则是能不断地逐步实现的,所以制定目标不能过于理想化。如果将芬芳网上鲜花店第一阶段(网站运营一年内)的目标设定成"销售收入增长100%",那显然是不现实的。

(5) 目标是有时间限制的,做到 Time-bound(T)。目标是在一定时间内需要完成的任务,是有时间限制的。没有时间限制就没有办法检验是否按预期实现了目标。如芬芳网上鲜花店第二阶段的目标是:推广期结束后两年内为发展期,主要目标是提升"芬芳"的品牌知名度,发展和稳固本地市场,提高市场占有率,利用多种营销手段,实现花店销售收入增长100%。这一目标明确了第二阶段要在"推广期结束后两年内"这一时间段内实现花店销售收入增长100%的目标。

案例:芬芳网上鲜花店的目标定位

芬芳鲜花店的主要业务是销售鲜花和礼品。网上花店定位于年轻的白领人群,为他们提供方便、时尚的网上鲜花和礼品订购服务。

芬芳网上鲜花店的总体目标是成为珠三角地区有影响力的鲜花网上销售企业,目标可分为3个阶段。

① 第一阶段:从网站运营起一年内为推广期,利用多种宣传手段以及优惠措施,实现访问量500人次/天,用户注册量5000人,花店销售收入增长10%。

② 第二阶段:推广期结束后两年内为发展期,主要目标是提升"芬芳"的品牌知名度,发展和稳固本地市场,提高市场占有率,利用多种营销手段,实现花店销售收入增长100%。

③ 第三阶段:发展期结束后的两年内为扩张期,主要目标是借助"芬芳"的品牌知名度,将业务扩展到广州以外的地区,利用品牌效应,邀请异地花店加盟,进行连锁经营,使网上销售规模迅速扩大,最终使花店成为珠三角地区有影响力的网上鲜花销售企业。

案例：电子商务网上办公系统项目目标

第一，在得到项目授权的两个月内调查并选择电子商务网上办公系统。

第二，在进行选择的两个月内安装调试完毕系统无误、培训用户学会使用并完全应用新系统。

第三，发生的全部费用为70万元，其中，采购费用50万元（含软硬件），实施费用（含培训、调试及其他管理费用）20万元。

3.2.2 项目商务规划

商务规划就是确定企业业务转向电子商务后的运营方式，包括3项主要任务：确定电子商务模式、分析电子商务流程以及明确电子商务盈利方式。

1. 电子商务模式

1）企业对消费者模式（简称为BtoC或B2C）

B2C的交易双方是企业和普通消费者，借助互联网实现企业和消费者之间的各种商务活动、交易活动、金融活动和综合服务活动，是消费者利用互联网直接参与经济活动的形式。通过网上交易平台，可以大大节省客户和企业双方的时间，提高交易效率。

B2C模式根据其核心业务的特点还可以进一步细分为以下几种亚模式。

（1）网上直销模式

这种模式下生产厂家直接通过网络销售自己的产品，如美国的Dell计算机。通过网上直销，企业可以根据客户的需求以销定产，同时由于没有分销商、批发商这些环节，因而省去了渠道费用。

（2）网上商店模式

这种模式下商家通过网络经销其他厂商的产品，它与传统零售模式的区别是用虚拟的店面陈列代替实体商场，消费者节省了去店面购买商品的时间以及其他成本，商家的主要收入来源于低价买进商品，高价卖出产品，赚取产品差价。网上商店主要有两种情况：一种是纯网络型零售企业，这类企业从网络起家，较早进入B2C电子商务领域，没有实体商店，如美国的亚马逊、中国的当当书店等；另一种本身是传统的零售企业，开设网上商店是对现有实体店面的补充，销售的是同样的产品，目的是拓展业务，网上网下并行运营，如美国的沃尔玛、中国的北京西单商场等。

（3）网上商城模式

这种模式是由第三方企业建立B2C电子商务平台，通过市场运作，邀请符合条件的商家到平台上开设B2C商店，如同在大型购物中心（mall）租用场地开设商店一样。如淘宝商城、新浪商城都属于这种模式。

由于网上商城大多是大型门户类网站组织建设的，其天生就有巨大的流量，能为其中的B2C商店带来网上人气；同时平台提供的专业服务可以帮助商家低成本运营B2C网上商店，因而到第三方平台上开设B2C商店销售产品是中小企业开展网上经营的快速、高效方式。

(4) 连锁经营模式

连锁经营模式实际上是 B2B 和 B2C 两种电子商务模式的整合。这种模式的思想是以 B2C 为基础，以 B2B 为重点，将两个商务流程衔接起来，从而形成一种新的电子商务模式。

这种模式在 B2C 模式中引入 B2B 模式，把连锁企业作为销售渠道的下游引进，实现网上企业接单，异地连锁企业配送，从而有效地解决了企业配送能力不足的问题。

如上海环球鲜花礼品（全国）速递网（http://www.hql818.com），总部地址在上海市古北新区，与各地鲜花礼品店进行连锁经营，使配送范围可以到达全国 30 多个省市自治区，并承诺当天订花当天送达。上海环球鲜花礼品（全国）速递网通过与各地的鲜花店合作嫁接，成功地解决了物流配送的问题，既充分发挥了自己的特长，又与其他花店结成了战略联盟，各司其职，各尽所能，互不冲突，共同获益，为用户提供了很好的异地送花平台。

(5) 内容提供模式

这种模式下企业通过网络提供各种数字化内容服务，包括新闻、热点和各种有价值的信息，以及音乐、游戏等娱乐内容，消费者在网上订阅或支付后直接浏览或消费。新浪等门户网站、人民网等专业媒体、盛大等游戏网站、新东方等教育网站都属于这种模式。要想成为一个成功的内容提供商，关键是要拥有对消费者来说有价值的信息内容。内容提供商主要通过广告和向消费者收费来盈利。

(6) 网上服务模式

这种模式主要被企业用来提供职业介绍、航空火车订票、医院预约挂号、旅游服务预约等网上服务。服务提供商通过网络向消费者提供比传统服务更有价值、更便利、更省时、成本更低的服务，使消费者在方便的同时大大提高了效率。51job 等人才网站、携程等旅游网站都采用这种模式。服务种类的多样性使网上服务所拥有的市场机会十分巨大，并与实际商品的市场机会一样有潜力。

上述前 4 种亚模式主要面向具有物理形态的实体产品的网络零售，其特点是产品的查询、订购和付款等活动可以在网上进行，但最终的交付不能通过网络实现，还是用传统的方式完成。网络零售的盈利主要体现在两个方面，一是扩大商品销售范围和销售规模直接获利，二是降低各种费用间接获利。后两种亚模式主要面向无形的虚体产品，其最大的特点就是产品以数字化的形式表现和存在，因而其查询、订购、付款和交付等一系列活动都可以通过网络直接完成。

2) 企业对企业模式（简称为 BtoB 或 B2B）

B2B 的交易双方都是企业，指的是企业与企业之间依托互联网等现代信息技术手段进行的交易、信息、服务等商务活动。包括企业与供应商之间的采购、企业与产品批发商和零售商之间的供货、企业与仓储物流公司之间的业务协调等。

(1) 企业自建电子商务平台模式

此种模式是企业利用自身的信息资源建立的电子商务平台，在上面发布一些与企业产品相关的信息，并进行产品与服务的交易活动。

企业建立电子商务平台，通过网络能够实现订单交互、库存信息交互和结算信息交互等，大大提高了信息共享水平，提高了交易活动效率，降低了交易活动的成本。

(2) 第三方 B2B 电子商务平台模式

这种方式由买方和卖方之外的第三方建立电子商务平台,利用其掌握的资源优势,吸引中小企业利用这个平台了解供需信息,与潜在客户进行在线交流和商务洽谈等工作。该平台又分为两种类型。一种是综合性平台,它提供多个行业和领域的电子商务服务,如阿里巴巴、慧聪网、环球资源网和中国供应商网等;另一种是行业垂直型平台,它定位于某一特定专业领域,提供专业的电子商务服务,如中国化工网、中国医药网和中国纺织网等。

第三方 B2B 电子商务平台通过会员费、广告费和竞价排名等方式盈利。

3) 消费者对消费者模式(简称为 CtoC 或 C2C)

C2C 的交易双方均为个人消费者,是消费者个人对消费者个人的电子商务模式。C2C 的运作模式是为买卖双方搭建交易平台实现个人对个人的网上交易活动。采用 C2C 模式的主要有易趣、淘宝、拍拍等。

在中国的 C2C 市场,免费是一个重要的驱动因素。起初易趣控制着中国近 90% 的 C2C 客户群,但是坚持收费的易趣很快就抵挡不住淘宝的免费攻势。许多卖家通过易趣展示商品,最终在淘宝交易。易趣苦心经营建立起的客户群,就这样变成了替别人"做嫁衣裳"。为适应激烈的市场竞争,易趣也开始了免费策略,对用户终身免收包括高级店铺和超级店铺在内的店铺费,也不再收取商品登记费、店铺使用费等费用。

2. 电子商务业务流程

电子商务模式是企业利用网络信息技术开展商务活动的方式,它是在传统的商务活动中引入电子化手段,革新企业传统商务过程中的不同环节而形成的。它以传统的商务过程为基础,但是与传统商务活动有较大差异。因而在确定了商务模式后,还要进行业务流程分析,确定要用怎样的业务流程来实现这一商务模式。

业务流程分析首先要了解现有业务的具体处理过程,然后根据电子商务目标定位的要求,修改和删除其中的不合理部分,进行业务流程优化,构造适应电子商务模式的核心业务流程。业务流程分析主要包括以下内容。

(1) 原有流程的分析

分析原有业务的整个处理过程,了解原有业务流程,确认各个处理过程是否具有存在的价值,哪些过程不尽合理,需要进行改进或优化。

(2) 业务流程的优化

原有流程中不尽合理的部分,或者与电子商务活动不相适应的过程,可以按业务流程重构的原则进行优化。

(3) 确定新的业务流程,以文字说明电子商务下的核心业务流程,并绘制业务流程图。

3. 电子商务盈利方式

互联网作为信息传递工具,在发展初期是采用共享和免费策略发展起来的,目前网上依然存在许多免费的应用项目,如免费邮箱、免费信息、免费视频和免费交易场所(如淘宝、易趣),这些免费的项目吸引了大量网民的眼球,这些免费策略对培育和发展网上市场起到了巨大的作用。

然而,"天下没有免费的午餐",免费只是吸引眼球、培育市场的策略,企业上网的最终目的还是要盈利。策划一个电子商务项目如果没有明确的盈利模式,是不会得到领导或投资方认可的。

那么什么是盈利模式呢?盈利模式研究和关注的是企业的利润来源、生成过程及产出形式。它与销售模式和营销模式既有区别又有关系,最根本的区别在于:销售关注的是"如何卖货",营销关注的是"如何满足市场需求",而盈利关注的是"如何赚钱"。在实施盈利模式的企业里,产品、服务是基础,品牌是工具,营销是过程,盈利才是根本。

下面介绍几种电子商务常见的盈利方式,企业实施电子商务时应结合自身情况,综合应用各种可能的方式来实现项目盈利。

1) 网络广告收费

网络广告是电子商务企业盈利的比较普遍的方式,其种类繁多,形式多样。从文字广告、网页广告、Banner(旗帜)和LOGO(图标)广告,到Flash多媒体动画和竞价广告等,多种多样。门户网站(如新浪、搜狐)、搜索引擎网站(如Google、百度)等大型网上企业主要依靠网络广告盈利。

任何网上企业都可以网络广告作为收入来源,其前提是网站要有较高的流量和知名度,最好是拥有某一类型的专业浏览群体,这就具备了网络广告收费的条件。

网络广告通常有两种收费方式。

(1) CPM(cost per thousand impressions):按浏览量定价,广告条每显示1000次(印象)为基准的收费模式。其计算公式为

$$广告费用=(CPM×含有广告页面的访问次数)/1000$$

(2) CPC(cost-per-click):按点击量定价,根据网络广告被点击的次数收费的定价模式。关键字广告和竞价广告一般采用这种定价模式。

2) 网上销售获利

网上销售是企业或个人转向电子商务基本的盈利方式,国外的亚马逊、Dell,国内的当当网、卓越网等都是通过网上销售盈利。

网上销售的盈利方式主要体现在两个方面,一是增加收入直接获利,二是降低成本间接获利。具体分析的话,不同企业网上销售的盈利可能来自以下一个或几个方面。

(1) 通过网上销售,企业的产品可以打破地域的限制,有更多的市场空间和交易机会,能够扩大销售量,为企业获取更多的利润。

(2) 通过网上销售,企业用虚拟的店面陈列代替实体商场,可以在不增加经营场地的情况下增加经营品种,拓展经营范围。

(3) 利用网上销售可以实现根据业务量按需进货,以销定产,有效地管理企业库存,降低库存成本。

(4) 通过网上直销,企业的产品可以直接与消费者见面,由于没有分销商、批发商这些环节,因而可以大大节省渠道费用。

(5) 网上销售使用电子手段、电子货币等,大大降低了管理的书面形式的费用。

(6) 网上销售能够加快商务周期,使商家提前回笼资金,加快资金周转,使单位时间内一笔资金能从事多次交易,从而增加年利润。

3) 注册会员收费

这种方式通常是由企业首先建立电子商务服务平台,提供相应的服务,并通过市场运作,吸引大量的企业和个人使用平台的服务,并收取会员费盈利。阿里巴巴等 B2B 网站、51JOB 等招聘类网站、九天等音乐类网站都使用了这种模式。

4) 信息内容收费

信息内容是网络企业为满足客户需要而专门定制的一种专业性很强,有一定的实用性和实效性的电子读本,比如分别针对金融系统、房地产系统和汽车、建材、化工、环保等行业编辑的各种参考电子文本,这种文本还可以配合印刷品出现。订阅者一般一次订阅就是半年或者一年,用户付费后方能凭网络媒体所给的网络通行证(密码)浏览或定期收阅信息。这种信息的收费一般都比较高,人民网、新华网目前都开展了这项业务。

信息内容要想成功收费,必须做到市场定位准确,信息质量高,内容独特性高(即信息内容不是在网上和一般媒体和资料上能找到的),付款机制方便完善,消费者付费观念健全,内容不易被仿冒及复制。

5) 软件(或者 MP3 音乐等)下载

软件(或者 MP3 音乐等)下载可以说是网上零售的一部分,只是其销售的产品为软件(或者 MP3 音乐等),可以在线直接下载,而无须物流的运输过程。现在国内的软件(或者 MP3 音乐等)下载多为免费的形式,有许多软件公司更是利用互联网的优势进行在线升级服务,这也是促进与用户互动的良好方法。

由于消费能力和消费习惯的不同,英文网站的软件(或者 MP3 音乐等)下载较大比例都是收费软件,即使是共享也是有使用期限的,这为许多的实用性小软件提供了良好的销售平台。

6) 短信、彩信和铃声等移动运营服务

近几年兴起的互联网短信、彩信(MMS)和铃声下载,不仅为手机用户带来了更周到的服务和更精彩的铃声彩信(MMS),也为各大网站提供了一个非常良好的"人气赚利润"的盈利方式。如果网站拥有较好的流量,也可以通过与专业短信铃声的 SP 提供网站进行合作,获得一些盈利。

7) 互联网上网服务

互联网的发展离不开各种上网服务,比如企业网站建设、域名注册、服务器虚拟主机租用服务、网站推广服务(搜索引擎优化)和网站运营咨询服务等。随着互联网的应用普及,将有越来越多的企业需要上网服务。提供互联网上网服务,收取相应的服务费用也是可行的盈利方式。

案例:芬芳网上鲜花店商务规划

(1) 商务模式

芬芳网上鲜花店的商务对象以普通消费者为主,主要采用网上商店+连锁经营的 B2C 电子商务模式。

(2) 主要业务流程

芬芳网上鲜花店的主要业务流程如下:

① 顾客选择要购买的鲜花或礼品,并可进行个性化的设计或定制。
② 顾客下订单。
③ 顾客支付货款。
④ 网站把订单通知物流部门。
⑤ 物流部门配送。
⑥ 通知顾客配送成功。

(3) 盈利方式

芬芳网上鲜花店主要通过在线销售鲜花和礼品,可以争取更多的交易机会,扩大销售量,从而增加花店的收入。此外,根据客户的订单按需进货可大大降低鲜花的损耗,节约成本,提高花店的综合效益。

3.2.3 项目技术规划

在确定了电子商务的模式和盈利方式后,紧接着就要制订技术规划,确定采用什么技术手段来实现电子商务活动。技术规划包括两项主要任务:确定电子商务系统的体系结构和选择电子商务系统的技术路线。

1. 电子商务系统的体系结构

电子商务系统的体系结构是一种基于互联网的多层结构。它是从逻辑角度展示未来企业电子商务系统的组成结构框架,包括电子商务系统的层次结构、与内部信息以及与外部系统之间的接口。电子商务系统体系结构能够帮助技术人员从整体上把握系统的组成和构造,为后续电子商务系统的设计和集成提供依据。

电子商务系统体系结构自下而上可分为以下几个层次(见图3-2):

(1) 硬件网络层。包括各种服务器(如应用服务器、数据库服务器和邮件服务器)、存储设备和网络设备(如路由器、交换机)等硬件环境,是电子商务系统中必备的基础设施。

(2) 操作系统层。包括 UNIX 类、Linux 类、Windows NT/Server 等主流的操作系统,对下层各种硬件设备进行调度和管理,对上层应用提供支持,是电子商务系统中必备的层次。

(3) 数据层。包括 Oracle、DB2、MySQL、Microsoft SQL Server 等关系型数据库管理系统和电子商务系统数据的存储和管理。

(4) 应用平台层。包括 IBM WebSphere、Microsoft IIS 等应用服务器软件,为应用逻辑层的应用软件提供支持服务。

(5) 应用逻辑层。是电子商务系统的核心部分,需要根据企业运作的业务逻辑编写相应的应用程序,如 B2C、B2B 应用程序。

(6) 客户层。客户层直接面向用户,负责为广大用户提供企业电子商务系统的操作界面。

(7) 电子商务安全体系。这里竖形的方框表示电子商务的安全非常重要,贯穿于系统的各个层次,并实现与外部系统的安全隔离。包括防火墙、入侵检测、VPN、安全加密、身份认证、权限管理和安全管理制度等各层次的安全措施。

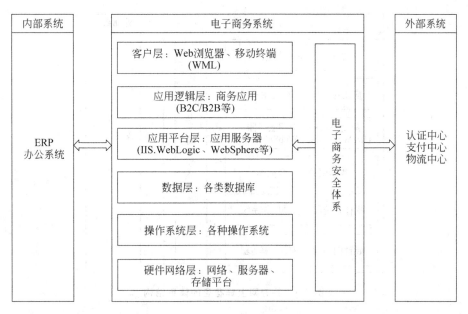

图 3-2 电子商务系统体系结构

2. 系统的技术路线

目前电子商务系统的主流技术路线主要有两类。一类是基于 Java 技术的 J2EE 体系结构,一类是基于 .NET 技术的体系结构。电子商务系统选择哪种技术路线,要结合企业的实际情况。要看哪种技术更适合企业的电子商务发展战略和目标定位;要看企业现有的信息系统更适合与哪种技术相集成;要看企业现有的技术资源、技术水平和技术实力对哪种技术路线更熟悉。

案例:芬芳网上鲜花店技术规划

(1) 系统体系结构

芬芳网上鲜花店的体系结构是一种基于互联网的多层结构,如图 3-3 所示。

① 硬件网络层。包括服务器(应用服务器、数据库服务器)、路由器和交换机等硬件设备,具体内容将在"硬件选型方案"中确定。由于网站初始规模不大,因而可以将应用服务器和数据库服务器部署在同一台物理服务器上。

② 操作系统层。部署 UNIX/Linux、Windows NT/Server 之类的主流操作系统,考虑到花店的应用基础较弱,因而操作系统应选择稳定易用的产品,具体内容将在"软件选型方案"中确定。

③ 数据层。支持 Oracle、SQL Server 等关系型数据库管理系统,具体内容将在"软件选型方案"中确定。

④ 应用平台层。支持各种应用服务器软件,为应用逻辑层的应用软件提供支持服务。具体内容将在"软件选型方案"中确定。

⑤ 应用逻辑层。针对"芬芳"在网上开展的鲜花订购业务而开发的 B2C 应用系统,具

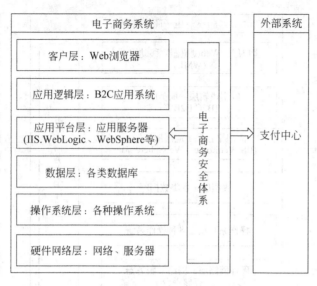

图3-3 芬芳网上鲜花店的体系结构

体功能将在"网站应用系统设计"中确定。

⑥ 客户层。采用HTML、JavaScript、XML等先进的互联网技术,支持标准网页浏览。

⑦ 网站安全体系。包括防火墙、数据加密、身份认证、权限管理和制度管理等各层次的安全措施,具体内容将在"网站安全设计"中阐述。此外,网上鲜花店的网上支付功能将与外部支付系统建立SSL连接,以实现安全支付。

(2) 技术路线选择

目前主要的技术路线有.NET技术路线(Windows平台)和J2EE技术路线(UNIX平台以及Linux平台)。综合芬芳网上鲜花店的发展战略、目标定位和技术实力,考虑到经济性和易用性,我们选用Windows平台的技术路线。

3.2.4 电子商务网站域名规划

企业要建立网站,在互联网上开展商务活动,首先必须注册网上的"门牌号",也就是申请域名,以便网上客户能够找到企业。

实际上,互联网是使用IP地址来定位的。IP地址由4段255以内的十进制数组成,中间以小数点间隔,如210.72.5.1。互联网上的每台主机都对应唯一的IP地址。由于数字形式的IP地址难以记忆,于是人们便使用文字形式来代替IP地址,这就是域名地址。

域名是互联网中用于解决地址对应问题的一种方法,一个完整的域名由两个或两个以上部分组成,各部分之间用英文的句号"."隔开,从右往左依次称为一级域名(顶级域名)、二级域名、三级域名等。如域名microsoft.com由两部分组成,其中com为一级域名,microsoft为二级域名。

顶级域名可分为通用顶级域名、国家(或地区)顶级域名和国际顶级域名3种。国际顶级域名适用于国际性组织,以int为其域名。国家(或地区)顶级域名根据网络所属国别(或地区)划分,用国家(或地区)的两个字母缩写来表示,例如cn代表中国。常见的通用顶级域名和国家(地区)顶级域名见表3-3和表3-4。

第 3 章 电子商务项目范围管理

表 3-3 常见通用顶级域名

域名	意义	域名	意义
com	商业组织	mil	军事部门
edu	教育机构	net	网络支持中心
gov	政府部门	org	非营利性组织

表 3-4 常见国家或地区顶级域名

域名	国家（地区）	域名	国家（地区）	域名	国家（地区）	域名	国家（地区）
ar	阿根廷	cn	中国	it	意大利	eg	埃及
au	澳大利亚	hk	中国香港	jp	日本	gr	希腊
at	奥地利	in	印度	fi	芬兰	nl	荷兰
br	巴西	je	爱尔兰	fr	法国	sg	新加坡
ca	加拿大	il	以色列	de	德国	us	美国

由于传统的通用顶级域名如.com,.net,.org 等资源有限,出现了供不应求的情况,为此,ICANN(互联网名称与数字地址分配机构)于 2000 年 11 月推出了新的顶级域名,其各自的用途如下:

biz——用来替代.com 的顶级域,适用于商业公司(biz 是 business 的缩写)。

info——用来替代.com 的顶级域,适用于提供信息服务的企业。

name——专用于个人的顶级域。

pro——专用于医生、律师和会计师等专业人员的顶级域(pro 是 professional 的缩写)。

coop——专用于商业合作社的顶级域(coop 是 cooperation 的缩写)。

aero——专用于航空运输业的顶级域名。

museum——专用于博物馆的顶级域名。

域名一旦注册后,就表示企业拥有了自己的网上"门牌号"。每一个域名的所有权是属于注册者的,一般都用企业的名称缩写或其知名品牌注册,如世界软件巨头——美国微软公司的域名就是用其公司名称 microsoft 注册的。

域名比商标具有更强的唯一性,因此,谁先注册谁就拥有这个商标在网上的域名权,后来者虽然也可以使用原商标,但在网上却永远失去了使用该域名的权利,可见域名巨大的商业价值。

域名的设计思路如下:

(1) 域名设计要简洁明了,只有简单的域名才便于记忆,有利于宣传推广。让人听过和看过一次便留下深刻印象的域名,其价值是显而易见的。

(2) 域名要与企业整体形象和企业特色产品或服务的特征结合起来,这样才会给企业带来最佳的宣传效果。比如,看到 chinatea.com 就立刻想到是中国茶叶网站,看到 cars.com 就想到是汽车业务网站。

(3) 企业要充分利用域名的形象扩展功能,具备超前的公关意识,这样做可在无形中提高企业的市场知名度。如用友软件公司除了把 www.ufsoft.com.cn 作为公司正式的网上标识外,还注册了 asponline.com.cn 等域名。用友这么做等于间接地把用友公司塑造成为该领域企业中的网上权威代表,因为对于一个不了解 ASP 市场运作的用户而言,很自然地就会把使用该域名的企业当作是了解相关业务的窗口,由此会引发宣传上"潜移默化"的积极效应。

(4)把握差异原则,增强域名的形象识别力。如果企业具有悠久的历史或广泛的社会影响,那么使用已广为人知的缩写更有助于网站形象的推广,如肯德基快餐店的 KFC.com 和赛迪公司的 CCID.com 就可作为榜样。反之,如果企业的事业尚处于开拓阶段,就不要使用没有约定俗成含义的缩写,以免模糊了网站的形象识别。这种情况下,企业完全可以利用已通用的行业或产品的简称以做到借势扬名。例如,人们习惯将个人计算机简称为 PC,相关企业可以使用 PCshow.net、PChome.net、PCinchina.com、PCbirds.com、PConline.com.cn 等作为企业的域名。

域名设计的常见类型如下:

(1)数字型。域名全部由阿拉伯数字组成,国内最早启用数字域名的是网易 163,3721 和 8848 这两个域名也是有很高知名度的数字型域名,3721 取自"不管三七二十一",寓意中国人上网真容易;8848 是世界第一峰——珠穆朗玛峰的高度,寓意 8848 要做中国 B2C 网站的领头羊。用数字域名注册的多为中国人,由于中国语言的丰富性,使得数字也具有特殊意义。0 是灵,1 是要,2 是儿,还可以是"爱",3 是生,4 可以是死,也可以是世世代代的"世",还可以是音乐间谱里的"发",5 是吾,6 是六六大顺的"顺",7 是妻,8 是发,9 是久。当然数字不只包含中文意思,还有英文意思,如 2 是 to,4 是 for,这样就出现了 B2B、B2C、X2X,而其中最出名的是 4u,即 for you,如主页空间的 home4u,个人搜索引擎的 search4u,还有提供 Flash 音乐的 music4flash.com。

(2)拼音型。采用国人熟悉的拼音作为域名。这种网站大多数是面向国内的,一般直接使用域名中文名称的汉语拼音,如广为人知的找到啦 zhaodaola.com、洪恩在线 hongen.com;也有能够体现网站类型的拼音型域名,如拍卖网的 paimai.com、招聘网的 zhaopin.com。不过由于一些地区的人不易掌握普通话的拼音,可能会出现问题,比如新华网 xinhuanet.com,某些地区的人就不知道是要读 xin 还是 xing。

(3)单词型。域名使用英文单词组合。这是最普通的一种域名,随处可见,这种域名既可体现网站的内容,又不会与别人重复,如 download.com、hotmail.com、chinabyte.com、Findtoys.com 等。

(4)组合型。域名使用数字、拼音、单词或缩写的组合。这种类型的组合比较多,如数字加英文的 51job、51go、5110ve、51dn 等,利用"51"的谐音代表"无忧",这种搭配可谓独具匠心。再如英文加拼音的 chinaren,读音是"china 人",有一种中西合璧的感觉。其他如 iloveu("我爱你")、book4sale(开门见山,表示出售书籍)、mycar(给人亲切的感觉)等都是很好的组合域名。

(5)谐音型。取这种域名要有一定的想象力。这种域名很有趣,所以会给网民留下印象。如实达的所有网 soyou.com,易趣 eachnet.com,这两个域名巧妙地利用英文的读音做文章,特别是易趣,意思是交易的乐趣,巧妙地用英文变成了 each——易趣 eachnet 还有一个意思是每个人的网。再如 IT 思维——itsway.com,这个域名也很巧妙。谐音上理解,sway 变成思维;从词义理解,itsway 是 IT 的路;从网站内容理解,网站是以评论 IT、讨论 IT 发展之路的文章为内容的;从文学上理解,思维这个词就很雅,而且一看就知道网站是写评论的;从外国人的角度上讲,itsway 也让它们知道这是一个 IT 内容为主的网站,it.sway

就明白告诉他们这是 IT 文学网站。

案例：芬芳网上鲜花店域名规划

芬芳网上鲜花店的域名应该简单直观、容易记忆。由于花店的目标市场主要是国内用户，所以设计了 3 个拼音型和数字型的国内域名，包括 www.fenfang.com.cn，www.51flower.com.cn 和 www.51buyflower.com.cn。计划 3 个域名同时注册使用，CNS 指向同一台主机。

3.3 创建工作分解结构

3.3.1 工作分解结构

1. 什么是工作分解

项目范围说明书明确了为交付客户所要求的产品和服务，项目组必须完成的任务。在项目范围说明书里界定的这些任务往往比较粗。为此，还需要将任务作进一步细分，以便确定具体应该做什么，怎么做，才能移交项目的交付成果。这便要用到一种分解技术。

分解技术就是为了管理和控制的方便，对项目进行细分和再细分的过程。在项目管理过程中，把项目一下子分解到最细致和最具体的工作是困难的甚至是不可能的，也是不可取的，应该分层次进行分解，每深入一层，便会更详细、更具体一些。一般需要从项目产品开始分解，把产品分解到一个个中间产品或子产品，即为产品分解结构（PWS）。然后再确定需要做哪些工作才能实现这些中间产品，即为项目的工作分解结构（WBS）。

项目的工作分解结构就是把项目整体分解成较小的、易于管理和控制的若干子项目或工作单元的过程，直到可交付成果定义得足够详细，足以支撑项目将来的活动，如资源需求计划、工期估计、成本估计、人员安排和跟踪控制等。通过工作分解，更加详细和具体地确定了项目的全部范围，也标示了项目管理活动的努力方向。

2. 为什么要进行工作分解

进行工作分解的意义和作用表现在以下几方面：

(1) 把项目要做的所有工作都清楚地展示出来，不至于漏掉任何重要的事情。
(2) 使用项目执行者明确具体的任务及其关联关系，做到胸有成竹。
(3) 容易对每项分解出的活动估计所需要的时间和成本，便于制订完善的项目计划。
(4) 通过项目分解，可以确定完成项目所需要的技术、人力及其他资源。
(5) 有利于界定职责和权限，便于各方面的沟通。
(6) 使项目团队成员更清楚地理解任务的性质及其努力方向。
(7) 便于跟踪、控制和反馈。

图 3-4 是按产品进行组织的企业内部网项目的工作分解结构示例。工作分解结构也可以用列表格的形式来表示，图 3-5 是另一个企业内部网项目的工作分解结构示例。其中序号以及任务项的缩进表示了该项目 WBS 结构。这种形式应用得很广泛，比如在合同中就经常用到。

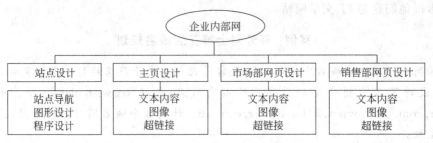

图 3-4 企业内部网项目的 WBS 示例

```
1.0  概念
1.1  评价现有系统
1.2  确定要求
     1.2.1  确定用户要求
     1.2.2  确定内容要求
     1.2.3  确定系统要求
     1.2.4  确定服务器所有人的要求
1.3  确定特定功能
1.4  定义风险和风险管理方法
1.5  制订项目计划
1.6  组建网站开发小组
2.0  站点设计
3.0  站点开发
4.0  投入使用
5.0  维护
```

图 3-5 用列表的形式表示的企业内部网项目的 WBS

3.3.2 WBS 层次划分

1. WBS 的 6 个层次

从根本上来说，WBS 是将项目工作分解为越来越小的、更易于管理和控制的单元系统。

为了能够更好地划分与管理项目，项目工作分解有不同的层次，从最高一层到最低一层分别有不同的叫法，如图 3-6 所示。

第 1 层叫做项目群，或者叫大项目，即完成大项目包含的工作的总合。一个项目群是由多个项目构成的复杂工程。例如，承建一个大型的电子商务购物网站及其所有的配套物流软硬件系统，它包含了网站建设、物流设备购置、服务器网络设备搭建等多个项目。

第 2 层叫做项目，标明项目主要的可交付成果，但不是全部成果。主要成果应包括里程碑，里程碑是划分项目阶段的标志，表示了项目进程中从一个阶段进入另一个阶段，工作内容将发生变化。主要成果还可以有对项目进程有较大影响的其他可交付成果。网站建设本身就是一个项目，有项目经理与项目小组，可以是软件公司自己来做，也可以转包给其他公司。

第 3 层叫做任务，它是完成项目必须进行的工作，可交付子成果。比如相关的 LOGO 设计、网站色彩与布局、图片创意等网页美工设计，就是网站建设中的一项任务。

第 3 章 电子商务项目范围管理

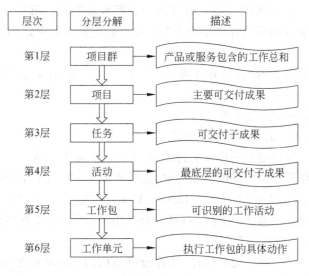

图 3-6 工作分解结构的分层分解

第 4 层叫活动，即完成项目任务需要做什么，也是最低管理层可交付的子成果。如一个网站的配色方案，或者一个完成的 LOGO 设计方案。

第 5 层叫工作包，是活动的构成单元，它体现了活动是如何做的。工作包是 WBS 结构中可识别的工作活动，是项目最小的可控单元。在这一层次上，应能够满足用户对交流或监控的需要，这是项目经理、工程和建设人员管理项目所要求的最低层次。工作包是短期任务，可能包含不同的工作各类，有明确的起点和终点，消耗一定的资源并占用一定的成本。每个工作包都是一个控制点，工作包的管理者有责任关注这个工作包，按照技术说明的要求在预算内按期完成。工作包除了要包含短期任务的名称外，最好还要包括预定的起止日期、任务持续时间、人工量估算、可交付成果和完工衡量标准等内容。

第 6 层叫工作单元，是执行工作包的具体动作或努力方向。在一般的 WBS 中，不需要分解到工作单元这一层。

2. WBS 层次划分的步骤与注意事项

1）WBS 层次划分的步骤

遵循下面的 5 个步骤，对于建立正确的 WBS 将非常有帮助。

（1）先问：需要干什么？如果是需要打扫房间，这就是要做的项目。

（2）再问：打扫房间需要做什么？需要清扫地板、收拾家具、擦窗户和清理垃圾。这些都是打扫房间这个项目需要完成的主要任务。注意，从这里就要开始检查，不要漏掉了某些任务。如果打扫房间还必须将损坏的家具修理好，别忘了将修理家具加到任务中。

（3）接着问：每项任务如何做？用拖把擦地板，用清洁剂清洁家具，用肥皂水清洗窗户，这些是完成任务的活动。

（4）然后问：怎样才能完成这些任务？用拖把擦地板时需要取擦布、湿润擦布、擦地板、洗擦布等一系列的子活动，它们实际上就是用擦布擦地板这项活动的工作包。

（5）最后问：这样分解是否正确和完整？有没有遗漏的任务？每项任务是否可以很容

易地分配责任和角色?每项任务需要的资源是否很容易确定?每项任务的工期是否很容易估计?每期任务完成的衡量标准是否十分清楚?如果答案是否定的,就需进一步地修改和分解。

像打扫房间这样简单的项目,分解到3、4层就足够了;如果是复杂的项目,可能需要进行更详细的分解。

2) WBS层次划分的注意事项

WBS层次划分工作需要注意以下几点:

(1) 分解出的工作包应是一项项的行动,而不能用名词来表达。

(2) 不要把工作分解结构变成物品清单,这是很多人在使用工作分解结构时的误区。

例如,在网站美工设计的任务下有LOGO、Flash、颜色等,实际就成了一个名词库,这样来定义活动并不合适。实际上,对于这些活动应当用一个"动宾结构"的短语来描述。如绘制LOGO、制作Flash、选配颜色等。

(3) 不要考虑活动之间的先后顺序,工作分解结构的目的是清楚地界定实现项目目标所要执行的具体活动,并不关心究竟先做哪个,后做哪个。活动之间的先后顺序需要等到确定关键路径时再考虑,这样有助于尽早确定具体的工作内容。

案例:项目延期怎么办

中源公司是一家专门从事系统集成和应用软件开发的公司。公司目前有员工50多人,有销售部、软件开发部和系统网络部等业务部门,其中销售部主要负责进行公司服务和产品的销售工作,他们会将公司现有的产品推销给客户,同时也会根据客户的具体需要,承接应用软件的研发项目,然后将此项目移交给软件开发部,进行软件的研发工作。软件开发部共有开发人员18人,主要是进行软件产品的研发,以及客户应用软件的开发。

经过近半年的跟踪,第二年元旦,销售部与某银行签订了一个银行前置机的软件系统的项目,合同规定,5月1日之前系统必须完成,并且进行试运行。在合同签订后,销售部门将此合同移交给了软件开发部,进行项目的实施。

王伟被指定为这个项目的项目经理,王伟做过5年的金融系统应用软件研发工作,有较丰富的经验,可以做系统分析员并承担系统设计,但作为项目经理还是第一次。此外,项目组还有另外4名成员,包括1名系统分析员(含项目经理)、2名有1年工作经验的程序员和1名技术专家。项目组的成员均全程参加项目。

在被指定负责这个项目后,王伟制订了项目的进度计划,简单描述如下:

1月10日—2月1日需求分析;

2月1日—2月25日系统设计,包括概要设计和详细设计;

2月26日—4月1日编码;

4月2日—4月30日系统测试;

5月1日试运行。

但在2月17日王伟检查工作时发现详细设计刚刚开始,2月25日肯定完不成系统设计,你建议王伟应该如何做?他在项目的管理中有问题吗?

这个案例具有一定的综合性,首先在系统设计方面的WBS过粗,其次每项时间的估算或中途监控都有问题,缺乏详细的里程碑、开始时间、持续时间、结束时间和人工量估算等,这些都是在 WBS 定义和时间计划管理中没有足够细化造成的。如果要在现在的基础上完成计划,可以与客户商量延期,同时从现在开始重新制订新的 WBS,并划分得更细,估计得更充分,加强监控,这样尚有补救项目的可能。

3.3.3 制订工作分解结构的方法

制定工作分解结构的方法有以下几种。

1) 类比法

类比法就是参考类似的已经完成的项目的 WBS 和项目经验,根据当前项目特点做必要的调整从而得到新的 WBS。这种方法容易把握,而且可以在 WBS 分解中融入上一项目的经验和教训,从而得到结构更为良好的 WBS,有利于项目质量的改进。但类比法也有一定的局限性,需要有较完整的历史数据支持,在缺乏历史数据时很难完成整个项目的分解工作或分解的质量较低。这时就需要采用其他的分解方法辅助类比法,进而得到项目完整的 WBS。一般来说,如果软件组织经常性地在某一行业或某一产品中重复多个项目,则项目过程的重合度比较高,很容易参考历史数据;但在全新的知识域中,还需要其他方法的辅助才可以完成整个项目的分解。

2) 自顶向下的分解

自顶向下的分解策略是把项目从粗粒度的轮廓逐层细化,得到整个项目的分解结构。自顶向下的分解方法也可以看作是对项目的理解和思考的方法,规模越大的项目越复杂,项目中各种各样的工作就越难以把握。如果不分主次、缺乏条理地开始工作,其结果可想而知。通常在把握复杂问题的时候,人们经常会采用逐步分解并简化的方法,自顶向下分解项目工作就是这样的一种方法。自顶向下的分解质量直接取决于分解者对项目的理解,经验丰富的分解者更容易得到结构良好的 WBS。因此在实施自顶向下分解的 WBS 分解时,寻找到经验丰富的专家或让经验丰富的专家进行结果审查是非常必要的。

3) 自底向上的归纳

与自顶向下分解不同,自底向上归纳是一个通过细粒度工作逐渐得到整个项目 WBS 的方法。在使用自底向上方法制作项目 WBS 时,通常会召集相关人员通过头脑风暴的方式完成。参加分解工作的人员根据自己的理解识别项目中的工作,并将识别的结果交给项目经理合并,从而得到项目的 WBS。这种方法较其他两种方法更适合不熟悉的项目,对于那些没有历史数据或不能找到有丰富经验的专家的项目更适合。通过归纳团队中不同成员的想法,自底向上的方法更容易发挥团队的力量。但这种方法的缺点也是明显的,即分解过程的投入太大,会花费较多的时间和成本。因此这种方法很少独立使用。

3.4 电子商务项目范围控制

3.4.1 电子商务项目范围核实

范围核实指的是根据已经定义的项目范围说明书和项目交付的成果来核实项目成果

是否可以让客户或利害关系者的满意。即使由于某些原因造成项目提前中止,也需要验证项目的完成度,了解哪些内容已经完成而哪些内容尚未完成。

范围核实即交付物验收同质量控制容易混淆到一起。交付物的验收同质量控制是不同的。项目的范围和项目的质量这两个概念很容易混淆。正因为这个原因,交付物的验收同质量控制也是很容易混到一起的。质量控制工作关系的是交付物是否满足定义的质量标准,而范围核实工作主要关心验收可交付成果,关注的是交付物是否符合范围说明书中规定的项目范围和交付物。

一般地,对项目范围核实的工作由项目团队和项目的关键干系人进行。在进行范围核实时,一般遵循下面的步骤:

(1) 确定范围核实的时间。
(2) 估计范围核实需要的投入。
(3) 确定范围正式被接受的标准和要素。
(4) 组织并召开范围核实会议。

通常情况下,在进行范围核实前,项目组需要先进行质量控制工作,如系统测试等工作,以确保范围核实工作的顺利完成。

3.4.2 电子商务项目范围控制

"唯一不变的就是变化。"整个项目过程充满了各种各样的变化,很多变化都会造成项目范围的变化。当项目范围变化的时候,意味着项目中需要做的工作发生了变化,这必然会造成项目进度计划、人员安排和成本等一系列问题的变化。处理不当则会造成项目时间、成本等方面的问题,增加项目风险,甚至造成项目陷入混乱的状态。范围控制就是为了解决该问题,消除范围变更造成的不利影响。项目范围控制是通过变更控制系统完成的。

引起项目范围变更的因素主要有以下5个。

1. 项目要求发生了变化

项目要求发生变化是范围变化中最常见的一种情况,主要源于项目客户对项目的需求和期望发生了变化。就电子商务项目来说,客户可能要求增加所建设的商务电子化系统某一方面的性能或特征,也可能由于客户财务状况恶化而降低了对项目的要求和期望。

2. 工艺技术环境发生了变化

在项目实施阶段,出现了新的生产技术、手段或方案等,如果采用,那么对项目会产生较大的影响,一般都会导致项目范围发生一定程度的改变。例如,在某企业商务电子化项目开始后,发现了可以大幅度降低计算机系统费用或提高性能的新的处理器或外围设备,导致项目团队和客户都希望采用新的技术。

3. 人员变化

在项目实施过程中发生人事变动或组织结构调整等,项目经理和项目技术人员可能会被调离,项目发起人也可能发生变化,因此项目的要求、设计、技术以及经营理念都会随之调整。

4. 项目设计变化

在项目实施过程中,出现了种种困难,往往会激励设计人员改进设计方案,提出使项目目标更好的方法。这类变化一般是在项目实施以及设计思维逐渐成熟的过程中产生的。

5. 经营环境变化

项目外部环境的动态开放性,会引发项目经营环境的变化。例如,当客户发现其竞争对手或其供应链上的其他企业采用某种新的先进手段以后,要求其项目团队调整项目构思和方案设计,以应对竞争对手的变化。这样,原来约定的项目范围就会发生变化。

在理解范围控制时,需要注意以下3点:

(1) 范围控制是必需的,不存在无变化的项目。为避免在发生变化时手忙脚乱,就一定要首先建立起变更控制系统来处理未来可能发生的变更。

(2) 项目范围变化,并不仅仅意味着工作量的增加。项目范围的变化往往还意味着项目更贴近客户的要求,更适应项目的环境,范围控制需要做的是消除变更带来的不良影响。

(3) 项目范围控制的目的不是阻止变更的发生。范围控制的主要任务是在出现范围变更需求后,管理相关的计划、资源安排以及项目成果,使得项目各部分可以很好地配合在一起,消除变更带来的比例影响。

电子商务项目范围变更输出结果有3个方面:需求变更控制输出、项目计划变更控制输出和配置项变更控制输出。

需求变更主要程序包括需求变更申请、变更申请的审批、更改需求文档、重新评审需求文档和变更结束,每个阶段均需要相关负责人员签字才能进行下一步骤。需求变更控制报告模板如表3-5所示。

表3-5 需求变更控制报告模板

需求变更申请	
申请变更的需求文档	(输入名称、版本、日期等信息)
变更的内容及其理由	
评估需求变更将对项目造成的影响	
申请人签字	

续表

变更申请的审批意见	
项目经理签字	审批意见： 签字 日期
客户签字 （合同项目）	审批意见 签字 日期
更改需求文档	
变更后的需求文档	（输入名称、版本、完成日期等信息）
更改人签字	
重新评审需求文档	
需求评审小组签字	评审意见 签字 日期
变 更 结 束	
项目经理签字	 签字 日期

电子商务项目范围变更中的项目计划变更的主要程序包括项目计划变更申请、变更申请的审批意见、更改项目计划和审批变更后的项目计划，每个阶段最重要的是相应的审批意见。项目计划变更控制报告模板如表3-6所示。

表3-6 电子商务项目计划变更控制报告

项目计划变更申请	
申请变更的项目计划	（输入名称、版本、完成日期等信息）
变更的内容及其理由	
评估计划变更将对项目造成的影响	
项目经理签字	

续表

变更申请的审批意见	
机构领导审批	审批意见 签字 日期
客户审批 （合同项目）	审批意见 签字 日期
更改项目计划	
变更后的项目计划	（输入名称、版本、完成日期等信息）
项目经理签字	
审批变更后的项目计划	
高级经理审批	审批意见 签字 日期
客户审批 （合同项目）	审批意见 签字 日期

电子商务项目范围变更中的配置项变更的主要程序包括变更申请、审批变更申请、变更配置项和结束变更。配置项变更控制报告模板如表3-7所示。

表3-7 电子商务项目配置项变更控制报告

1. 变更申请

申请变更的配置项	（输入名称、版本、日期等信息）	
变更的内容及其理由		
估计配置项变更将对项目造成的影响		
变更申请人签字		

续表

2. 审批变更申请		
CCB 审批意见	审批意见 CCB 负责人签字 日期	
批准变更的配置项	变更执行人	时间限制

3. 变更配置项			
变更后的配置项	重新评审结论	完成日期	责任人

4. 结束变更	
CCB 签字	CCB 负责人签字 日期

本章小结

项目范围包括项目的最终成果或服务以及实现该成果或服务所需要做的各项具体工作。项目范围是制订项目计划的基础，而如何定义项目的范围是项目范围管理的主要任务。项目范围的确定是为成功地实现项目的目标而规定必须完成的工作任务。

范围定义就是定义项目的范围，即根据范围规划阶段定义的范围管理计划，采取一定的方法，逐步得到精确的项目范围。项目范围说明书是范围定义工作最主要的成果，软件系统范围也是软件项目范围中最重要的一部分。

工作分解结构（WBS）是项目管理中最常用的工具，在范围管理中创建，在时间管理、成本管理中都需要使用。常见的分解方法包括类比法、自顶向下的分解和自底向上的归纳等。

范围核实指的是根据已经定义的项目范围说明书和项目交付的成果来核实项目成果是否可以让客户或干系人满意。

范围控制就是为了解决项目范围变更问题，消除范围变更造成的不利影响。项目范围控制是通过变更控制系统完成的。

案例分析

案例 某电子商务网站建设项目任务分解和责任分配

表 3-8 某电子商务网站建设项目任务分解和责任分配

活动编号	活动名称	任务的详细说明	负责部门
1	网站规划	对网页的数量、内容、网站运行方式进行总体安排	公司决策部
2	资料收集	收集图片、文字宣传资料、通信地址和联系人名单、汇款账号等,收集有关宿主的资料	公司客服部
3	数据库结构设计	对公司的数据库进行结构上的设计	公司技术部
4	宿主选择	选择ISP,购买虚拟主机空间,洽谈服务条款和价格	公司技术部
5	文本编制	设计网页内容结构,编写产品主说明、简介、服务承诺书、问题与解答和其他网页上的文字内容	公司运营部
6	数据库开发	设计和开发产品数据库和网上登记、查询、订货、反馈系统	公司技术部
7	网页设计	根据文本和图片设计网页,要求美观大方、浏览便捷	公司技术部
8	网站调试	包括网页链接、数据库功能测试、数据图片和文字的衔接	公司技术部
9	网页上传	将调试好的网页传送到ISP服务器上,利用企业原来的域名和账号	公司技术部
10	在线测试	从互联网上登录网站,检查预定的各项指标是否符合要求,如有问题予以解决	公司运营部

表 3-9 电子商务网站建设项目活动工期估计表

活动编号	活动名称	负责部门	时间估计/天	备注
1	网站规划	公司决策部	1	
2	资料收集	公司客服部	2	
3	数据库结构设计	公司技术部	1	
4	宿主选择	公司技术部	3	
5	文本编制	公司运营部	5	需要助手2~3人
6	数据库开发	公司技术部	22	
7	网页设计	公司技术部	5	
8	网站调试	公司技术部	2	
9	网页上传	公司技术部	1	
10	在线测试	公司运营部	1	
合计			43	

思考：

参考以上表格，对网上鲜花店项目进行WBS工作分解和工期估计。

练习题

1. 如何理解电子商务项目的范围？项目范围与产品范围有什么区别和联系？举一个电子商务项目的例子，说明其项目范围和产品范围分别是什么？
2. 简述项目范围管理的主要过程。
3. 如果项目范围蔓延，可能会带来什么样的后果？
4. 工作分解结构（WBS）表示方法有哪些？有哪些创建方法？WBS对项目管理有哪些意义？
5. 谈谈项目范围变更控制的目的。如何做好范围变更控制？

参考文献

[1] 李琪.电子商务项目策划与管理[M].北京：电子工业出版社，2011.
[2] 贾晓丹.电子商务项目管理实训[M].北京：中国人民大学出版社，2011.
[3] 王树进.项目管理[M].南京：南京大学出版社，2008.
[4] 刘四青.电子商务项目管理[M].重庆：重庆大学出版社，2010.
[5] 项目管理者联盟.http://www.mypm.net.

第 4 章

电子商务项目时间管理

学习目标

- 了解电子商务项目时间管理的关键因素。
- 掌握项目活动定义和排序的概念和方法。
- 掌握项目活动时间估算的概念和方法。
- 掌握项目进度计划的编制。
- 熟悉电子商务项目进度管理的实践操作。

任务书或角色扮演

- 选择一个项目如"校园二手物品网上交易"界定项目活动定义和时间估算。
- 编制"校园二手物品网上交易"项目进度计划表。

CHAPTER 4

4.1 电子商务项目时间管理概述

项目管理的首要任务是制订一个构思良好的项目计划,以确定项目的范围、进度和费用。在给定的时间完成项目是项目的重要约束性目标,能否按进度交付是衡量项目是否成功的重要标志。因此,控制项目进度是项目控制的首要内容,是项目的灵魂。同时,由于项目管理是一个带有创造性的过程,项目不确定性很大,项目的时间管理是项目管理中的最大难点。

4.1.1 电子商务项目时间管理过程

项目时间管理就是采用一定的方法对项目范围所包括的活动及其之间的相互关系进行分析,对各项活动所需要的时间进行估计,并在项目的时间期限内合理地安排和控制活动开始和结束的时间。

美国项目管理学院(PMBOK2004)定义的项目时间管理过程包括以下几个过程:

(1) 活动定义。确定为产生项目各种可交付成果而必须进行的具体计划活动。

(2) 活动排序。确定各计划活动之间的依赖关系,并形成文件。

(3) 活动资源估算。估算完成各计划活动所需资源的种类与数量。

(4) 活动持续时间估算。估算完成各计划活动所需工时单位数。

(5) 制订进度表。分析活动顺序、活动持续时间、资源要求以及进度制约因素,从而制订项目进度表。

(6) 进度控制。控制项目进度表变更。

PMBOK2004定义的项目时间管理过程的输入、输出以及过程使用的工具与技术如表4-1所示。

项目时间管理需要监视和测量项目实际进展,若发现实施过程偏离了计划,就要找出原因,采取行动,使项目回到计划的轨道上来。因此,时间管理需要比较实际状态和计划之间的差异,并依据差异做出必要的调整以使项目向有利于目标达成的方向发展。

进度计划是时间管理的基础。计划指出了项目组织未来努力的方向和奋斗目标,是经过仔细分析后综合成的对未来的构思,又是当前行动的准则。一个完善的计划可以使失败的概率降至最低,以最大限度地保证在预期的期限内取得预期的效果。

时间管理是通过项目的动态监控实现的。项目时间管理是随着项目的进行而不断进行的,是一个动态过程,也是一个循环进行的过程。从项目开始,实际进度就进入了运行的轨道,也就是计划进入了执行的轨道。

对比分析并采取必要的措施是时间管理的关键。当实际进度与进度计划不一致时,就应分析偏差的原因,采取措施,调整计划,使实际与计划在新的起点上重合,并尽量使项目按调整后的计划继续进行。

第4章 电子商务项目时间管理

表4-1 PMBOK2004 对项目时间管理的定义

	启动(Initiating)	规划(Planning)					实施(Executing)	监控(Controlling)	收尾(Closing)
		活动定义	活动排序	活动资源估算	活动持续时间估算	制订进度表		进度控制	
输入		1. 环境与组织因素 2. 组织过程资产 3. 项目范围说明书 4. 工作分解结构 5. 项目管理计划	1. 项目范围说明书 2. 活动清单 3. 活动属性 4. 里程碑清单 5. 批准的变更申请	1. 环境与组织因素 2. 组织过程资产 3. 活动清单 4. 活动属性 5. 可利用资源情况 6. 项目管理计划	1. 环境与组织因素 2. 组织过程资产 3. 项目范围说明书 4. 活动清单 5. 活动属性 6. 活动资源要求 7. 资源日历 8. 项目管理计划	1. 组织过程资产 2. 项目范围说明书 3. 活动清单 4. 活动属性 5. 项目进度网络图 6. 活动资源要求 7. 资源日历 8. 活动持续时间估算 9. 项目管理计划		1. 进度管理计划 2. 进度基准 3. 绩效衡量报告 4. 批准的变更申请	
工具和技术		1. 分解 2. 样板 3. 滚动式规则 4. 专家判断 5. 规划组成部分	1. 分解 2. 样板 3. 滚动式规则 4. 专家判断 5. 规划组成部分	1. 专家判断 2. 多方案分析 3. 出版的估算数据 4. 项目管理软件 5. 自下而上估算	1. 专家判断 2. 类比估算 3. 参数估算 4. 三点估算 5. 后备分析	1. 进度网络分析 2. 关键路线法 3. 进度压缩 4. 假设情景分析 5. 资源平衡 6. 关键链法 7. 项目管理软件 8. 应用日历 9. 调整时间提前与滞后量 10. 进度模型		1. 进度报告 2. 进度变更控制系统 3. 绩效衡量 4. 项目管理软件 5. 偏差分析 6. 进度比较横道图	
输出		1. 活动清单 2. 活动属性 3. 里程碑清单 4. 请求的变更	1. 项目进度网络图(更新) 2. 活动清单(更新) 3. 活动属性(更新) 4. 请求的变更	1. 活动资源请求 2. 活动属性(更新) 3. 资源结构分解 4. 资源日历 5. 请求的变更	1. 活动持续时间估算 2. 活动属性(更新)	1. 项目进度表 2. 进度模型数据 3. 进度基准 4. 资源要求(更新) 5. 活动属性(更新) 6. 项目日历(更新) 7. 请求的变更 8. 项目管理计划		1. 项目进度表 2. 进度模型数据 3. 进度基准 4. 资源要求(更新) 5. 活动属性(更新) 6. 项目日历的变更 7. 请求的变更 8. 项目管理计划	

4.1.2 电子商务项目时间管理的关键因素分析

为了有效进行时间管理,必须对影响进度的因素进行分析,以便事先采取措施,尽量缩小实际进度与计划进度的偏差,实现项目的主动控制与协调。在项目进行的过程中,很多因素影响项目工期目标的实现,这些因素可称为干扰因素。影响项目进度目标实现的干扰因素可以归纳为以下几个方面。

1. 人力资源因素

电子商务项目中人的因素是第一位的,可以说是决定性的因素。项目管理实践证明:人的因素是比精良的设备、先进的技术更为重要的项目成功因子。

首先是项目经理。项目经理是项目委托人的代表,是项目启动后项目全过程管理的核心,是项目团队的领导者,是项目有关各方协调配合的桥梁和纽带。项目有关各方参与项目的动机和目的不同,关心的重点不同,对项目的期望和投入也不同,在项目的进展过程中,很难做到步调一致。因此,矛盾和冲突就不可避免。项目经理就要负责沟通项目的各有关方面,协调和解决这些矛盾和冲突。因此项目经理是决定项目成功与失败的关键人物。项目经理必须明确自己在项目管理中的地位、作用和职责,并取得必要的权限。

其次是项目团队。再好的项目计划若没有执行能力强大的团队也可能化为泡影。一个稳定团结的核心团队是项目最宝贵的资源。项目团队成员一般都来自不同的组织。不同的人价值观不同,为人处世的方法、思考问题的方法也不同,所以人际沟通在项目中的重要性突显出来。沟通是协调的基础,只有良好的沟通才能达到协调的目的。通过沟通可以掌握客户现实的需求和潜在的需求,可以制订合理的项目计划,可以发现项目中存在的问题或潜在的问题,可以增强团队的凝聚力和工作效率等等。俗话讲:"宁吃鲜桃一口,不吃烂杏一筐。"在项目团队中,骨干人员的素质和经验又是至关重要的,在信息技术项目中尤为如此,很多IT界传奇的例子都证明了这一点,如微软公司的安德斯·海尔斯伯格(Anders Hejlsberg)。有人说:"优秀的人是无价的,优秀的人同时又是免费的,因为他给项目带来的价值远远高于付给他的工资。"另一方面,要时刻警惕团队中的害群之马,防止一些人制造、散布负面的言论,影响整个团队的士气。团队的工作效率直接影响项目的进度,优秀的团队一天能完成的工作,配合不默契的团队往往要干上一个月。项目监理师应该能够深入到项目团队中去,对项目骨干人员的胜任与否、团队士气等做出判断,评价其对进度的影响。

第三是项目干系人。项目干系人包括项目当事人以及其利益受该项目影响的(受益或受损)个人和组织;也可以把他们称作项目的利害关系者。项目不同的干系人对项目有不同的期望和需求,他们关注的目标和重点常常相去甚远。例如,业主也许十分在意时间进度,设计师往往更注重技术一流,政府部门可能关心税收,附近社区的公众则希望尽量减少不利的环境影响等。

项目干系人有意无意地会干扰项目以确保项目优先满足他的利益,甚至使项目偏离既定目标,也会成为影响项目进度的因素。最常见的是不懂技术和项目管理的领导对项目的野蛮干涉等,项目经理对此要特别警惕,项目监理师对此也要及时举牌警告。

2. 材料和设备因素

材料和设备往往成为制约项目进度的关键因素。材料和设备对进度的影响可以归纳为 3 点：停工待料、移植返工和效率低下。

1) 停工待料

停工待料，尤其是一些要进口报关的设备或材料，需要提前有思想准备。如果项目中包括了设备，设备必须在部署阶段之前到位，项目监理应该提早注意，及时提醒相关人员。

2) 移植返工

项目中经常会遇到这样的情况：因为一些设备没有到位，而采用临时设备先开发，等新设备到位后再移植过来。比如小型机需要进口报关，先拿 PC Server 开发，结果等小型机到位后遗憾地发现移植并不那么容易，很多地方不兼容，导致大量的修改，多处返工，给项目的进度带来很大影响。

3) 效率低下

系统开发的设备选择非常重要。开发时用的设备和推荐给使用者的设备要求大致相当。有时开发时用的设备很好，对使用者的设备要求也无形中提高了；有时相反，开发使用的设备性能影响效率，进而影响项目进度。

3. 方法和工艺因素

电子商务系统开发项目中，使用不同的方法完成系统的功能，工作量动辄会相差好几倍甚至几十倍。好的工具、控件的应用往往会节省很多时间。同样地，合适的技术路径也很重要，在系统开发项目中，经常会发生因某一技术难题不好解决而拖延时间的问题。在系统开发设计中，软件需求、硬件需求以及其他因素之间是相互制约、相互影响的，经常需要权衡。因此，必须认识需求定义的易变性，采用适宜的方法予以控制，以保证开发出来的系统产品满足用户的要求。一般来说，选择成熟的技术，进度会保证，技术难题攻关中也容易寻求帮助。

4. 资金因素

前面说过，进度、资金和质量之间是相互作用、相互影响的，资金对项目进度的影响是显而易见的，资金不到位，项目只能暂停。进度规划时就要考虑资金预算的配套，否则时间管理也是空谈。

5. 环境因素

项目不是空中楼阁，都是在特定的环境下进行的。项目管理者必须对项目所处的外部环境有正确的认识。项目的外部环境包括自然、技术、政治、社会、经济、文化、法律法规和行业标准等。

环境因素可以分为硬环境和软环境两类。硬环境包括开发环境和施工场地等，软环境包括政策影响和宏观经济等。环境的变化有时是始料未及的，项目经理要分析环境变化对项目的影响，采取适当的措施。

对以上因素作进一步分析，我们发现时间管理上的失误原因大体存在以下几种状况：

（1）错误估计了项目实现的特点及实现的条件。低估了项目的实现在技术上存在的困难；未考虑到某些项目设计和实施问题的解决，必须进行科研和实验，而它既需要资金又需要时间；低估了项目实施过程中项目各参与者之间协调的困难；对环境因素、物资供应条件和市场价格的变化趋势等了解不够等。

(2) 盲目确定工期目标。不考虑项目的特点，不采用科学的方法，盲目确定工期目标，使得工期要么太短，无法实现，要么太长，效率低下。

(3) 工期计划方面的不足。项目设计、材料和设备等资源条件不落实，进度计划缺乏资源的保证，以致进度计划难以实现；进度计划编制质量粗糙，指导性差；不考虑计划的可变性，认为一次计划就可以一劳永逸；计划的编制缺乏科学性，致使计划缺乏贯彻的基础而流于形式；项目实施者不按计划执行，凭经验办事，使编制的计划徒劳无益，不起作用。

(4) 项目参加者的工作失误。设计进度拖延；突发事件处理不当；项目参加各方关系协调不顺等。

(5) 不可预见事件的发生。如恶劣气候条件和复杂的地质条件等。

4.2 活动定义和排序

根据美国项目管理学院的 PMBOK2004 定义的项目时间管理过程，我们把项目时间管理概括为以下几个过程：

(1) 活动定义。确定为完成各项项目可交付成果所必须进行的各项具体活动。

(2) 活动排序。确定各活动之间的依赖关系，并形成文档。

(3) 活动持续时间估算。估算完成单项活动所需要的时间长度。

(4) 进度计划制订。在分析活动顺序、活动持续时间和资源需求的基础上编制项目进度计划。

项目时间管理的几个主要过程在实际项目管理中表现出相互交叉和重叠的关系，很难截然将其分开，在某些小型项目中，项目的一些管理过程甚至可以合并在一起视为一个阶段。

4.2.1 活动定义

要完成一个项目，并实现项目的目标，应事先确定实施项目所需要开展的活动，拟出一份包括所有活动的清单无疑是必要的。活动定义就是为了完成这项工作。

1. 活动定义的工具和技术

活动定义的一个主要成果是项目活动清单。对一些小型项目来说，得到一份完整的项目活动清单可能相对要容易一些，一般通过项目团队成员采用"头脑风暴法"进行集思广益就可以生成项目活动清单。不过，对于较大型的复杂项目，比如较大型的网站系统，仅仅这样可能难以获得符合要求的项目活动清单，这种情况下，需要采用一些活动定义的工具和技术。

1) 活动分解技术

活动分解技术是在项目工作分解结构的基础上，将项目工作按照一定的层次结构逐步分解为更小的、更具体的和更容易控制的许多具体的项目活动，从而找出完成项目所需要的所有活动的技术。

图 4-1 是一个常见的软件开发项目的简单工作分解结构图，如果把它倒过来，形状就像一棵树，所以也叫树形结构图。

第 4 章 电子商务项目时间管理

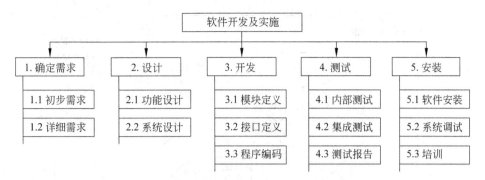

图 4-1 树形结构图

上述软件开发项目的工作分解结构也可以用列表的形式表示，见图 4-2。

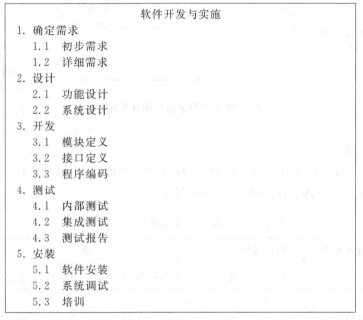

图 4-2 工作分解结构表

2）模板法

已经完成的类似项目的活动清单或其中的一部分往往可以作为一个新项目的活动清单的模板，通过对模板中包含的活动进行增减或修改就可以得到新的项目的活动清单。

2. 项目生命周期模型

典型的几种生命周期模型包括瀑布模型、快速原型模型和迭代模型。

瀑布模型生命周期的开发流程如图 4-3 所示，各项管理过程（项目管理、配置管理、质量管理、需求管理和培训管理等）贯穿于开发流程中。瀑布模型生命周期分为立项、准备、需求分析、概要设计、详细设计、编码与单元测试、测试、交付和维护等阶段。每个阶段均有输入输出的要求以及进出准则。

各阶段的描述如下。

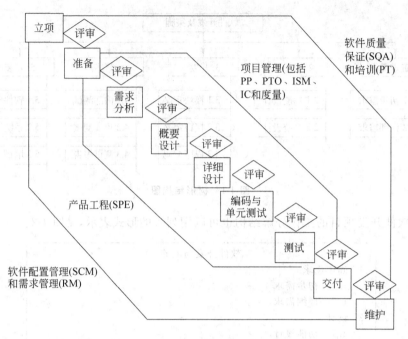

图 4-3　瀑布模型生命周期开发流程图

1. 立项阶段

主要确定项目的开发目标及其可行性、项目的大致范围、项目结束的截止时间和一些关键时间,指定项目经理和部分项目成员等(见表 4-2)。

表 4-2　立项阶段

输入	进入准则	退出准则	输　　出
立项申请	有项目意向	立项评审完成	可行性研究报告、批准的立项申请书、工作任务陈述(SOW)

2. 准备阶段

项目团队成员准备项目工作所需要的规范、工具和环境,如开发工具、源代码管理工具、配置环境和数据库环境等(见表 4-3)。

表 4-3　准备阶段

输　入	进入准则	退出准则	输　　出
SOW、用户需求文档	立项批准	策划完成,各种计划被批准	系统功能说明、项目计划(SDP、SQAP、SCMP和测试计划等)、计划数据

3. 需求分析阶段

需求分析阶段是在确定系统开发可行的情况下,对系统需要实现的各个功能进行分析(见表 4-4)。需求分析阶段是一个很重要的阶段,这一阶段做得好,将为整个系统开发项目的成功打下良好的基础。同样需求也是在整个系统开发过程中不断变化和深入的,因此必须制订计划来应付这种变化,以保护整个项目的进度。

表 4-4 需求分析

输　　入	进入准则	退出准则	输　　出
系统功能说明书	系统功能说明书通过评审	软件需求规格说明书通过评审	软件需求规格说明书、数据字典

4. 设计阶段

此阶段主要根据需求分析的结果,对整个软件系统进行设计,如系统框架设计和数据库设计等。软件设计一般分为概要设计和详细设计(见表 4-5 和表 4-6)。

表 4-5 概要设计阶段

输　　入	进入准则	退出准则	输　　出
软件需求规格说明书	软件需求规格说明书通过评审	概要设计说明书通过评审	概要设计说明书、数据库设计说明书(初稿)和用户手册(初稿)

表 4-6 详细设计阶段

输　　入	进入准则	退出准则	输　　出
概要设计说明书、数据库设计说明书(初稿)和用户手册(初稿)	概要设计说明书通过评审	详细设计说明书通过评审	详细设计说明书、数据库设计说明书(正稿)和用户手册(复稿)

5. 编码与单元测试阶段

编码与单元测试阶段是将设计转换成计算机可运行的程序代码(见表 4-7)。在程序编码中必须要制订统一、符合标准的编写规范。以保证程序的可读性和易维护性,提高程序的运行效率。

表 4-7 编码与单元测试阶段

输　　入	进入准则	退出准则	输　　出
详细设计说明书、数据库设计说明书	详细设计说明书通过评审	单元测试通过	单元测试方案、单元测试问题报告、单元测试总结报告、源程序文件、目标文件及配置文件

6. 测试阶段

此阶段是将系统设计的结果在设计完成后进行严密的测试,以发现系统在整个设计过程中存在的问题并加以纠正(见表 4-8)。整个测试过程分单元测试、组装测试和系统测试 3 个阶段进行。在测试过程中需要建立详细的测试计划并严格按照测试计划进行测试,以减少测试的随意性。

表 4-8　测试阶段

输　入	进入准则	退出准则	输　出
概要设计说明书、数据库设计说明书、需求规格说明书	测试交接完成	测试通过	测试方案、测试记录、测试问题报告、测试总结报告

7. 交付阶段

交付阶段的重点是确保系统对最终用户是可用的,同时产生与产品交付相关的文档(见表 4-9)。

表 4-9　交付阶段

输　入	进入准则	退出准则	输　出
系统功能说明书、用户手册、产品验收申请	测试通过,SQA 通过	评审通过	项目总结报告、产品验收记录、产品发行记录及发行的产品包

8. 维护阶段

在系统软件开发完成并投入使用后,由于多方面的原因,软件不能继续适应用户的要求。要延续软件的使用寿命,就必须对软件进行维护。软件的维护包括纠错性维护和改进性维护两个方面(见表 4-10)。

表 4-10　维护阶段

输　入	进入准则	退出准则	输　出
用户手册及所有技术文档、源代码文件和配置文件	用户维护需求	维护完成,并通过验收	维护记录、变更的产品包

所有生命周期模型都是以瀑布生命周期模型为基础的。项目从始至终按照一定顺序的步骤从初始的软件概念进展到系统测试,项目确保在每个阶段结束时进行检查,以判断是否可以开始下一阶段工作。瀑布模型是文档驱动的,这意味着主要工作成果是通过文档从一个阶段传递到下一个阶段,各阶段不连续也不交叠。

案例:同心食品厂网站建设项目

该项目的范围说明书的主要内容如下。

项目委托者:同心食品厂

项目承担者:黎明网络技术服务公司

合同编号:LM20070606-3

项目目标描述:

根据双方合同约定,双方具体执行人员磋商确认,本项目在功能、技术、成本和进度等方面的具体要求如下。

1. 功能目标

(1) 产品外观及精美包装的网上展示。

(2) 最大图片的下载时间不大于 5 秒。

(3) 产品品质的详细说明。
(4) 网上可以下订单,且网上也可以付款。
(5) 网上可以反馈顾客意见。
2．技术目标
(1) 可支持不同浏览器浏览。
(2) 可用 Access 管理数据库。
(3) 选择国内一流网站宿主。
3．成本目标：50 000 元以内。
4．进度目标：30 天以内完成,从 2007 年 6 月 6 日开始。

经过研究,项目团队将该项目分解为网站规划、资料收集、数据库结构设计、宿主选择、文本编制、数据库开发、网页设计、网站调试、网页上传和在线测试 10 项活动,并编制了如表 4-11 所示的责任矩阵。

表 4-11　同心食品厂网站建设项目任务分解

活动编号	活动名称	任务的详细说明	负责人
1	网站规划	依据合同和甲方的补充要求,对网页数量、内容和网站运行方式进行总体安排	黎明
2	资料收集	拍摄本厂的产品图片,收集企业的图片、文字宣传资料、通信地址和联系人名单、汇款账号等,收集有关宿主的资料	张强
3	数据库结构设计	对公司的数据库进行结构上的设计	黎明
4	宿主选择	选择国内一流的 ISP,购买虚拟主机空间,洽谈服务条款和价格	许杰
5	文本编制	设计网页内容结构,编写产品说明、企业简介、服务承诺书、问题与解答和其他网页上的文字内容	李西文
6	数据库开发	设计和开发产品数据库和网上登记、查询、订货、反馈系统	黎明
7	网页设计	根据文本和图片设计网页,要求美观大方、浏览便捷	张强
8	网站调试	包括网页链接、数据库功能测试、数据图片和文字的链接	张强
9	网页上传	将调试好的网页传送到 ISP 服务器上,利用企业原来的域名和账号	李西文
10	在线测试	从互联网上登录本网站,检查预定的各项指标是否符合要求,如有问题,分析解决	黎明

4.2.2　活动排序

项目活动排序是指识别项目活动清单中各项活动的相互关联与依赖关系,并据此对项目各项活动的先后顺序的安排和确定工作。在对电子商务项目活动进行排序时,对于每项工作都必须考虑如下几个问题：本项工作开始之前,哪些工作必须结束;哪些工作可以与本项工作同时进行并界定其并发状态;哪些工作只有在本项工作完成后才能开始,以及辨析串行工作线路上的耦合关联程度。

在某项活动开始前必须结束的活动称为该活动的紧前活动,在某些活动结束以后才能开始的活动称为该活动的紧后活动。例如在同心食品厂项目中,因为网页上传必须在网站调试以后进行,所以网站调试是网页上传的紧前工作,而在线测试就是网页上传的紧后活动。紧前活动和紧后活动的客观存在规定了项目任务中各项活动的先后顺序。

对于可以同步进行的活动,如安排同步进行,就可以缩短整个项目的时间。例如,对于同心食品厂项目,如果按照表 4-12 中的顺序安排,项目活动时间就需要 43 天,这就不符合合同规定的"30 天以内"的时间要求。但是,考虑数据库编制(持续时间最长)可以与其他活动同步进行,时间就可以大大缩短。上述的活动顺序的一种可能安排如下:

(1) 资料收集和网站规划可以同步。
(2) 网站规划后,数据库开发工作就可以开始。
(3) 资料收集和网站规划完成后,文本编制就可以开始。
(4) 网页设计应在文本编制结束后开始,但也可以与文本编制同步。
(5) 网站宿主选择在网站规划后的任何时间都可以进行。
(6) 网站调试必须在以上所有活动完成以后进行。
(7) 网页上传应该在网站调试之后进行。
(8) 在线测试是最后的活动。

案例:同心食品厂网站建设项目活动工期估计表

表 4-12　同心食品厂网站建设项目活动工期估计表

活动编号	活动名称	负责人	时间估计/天	备注
1	网站规划	黎明	1	
2	资料收集	张强	2	
3	数据库结构设计	黎明	1	
4	宿主选择	许杰	3	
5	文本编制	李西文	5	
6	数据库开发	黎明	22	需要助手 2 人
7	网页设计	张强	5	
8	网站调试	张强	2	
9	网页上传	李西文	1	
10	在线测试	黎明	1	
合计			43	

项目活动排序过程中,除了要考虑项目活动之间的必然依存关系以外,还要考虑项目的约束条件和假设前提条件。项目的约束条件是指项目所面临的各种资源与环境限制条件和因素,它们会对项目活动的排序造成影响和限制。例如,在没有资源限制的情况下,两种项目活动可以同时开展,但是在有资源限制的情况下,它们就只能依次进行了。项目的假设前提条件是对项目活动所涉及的一些不确定条件的假设性认定,项目的假设前提条件同样也会直接影响项目活动的排序。

设立项目里程碑是排序工作中很重要的一部分。

可以将需求的最终确认、产品移交等关键任务作为项目里程碑。"里程碑事件"往往是一个时间要求为零的任务,就是说它并非是一个要实实在在完成的任务,而是一个标志性的事件,也可以理解为该项任务完成是否会影响到后续任务的进展及其总工期。设置"里程碑事件"的目的就在于将一个过程性任务用一个结论性标志标识,从而使任务拥有明确的起止点,这一系列的起止点就成为引导整个项目进展的"里程碑"。

"里程碑事件"应成为活动排序的一部分,以保证满足里程碑事件按期完成的要求。在项目管理进度跟踪的过程中,给予里程碑事件足够的重视,往往可以起到事半功倍的效用,只要能保证里程碑事件的按时完成,整个项目的进度也就有了保障。某系统开发的里程碑事件如表 4-13 所示。

表 4-13 某系统开发的里程碑事件

里程碑事件	1周	2周	3周	4周	5周	6周	7周	8周	9周
通过评审的项目可行性研究报告	▲								
用户确认的需求规格说明书		▲							
通过评审的需求设计报告			▲						
通过评审的详细设计报告						▲			
通过验证的源代码和目标代码								▲	
通过系统测试的目标代码									▲
可供用户使用的用户手册							▲		

在电子商务项目管理过程中,常见的活动排序工具包括甘特图和网络图。

1. 甘特图

甘特图也称为线条图或横道图,它是以横线来表示每项活动的起止时间。甘特图的优点是简单、明了、直观,易于编制,因此到目前仍然是小型项目中常用的工具。即使在大型工程项目中,它也是高级管理层了解全局和基层安排进度时有用的工具。图 4-4 是一个简单的甘特图。

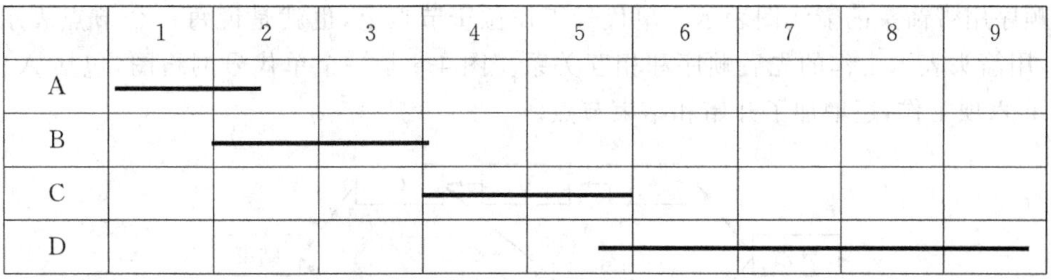

图 4-4 简单的甘特图

在甘特图上,可以看出各项活动的开始和终了时间。在绘制各项活动的起止时间时,也考虑它们的先后顺序。但在甘特图中各项活动的关系却没有表示出来,同时也没有指出影响项目生命周期的关键所在。因此,对于复杂的项目来说,甘特图就显得不能适应需要。

案例：同心食品厂网站建设项目活动甘特图

活动	负责人	2	4	6	8	10	12	14	16	18	20	22	24	26	28	30
网站规划	黎明	—														
资料收集	张强		—													
数据库结构设计	黎明		—													
宿主选择	许杰			—	—											
文本编制	李西文			—	—											
数据库开发	黎明				——————————————————————											
网页设计	张强						—	—								
网站调试	张强													—		
网页上传	李西文														—	
在线测试	黎明															—

图 4-5 同心食品厂网站建设项目活动甘特图

2. 网络图

网络图将任务计划和进度安排分开的职能是甘特图所没有的。因此，一旦各项活动的时间延误，甘特图整体将面临大变动，而网络图则不然。采用网络图进行进度控制，能够清晰地展现现在和将来完成的工程内容以及各工作单元间的关系，并且可以预先确定各任务的时差。了解关键作业或某一环节的进度的变化对后续工程和总工期的影响度，便于及时地采取措施或对进度进行调整。

活动排序通常采用的工具为网络图，分为前导图法和箭线图法两种。

1) 前导图法（Precedence Diagramming Method，PDM）

前导图法也称为单代号绘图法，是指按工作先后顺序把每项工作作为一个方块，按照先后顺序用带箭头的箭线图表示。单代号工作位于节点上，也就是说每一个节点表示一个工作，用箭头表示工作的先后顺序和相互关系。图 4-6 是一个单代号网络图，包括 A、B、C、D、E、F 六项工作，还增加了开始和结束节点。

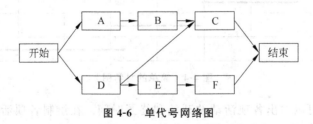

图 4-6 单代号网络图

2) 箭线图法（Arrow Diagramming Method，ADM）

箭线图法也称双代号网络图法，是一种利用箭线代表活动，而在节点处将活动连接起来表示依赖关系的编制项目网络图的方法。双代号网络图与单代号网络图的区别是后者把工作放在节点上。双代号图是工作用箭线来表示,而节点反映的是工作的起始和结束,如图 4-7 所示。

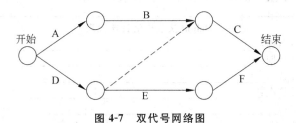

图 4-7 双代号网络图

为了表达工作之间的逻辑关系,双代号网络图有时不得不用一个虚的工作表示,这个虚的工作实际上不存在,它的时间消耗为零。如图 4-7 从 D 结束到 C 开始有一条虚线,这条虚线就反映 C 工作必须在 D 工作完成之后才能进行。如果没有虚线引入,只反映 C 工作是在 B 工作完成之后,与 D 没有联系。

为了避免在排序工作中出现逻辑错误,双代号图不能出现回路,不能出现两个工作的并联,否则会导致工作的逻辑顺序发生混乱,如图 4-8 所示。

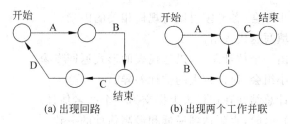

图 4-8 箭线图法的常见错误

4.3 活动资源估算和历时估算

活动资源估算包括决定需要什么资源和每一项资源的需求量,以及何时使用这些资源进行有效的项目活动。

电子商务系统开发项目最关键的资源就是人力,项目经理根据项目计划和项目规模,在项目的开始阶段统计项目的人力投入情况,何时需要何种人员?人员的能力水平的程度如何?人员工作的强度?何时哪些人员可以退出项目组?通过这些数据,项目经理可以通过事前沟通,提前准备资源。尤其在项目的范围发生变化的时候,譬如客户需要增加一个新的需求,项目经理通过对新需求的规模估算从而得到新的人力需求,用来判断是否增加人力。

4.3.1 工作量和工期的估计

项目工作量和工期的估计通常有下面几种方法。

1. 德尔菲(Delphi)法

Delphi 法的步骤如下：

(1) 协调人向各专家提供项目规模估计迭代表(见图 4-9)。

```
            Delphi 法规模估计迭代表
    项目名称：_____
    估计日期：_____
    估计者：_____
    估计轮次：_____
    结果：_____
    代码行 _____ LOC；周期：_____ 月；工作量：_____ 人
    月；费用：_____ 元
    理由：
    _____
    _____
    _____
    _____
```

图 4-9　Delphi 法规模估计迭代表样例

(2) 协调人召集小组会，各专家讨论与规模相关的因素。

(3) 各专家匿名填写迭代表格。

(4) 协调人整理出一个估计总结，以迭代表的形式返回专家。

(5) 协调人召集小组会，讨论较大的估计差异。

(6) 专家复查估计总结并在迭代表上提交另一个匿名估计。

(7) 重复步骤(4)~(6)，直到达到最低和最高估计的一致。

2. 功能点估计法

功能点测量是在需求分析阶段基于系统功能的一种规模估计方法。通过研究初始应用需求来确定各种输入、输出、计算和数据库需求的数量和特性。通常的步骤如下：

(1) 计算输入、输出、查询、主控文件和接口需求的数目。

(2) 将这些数据进行加权和。表 4-14 为一个典型的权值表。

(3) 估计者根据对复杂度的判断，总数可以用＋25％、0 或－25％调整。

统计发现，对一个软件产品的开发，功能点对项目早期的规模估计很有帮助。然而，在对产品有了更多的了解后，功能点可以转换为软件规模测量更常用的 LOC。

表 4-14　权值表

功能类型	权值	功能类型	权值
输入	4	主控文件	10
输出	5	接口	10
查询	4		

3. 类比法

类比法适合评估一些与历史项目在应用领域、环境和复杂度的相似的项目，通过新项目与历史项目的比较得到规模估计。类比法估计结果的精确度取决于历史项目数据的完整性和准确度,因此,用好类比法的前提条件之一是组织建立起较好的项目后评价与分析机制,对历史项目的数据分析是可信赖的。

类比法的基本步骤如下:

(1) 整理出项目功能列表和实现每个功能的代码行。

(2) 标识出每个功能列表与历史项目的相同点和不同点,特别要注意历史项目做得不够的地方。

(3) 通过步骤(1)和(2)得出各个功能的估计值。

(4) 产生规模估计。

4.3.2 计划评审技术

计划评审技术(Program Evaluation and Review Technique,PERT)是20世纪50年代末美国海军部开发北极星潜艇系统时为协调3000多个承包商和研究机构而开发的,其理论基础是假设项目持续时间以及整个项目完成时间是随机的,且服从某种概率分布。PERT可以估计整个项目在某个时间内完成的概率。

如果对一项工作进行估计时缺乏足够的信息,或者说考虑到未来环境的变化,它的时间不能一次进行,这时可以采用三点时间估计法。

比如可以按照最乐观的时间估计、最可能的时间估计和最悲观的时间估计。每一个时间估计都用3个时间参数来表示。这3个时间参数假定是遵循一个β分布(β分布是一种常用的概率分布),基于β分布的概率假设,就可以计算出这三点估计。根据分布的概率假设可以计算出三点的期望值和方差,如图4-10所示。

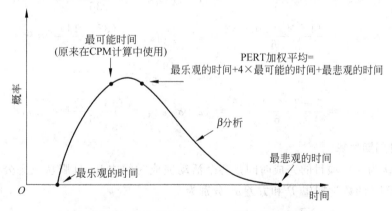

图 4-10 单项活动的 PERT 所需时间估算

期望值的计算公式是对于最乐观的时间估计加上最悲观的时间估计再加上4倍的最可能的时间估计再除以6。方差是最悲观的时间估计减去最乐观的时间估计再除以6,然后求平方。标准差时间等于最悲观的时间估计减去最乐观时间估计再除以6。用三点时间估计法进一步计算方差和标准差,取代单一时间估计的关键路径法(CPM)的计算,这种计算方法的优点是可以进一步估计整个项目完成的时间的概率保证。

1. 活动的时间估计

PERT 对各个项目活动的完成时间按 3 种不同情况估计：

(1) 乐观时间(optimistic time)。任何事情都顺利的情况下完成某项工作的时间。

(2) 最可能时间(most likely time)。正常情况下完成某项工作的时间。

(3) 悲观时间(pessimistic time)。最不利的情况完成某项工作的时间。

假定 3 个估计服从 β 分布，由此可算出每个活动的期望 t_i：

$$t_i = \frac{a_i + 4m_i + b_i}{6}$$

其中，a_i 表示第 i 项活动的乐观时间，m_i 表示第 i 项活动的最可能时间，b_i 表示第 i 项活动的悲观时间。

根据 β 分布的方差计算方法，第 i 项活动的持续时间方差为

$$\sigma_i^2 = \frac{(b_i - a_i)^2}{36}$$

例如，某银行 OA 系统的建设可分解为需求分析、设计编码、测试和安装部署 4 个活动，各个活动顺次进行，没有时间上的重叠，活动的完成时间估计如图 4-11 所示。

①—需求分析 7-11-15—②—设计编码 13-20-35—③—测试 5-7-9—④—安装部署 5-15-13—⑤

图 4-11　系统工作分解和活动工期估计

则各活动的期望工期和方差为：

$$t_{需求分析} = \frac{7 + 4 \times 11 + 15}{6} = 11 \quad \sigma_{需求分析}^2 = \frac{(15-7)^2}{36} = 1.778$$

$$t_{设计编码} = \frac{14 + 4 \times 20 + 32}{6} = 21 \quad \sigma_{设计编码}^2 = \frac{(32-14)^2}{36} = 9$$

$$t_{测试} = \frac{5 + 4 \times 7 + 9}{6} = 7 \quad \sigma_{测试}^2 = \frac{(9-5)^2}{36} = 0.101$$

$$t_{安装部署} = \frac{5 + 4 \times 13 + 15}{6} = 12 \quad \sigma_{安装部署}^2 = \frac{(15-5)^2}{36} = 2.778$$

2. 项目周期估算

PERT 认为整个项目的完成时间是各个活动完成时间之和，且服从正态分布。整个项目完成的时间 t 的数学期望 T 和方差 σ^2 分别为

$$\sigma^2 = \sum a_i^2 = 1.778 + 9 + 0.101 + 2.778 = 13.657$$

$$T = \sum t_i = 11 + 21 + 7 + 12 = 51$$

标准差为

$$\sigma = \sqrt{\sigma^2} = \sqrt{13.657} = 3.696(天)$$

综上可以得出项目周期的正态分布曲线，如图 4-12 所示。

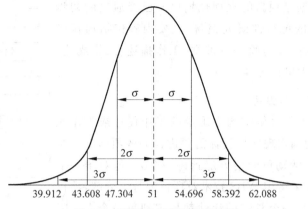

图 4-12 项目的工期正态分布图

根据正态分布规律,在±σ范围内,即在47.304~54.696天完成的概率为68%;在±2σ范围内,即在43.608~58.393天完成的概率为95%;在±3σ范围内,即在39.912~62.088天完成的概率为99%。如果客户要求在39天内完成,则可完成的概率几乎为0,也就是说,项目有不可压缩的最小周期,这是客观规律。

通过查标准正态分布表,可得到整个项目在某一时间内完成的概率。例如,如果客户要求在60天内完成,那么可能完成的概率为

$$P(t \leqslant 60) = \Phi\left(\frac{60-T}{\sigma}\right) = \Phi\left(\frac{60-51}{3.696}\right) = 0.99286$$

如果客户要求再提前7天,则完成的概率为

$$P(t \leqslant 53) = \Phi\left(\frac{53-T}{\sigma}\right) = \Phi\left(\frac{53-51}{3.696}\right) = 0.7054$$

实际上,大型项目的工期估算和进度控制非常复杂,往往需要将CPM和PERT结合使用,用CPM求出关键路径,再对关键路径上的各个活动用PERT估算完成期望和方差,最后得出项目在某一时间段内完成的概率。PERT还告诉我们,任何项目都有不可压缩的最小周期,这是客观规律,千万不能不顾客观规律而对用户盲目承诺,否则必然会受到客观规律的惩罚。

4.4 进度计划编制

4.4.1 编制进度计划的步骤和方法

项目进度计划的制订包括了项目描述、项目分解与活动界定、工作描述、项目组织和工作责任分配、工作排序、计算工作量、估计工作持续时间、绘制网络图、进度安排等活动,如图4-13所示。

1. 项目描述

项目描述是用一定形式列出项目目标、项目范围、项目如何执行及项目完成计划等内容,是制作项目计划和绘制工作分解结构图的依据,目的是对项目总体做一个概要性的说

明。项目描述的依据是项目的立项规划书和已经通过的初步设计方案和批准后的可行性研究报告,主要内容包括项目名称、项目目标、交付物、交付物完成准则、工作描述、工作规范、所需资源估计及重大里程碑等。

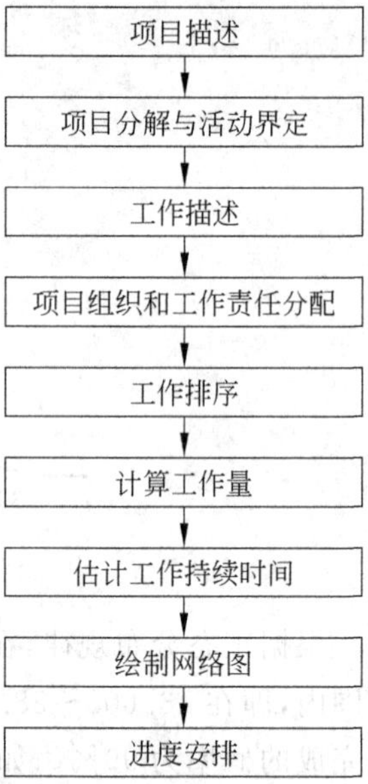

2. 项目分解与活动界定

活动就是项目工作分解结构中确定的工作任务或工作元素,活动界定则是明确实现项目目标需要进行的各项活动。对于一个较小的项目,活动可能会界定到每一个人;但对于一个大而复杂的项目,如果运用 WBS 技术对项目进行了分解,项目经理就没有必要把每一个具体的活动都界定到每一个人。因为这样会浪费许多时间,甚至会遗漏很多的活动。因此对于运用工作分解结构分解的项目,个人活动可以由工作任务的负责人或责任小组来界定。

3. 工作描述

在项目分解的基础上,为了更明确地描述项目所包含的各项工作的具体内容和要求,需要对工作进行描述。它作为编制项目计划的依据,同时便于项目实施过程中更清晰地领会各项工作的内容。工作描述的依据是项目描述和项目工作分解结构,其结果是工作描述表及项目工作列表。

图 4-13 进度计划制订的步骤

4. 项目组织和工作责任分配

为了明确各部门或个人在项目中的责任,便于项目管理部门在项目实施过程中的管理协调,应根据项目工作分解结构和项目组织结构图表对项目的每一项工作或任务分配责任者和落实责任,工作责任分配的结果是形成工作责任分配表。

5. 工作排序

一个项目有若干项工作和活动,这些工作和活动在时间上的先后顺序称为"逻辑关系"。逻辑关系可分为两类,其一为客观存在且不变的逻辑关系,也称之为"强制性逻辑关系"。例如,建一座厂房,首先应进行基础施工,然后才能进行主体施工。其二为可变的逻辑关系,也称为"组织关系"。这类逻辑关系随着人为约束条件的变化而变化,随着实施方案、人员调配和资源供应条件的变化而变化。

例如,一项任务有 3 项工作,假如它们之间不存在不变的逻辑关系,则要完成这一任务,三者之间的关系有多种不同的方案。显然,不同的统筹安排方案所花费的工期及成本各不相同。

6. 计算工作量

根据项目分解情况,计算各工作或活动的工作量,包括工作内容、工作开展的前提条件、工作量及所需的资源等。

7. 估计工作持续时间

工作持续时间指在一定的条件下，直接完成该工作所需时间与必要停歇时间之和，单位可为日、周、旬和月等。工作持续时间是计算其他网络参数和确定项目工期的基础，其估计是编制项目进度计划的一项重要的基础工作，要求客观正确。如果工作时间估计太短，则会造成被动紧张的局面；相反，则会延长工期。在估计工作时间时，不应受到工作的重要性及项目完成期限的限制。要在考虑各种资源供应、技术、工作量和工作效率等因素的情况下，将工作置于独立的正常状态下进行估计。

8. 绘制网络图

绘制网络图主要依据项目工作关系表，通过网络图的形式表达项目的工作关系。

9. 进度安排

在完成项目分解、确定各项工作和活动先后顺序、计算工作量并估计出各项工作持续时间的基础上，即可安排项目的时间进度。

常见的进度计划编制工具和技术包括计划评审技术（PERT）、关键路径法（CPM）和图形评审技术（GERT）。

图形评审技术（GERT）可对网络逻辑和活动所需时间估算进行概率处理。即某些活动可能根本不进行，某些活动可能只部分进行，而其他活动则可能多次进行。

4.4.2 关键路径法

关键路径法（Critical Path Method，CPM）是一种运用特定的、有顺序的网络逻辑和估算出的项目活动时间，确定项目每项活动的最早、最晚开始和结束时间，并做出项目进度网络计划的方法。关键路径法关注的核心是项目活动网络中关键路径的确定和关键路径总时间的计算，其目的是使项目时间能够达到最短。关键路径法通过反复调整项目活动的计划安排和资源分配方案，使项目活动网络中的关键路径逐步优化，最终确定出合理的项目进度计划。因为只有时间最长的项目活动路径完成以后，项目才能够完成，所以一个项目最长的活动路径被称为"关键路径"。

项目活动间存在 4 种依赖关系：结束-开始（FS）关系、结束-结束（FF）关系、开始-开始（SS）关系、开始-结束（SF）关系。每个活动有 4 个和时间相关的参数：

(1) 最早开始时间（ES）：某项活动能够开始的最早时间。

(2) 最早结束时间（EF）：某项活动能够完成的最早时间。

$$EF = ES + 活动持续时间估计$$

(3) 最迟结束时间（LF）：为了使项目按时完成，某项工作必须完成的最迟时间。

(4) 最迟开始时间（LS）：为了使项目按时完成，某项工作必须开始的最迟时间。

$$LS = LF - 活动持续时间估计$$

关键路径法有两个规则：

规则 1：某项活动的最早开始时间必须不早于直接指向这项活动的最早结束时间中的最晚时间。

规则2：某项活动的最迟结束时间必须不晚于该活动直接指向的所有活动最迟开始时间的最早时间。

寻找项目关键路径的一般步骤如下：

（1）将项目中的各项活动视为有时间属性的节点，从项目起点到终点进行排列。

（2）用有方向的线段标出各节点的紧前活动和紧后活动的关系，使之成为一个有方向的网络图。

（3）用正推法计算出各个任务的最早开始时间(ES)和最早结束时间(EF)

（4）用逆推法计算出各个任务的最晚开始时间(LS)和最晚结束时间(LF)

（5）用下面的公式计算出各个活动的时差(TF)：

$$TF_i = LF_i - EF_i = LS_i - ES_i$$

（6）找到总时差为零的活动组成的路线，即为关键路径。

有关活动的最早开始和结束时间计算的一个简单例子如图4-14所示。该图所示的项目预计开始时间为0，因此活动"练习剧本"的最早开始时间为0，由于该活动的持续时间为5，则该活动的最早结束时间为5。同理，活动"烧开水"的最早开始时间和结束时间分别为0和6，活动"洗菜"则分别为0和4。对于活动"煮面条"，由于其3个紧前活动的最早结束时间的最晚值为6，因此该活动的最早开始时间只能是6，其最早结束时间为6加上其持续时间2，即为8。从该例可见，最早开始时间和最早结束时间是通过正向计算得到的，即从项目开始沿网络图到项目完成进行计算，这种方法叫作正推法(forward pass)。

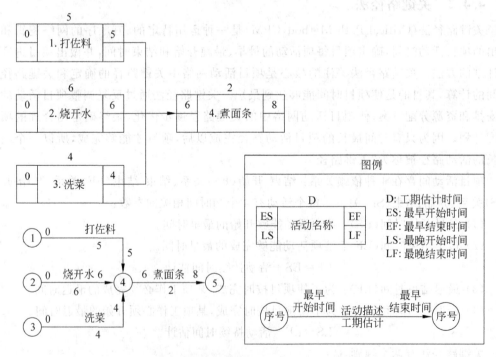

图4-14 最早开始和最早结束时间示意图

有关活动的最晚开始时间和最晚结束时间计算的一个简单的例子如图4-15所示。该图所示的项目的要求完工时间为第30天,则"进货"和"店堂布置"的最晚结束时间都只能是30,进一步用最晚结束时间减去活动的持续时间估计可计算出这两个活动的最晚开始时间,分别为20和25。由于"店址确定"的紧后活动,即"进货"和"店堂布置"这两个活动的最晚开始时间的最早时间为20,所以"店址确定"的最晚结束时间只能是20,进一步可计算出该活动的最晚开始时间为12。从该例可知,最晚结束时间和最晚开始时间是通过反向推算得出的,即从项目完成沿网络图到项目的开始时间推算,这种方法叫作逆推法(backward pass)。

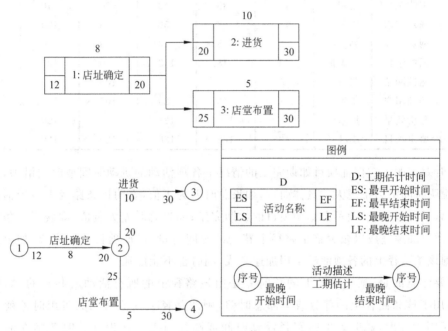

图4-15 最晚开始和结束时间示意图

总时差是指在不延误项目完成日期的情况下,活动自其最早开始时间起可以推迟的时间。根据总时差的含义,其计算公式为

总时差=最晚开始时间-最早开始时间

如果活动的持续时间是不变的,则活动的最早和最晚开始时间的差值与其最早和最晚结束时间的差值是一样的,即总时差也按如下公式计算:

总时差(TS)=最晚结束时间(LF)-最早结束时间(EF)
=最晚结束时间(LF)-最早开始时间(ES)-活动持续时间

以上计算总时差的公式表明总时差可以是负值,当最晚开始时间晚于最早开始时间或最晚结束时间晚于最早结束时间时,总时差就是负值。负的总时差意味着项目将要延迟。

计算总时差的项目进度计划表实例如表4-15所示。

表 4-15　附有总时差值的某网站建设项目的进度计划表

序号	活动名称	负责人	工期估计	最早		最晚		总时差
				开始时间	结束时间	开始时间	结束时间	
1	设计机房	周靖生	3	0	3	−8	−5	−8
2	设计布线	周靖生	10	3	13	−5	5	−8
3	设计网络	刘涛	20	13	33	5	25	−8
4	机房装修	赵伟	5	33	38	25	30	−8
5	机房布线	赵伟	2	38	40	38	40	0
6	采购执行	王宏	10	38	48	30	40	−8
7	确定需求	陈德旺	12	38	50	88	100	50
8	网页设计	刘竟成	2	38	40	98	100	60
9	网站编程	李志彬	65	48	113	40	105	−8
10	测试网站	张成	5	50	55	100	105	50
11	培训用户	王宏	7	113	120	105	112	−8
12	分析效果	周靖生	8	120	128	112	120	−8
13	鉴定项目	李林月	10	128	138	120	130	−8

总时差表明了在保证项目如期完工的情况下各项活动的机动时间或时间潜力，总时差越大，说明时间潜力也越大。具体而言，如果总时差为正值，表明该条路径上各项活动花费的时间总量可以延长，而不会影响项目的如期完工；如果总时差为负值，则表明该条路径上各项活动要加速完成以减少整个路径上花费的时间总量，保证项目按期完成；如果总时差为零，则该条路径上的各项活动不用加速完成，同时也不能拖延。

需要注意的是，某一路径上的总时差是由该路径上的所有活动所共有的，如果某项活动占用了该条路径上的部分或全部总时差，则此路径上其他活动的可用时差就会相应减少，正因为如此，总时差也叫路径浮动时间或路径时差。认识到总时差是在活动之间共同分享非常重要，否则项目小组成员就可能会认为他们执行的活动可以毫无顾虑地使用总时差。实际上，只要他们使用了总时差，其他组员执行活动的机动时间就会相应减少。

根据总时差可以定义许多有用的概念，如总时差为零的活动是关键活动，这些活动决定了项目的总工期，总时差很大的活动叫作松弛活动，总时差短的活动叫作次关键活动（Near-Critical Activity），总时差为负值的活动叫作超关键活动（Super-Critical Activity）。另外，一个大的网络图从开始到结束可以有很多条路径，一些路径可以有正的总时差，另一些可能有负的总时差，具有正的总时差的路径有时被称为非关键路径（non critical path），而总时差为零或最小（可能是负值）的路径被称为关键路径（critical path），其中耗时最长的路径经常被称为最关键路径。

图 4-16 所示为关键路径法的示例。

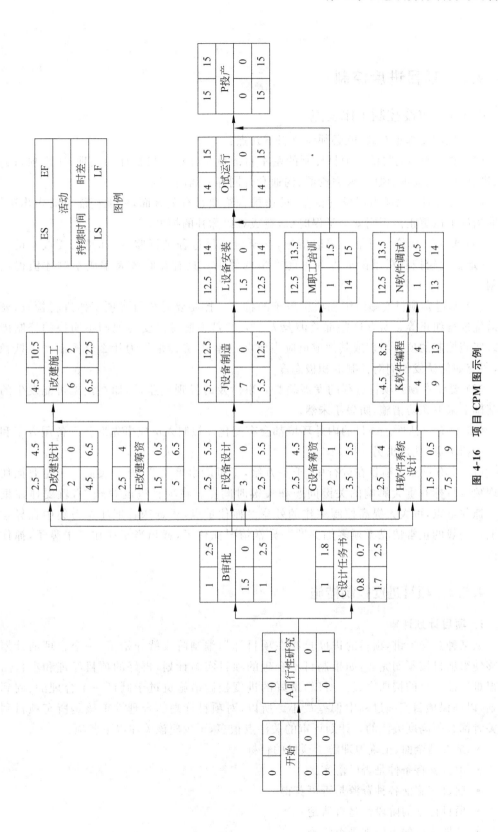

图 4-16 项目 CPM 图示例

4.5 项目进度控制

4.5.1 进度控制工作要点

进度控制要真正有效,就必须注意以下几点:

(1) 要有明确的目的。项目控制的基本目的就是保证项目目标的实现,实现项目的范围、进度、质量、成本、风险、人力资源、沟通和合同等方面的目标。

(2) 要及时。必须及时发现偏差,迅速报告给项目有关方面,使他们能及时做出决策,采取措施加以更正。否则就会延误时机,造成难以弥补的损失。

(3) 要考虑代价。对偏差采取措施,甚至对项目过程进行监督,都是需要成本的。因此,一定要比较控制活动的成本和可能产生的效果。只有在收效大于成本时才值得进行控制。

(4) 要适合项目实施组织和项目班子的特点。控制要对项目各项工作进行检查,要采取措施进行纠正等。所有这些都要涉及人。人们是不愿意接受使他们不愉快的控制措施的。实施控制的项目经理或其他成员应当懂点心理学,弄清他们为什么对控制产生抵触情绪,研究如何诱发他们对控制的积极态度。

(5) 要注意预测项目过程的发展趋势。事后及时发现偏差,不如在预见可能发生的偏差基础上采取预防措施,防患于未然。

(6) 要有灵活性。项目的内外环境都会有变化。控制人员应事先准备好备用方案和措施。一招不灵,就拿出另一招。

(7) 要有重点。项目在进行中,千头万绪,不可能事事关照,时时关照。一定要抓住对实现项目目标有重大影响的关键问题和关键时间点。在项目进度管理中,就要抓住里程碑。抓住重点,可大大提高控制工作的效率。抓住重点,还意味着把注意力集中在异常情况上。一般的正常情况无须多加关照。异常情况抓住了,就相当于抓住了牛鼻子,抓住了关键。

4.5.2 项目进度控制措施

1. 项目计划评审

从某种意义上讲,项目的进度控制在项目计划编制阶段就开始了,一个合理的计划才能够使得项目按预期完成,如果制订不合理的项目实施计划,再好的项目经理和项目团队也很难保证项目的按期完成。所以,最好的进度控制措施莫过于制订一个合理的、周到的计划,以确保项目实施过程中偏差最小。所以,对项目计划的合理性审核是所有项目利益相关者都必须高度关注的。计划评审的关注点很多,至少应该关注以下各项:

- 是否已全面、正确地理解了项目的目标。
- 项目支持条件是否已落实。
- 项目实施前各种资源是否可获得。
- 项目计划的阶段性是否清楚。
- 计划阶段的里程碑是否明确。

- 计划的阶段进度能否满足项目的要求。
- 计划的完整性程度如何。
- 项目团队成员能否按时到位。
- 项目所需资金能否按时到位。
- 有无质量保证计划。
- 有无风险控制计划和措施。
- 采购计划的可行性。
- 项目的沟通机制是否完备。

2. 项目进度动态检测

在项目实施过程中，为了收集反映项目进度实际状况的信息，以便对项目进展情况进行分析，掌握项目进展动态，应对项目进展状态进行观测。这一过程就称为项目进度动态监测。

对于项目进展状态的观测，通常采用日常观测和定期观测的方法进行，并将观测的结果用项目进展报告的形式加以描述。

1）日常观测

随着项目的进展，不断观测进度计划中所包含的每一项工作的实际开始时间、实际完成时间、实际持续时间和目前状况等内容，并加以记录，以此作为进度控制的依据。记录的方法有实际进度前锋线法、图上记录法和报告表法等。

2）定期观测

定期观测是指每隔一定时间对项目进度计划执行情况进行一次较为全面、系统的观测和检查。间隔的时间因项目的类型、规模、特点和对进度计划执行要求程度的不同而异，可以是一日、双日、五日、周、旬、半月、月、季、半年等为一个观测周期。

检查内容包括有关项目范围、进度计划和预算变更的信息。这些变更可能是由客户或项目团队引起的，或是由某种不可预见事件的发生所引起的。

定期观测、检查有利于项目进度动态监测的组织工作，使观测、检查具有计划性，成为例行性工作。定期观测、检查的结果应加以记录，其记录方法与日常观测记录相同。定期观测、检查的重要依据是日常观测、检查的结果。

3）项目进展报告

项目进度观测、检查的结果通过项目进展报告的形式向有关部门和人员报告。项目进展报告是记录观测检查的结果、项目进度现状和发展趋势等有关内容的最简单的书面形式报告。

项目进展报告的形式可分为日常报告、例外报告和特别分析报告。

根据日常监测和定期监测的结果所编制的进展报告即为日常报告，是项目进展报告的常用形式。例外报告是为项目管理决策所提供的信息报告。特别分析报告就某个特殊问题所形成的分析报告。项目进展报告的报告期应根据项目的复杂程度和时间期限以及项目的动态监测方式等因素确定，一般可考虑与定期观测的间隔周期相一致。一般来说，报告期越短，及早发现问题并采取纠正措施的机会就越多。

4.5.3 几种常见的项目进展报告

1. 进度计划执行情况报告

该报告包括报告期各项工作的计划执行状况,如表 4-16 所示。

表 4-16 项目进度计划执行情况报告表

项目名称			项目所有者			项目执行者			信息号		报告日期	
工作编号	工作名称	工作情况	计划			实际			估计		TF_{i-j}	
			D_{i-j}/天	ES_{i-j} 月、日	EF_{i-j} 月、日	工时/天	开始 月、日	结束 月、日	工时/天	结束 月、日	原有/天	剩余 天
1	2	3	4	5	6	7	8	9	10	11	12	13

注:(1)第 1、2、4、5、6 栏应事先填好;(2)第 3 栏可填一个数字代表工作情况:0—工作剔除;1—新增工作;2—工作已结束;3—推迟完成;4—按期完成;5—提前完成;6—推迟开始;7—如期开始;8—提前开始。

2. 项目关键点检查报告

项目关键点是指对项目工期影响较大的时间点,如里程碑事件点就是项目关键点。对项目关键点的监测、检查是项目进度动态监测的重点之一。将关键点的检查结果加以分析、归纳所形成的报告就是项目关键点检查报告,如表 4-17 所示。

表 4-17 项目关键点检查报告

关键点名称		检查组名称	
检查组负责人		报告人	
报告日期		报告份数	
对关键点的目标描述			
关键点实际时间与计划时间相比			
交付物是否能满足项目要求			
预计项目发展趋势			
检查组负责人的审核意见: 签名: 日期:			

3. 项目执行状态报告

项目执行状态报告反映了一个项目或一项工作的现行状态,如表 4-18 所示。

表 4-18 项目执行状态报告

任务名称(项目或工作)		任务编码	
报告日期		状态报告份数	
实际进度与计划进度比较			

续表

已用时间、尚需时间与计划总时间比较	
提交物能否满足项目要求	
任务能否按时完成	
目前人员配备状况	
目前技术状况	
任务完成预测	
潜在风险分析及建议	
任务负责人审核意见:	
签名: 日期:	

4. 任务完成报告

任务完成报告反映了一项已完成任务或工作的基本情况,如表 4-19 所示。

表 4-19 任务完成报告

任务名称及编码			任务完成日期	
已完成任务基本情况	交付物的性能特点			
	实际工时与计划工时比较			
	实际成本与计划成本比较			
	遇到的重大问题及解决办法			
紧后工作情况	紧后工作名称及编码			
	紧后工作计划及措施			
评审意见:		评审人:	评审日期:	
项目负责人审核意见:		签名:	日期:	

5. 重大突发事件报告

就某一重大突发事件的基本情况及其对项目的影响等有关问题所形成的特别分析报告就是重大突发事件报告。报告的基本形式如表 4-20 所示。

表 4-20 重大突发事件报告

事件发生时间	
事件发生部位	
事件描述	
事件对项目影响程度说明	
事件发生原因分析	
建议采取的措施	
项目负责人审核意见: 签名: 日期:	

6. 项目变更报告

该报告反映了某一项目变更的状况及其对项目产生的影响,也是特别分析报告,如表 4-21 所示。

表 4-21 项目变更报告

项目名称		项目负责人	
项目变更原因			
项目变更替代方案描述			
估计项目变更对进度的影响			
变更所涉及的相关单位			
项目负责人审查意见:		签名: 日期:	
项目主管部门审查意见:		签名: 日期:	

7. 项目进度报告

项目进度报告反映了报告期项目进度的总体概况,如表 4-22 所示。

表 4-22 项目进度报告

项目名称			报告日期	
关键问题	任务范围变化情况			
	进度状况			
	费用状况			
	质量状况			
	技术状况			
对跟踪项目的解释:				
未来设想	任务计划:			
	问题和办法:			
完成人:	日期:		评审人: 日期:	

8. 项目管理报告

该报告反映了报告期项目管理的总体状况,如表 4-23 所示。

表 4-23 项目管理报告

项目名称			项目号	
报告日期			报告份数	
状态总结	已完任务或工作占用时间占总工期的比例			
	已完工程量或工作量占总工程量或工作量的比例			
	已完任务或工作实际时间、费用及质量状况			
	已完任务或工作计划时间、费用及质量要求情况			

续表

状态总结	提交物状况	
	目前状态对项目工期的影响程度预测	
	目前状态对项目费用的影响程度预测	
	目前状态对项目质量的影响程度预测	
人员配备情况		
技术状况		
项目完成情况评估		
其他需说明的事项		
审核意见：	审核人：	审核时间：
项目经理意见：	项目经理：	日期：

本章小结

本章详细讲解了电子商务项目时间管理的内容和方法。电子商务项目时间管理首先要求对项目活动进行定义，然后进行项目活动排序和项目活动时间估计，进而制订项目进度计划，并在实施过程中对项目进度计划进行控制。电子商务项目时间管理原则是动态控制原则、系统原则、封闭循环原则、信息原则、弹性原则和网络计划技术原则。

项目活动定义就是对工作分解结构中规定的可交付成果或半成品的产生必须进行的具体活动进行定义，并形成文档的过程。活动定义的主要依据是项目目标、项目范围的界定和项目工作的分解结构。另外还需要参考各种历史的信息与数据，考虑项目的各种约束条件和假设的前提条件。活动定义的结果是项目的活动清单，以及有关项目活动清单的支持细节等。

项目活动排序是指识别项目活动清单中各项活动的相互关联与依赖关系，并据此对项目各项活动的先后顺序的安排和确定工作。常见的活动排序工具包括甘特图和网络图。

项目活动资源估算包括决定需要什么资源和每一项资源的需求量，以及何时使用这些资源进行有效的项目活动。项目活动历时估算也称工期估算，是根据项目范围和资源状况计划列出项目活动所需要的工期。项目工作量和工期的估计通常有德尔菲（Delphi）法、功能点估计法和类比法。

项目进度计划的制订包括了项目描述、项目分解与活动界定、工作描述、项目组织和工作责任分配、工作排序、计算工作量、估计工作持续时间、绘制网络图和进度安排等活动。项目进度计划是项目专项计划中最为重要的计划之一，编制方法比较复杂，使用的主要方法有计划评审技术、关键路径法和图形评审技术等。项目进度计划制订工作的结果是给出一系列项目进度计划文件，如项目进度计划书、进度计划执行情况报告、项目关键点检查报告、项目执行状态报告、任务完成报告和重大突发事件报告。

CHAPTER 4

案例分析

案例1 某电子商务网站建设项目的进度

某公司是一个以网站开发为主的软件公司,规模比较小,只有30来个人。公司采用的是项目承包制度,也就是合同签下来以后,公司领导根据该项目需求核定工作量,比如工作量是10人月,也就是相当于5人做2个月或者2人做5个月,等等,然后规定1万元1人月,也就是说这个项目承包给项目组10万元,等验收的时候,用这10万元减去该项目组所有花费的成本就是该项目组的项目奖金。项目经理有绝对的权力对该项目组成员每月进行考核,考核成绩体现在工资上面;另外,可以根据项目进展情况,增加或者减少项目组成员,还有分配项目组成员奖金的权力。

这种制度推行以来,项目组积极性很高,也大大地节约了成本,项目奖金也很可观。但是这也带来了一个问题,比如,项目核定工作量是10人月,项目经理为了节约成本或者自己赚钱,就一个人做,做七、八个月才验收;或者开始2人做,后来1个人做5个月才验收,本来公司跟客户签合同要求4个月验收的,拖延工期对客户关系和项目回款产生了很大的影响。

思考:

在公司中采用这种管理方式,成本是节约了,但是进度受到了很大的影响。现在假定你是该公司的管理人员,在保证项目成本的前提下,应如何实施项目时间管理?

案例2 电子商务平台开发项目

小张为Lanze公司的IT主管,最近接到公司总裁的指令,负责开发一个电子商务平台。小张粗略地估算了该项目在正常速度下需花费的时间和成本。由于公司业务发展需要,公司总裁急于启动电子商务平台项目,因此,要求小张准备一份关于尽快启动电子商务平台项目的时间和成本的估算报告。

在第一次项目团队会议上,项目团队确定了与项目相关的任务如下:

首先是调研现有电子商务平台。按照正常速度估算,完成这项任务需要花10天,成本为15 000元;但是,如果使用允许的最多加班工作量,则可在7天、18 750元的条件下完成。一旦完成比较任务,就需要向最高管理层提交项目计划和项目定义文件,以便获得批准。项目团队估算完成这项任务按正常速度为5天,成本为3750元;如果加班赶工,可在3天内完成,成本为4500元。

当项目团队获得管理层批准后,各项工作就可以开始展开。项目团队估计需求分析需要15天,成本45 000元,如果加班则为10天,成本58 500元。

设计完成后,有3项任务必须同时进行:(1)开发电子商务平台数据库;(2)开发和编写实际网页代码;(3)开发和编写电子商务平台表格码。估计数据库的开发在不加班的时候为10天,成本9000元;加班则可以在7天和成本为11 250元的情况下完成。同样,项目团队估算在不加班的情况下,开发和编写网页代码需要10天和17 500元;加班则可以减少两天,成本为19 500元。开发表格码的工作分包给别的公司,需要7天,成本为8400元。开发表格码的公司没有提供加班赶工的方案。

最后,一旦数据库开发完成,网页和表格码开发和编码完毕,整个电子商务平台需要进行测试和修改,项目团队估算需要3天,成本为4500元;如果加班的话,则可以减少1天,成本为6750元。

问题:

1. 如果不加班,完成此项目的成本和时间是多少?考虑加班,项目可以完成的最短时间及最短时间内完成项目的成本是多少?

2. 假定调研其他电子商务平台的任务执行需要13天而不是原来估算的10天。小张将采取什么行动来保持项目按常规速度进行且增加的成本最少?

3. 假定总裁想在35天内启动项目,小张将采取什么有效措施来达到期限要求?在35天完成项目的情况下将花费的成本是多少?

案例分析:

根据案例场景描述,共有7项主要活动。首先对活动编号并进行活动排序,如表4-24所示。

表 4-24　活动编号及排序

活动编号	活动内容	活动编号	活动内容
①→②	调研现有电子商务平台	④→⑥	开发和编写实际网页代码
②→③	向高层提交项目计划和项目定义文件	④→⑦	开发和编写电子商务平台表格码
③→④	电子商务平台设计需求	⑧→⑨	测试和修改程序
④→⑤	开发电子商务平台数据库		

其次,根据本案例信息比较正常的时间和赶工的时间,以及正常的成本和赶工的成本,同时计算出赶工费用率,如表4-25所示。

表 4-25　项目活动分析表

活动编号	作业时间		直接费用		赶工费用率/元/天
	正常/天	赶工/天	正常/元	赶工/元	
①→②	10	7	10 500	18 750	3750÷3＝1250
②→③	5	3	3750	4500	750÷2＝375
③→④	15	10	45 000	58 500	13 500÷5＝2700
④→⑤	10	7	9000	11 250	2250÷3＝750
④→⑥	10	8	17 500	19 500	2000÷2＝1000
④→⑦	7		8400		
⑧→⑨	3	2	4500	6750	2250÷1＝2250

最后,根据活动编号画出该项目的双代号网络图,如图4-17所示。

问题1分析:

问题1的关键是确定关键路径,完成这一项目要花43天。如果不加班,完成此项目的成本是103 150元。在加班赶工的情况下,项目可以完成的最短时间量是30天,在最短时间内完成项目的成本是127 650元。

对于问题1,需要进行关键路径的计算。根据关键路径原则与双代号网络图可得到关

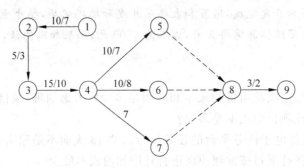

图 4-17 双代号网络图

键路径：①→②→③→④→⑤→⑥→⑦→⑧→⑨。

缩短所需时间目的是在不改变项目范围的前提下寻找加快项目进度的种种方法（例如，达到强制性日期或其他进度目标要求）。缩短所需时间的技术有两种：(1)赶进度。对成本和进度进行权衡，确定如何在尽量少增加成本的前提下最大限度地缩短项目所需时间。赶进度并非总能产生可行的方案，反而常常增加直接成本。(2)快速跟进。同时进行通常按先后顺序进行的活动（例如，软件项目在完成设计前就开始编写代码；石油加工厂项目在工程设计完成 25% 之前就开始基础施工）。快速跟进往往造成返工，并通常会增加风险。

要使得本项目完成时间最短，显然应该赶进度，即加班赶工，因此累计关键路径上赶工的时间即可得出项目完成所需的最短工期。

问题 2 分析：

假定调研其他电子商务平台的任务执行需要 13 天而不是原来估算的 10 天。那么，由于①→②调研其他电子商务平台位于关键路径下，因此，将导致整个工期延长 3 天，为此，必须考虑加班赶工来保证项目按进度完成。赶工原则是"优先考虑赶工费用率最低的工作"。根据表 4-25 所示的项目活动分析表导出项目赶工费用率分析表，如表 4-26 所示。

表 4-26 项目赶工费用率分析表

活动编号	正常工期/天	赶工工期/天	可节省工期/天	赶工费用率/元/天
①→②	10	7	3	3750÷3＝1250
③→④	5	3	2	750÷2＝375
③→④	15	10	5	13 500÷5＝2700
④→⑤	10	7	3	2250÷3＝750
④→⑥	10	8	2	2000÷2＝1000
④→⑦	7			
⑧→⑨	3	2	1	2250÷1＝2250

根据表 4-26 项目赶工费用率分析表的信息，为保证项目完成，要求在关键路径上赶工 3 天，赶工费用率最低的是②→③，但②→③赶工 2 天后还差 1 天。此时，很容易选择在关键路径④→⑥上赶工 1 天，使得④→⑥的完成时间变为 9 天，但此时④→⑥的赶工导致④→⑤也必须赶工 1 天，这时的赶工费用率累计是 1750 元/天。由此，在选择最低赶工成本率时必须考虑相关活动关系，将表 4-26 在考虑活动之间的关系后重新整理为表 4-27，所以问题

2 应选择①→②赶工 1 天,赶工成本率是 1250 元/天,最后计算出赶工的成本。此方案需要增加的成本是 2000 元。

表 4-27 活动相关的项目赶工费用率分析表

活动编号	正常工期/天	赶工工期/天	可节省工期/天	赶工费用率/元/天
①→②	10	7	3	3750÷3=1250
③→④	5	3	2	750÷2=375
③→④	15	10	5	13 500÷5=2700
④→⑤/④→⑥	10	8	2	3500÷2=1750
④→⑦	7			
⑧→⑨	3	2	1	2250÷1=2250

问题 3 分析:

问题 3 的情况显然是需要通过赶工的方式来调整,必须考虑关键路径上活动的变化导致了其他非关键路径的变化的情况。由于原有关键路径上的工期为 10+5+15+10+3=43 天,现要求 35 天内完成,因此,必须赶工 8 天时间。

按照表 4-27 所示的活动相关的项目赶工费率分析表,按照赶工成本率的升序选择 8 天的节省工期,所以选择的赶工方案为②→④赶工 2 天,①→②赶工 3 天,④→⑤/④→⑥各赶工 2 天,⑧→⑨赶工 1 天,所以总成本为:

$$103\ 150+750+3750+3350+2250=113\ 400(元)$$

练习题

1. 电子商务项目时间管理的关键因素有哪些?
2. 规划一个简单项目的项目进度,绘制甘特图。
3. 在网站建设中,为了防止工期拖延,应注意哪些问题?
4. 某人于早晨 7:00 起床,按其生活习惯,在出门工作前,必须完成下列活动:5 分钟时间穿衣服,4 分钟洗脸,10 分钟烧开一壶开水,5 分钟取牛奶,5 分钟热牛奶,5 分钟吃饭。试问,此人最早何时可以出门上班(假定只有一个炉灶)?
5. 关键路径有哪些特点?如何寻找项目的关键路径?

参考文献

[1] 李琪.电子商务项目策划与管理.北京:电子工业出版社,2011.
[2] 贾晓丹.电子商务项目管理实训.北京:中国人民大学出版社,2011.
[3] 王树进.项目管理.南京:南京大学出版社,2008.
[4] 孙志刚.浅谈项目进度的实施控制[J].科技信息,2008(14):75.
[5] 项目管理者联盟.http://www.mypm.net.
[6] 左美云.影响项目进度的软因素分析[J].生产力研究,2004(2):161-162,176.
[7] 杨光.软件开发项目进度管理模型构造与系统仿真[D].北京:北京邮电大学,2009.

第 5 章

电子商务项目成本管理

学习目标

- 了解电子商务项目成本管理工作的主要内容。
- 了解项目成本估算和预算的基本概念。
- 掌握项目成本的基本构成。
- 掌握项目成本预算和估算的基本方法。
- 熟悉项目成本控制的方法和工具。

任务书或角色扮演

- 选取你熟悉的一个电子商务项目,运用成本估算的工具和方法进行成本估算和预算。
- 了解挣值分析及其应用实例。

第 5 章　电子商务项目成本管理

5.1　电子商务项目成本管理概述

电子商务项目成本管理就是按照事先拟定的计划,将项目实施过程中发生的各种实际成本与预算成本进行对比、检查、监督和纠正,尽量使项目的实际成本控制在计划和预算范围内的管理过程,因此成本预算就是成本管理的基础。

成本管理的关键是经常及时地分析实际的成本绩效,尽早发现成本差异和成本执行的无效率,以便在情况变换之前及时采取纠正措施,实现有效的成本管理。否则一旦项目成本失控,要在预算内完成项目是非常困难的。

虽然成本管理目的是节约项目的成本,但并不意味着要一味减少成本。例如,在项目中,减少系统测试无疑能够减少项目的成本,但如果没有测试,直接把用户当作测试者,可能对项目造成灾难性的后果,或者使得项目的成本大幅度提高,或者让项目走向失败的边缘。

5.1.1　PMBOK2004 定义的项目成本管理

美国项目管理学院的 PMBOK2004 定义的项目成本管理过程包括以下几个过程:
(1) 成本估算。编制完成项目活动所需资源的大致成本。
(2) 成本预算。合计各个活动或工作包的估算成本,以建立成本基准。
(3) 成本控制。影响造成成本偏差的因素,控制项目预算的变更。

项目成本管理过程的输入、输出以及过程使用的工具与技术如表 5-1 所示。

表 5-1　PMBOK2004 对项目成本管理的定义

	启动 Initiating	规划 Planning		实施 Executing	监控 Controlling	收尾 Closing
		成本估算	成本预算		成本控制	
输入		1. 环境与组织因素 2. 组织过程资产 3. 项目范围说明书 4. 工作分解结构 5. 工作分解结构词汇表 6. 项目管理计划	1. 项目范围说明书 2. 工作分解结构 3. 工作分解结构词汇表 4. 活动费用估算 5. 活动费用估算支持性细节 6. 项目进度计划 7. 资源日历 8. 合同 9. 费用管理计划		1. 费用基准 2. 项目资金需求 3. 绩效报告 4. 工作绩效信息 5. 批准的变更申请 6. 项目管理计划	
工具和技术		1. 类比估算 2. 确定资源费率 3. 自下而上估算 4. 参数估算 5. 项目管理软件 6. 供货商投标分析 7. 准备金分析 8. 质量成本	1. 费用汇总 2. 准备金分析 3. 参数估算 4. 资金限制平衡		1. 费用变更控制系统 2. 绩效衡量分析 3. 预测技术 4. 项目绩效审核 5. 项目管理软件 6. 偏差管理	

续表

启动 Initiating	规划 Planning		实施 Executing	监控 Controlling	收尾 Closing
	成本估算	成本预算		成本控制	
输出	1. 活动费用估算 2. 活动费用估算支持细节 3. 请求的变更 4. 费用管理计划（更新）	1. 费用基准 2. 项目资金需求 3. 费用管理计划（更新） 4. 请求的变更		1. 费用估算（更新） 2. 费用基准（更新） 3. 绩效衡量 4. 预测完工 5. 请求的变更 6. 推荐的纠正措施 7. 组织过程资产（更新） 8. 项目管理计划（更新）	

5.1.2 项目成本构成

电子商务项目的成本是指为实现项目目标而开展各项活动所耗用资源的货币总和。根据划分标准的不同，项目成本的构成也不同。

1. 按与项目的形成关系划分

1）项目直接成本

直接成本主要是指与项目有直接关系的成本，是与项目直接对应的。主要包括以下两方面：(1)直接人工成本，如项目工作包的工人的工资、职工福利费和劳动保护费等；(2)直接材料成本，如在项目实施过程中直接从事工程所消耗的、构成工程实体或有助于工程形成的各种材料、结构件的实际成本，以及周转材料的摊销及租赁成本。

2）项目间接成本

间接成本是指与项目的完成没有直接关系，成本的发生基本上不受项目业务量增减所影响的成本。间接成本主要包括筹资成本、税金及项目管理成本，如人工费、固定资产使用费、办公费、差旅费和保险费等。

2. 按项目生命周期阶段划分

1）项目决策和界定成本

它是指在项目启动过程中，用于信息收集、可行性研究、项目选择以及项目目标确定等一系列分析决策活动所消耗的成本。

2）项目设计成本

它是指用于项目设计工作所花费的成本，如项目施工图设计成本、新产品设计成本等。

3）项目资源获取成本

它是指为了获取项目的各种资源需花费的成本，如对于项目所需物资设备的询价、供应商选择、合同谈判与合同履约等的管理所发生的成本（人力、财力、物力），但不包括所获资源的价格成本。

4）项目实施成本

它是指为完成项目的目标而耗用的各种资源所发生的成本，是项目总成本的主要构成部分。项目实施成本具体包括人力资源成本、物料成本、设备成本、顾问成本、其他成本以及不可预见成本等。

项目成本构成如图 5-1 所示。

图 5-1　项目成本构成图

由于项目的实施成本在项目成本构成中所占份额最大,在以下的讨论中,主要考虑项目实施成本的管理,其他阶段的成本管理方法与之类似。

5.1.3　影响项目成本的因素

影响项目成本的因素有很多,主要包括如下 4 个方面。

1. 项目工期

项目成本与项目工期直接相关,随着工期的变化而相应地发生变化。一般来说,当项目工期缩短时,项目成本会随之增加;但是,当项目工期被拖延时,项目成本也会增加。

2. 项目质量

它表示项目能够满足客户需求的特征和性能。显然,项目成本与项目质量成正比例关系。项目质量要求越高,项目成本也就越高;项目质量要求越低,项目成本也就越低。

3. 项目范围

它是影响项目成本的最根本因素。一般来讲,项目需要完成的活动越多,项目成本就越高;项目需要完成的活动越复杂,则项目成本也越高。

4. 项目耗用资源的数量与单价

项目成本与项目所耗资源的数量和单价成正比例关系。在这两个要素中,项目所耗资源的数量对项目成本的影响较大,对项目来说,资源的数量是内部因素,是相对可控的;而资源的单价则是外部因素,是相对不可控的。

5.2　电子商务项目成本估算和预算

项目成本估算(estimate project cost)是指为了实现项目的目标,根据项目活动资源估算所确定的资源需求,以及市场上各项资源的价格信息,对项目所需资源的全部成本进行的估算。

项目成本估算是项目成本管理的核心内容,一般编制项目成本估算的 3 个步骤如下:

(1) 识别和分析项目成本的构成要素,即项目成本由哪些资源项目组成。

(2) 估算每项项目成本构成要素的单价和数量。

(3) 分析成本估算的结果,识别各种可以相互代替的成本,协调各种成本的比例关系。

项目成本估算的主要工作如表 5-2 所示。

表 5-2　项目成本估算的主要工作

依　　据	工具和方法	结　　果
范围基准 项目进度计划 项目人力资源计划 风险登记册 项目的制约因素 组织积累的相关资源	自上而下估算 参数模型估算法 自下而上估算 应急储备金分析 项目成本管理估算电子商务软件 供应商投标分析	项目活动成本估算 项目成本估算依据 更新的项目文档

5.2.1　电子商务项目成本估算的依据

进行电子商务项目成本估算的依据如下。

1. 范围基准

如前所述,范围基准包括已批准的详细项目范围说明书、工作分解结构和工作分解结构字典等内容。

2. 项目进度计划

决定项目成本估算的主要因素是资源的类型和数量,以及这些资源用于项目工作的持续时间。活动资源估算涉及确定完成计划活动所需人员、设备和材料的数量及其可用性。因此,计划活动资源及其各自的持续时间是项目成本估算过程的主要依据。它和成本估算紧密联系。如果项目估算考虑了包括利息等的融资成本和在计划活动持续时间内按时间使用资源,则活动持续时间估算将影响项目成本估算。计划活动持续时间也能影响对时间敏感的活动成本估算。

3. 项目人力资源计划

项目人力资源计划中的项目人员的属性和人工费率等信息都将是编制项目成本估算的必要组成部分。

4. 风险登记册

在编制项目成本估算时,项目团队应考虑项目风险应对方面的信息。风险对计划活动和项目成本都会产生很大的影响。作为一般规律,当项目遭遇不利风险时,项目成本几乎总是增加,而项目进度也将会延误。

5. 项目的制约因素

(1) 市场条件。在市场中从何处、在何种条件和条款下能够得到何种产品、服务和结果等。

(2) 商业数据库。商业数据库可跟踪反映技能和人力资源成本,提供材料和设备的标准成本。从商业数据库经常可获得资源成本率信息。公布的卖方价格清单是另外一种数据来源。

6. 组织积累的相关资源

在编制项目成本管理计划时,将考虑现存的正式和非正式的计划、方针、程序和指导原则，考虑选择使用的成本估算工具、监测和报告方法。

（1）成本估算方针。一些项目组织已预先定义了项目成本估算的方针，所以项目成本估算应在其已有的项目成本估算方针所确定的边界范围内操作。

（2）成本估算模板。有些组织已建立了可供项目团队使用的模板（或格式标准）。同时，根据这些模板的应用领域和以前项目的使用情况，项目组织还将对这些模板进行持续改进，以便更好地服务于后续的项目成本估算工作。

（3）历史信息。从组织内部的不同部门所获得的与项目产品和服务有关的信息将影响项目成本估算工作。

（4）项目文档。组织以前项目实施过程和活动的相关记录将对编制项目成本估算提供帮助。

（5）项目团队知识。项目团队成员在项目成本估算方面积累的知识和技能将对编制项目成本估算提供帮助。

（6）吸取的教训。项目团队在项目成本估算工作上积累的经验教训将对编制项目估算提供帮助。

5.2.2 电子商务项目成本估算的工具和方法

项目成本估算的常用工具和方法有：自上而下估算，参数模型估算法，自下而上估算，应急储备金分析，质量成本分析，项目成本管理估算电子商务软件，供应商投标分析，最小、最大和最有可能的估算以及按阶段的估算。

1. 自上而下估算法

自上而下估算法（top-down estimating）也叫类比估算法，其过程是由上到下一层层地进行的，它是一种最简单的成本估算方法。根据项目管理人员的经验和判断，再结合以前相关类似活动的历史数据，管理人员估计项目整体的成本和子项目的成本，把这个估计的成本给底层的管理人员，底层管理人员再对任务和子任务的成本进行估计，最后到最底层。该过程和自顶向下进行工作分解结构的分解很相似。图 5-2 为自上而下成本估算法示意图。

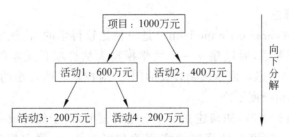

图 5-2　自上而下成本估算法示意图

自上而下的依据主要是历史的同类项目的成本。参考同类项目的成本是人们对新项目的成本估算最常使用的方法，虽然历史不会重演，但也会有惊人的类似。一个组织进行的同类项目越多，那么进行该类项目的成本估算就越准确。通过和历史同类项目的比较，比较需要进行估算的项目在规模、范围和难度等方面和历史项目的不同，管理层就能大致估算项目的成本。

自上而下估算的主要优点是管理层会综合考虑项目中的资源分配,由于管理层的经验,他们比较能准确地把握项目的整体需要,能够把预算控制在有效的范围内,并且避免有些任务有过多的预算,而另外一些任务被忽视。

它的主要缺点是:如果下层人员认为所估算的成本不足以完成任务时,由于在公司地位的不同,下层人员有很大的可能保持沉默,默默地等待管理层发现估算中的问题再自行纠正,而不是试图和管理层进行有效的沟通,讨论更为合理的估算。这样会使得项目的执行出现困难,甚至是失败。

图 5-3 和表 5-3 是两个项目使用自上而下估算的示例。

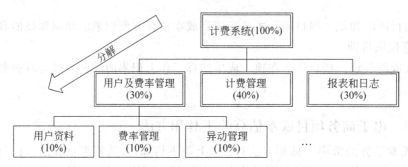

图 5-3 某计费系统项目成本自上而下估算

表 5-3 某网站建设自上而下的估算示意表

使用的人力资源	单价/元/小时	人数×小时	总成本/元
系统分析员	45	2×100	9000
Web 程序员	30	4×300	36 000
数据库管理员	25	1×20	500
网站管理员	20	1×15	300
总　计			45 800

2. 参数模型估算法

参数模型估算法(parametric modeling)是一种比较科学的、传统的估算方法。它是把项目的一些特征作为参数,通过建立一个数学模型来估算项目成本的方法。在估算成本时,参数模型估算法只考虑对成本影响较大的因素,对成本影响较小的因素则忽略不计,因而用此法估算的成本精确度不高。

采用参数模型估算法时,如何建立一个合适的模型,对于保证成本估算结果的准确性非常重要,为了保证参数模型估算法的实用性和可靠性,在建立模型时,必须注意如下几点:

(1) 用来建模所参考的历史数据的精确性。

(2) 用来建模的参数是否容易量化。

(3) 模型是否具有通用性。

例如,某网站建设项目的硬件设备已经选定,其他活动还未设计,所以采用参数模型估

算法来估算该项目的硬件设备及其安装成本。通过分析,设计该项目的成本估算模型如下:

$$Y = EW$$

式中,Y 为新项目所需要的投资额;

E 为参数(通过以前的历史数据分析得到);

W 为已知项目的投资额。

假设已知与被估算网站建设相类似的 G 网站的硬件设备投资额为 W;又已知 G 网站硬件设备及其安装费与设备投资额的关系式为 $B=1.22W$;还已知 G 网站总建设费与硬件设备及其安装费的关系式为 $Y=1.54B$。

则总建设费为

$$Y = 1.54B = 1.54 \times 1.22W = 1.88W$$

此时的参数 E 为 1.88,当获知了 G 网站硬件设备的投资额 W 后,就可以估算出新项目的总建设费。

3. 自下而上估算法

自下而上估算法(bottom-up estimating),也称工料清单估算法,首先估算其各项活动的独立成本,然后将各项活动的估算成本自下而上汇总,从而估算出项目的总成本。图 5-4 是自下而上估算的一个示例。

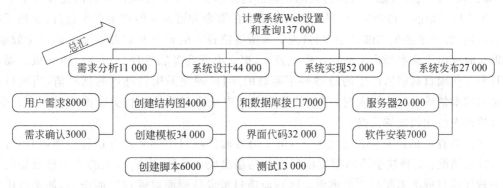

图 5-4 计费系统成本自下而上估算

采用自下而上估算法估算项目成本时,由于参加估算的部门和需估算的活动较多,有必要将各项活动资源的度量单位量纲加以统一。

自下而上估算法的优点在于它是一种参与管理型的估算方法,与那些没有亲身参与工作的上级管理人员相比,基层管理人员往往对资源的成本估算有着更为准确的认识。另外,由于基层管理人员直接参与具体的成本估算工作,还可促使他们更乐于接受项目成本估算的最终结果,从而提高了项目成本估算工作的效率。

实际工作中,自下而上估算法应用得却非常少,上层的管理人员一般都不会相信基层管理人员所收集和汇报的成本估算信息,认为他们会夸大自己所负责活动的资源需求,片面强调自己工作的重要性。另外,有些高层管理人员认为项目成本估算是组织控制项目的最重要工具,从而不信任自己下属的工作能力和经验。

自下而上估算法的最大缺陷还在于，该方法存在着一个独特的管理博弈过程。基层管理人员可能会过分夸大自己所负责活动的成本估算，因为他们担心因日后的实际成本高于估算成本而受到责罚，同时也期望因实际成本低于估算成本而获得奖励。而高层管理人员则会按照一定的比例削减基层人员所作的成本估算，从而使得所有参与者陷入博弈怪圈。

显然，无论采用自上而下还是自下而上的估算方法，管理层和项目执行人对任务的执行所需要的资源和资金都有自己的估算。一般来说，在实际中总是管理层的估算要比项目执行人要乐观一些。首先，管理层往往不了解工作的细节，容易低估工作中可能遇到的实际困难和问题。其次，管理层会一厢情愿地估计任务的成本，以适应市场或者上层管理者的要求；而作为项目的实际执行者，则为了保险起见，倾向于多估算项目的成本。

管理层和项目执行人之间的协商能够把双方的估计成本拉近，双方越坦诚，那么双方的成本估算就越接近。不幸的是，许多组织管理层和项目执行者在项目的成本估算上从来不进行协商和沟通，管理层估算项目的成本，这个估算值在执行的过程中不断突破，直到管理层对成本的提高忍无可忍，最后甚至取消项目。对于电子商务开发项目，由于最主要的成本之一是人力资源，而据统计，优秀的程序员和普通程序员的效率可达到10:1，如果管理层完全按照最优秀的程序员的效率进行项目成本估算，那么就很难和程序员的项目成本估算相一致了。

如果在进行了有效的沟通和协商之后，管理层和项目执行人的估算值可能仍然相差较大，那么就应该充分考虑项目执行人的估算。这是因为电子商务软件项目的建设有如下特点：在项目开始前一段时间，项目投资人所投入的资金和资源不能产生多少效益，而到了项目的后期，各个子系统相继成型，项目投资人所继续投入的资金和资源则能立即产生效益，如果这时候由于成本超出了估算而停止投入，那么电子商务软件项目可能一事无成。而对于其他一些项目后期所产生的效益并不明显的项目，即使采用管理层的估算值，当项目后期超出成本估算而减少投入时，项目的损失相对电子商务软件项目类型的项目而言较少，项目执行人也比较能够接受。

项目估算中的这种协商非常重要，电子商务软件项目中如果没有这种协商，则经常出现这样的情况：管理层会不断指责项目组总是超出成本估算（交付日期的不断推延是电子商务软件项目成本不断超支的重要原因）；而项目组成员则面对管理层的压力，如果能用辛勤和汗水在成本估算的范围内完成项目就已经是非常幸运的。

4. 应急储备金分析

很多项目团队将在项目的成本估算过程中预留一些应急储备金（contingency reserve allowances），但这或许会夸大项目计划活动的估算成本。应急储备金是由项目经理或项目团队自由支配的成本，可用来处理项目不确定的事件，它也是项目范围和成本基准的一部分。应急储备金一般分为实施应急储备金和价格保护应急储备金两类。实施应急储备金用于补偿估算和实施过程中的不确定事件；价格保护应急储备金用于预防通货膨胀和价格波动所造成的不确定事件。应急储备金的分类如图5-5所示。

实施应急储备金包括估算质量应急储备金和调整应急储备金。估算质量应急储备金主要用于弥补由于预算过程本身的不完善所造成的不确定性，如预算时间过短、预算人员缺乏经验或计算出现误差等。可以通过以往项目的历史资料来估算这部分应急储备金提

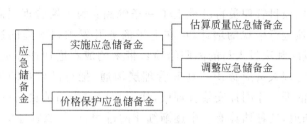

图 5-5 应急储备金的分类

取的数量,或者估算出应急储备金占直接材料、直接人工、其他直接费和间接费等之和的百分比。

一般情况下,一个项目需要多次试运行和调整才能达到设计的要求。调整应急储备金主要用于支付试运行和调整期间的各项成本,如系统调试成本、某零部件的返工成本和重新组装成本等。

价格保护应急储备金用于补偿询价和实际订货期间隐含的通货膨胀因素。在项目报价有效期届满之后、实际订货之前,供应单位有可能会因为通货膨胀而提高价格。成本估算人员应该预测价格上涨的幅度,把有可能增加的部分列入价格保护应急储备金。

例如,某网店需要购买一批计算机,向若干厂家询价,报价最低者为 1 万元,有效期为 30 天。项目从收到报价、编制出项目成本估算到预期购买这批计算机有 4 个月时间。届时,厂家报价失效,价格可能上涨,尤其是在通货膨胀时期。假设这段时间的年通货膨胀率为 10%(每月为 0.83%),试估计这批计算机的价格保护应急储备金。

解:该批计算机的价格保护应急储备金为:

$$0.83\% \times (4-30/30) \times 10\,000 = 249(元)$$

5. 项目成本管理估算软件

项目成本管理估算软件可以简化一些成本估算工作,便于进行各种成本估算方案的快速计算。

6. 供应商投标分析

如果项目需要采用竞价方式对外招标,则项目团队需要根据合格供应商的投标文件进行成本估算工作,审查每项可交付成果的价格,以便得出该子项目的最终成本数额。

7. 最小、最大和最有可能的估算

面对电子商务项目开发建设过程中的许多不确定因素,无论是经验丰富的实践家还是满腹经纶的理论家,在项目开始实施之前,都不可能做到准确的估算。所以在项目的成本估算中,常常采用带有范围的估算,即给出项目的最小成本估算、最大成本估算和最有可能的成本估算。这 3 个值供项目的出资人或者管理层作为项目决策的参考。如果项目的最小成本估算也要比组织能够提供的要多得多,那么项目就必须进行重新估计和判断。表 5-4 是采用这种估算法的示例。

在实践中,管理层往往不喜欢接受这样的估算方式,他们会认为这种估算是不负责任和难以确定的。管理层希望项目负责人能够给出确定的估算成本,这个时候项目管理员往往迫于压力,或者不知道如何和管理层沟通,而被迫给出一个让管理层满意的估算值。这样做的结果是往往把项目管理员自己推上了一条绝路：为了给管理层满意的估算值,项目管理员的估算就必须进行乐观的估计,可在电子商务开发项目实施的过程中,有些困难所需要的成本、有些风险和项目人员的离职给项目带来的成本增加往往远远大于项目管理者的乐观估算。项目管理人员应该坦率地和管理层沟通,把自己乐观的估计、悲观的估计和最有可能的估计所依据的原因提交给管理层,让管理层对当前项目的成本估算有全面的了解,同时让管理层知道,这种估算有一个逐渐细化的过程,以争取管理层的支持。

表 5-4 项目估算的最小值、最大值和最有可能值

成本因素	最小成本估算/元	最大成本估算/元	最有可能的成本估算/元
服务器(固定值)			12 000
软件许可(固定值)			11 000
系统设计	7000	15 000	9000
系统实现	20 000	36 000	27 000
集成测试与调试	14 000	37 000	20 000
文档	3000	9000	5000

8. 按阶段的估算

电子商务项目的复杂性决定了有时候无法准确地估算整个项目的成本,很多时候,项目是否能够成功都是一个问题。这时也并非对项目成本估算无路可走,可以采用按照阶段估算的方式。

这种方式对客户的好处在于客户可以在每个阶段来考察项目的进行情况和成本使用情况,以决定项目是否继续进行。

5.2.3 电子商务项目成本估算的结果

项目成本估算的结果主要包括项目活动成本估算、项目成本估算依据和更新的项目文件 3 个文档。

1. 项目活动成本估算

项目活动成本估算是对完成项目的各项工作所需的成本进行量化,既可以是对成本总额的估算,也可以是分项的估算。成本估算应涵盖项目各活动所需的全部资源(包括人力、财力和物力,并考虑通货膨胀或意外事项等)。

成本计量通常以货币单位(如元、欧元或美元等)表示,但有时为了方便也可用"人·天"或"人·小时"等单位表示。

2. 项目成本估算依据

由于应用领域差异,项目成本估算时所采用的数量计量尺度和所依据的信息类型会有所不同。项目成本估算所依据的信息应是清晰的、专业的、完整的,具体包括：

(1) 活动工作范围的描述。
(2) 项目成本估算编制的依据。
(3) 所作假设的文字记载。
(4) 制约条件的文字记载。

(5) 关于估算范围的文字记载。

3. 更新的项目文件

在进行项目成本估算时,可能还需要根据情况对风险登记册等文档进行更新。

5.2.4 电子商务项目成本预算

项目成本预算(project cost budget)是一项确定项目各项活动的成本定额,并确定项目应急准备金的标准和使用规则,从而为测量项目实际绩效提供标准和依据的管理工作。项目成本预算是进行项目成本控制的基础,也是项目成功的关键因素,其中心任务是将项目成本估算的结果分配到项目的各项活动中,估计项目各项活动的资源需要量。

项目成本预算一般包括直接人工成本预算、咨询服务成本预算、资源采购成本预算和应急储备金预算。其中,需要关注的预算项目是应急储备金的预算。应急储备金是指为应对项目在实施过程中发生意外情况而准备的保证金,提高应急储备金估计的准确性可以减轻项目中意外事件的影响程度。在项目进展的实际过程中,应急储备金的储备是非常必要的,特别是大中型项目必须要准备充足的应急储备金。

人们经常将因项目成本预算中的不确定性所产生的风险作为确定应急储备金水平的基础,所以应急储备金也经常充当项目成本预算的底线,如果在每个项目条款中都能清楚地确定应急储备金的水平,那么确定项目实际应急储备金的水平将会变得比较容易,其最终的结果是将所有条款中应急储备金数量加以汇总,从而确定其占整个成本预算的比重。

项目成本预算的主要工作如表 5-5 所示。

表 5-5 项目成本预算的主要工作

依 据	工具和方法	结 果
项目成本需求 成本估算依据 范围基准 项目进度计划 资源日历 合同 组织积累的相关资源	项目成本累积汇总 应急储备金分析 专家判断法 资源均衡分析	成本基准 项目资金需求 更新的项目文档

1. 电子商务项目费用的组成

1) 人工费用

通常人力是指人员工资,在做预算时还要考虑诸如加班费和人员离职后的招聘费用等。

2) 调查费用

电子商务项目中很多子项目的推出,或者某个网络营销方案的产生都需要大量的调查数据。在互联网上有不少专业机构专门从事各种数据调查,而这些调查中最具有商业价值的数据通常需要收费。因此,调查费用将是一笔必要的开支。调查的结果在很大程度上将对未来电子商务平台业务的推出起着至关重要的作用。

3）接洽费用

电子商务项目涉及投资较大，可能存在较多的项目干系人（如投资商、政府机构和分包商等）。因此，各类接洽工作不可避免，事先预算出这类费用能够使项目有序地进行。

4）分包与顾问费用

当项目团队缺少某项专门技术时，可以通过分包子项目或者聘用具有相当水平的专家充当项目顾问以保证项目按顺序进行。因此，在项目工作分解后，可以通过对项目团队技术能力进行充分考虑来预算这一部分的费用。

5）原材料

原材料费用对于电子商务项目来说可能存在硬件（设备、耗材）和软件组件两大类。由于大多数电子商务项目存在软件开发的过程，为了保证软件的开发质量和开发效率，必要时购买软件组件以提高工效成为一件很自然的事情。通过购买组件（必要时购买源码），将给软件开发带来极大的工效。

以上仅是预算表中所包括的部分内容，实际中还需要考虑更多的因素。为了防止遗漏，可以尝试编制项目预算表，如表 5-6 所示。

表 5-6 机房建设子项目费用预算表

项目名称：机房建设子项目　　日期：2008 年 7 月 10 日至 2008 年 8 月 31 日　　制表人：李成

项目大项	项目细项	开始时间	结束时间	数量	单价	预计费用	小计
人员费用	负责人工资	2008 年 7 月 10 日	2008 年 8 月 31 日	1	5000	5000	23 000
	装修负责人	2008 年 7 月 10 日	2008 年 7 月 31 日	1	2000	2000	
	硬件安装负责人	2008 年 8 月 1 日	2008 年 8 月 15 日	1	2000	2000	
	安装人员费用	2008 年 8 月 1 日	2008 年 8 月 15 日	3	1500	4500	
	管理费用	2008 年 8 月 1 日	2008 年 8 月 30 日	3	500	1500	
	顾问费用	2008 年 7 月 10 日	2008 年 8 月 5 日	1	8000	8000	
原材料	投影仪	2008 年 8 月 1 日	2008 年 8 月 15 日	1	15 000	15 000	800 000
	服务器	2008 年 8 月 1 日	2008 年 8 月 15 日	2	50 000	100 000	
	计算机	2008 年 8 月 1 日	2008 年 8 月 15 日	50	3000	150 000	
	交换机	2008 年 8 月 1 日	2008 年 8 月 15 日	5	1000	5000	
	…	…	…	…	…	…	

2. 直接成本和间接成本的区别

先来进行一个最简单的成本预算。假设有一个电子商务系统开发任务，这个项目需要一个程序员进行一天的劳动，作为简化的试验，这里不需要其他资源。

假设这个程序员的月工资是 3300 元，折算到一天的工资是 150 元。这个是最明显的成本，但对于组织来说，对一个职员的成本并不仅仅是工资，还要包括为职员提供的保险和培训等，假设这些都已经被仔细地计算过后，这个程序员每天的成本是 180 元。

在这个最简单的预算例子中，没有考虑这些问题：系统开发的任务有时候很难确定时间,这个一天完成的项目是否能够真正在一天内完成,或者在一天内完成后以后的维护是否特别困难,这些都直接对项目成本带来影响。还有,在这个例子中,只考虑了项目的直接成本,对于项目的间接成本则没有考虑。

在电子商务项目中,人力资源的成本是最主要的项目成本之一。为了进行人力资源成本的预算,必须根据工作分解结构的分解,确定每一项工作包所需要的人力资源和占有时间,再根据不同类型的人力资源的成本对每个工作包所需要的人力资源成本进行计算,最后把所有工作包的人力资源成本进行汇总,才能得到项目的总的人力资源成本。

对于许多项目,直接成本还包括采购原材料的成本,而且这项成本是项目成本的主要组成部分。如果是网络安装和集成的电子商务软件项目,采购服务器、网络设备和线材都是项目成本的主要组成部分。

在进行项目预算时,除了要考虑项目的直接成本,还要考虑其间接成本和一些对成本有影响的其他因素,可能包括以下一些:

(1) 非直接成本。包括了租金、保险和其他管理成本。例如,如果项目中有些任务是项目组成员在项目期限内无法完成的,那么就可能需要进行项目的外包或者聘请专业的顾问。如果项目的进行需要专门的工具或者设备,而采购这些设备并非明智,那么采用租用的方式就必须付租金。

(2) 隐没成本。隐没成本是当前项目的以前尝试已经发生过的成本。比如一个系统的上一次失败的产品花费了 250 000 元,那么这 250 000 元就是同一个系统的下一个项目的隐没成本。考虑到已经投入了许多的成本,人们往往不再愿意继续投入,但是在项目选择时,隐没成本应该被忘记,不应该成为项目选择的理由。

(3) 学习曲线。如果在项目中采用了项目组成员未使用过的技术和方法,那么在使用这些技术和方法的初期,项目组成员有一个学习的过程,许多时间和劳动投入到尝试和试验中。这些尝试和试验会增加项目的成本。同样地,对于项目组从未从事的项目要比对原有项目升级的成本要高得多,也是由于项目组必须学习新的行业的术语、原理和流程。

(4) 项目完成的时限。一般来说,项目需要完成的时限越短,那么项目完成的成本就越高,压缩信息系统的交付日期不仅要支付项目组成员的加班成本,而且如果过于压缩进度,项目组可能在设计和测试上就会减少投入,项目的风险会提高。

(5) 质量要求。显然,项目的成本估算中要根据产品的质量要求的不同而不同。登月火箭的控制软件和微波炉的控制软件不但完成的功能不同,而且质量要求也大相径庭,其成本估算自然有很大的差异。

(6) 应急储备金。应急储备金是为风险和未预料的情况而准备的预留成本。遗憾的是有时候管理层和客户会把这部分成本进行削减。没有应急储备金,将使得项目的抗风险能力降低。

3. 零基准预算

零基准预算是指在项目预算中,并不以过去的同类相似的项目成本作为成本预算的基准,然后根据项目之间的规模、性质、质量要求和工期要求等不同,对基准进行调节来对新的项目进行成本预算。而是项目以零作为基准,估计所有的工作任务的成本。

比如,如果一个组织在上一个 Web 查询应用项目中成本是 15 000 元。现在有一个新的 Web 查询应用项目,那么对比两个项目之间的差距,如果新的项目范围估计要扩大 20%,那么成本预算可以在 15 000 元的基础上增加 20%。而零基准的成本预算却不能这样在过去的项目基础上进行增加。这种成本预算的方法必须以零作为基准。零基准的预算的主要目标是减少浪费,避免一些实际上没有继续存在必要的成本支出由于预算人员的惰性或者疏忽而继续在新的项目中存在。

零基准预算通常用于一系列的项目以及整个组织和时间跨度为几年的项目。零基准预算由于它不利用以前的类似项目的成本作为经验值,看起来是要把以前曾经做过的工作再做一次预算。另外,由于零基准预算对于每一种预算单位的存在都提出了质疑,它的威胁使得在预算过程中许多组织内部组成部分把自己在项目成本中的存在作为第一任务,以免被认为是不再需要的成本预算而在新项目中被取消。

4. 累加预算成本

在项目预算中,每一个工作包都有自己的成本预算和进度计划,根据这些数据,能够确定在某个时间点上的项目所需要的资源和成本,把这个时间点以前的所有成本累加,即得到累加预算成本。表 5-7 为一个项目的累加预算成本表,其成本分布图如图 5-6 所示。

表 5-7 一个电子商务系统开发项目的累加预算成本表

时间 工作任务	1月	2月	3月	4月	5月	6月	7月	8月	9月	10月	总计
需求调查	10	8	1								19
系统分析			20	30	5						55
系统实现					30	30	60	20			140
集成测试								3	3	1	7
总　　计	10	8	21	30	35	30	60	23	3	1	221

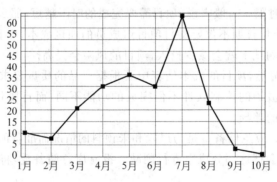

图 5-6 成本分布图

根据累加预算成本可以绘制累加预算成本曲线,如图 5-7 所示。

累加预算成本是进行成本控制的重要依据,在项目执行的过程中,需要不断将累加预算成本和实际成本相比较,判断当前项目是否存在成本偏差。

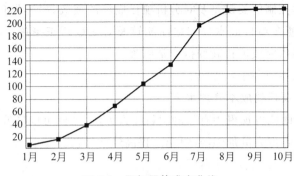

图 5-7 累加预算成本曲线

5. 项目成本预算的结果

项目成本预算的结果包括成本基准、项目资金需求和项目文档更新。就项目资金需求而言，无论是总体需求还是阶段性需求（如每年或每季度），项目资金需求都是根据成本基准确定的，可以设定一定量的应急准备金，以应对赶工或成本超支等问题。所需的资金总额等于成本基准和应急准备金两者之和。一般来说，应急准备金可在每个阶段末加入，或在需要时才动用，这取决于项目组织的政策。

项目团队需要根据情况对风险登记册、成本估算和项目进度等文档进行更新。

5.3 电子商务项目成本控制

5.3.1 项目成本控制的主要工作和依据

1. 项目成本控制的主要工作

项目成本控制(control project cost)是按照事先确定的项目成本基准，通过运用各种方法，对项目实施过程中所耗费资源的使用情况进行管理控制，以确保项目的实际成本限定在成本预算范围内的过程。

项目成本控制的主要目的是对造成实际成本与成本基准计划发生偏差的因素施加影响，保证其向有利的方向发展，同时对与成本基准计划已经发生偏差和正在发生偏差的各项成本进行管理，以保证项目的顺利进行。

项目成本控制的主要内容如下：

(1) 检查成本实际执行情况。

(2) 发现实际成本与计划成本的偏差。

(3) 确保所有正确的、合理的、已核准的变更都包括在项目成本基准计划中，并把变更后的项目成本基准计划通知相关的项目干系人。

(4) 分析成本绩效，从而确定需要采取纠正措施的活动，并且决定要采取哪些有效的纠正措施。

项目成本控制的过程必须和项目的其他控制过程（如项目范围的变更、进度计划变更和项目质量控制等）紧密结合，防止因单纯控制项目成本而出现项目范围、进度和项目质量等方面的问题。

有效的项目成本控制的关键是及时分析项目成本的绩效,尽早发现成本管理的无效和出现偏差的原因,以便在项目成本失控之前能够及时采取纠正措施。项目成本一旦失控,想在成本预算的范围内完成项目就变得非常困难。

成本控制的作用主要在于:
(1) 有助于提高项目的成本管理水平。
(2) 有助于项目团队发现更为有效的项目建设方法,从而可以降低项目的成本。
(3) 有助于项目管理人员加强经济核算,提高经济效益。

成本控制的主要工作如表 5-8 所示。

表 5-8 成本控制的主要工作

依　据	工具和方法	结　果
成本基准 项目成本需求 工作绩效信息 组织积累的相关资源	偏差分析技术 预测技术 项目绩效审核 差异管理 项目管理软件 关键比值法	工作绩效测量 完工预测 更新的组织积累的相关资源 变更请求 更新的项目管理计划 更新的项目文档

2. 项目成本控制的依据

成本控制的依据主要有项目成本基准计划、项目成本需求、工作绩效信息和组织积累的相关资源等。

成本控制主要收集正在执行的项目活动的相关信息(包括状态和成本信息)。这些信息包括已完成和还未完成的可交付成果、授权和发生的成本、未完成的计划活动所需成本估算以及计划活动的完工百分比等。

3. 实际成本

项目实际开始实施后,就不断的消耗资金,所有雇员的工资、购买的原材料和管理成本等,这些支出的总和是项目当前的实际成本。由于支付方式的不同,不同的支出发生的时间不同:有些是在项目实施过程中要使用的原材料是在项目的开始阶段一次性支付购买的,有的是项目结束后才支付的,有的是随着项目的进行渐进支付的。一般来说,在进行项目实际成本和预算成本计算时,是按照实际使用的时间开始分摊计算的。

例如,项目聘请了一名执行顾问,聘请协议规定顾问在项目需求分析时开始工作,在编码开始一个月之后结束,每月的佣金为 10 000 元,在项目完成后一次付清。实际上该顾问一共工作了 6 个月,然后再过了 6 个月项目完成后付了佣金。虽然这个佣金是发生在项目的最后,但在计算项目的实际成本时,应该分别记在头 6 个月中,如表 5-9 所示。

根据会计报表,可以得到累加预算成本和实际成本的对比表如表 5-10 所示,每一格中上面的数字表示累加预算成本,下面的数字表示实际成本。

根据累加预算成本和实际成本也能够绘制曲线,如图 5-8 所示。

表 5-9 实际成本示意表

类　别	1月	2月	3月	4月	5月	6月
工资成本	100 000	100 000	190 000	340 000	170 000	320 000
硬件成本	1000	1000	1000	1000	1000	1000
软件成本	500	500	500	500	500	500
旅行和住宿	3500	3500	7500	12 500	4500	12 500
管理、支持成本	2000	5000	7000	2000	1000	1000
培训成本						
系统文档成本						
家具成本	3000	3000	4000	3000	3000	3000
总　计	110 000	110 000	210 000	360 000	180 000	340 000

表 5-10 累加预算成本和实际成本的对比表

工作任务\时间	1月	2月	3月	4月	5月	6月	7月	8月	9月	10月	总计
需求调查	10 11	8 11	1 2	1							19 25
系统分析			20 19	30 35	5 8	2					55 64
系统实现					30 10	30 32	60	20			140
集成测试								3	3	1	7
总　计	10 11	8 11	21 21	30 36	35 18	30 34	60	23	3	1	221

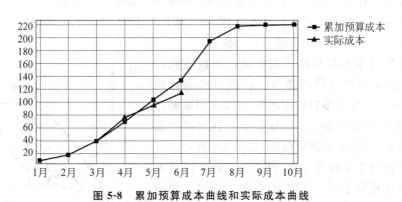

图 5-8 累加预算成本曲线和实际成本曲线

5.3.2 电子商务项目成本控制的工具和方法

1. 偏差分析技术

偏差分析技术，也称挣值分析（Earned Value Analysis，EVA），是评价项目成本实际开销和预算进度情况的一种方法,该方法可以通过测量和计算计划工作预算成本、已完成工作的实际成本和已完成工作的预算成本,得到有关计划实施的进度和成本偏差,从而达到衡量项目成本执行情况的目的。

偏差分析技术的核心思想是通过引入一个关键性的中间变量——挣值(已完成工作的预算成本),来帮助项目管理团队分析项目成本和进度的实际执行情况同计划的偏差程度。运用偏差分析技术要求计算每个活动的关键值。

首先,要确定偏差分析的3个基本参数。

(1) 计划工作量的预算成本(Budgeted Cost for Work Scheduled,BCWS),即根据批准认可的进度计划和预算,到某一时点应当完成的工作所需投入资金的累积值。按我国的习惯可以把它称为"计划投资额"。

(2) 已完成工作量的实际成本(Actual Cost for Work Performed,ACWP)。即到某一时点已完成的工作实际所花费的总金额。按我国的习惯可以把它称为"消耗投资额"。

(3) 已完成工作量的预算成本(Budgeted Cost for Work Performed,BCWP)。是指项目实施过程中某阶段实际完成工作量按预算定额计算出来的成本,即挣值(Earned Value,EV),挣值反映了满足质量标准的项目实际进度。按我国的习惯,可以把它称为"实现投资额"。

偏差分析主要通过计算成本偏差、进度偏差、进度执行指数和成本执行指数来实现其评价目的。

(1) 成本偏差(CV): CV=BCWP－ACWP,当 CV 为负数,表明项目成本处于超支状态;反之,项目成本处于节约状态。

(2) 进度偏差(SV): SV=BCWP－BCWS,当 SV 为负数,表明项目实施落后于进度状态;反之,项目进度超前。

(3) 进度执行指数(SPI): SPI=BCWP/BCWS,当 SPI 大于1,表明项目实际完成的工作量超过计划工作量;反之,项目实际完成的工作量少于计划工作量。

(4) 成本执行指数(CPI): CPI=BCWP/ACWP,当 CPI 大于1,表明项目实际成本少于计划成本;反之,项目实际成本超过计划成本。

偏差分析技术不仅可用来衡量项目的成本执行情况,而且用来衡量项目的进度。在项目实施过程中,可根据项目进度在项目成本曲线 BCWS 图中画出 BCWP 曲线和 ACWP 曲线,在每个检查日均可比较这3个参数值,进而求出评价指标,如图5-9所示。

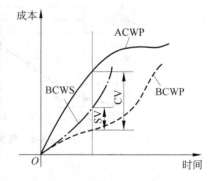

图 5-9 偏差分析技术的评价图

了解了计划工作预算成本、已完成工作实际成本和已完成工作预算成本这些概念,再把上面例子中的数据的已完成工作预算加入到曲线中,如图5-10所示,最后结合公式的计算,则一目了然,在当前的6月份,圆圈表示的已完成工作预算成本要比方块表示的计划工作预算成本要少,这说明当前项目工作进度落后。而三角形表示的已完成工作实际成本要比圆圈表示的已完成工作预算成本要高,这表示当前项目成本超支。这个项目不但进度落后,而且成本也超支,项目管理者现在就必须立即采取措施。

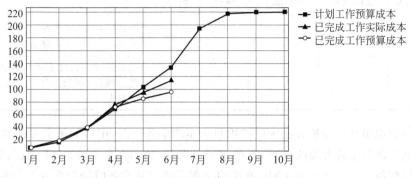

图 5-10 BCWS、ACWP 和 BCWP 曲线

对挣值法的作用还有争议,支持者认为它是能够防止意外的最可行的工具,而有些观点认为挣值法花费的代价太高。在实际的项目中,利用挣值法能够得到多种情况,每种情况有着不同的含义,如表 5-11 所示。

表 5-11 利用挣值法对各种情况进行分析的示例

序号	计划预算成本	已完成工作实际成本	已完成工作预算成本	成本偏差	进度偏差	分析
1	400	400	400	0	0	理想情况,一切按照计划进行
2	400	300	200	−100	−200	可能是最糟糕的情况之一,进度落后,成本超支。如果在实际成本少于计划成本的 50% 时更糟
3	400	200	300	100	−100	令人满意的是工作执行效率高,成本比预期要低。令人不满意的是进度落后了
4	400	300	300	0	−100	进度落后,所幸成本还在计划范围之内
5	400	400	300	−100	−100	虽然成本和计划一致,但由于进度慢了 25%,所有项目执行的效率是计划的 75%
6	400	400	500	100	100	有利情况,进度提前了 25%,而成本仍然在计划之内
7	400	500	500	0	100	工作提前,成本仍然在预算范围内
8	400	300	400	100	0	工作进度和计划相符,而且节约了成本
9	400	500	400	−100	0	工作进度和计划相符,但是成本超支
10	400	500	300	−200	−100	最糟糕的情况,成本不但超过了预算,也超过了计划,而工作进度也落后
11	400	300	500	200	100	进度提前,而且成本低于计划,虽然这未必值得庆贺,但项目出现盈余的可能性很大

续表

序号	计划预算成本	已完成工作实际成本	已完成工作预算成本	成本偏差	进度偏差	分析
12	400	600	500	−100	100	进度提前,但是成本超过了预算。最后要么成本超支,要么进度落后
13	400	500	600	100	200	看起来是成本超过了计划,但实际上并没有超过预算,项目进度也提前,这也是一种好状况

为更好地说明挣值分析方法来监控项目成本的实施情况,用以下例子来说明。

一个电子商务系统开发软件项目,要求总共需要20 000个工时,每个工时的预算价格是50元,计划每天完成400个工时,50天内全部完成。开发部门经理在开工后第4天晚上去做成本测量时取得了两个数据:已经完成1500个工时,实际成本为90 000元。

分析:

(1) 管理人员先按照工时的预算价格计算出已经完成的1500个工时的预算成本EV:
$$EV = 50 元/工时 \times 1500 工时 = 75\ 000 元$$

(2) 原计划表明,在开工后第4天结束时,项目需求单位按照工时的预算价格应该付给项目组预算成本PV作为这前四天的项目价款:
$$PV = 50 元/工时 \times 400 工时/天 \times 4 天 = 80\ 000 元$$

因此最终结果如下:

实际成本:$AC = 90\ 000$元。

预算成本:$PV = 50 元/工时 \times 400 工时/天 \times 4 天 = 1600 工时 \times 50 元/工时 = 80\ 000 元$。

实际价值:$EV = 1500 工时 \times 50 元/工时 = 75\ 000 元$。

成本偏差:$CV = EV - AC = 75\ 000 - 90\ 000 = -15\ 000$元,因此可以得出成本超支的结论。

进度偏差:$SV = EV - PV = 75\ 000 - 80\ 000 = -5000$元,因此可以得出工作进度落后的结论。

成本执行指标:$CPI = EV/AC = 75\ 000/90\ 000 = 83\%$。

进度执行指标:$SPI = EV/PV = 75\ 000/80\ 000 = 94\%$。

从以上结果可以得出以下结论:

(1) 成本偏差为负值,表示项目已完成工作的实际成本超过预算成本,项目处于超支状态,超支15 000元。

(2) 进度偏差为负值,表示项目的实施进度落后于计划进度,落后额为5000元。

(3) 成本执行指标小于1,表示同样的成本,实际完成的只占到计划完成的83%。

(4) 进度执行指标小于1,表示计划工期完成的进度只有94%。

挣值法的图形、3种参数关系以及采取措施的比较如表5-12所示。

2. 预测技术

预测技术是根据已知的项目执行和绩效过程中获得的工作绩效信息,对项目未来状况的产生、更新和重新发布进行估算和预测的一种方法。

表 5-12　挣值法参数比较

图　形	3 种参数关系	分　析	采取措施
(AC, PV, EV 曲线)	AC>PV>EV SV<0,CV<0	效率低 进度较慢 投入超前	用工作效率高的人员替换一些工作效率低的人员
(EV, PV, AC 曲线)	EV>PV>AC SV>0,CV>0	效率高 进度较快 投入延后	若偏离不大,则维持现状
(EV, AC, PV 曲线)	EV>AC>PV SV>0,CV>0	效率较高 进度快 投入超前	调离部分人员,放慢速度
(AC, EV, PV 曲线)	AC>EV>PV SV>0,CV<0	效率较低 进度较快 投入超前	抽出部分人员,加入少量骨干人员
(PV, AC, EV 曲线)	PV>AC>EV SV<0,CV<0	效率较低 进度慢 投入延后	增加高效人员的投入
(PV, EV, AC 曲线)	PV>EV>AC SV<0,CV>0	效率较高 进度较慢 投入延后	迅速增加人员投入

预测技术所涉及的参数主要有:

(1) 完成时预算(Budgeted At Completion,BAC),即完成某个项目的全部预算额之和。

(2) 实际已发生成本(Actual Cost of Work Performed,ACWP)。

(3) 已完成工作量的预算成本(Budgeted Cost of Work Performed,BCWP),即挣值。

(4) 成本执行指数(Cost Performance Index,CPI)。

(5) 完工估算(Estimate At Complete,EAC),是指完成某项工程或者某个工作包的预计总成本,是截止到某一个时刻直接成本和间接成本的总和再加上所有确认的剩余工作的估算成本。

因此,预测 EAC 的通用公式可以表示为

$$EAC = ACWP + 到完成时的估算$$

3. 项目绩效审核

项目绩效审查指比较一定时间阶段的成本绩效、计划活动或工作包超支和低于预算(计划价值)的情况、应完成里程碑、已完成里程碑等。

项目绩效审查是通过举行会议来评估计划活动、工作包或成本账目状态和绩效。它一

般和下列一种或多种绩效汇报技术结合使用。

(1) 偏差分析。指将项目实际绩效与计划或期望绩效进行比较。成本和进度偏差是最常见的分析领域,但项目范围、资源、质量和风险与计划的偏差也具有相同或更大的重要性。

(2) 趋势分析。指检查一定时间阶段的项目绩效,以决定绩效是否改进或恶化。

(3) 实现价值分析。实现价值技术是将计划绩效和实际绩效进行比较。

(4) 差异管理。从前面的偏差分析计算可知项目现在的绩效情况,反映出项目目前的状态,但是它并不能反映出造成偏差的更深层次原因,因此为了更有效地控制项目成本,还需要运用差异管理的方法来对成本的具体差异进行分析。

以采购为例,对其进行差异管理,在采购预算的过程中我们运用了"预算＝预计单价×计划采购量"这个公式,所以可以分别对价格偏差和采购量偏差进行分析。

假设某次采购活动的预算为 140 元,但最后却花掉了 216 元,超支 76 元。造成成本超支的原因是什么呢?

这时就需要运用差异管理的方法来分析具体是什么原因导致了成本超支。最开始预算的时候预计的单价为 14 元,计划采购量为 10 件。首先要确定实际单价是否超过了预算单价,然后要确定实际采购量是否超过了预算采购量,很多时候是两种情况同时发生,哪个因素是导致超支的主要原因呢?

最后的实际单价为 18 元,实际采购量为 12 件。

价格偏差分析：

  价格偏差＝(预计价格－实际价格)×实际采购量＝(14－18)×12＝－48

采购量偏差分析：

  采购量偏差＝(计划采购量－实际采购量)×预计价格＝(10－12)×14＝－28

可以看出,虽然实际购买价格的上升和实际采购量的增加都是造成成本超支的原因,但是采购单价的上升才是导致超支 76 元的主要原因。

4. 项目管理软件

项目管理软件经常用来监测 PV 与 AC 的关系,预测变更或偏差的影响。

5. 关键比值法

在大项目控制中,常常通过计算一组关键比值分析。关键比值技术是指通过计算一组指标比值的乘积(即关键比值),并以此进行项目状态控制的一种分析方法。

下面选取成本比值和进度比值作为项目控制的指标比值来说明关键比值技术的应用。

我们可以把"预算成本/实际成本"称为成本比值,把"实际进度/计划进度"称为进度比值,这里的关键比值就是成本比值与进度比值两者的乘积。

在此需要注意的是：关键比值计算中的指标比值可以根据项目执行工作过程中所需控制的指标设定。指标比值中分子与分母的排列应按"越大越好"的原则。如成本比值中的"预算成本/实际成本",就是按"越大越好"(预算成本应大于实际成本)的原则进行排列的。

关键比值的计算公式如下：

  关键比值＝(预算成本/实际成本)×(实际进度/计划进度)

在项目的实施过程中,无论是成本比值还是进度比值,大于1都表示它们的实际状况好于计划指标,小于1则表示它们的实际状况没有达到计划指标的要求。对单一指标比值而言,据此我们很容易判断出项目实施状态的好坏,但在项目实施过程中,影响项目成败的因素不止一个,如果有若干个指标比值,而且它们的指标比值有的大于1,有的小于1,这时对项目实施的状态又如何分析呢?在此以表5-13为例进行讨论。

表5-13 关键比值计算表

任务	预算成本	实际成本	实际进度	计划进度	关键比值
1	4	4	8	8	1.0
2	8	6	4	5	1.07
3	6	6	4	3	1.33
4	6	8	4	4	0.75
5	6	8	3	4	0.56
6	8	6	4	3	1.78

分析上述关键比值数据,可以得出如下分析结论:

(1) 任务1,成本和进度都与计划指标相符。这说明此时项目的执行情况良好。

(2) 任务2,成本比值大于1,进度比值小于1。这说明尽管项目成本节约了,但项目进度延迟,最终的成本仍有可能超出计划指标。

(3) 任务3,成本比值等于1,进度比值大于1。这说明尽管进度提前,但是并没有因此而增加成本,此时项目的执行情况仍然良好。

(4) 任务4,成本比值小于1,进度比值等于1。这说明项目进度与计划指标相符,但是成本已经超支,此时项目的执行情况比较差。

(5) 任务5,成本比值小于1,进度比值小于1。这说明项目成本超支,进度又延迟,此时项目的执行情况非常不好。

(6) 任务6,成本比值大于1,进度比值大于1。这说明既节约了成本,又提前了进度,此时项目的执行情况非常好。

一般来说,关键比值在1附近时,不需要采取任何控制活动。例如,任务1和任务2的关键比值等于1或者在1附近,就不需要采取控制行动;任务3和任务6的关键比值远大于1,也不需采取控制行动,但是在项目团队有余力的情况下需要调查其原因;任务4和任务5的关键比值都小于1,不但要调查原因,而且应采取控制措施。另外,任务5和任务6的实际执行情况与计划差距很大,也有可能是计划制订得不合理所致。

关键比值的控制范围可视具体项目而定。例如,某个项目的关键比值的控制范围是这样设定的:当关键比值在0.9~1.1范围之内,则可以忽略;在0.7~0.9范围之内,让项目的技术人员仔细关注;对关键比值小于0.7的情况应立即进行调查,找出执行情况与计划差距大的原因,并及时通知公司管理人员;在1.1~1.3范围之内,可在项目团队有余力的情况下进行调查;当大于1.3时,则应立即进行调查,可着重分析计划指标制订得是否合理等原因。关键比值控制的重点应是关键比值小于1时的情况。

5.3.3 项目成本控制的结果

(1) 工作绩效测量。对 WBS 构成的工作单元,特别是为工作包和控制账目计算的 CV、SV、SPI 和 CPI 值应进行记录并通知干系人。

(2) 完工预测。完工预测指书面记录计算的 EAC 数值或实施组织报告的 EAC 数值,运用前面提到的预测方法可以计算不同情况下的 EAC,并将这个数值通知干系人。

(3) 更新的组织积累的相关资源。应记录产生偏差的原因、采取纠正措施的理由和成本控制方面类似的教训,这样,记录的教训可以成为项目组织其他项目历史数据库的一部分。

(4) 变更请求。变更请求是通过整体变更控制过程处理和审查的。确定的变更可能需要增加或减少预算。

(5) 项目管理计划更新。计划活动、工作包或计划工作包的成本估算和成本基准、成本管理计划、项目预算文件都是项目管理计划的组成部分。应根据审定的所有影响这些文件的变更请求来更新这些文件。

(6) 项目文档更新。需要根据情况对成本估算、成本估算基准和项目进度等文档进行更新。

5.3.4 纠正成本偏差的活动

1. 成本失控的主要原因

(1) 缺乏计划

没有经过详细计划的信息系统,没有成本、范围和风险等计划都会造成项目的成本失控。有人认为,项目失败是失败在开始的时候。但是也应该意识到,没有能够完全计划的项目,特别是电子商务软件项目,当项目开始实施之后,非常有可能有许多事务超出了计划的范畴。

(2) 目标不明

虽然瞎猫可能碰到死耗子,但不会总是那么幸运。如果项目管理者无法清晰地描述项目目标,项目成本失控就已经开始了。

(3) 范围蔓延

信息系统的建设过程中,范围蔓延非常常见。电子商务软件项目往往在项目启动、计划、执行甚至收尾时不断加入新功能,无论是客户的要求还是项目实现人员对新技术的试验,都可能导致电子商务软件项目成本的失控。

(4) 缺乏领导力

缺乏领导力的项目领导者无法领导项目走向成功,也无法控制项目成本。

当出现成本偏差时,如果偏差超过了允许的限度,就要找出项目成本偏差的原因。可以将成本偏差的原因归纳为几个因素,然后计算各个因素对成本偏差程度的影响,判断哪个因素是造成成本偏差的主要因素。或者把总成本分解成几个分项成本,通过总成本和分项成本的比较,找出是哪个分项成本造成了成本偏差,如表 5-14 所示。

表 5-14 项目成本偏差分析报告

项目名称：

工作分解结构： 日期：

成本执行数据			偏差	剩余工作完成估算		
BCWS	BCWP	ACWP		预算	估算	偏差

问题产生原因和影响：

纠正措施和期望恢复日期：

2. 纠正成本偏差的活动

在发现造成成本偏差的原因后，必须采取相应的措施，减少成本偏差，把成本控制在计划的范围内，保证目标成本的实现或者修改目标成本。

纠正成本偏差一般考虑两种活动，一种是当前正在进行的活动。如果出现了成本偏差，项目管理者不能指望着后面的活动会自动减少成本来减少成本偏差，采取纠正措施越晚，纠正的可能性就越小，项目成本偏差就可能越大，如图 5-11 所示。

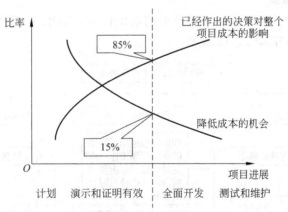

图 5-11 降低成本的机会曲线

另外一种是成本预算偏大的活动，显然把一个 10 万元预算的活动削减 10% 所起的作用也比完全砍掉一个预算为 100 元的活动大得多。成本预算越大，可以进行调节的空间和效果也越大。

降低成本的最有效的方法是减少项目的可交付成果，或者交付质量略低的可交付成果。有时候，稍微降低要求的可交付成果能给项目节约大量的成本。这样做的主要困难是必须和用户进行协商，用户显然不会那么愿意接受这样的做法。所以使用这种方法，要挑选那些用户觉得并不重要的可交付成果。有经验的项目管理者在项目的初期就会和用户协商好哪些是不特别重要的、具备修饰性的可交付成果,并声明这些可交付成果将在项目组有剩余的时间和资源时完成。

其他降低成本的方式有使用低价的原材料代替高价的原材料,这就要冒项目产品质量可能无法达到要求的风险。还可以设法提高劳动生产率,比如使用自动测试工具、请组织内的专家协助提高效率等。

如果偏差很大,那么就算是让事情变得不会更糟的努力也是必要的。

如果发现无论如何进行调整都无法满足项目的成本计划,虽然对管理层来说修改目标成本往往视为项目的失控,也必须面对现实,修改项目的目标成本。

总之,当发生项目目标过高、期望实现的功能过多,而可用资源有限的矛盾时,有两种解决途径。其一是不断修正功能,降低目标,使功能和可用资源匹配;其二是期望实现的功能不变,不断挖掘和调用资源,使功能和资源匹配。这两种演变的方式如图 5-12 所示。

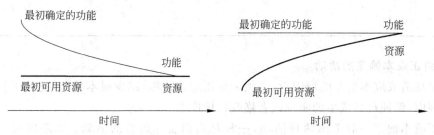

图 5-12　项目的两种演变方式

3. 控制成本的措施

在项目运行中,控制项目成本的措施归纳起来有三大方面:组织措施、技术措施和经济措施。各种措施的内容如图 5-13 所示。

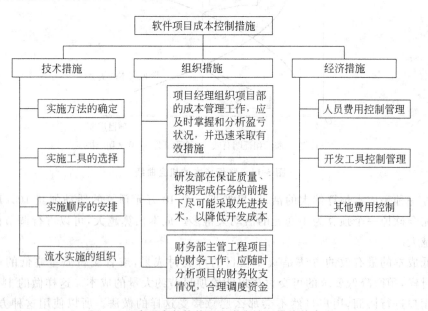

图 5-13　电子商务软件项目成本控制措施的内容

项目成本控制的组织措施、技术措施和经济措施三者是融为一体、相互作用的。项目经理是项目成本控制中心，要以投标报价为依据，制定项目成本控制目标。各部门和项目组各成员通力合作，形成以市场投标报价为基础的实施方案经济优化、设备采购经济优化、人员配备经济优化的项目成本控制体系。

本章小结

电子商务项目成本管理就是按照事先拟定的计划，将项目实施过程中发生的各种实际成本与预算成本进行对比、检查、监督和纠正，尽量使项目的实际成本控制在计划和预算范围内的管理过程。电子商务项目的成本是指为实现项目目标而开展各项活动所耗用资源的货币总和。按与项目的形成关系划分，项目成本包括项目直接成本和项目间接成本。按项目生命周期阶段划分，包括项目决策和界定成本、项目设计成本、项目资源获取成本和项目实施成本。影响项目成本管理的因素有项目工期、项目质量、项目范围、项目耗用资源的数量与单价。项目成本管理主要包括项目成本估算、项目成本预算和项目成本控制等工作过程。

项目成本估算是指为了实现项目的目标，根据项目活动资源估算所确定的资源需求，以及市场上各项资源的价格信息，对项目所需资源的全部成本而进行的估算。项目成本估算的步骤是：(1)识别和分析项目成本的构成要素，即项目成本由哪些资源项目组成；(2)估算每项项目成本构成要素的单价和数量；(3)分析成本估算的结果，识别各种可以相互代替的成本，协调各种成本的比例关系。项目成本估算的依据是范围基准、项目进度计划、项目人力资源计划、风险登记册、项目的制约因素和组织积累的相关资源。项目成本估算的常用工具和方法有：自上而下估算，参数模型估算法，自下而上估算，应急储备金分析，质量成本分析，项目成本管理估算电子商务软件，供应商投标分析，最小、最大和最有可能的估算以及按阶段的估算。项目成本估算的结果主要包括项目活动成本估算、项目成本估算依据和更新的项目文件3个文档。

项目成本预算是进行项目成本控制的基础，也是项目成功的关键因素，其中心任务是将项目成本估算的结果分配到项目的各项活动中，估计项目各项活动的资源需要量。需要关注的预算项目是应急储备金的预算。零基准预算是指在项目预算中，并不以过去的同类相似的项目成本作为成本预算的基准，然后根据项目之间的规模、性质、质量要求和工期要求等不同，对基准进行调节来对新的项目进行成本预算，而是项目以零作为基准，估计所有的工作任务的成本。在项目预算中，每一个工作包都有自己的成本预算和进度计划，根据这些数据，能够确定在某个时间点上的项目所需要的资源和成本，把这个时间点以前的所有成本累加，即得到累加预算成本。

项目成本控制的主要目的是对造成实际成本与成本基准计划发生偏差的因素施加影响，保证其向有利的方向发展，同时对与成本基准计划已经发生偏差和正在发生偏差的各项成本进行管理，以保证项目的顺利进行。项目成本控制的工具和方法有偏差分析技术、预测技术、项目绩效审核、项目管理软件和关键比值法。

偏差分析技术也称挣值分析(Earned Value Analysis，EVA)，是评价项目成本实际开销和预算进度情况的一种方法,该方法可以通过测量和计算计划工作预算成本、已完成工作的实际成本和已完成工作的预算成本,得到有关计划实施的进度和成本偏差,从而达到衡量项目成本执行情况的目的。

项目成本控制的结果包括工作绩效测量、完工预测、更新的组织积累的相关资源、变更请求、项目管理计划更新和项目文档更新。

成本失控的主要原因有缺乏计划、目标不明、范围蔓延和缺乏领导力。控制项目成本的措施有组织措施、技术措施和经济措施。

案例分析

案例 1　某项目的成本控制情况分析

某项目由 4 项活动组成,各项活动的时间和成本如表 5-15 所示,总工时 4 周,项目最初估算的完成项目所需要的总成本(Budget at Completion,BAC)为 10 000 元,以下是第三周末的状态。

表 5-15　各项活动的时间和成本表

活　　动	预计时间和成本	第一周	第二周	第三周	第四周	第三周末的状态
计划	1 周,2000 元					活动已完成,实际支付成本 2000 元
设计	1 周,2000 元					活动已完成,实际支付成本 2500 元
编程	1 周,3000 元					活动仅完成 50%,实际支付成本 2200 元
测试与实施	1 周,3000 元					未开始

要求回答以下问题:

(1) 成本偏差(CV)是多少?

(2) 进度偏差(SV)是多少?

(3) 进度执行指数(SPI)是多少?

(4) 成本执行指数(CPI)是多少?

(5) 进度执行指数(SPI)和成本执行指数(CPI)说明了什么?

解:

(1) BCWS = 2000 + 2000 + 3000 = 7000(元)

　　BCWP = 2000 + 2000 + 1500 × 50% = 5500(元)

　　ACWP = 2000 + 2500 + 2200 = 6700(元)

　　CV = BCWP − ACWP = 5500 − 6700 = −1200(元)

(2) SV = BCWP − BCWS = 5500 − 7000 = −1500(元)

项目成本处于超支状态,项目实施落后于进度状态。

(3) SPI = BCWP/BCWS = 5500/7000 = 0.79

(4) CPI = BCWP/ACWP = 5500/6700 = 0.82

(5) 项目进度落后而且成本超支，但进度比成本落后更多。

案例 2　信息管理系统开发工作的成本管理

某图书销售网站决定开发一个信息管理系统，该项目技术任务繁重、进度要求紧并且成本要求尽可能的节省。项目主管工程师做好系统分析后，预计电子商务软件规模约在 20 万行左右，计划在 160 天内完成，预计平均每天完成代码 1250 行，每天花费成本 2000 元。在项目开发过程中，花了 10 天时间进行了部分系统的开发，平均完成代码设计 1300 行，按项目组的设计成本，平均每天花费 2100 元。

思考：

(1) 求项目组在前 10 天的 PV、AC 和 EV，并判断该项目能否在计划内完工，是否会超出原先的成本预算。

(2) 根据给定数据，近似画出该项目的预算成本、实际成本和挣值图。根据前 10 天开工情况（假设后面开发的仍旧按此进度与花费），求出项目完工时的总估算，并说明原因。

(3) 请用 200 字以内的文字来描述针对这种情况应该采取何种措施，既能保证时间预算，又能保证成本预算。

案例 3　网上订餐系统的成本管理

在高校里，食堂几乎处于垄断性的地位。但是，食堂不仅开饭时间比较固定，常常出现中午 12 点下课后就没有菜可吃的现象，而且食堂的饭菜一般都是大锅饭，口味和菜色常常不变。因此，一部分同学就会选择校内或周边的小餐馆就餐，那里的菜色比较多且价格总体上也相对公道，营业时间也普遍较长。在这种情况下，某些同学想利用学校周围的餐馆的优势和校园网的条件建立一个网上订餐系统。将周边小餐馆菜品信息发布在网上供同学们浏览，选购自己喜好的餐馆的菜品后，由相应的餐馆外送人员将订购的饭菜送过来，这样就可以满足同学们对于用餐的需求了。

假设你是这个项目的项目经理，请根据以上条件带领你的团队完成此项目。

根据上述材料，请分析：

(1) 对该项目进行简单的成本估算。

(2) 对该项目进行简单的成本预算。

(3) 试述如何对该项目可能面对的不确定性成本进行控制。

案例 4　校园二手用品市场网站建设项目成本情况

一个网站建设项目的成本应该包括项目进行的整个过程所需要耗费的各种费用的总和。这里以校园二手用品市场网站建设项目为例来说明。首先根据工作分解结构的分析模板对最底层的工作单元进行详细分析。根据类似项目的经验和报价，分析每个工作单元的所需工期和价格，在以上分析的基础上绘制出本项目的项目分摊估计表。合同规定项目总成本（包括软件开发成本、硬件成本和开发中的其他成本）是 51 000 元。

根据项目团队制定的工作分解结构，按照系统的生命期将本项目划分为 6 项活动：项目规划、需求分析、系统设计、系统开发、系统测试和验收总结。对这 6 项活动进一步分解得到 34 项小活动。项目经理带领团队成员集体讨论出各项小活动的成本,估算结果如表 5-16 所示。小活动的成本主要由劳动力成本(工资)和软硬件成本构成。其中工资根据工期、人数和日工资来确定,软硬件成本根据具体某项小活动的需要数量来确定,这样这项小活动的成本就可确定下来。按照自下而上的方法,首先估算出每项小活动的预算,由此得出大活动的预算,进而得出整个项目的预算。

表 5-16 校园二手用品市场网站项目分摊估计表

活 动	小 活 动	预算分摊/元	累计分摊/元
项目管理	1. 项目开发立项	100	100
	2. 可行性研究	200	300
	3. 项目章程编写	200	500
	4. 项目经理的任命	50	550
	5. 项目模板制作	300	850
需求分析	6. 用户需求调研与分析	500	1350
	7. 同类网站分析	500	1850
	8. 编写详细需求说明书	600	2450
系统设计	9. 体系结构设计	100	2550
	10. 功能模块设计	300	2850
	11. 业务逻辑设计	300	3150
	12. 用户界面设计	500	3650
	13. 数据库设计	500	4150
	14. 编写系统设计说明书	100	4250
系统实施	15. 编写系统实施计划	100	4350
	16. 软硬件购买	21 000	25 350
	17. Web 应用开发	8500	33 850
	18. 网站铺设	1000	34 850
	19. 编写系统实施报告	200	35 050
系统测试	20. 编写系统测试计划	150	35 200
	21. 单元测试	500	35 700
	22. 集成测试	300	36 000
	23. 强度测试	200	36 200
	24. 响应测试	100	36 300
	25. 可靠性测试	100	36 400
	26. 安全测试	200	36 600
	27. 编写系统测试报告	200	36 800

续表

活动	小活动	预算分摊/元	累计分摊/元
验收总结	28. 进行网站考核	1000	37 800
	29. 填写评价报告	200	38 000
	30. 填写验收报告	200	38 200
	31. 编写用户手册	500	38 700
	32. 培训使用维护人员	1000	39 700
	33. 召开总结会议	200	39 900
	34. 完成项目总结报告	100	40 000

经过预算,校园二手用品市场网站建设项目的预算总成本为 40 000 元,加上项目监控费用约 2000 元,项目预算总金额为 42 000 元。项目合同金额为 51 000 元,基本上达到了 21% 左右的利润率。

练习题

1. 简述各种成本估算方法(自下而上估算法、自上而下估算法和参数模型估算法)的适用情况。

2. 成本预算的作用是什么?

3. 根据表 5-17,计算各项活动的关键比值,并分析确定各项活动完成的情况(成本和进度是否与计划相符,如进度提前或落后于计划,成本节约或超支等)。

表 5-17 计算关键比值的相关数据

活动	预算成本	实际成本	实际进度	计划进度	活动	预算成本	实际成本	实际进度	计划进度
1	4	3	6	7	3	2	4	6	5
2	3	4	2	3	4	5	4	7	6

4. 分析表 5-18 中的数据,确定各项活动的实际成本与计划成本是否相符,超支还是节约。

表 5-18 计算实际成本的相关数据

任务	实际进度	计划进度	关键比值	任务	实际进度	计划进度	关键比值
1	6	4	1.0	3	6	6	1.5
2	5	10	0.5	4	4	2	0.75

5. 项目预算总成本为 400 万元,计划工期为 2 年。在项目的实施过程中,通过成本记录的信息可知,开工后第一年年末的实际发生成本为 100 万元,所完成工作的计划预算成本额为 50 万元。与项目预算成本比较,项目的计划发生成本额应该为 200 万元。试分析该项目的成本执行情况和计划完工情况。

参考文献

[1] 昆廷·弗莱明.挣值项目管理[M].北京:电子工业出版社,2007.
[2] 贾晓丹.电子商务项目管理实训.北京:中国人民大学出版社,2011.
[3] 骆珣.项目管理教程.北京:机械工业出版社,2011.
[4] 项目管理协会.项目管理知识体系指南[M].黄晞烨,译.北京:电子工业出版社,2009
[5] 项目管理者联盟.http://www.mypm.net.
[6] 唐文莉.新经济环境下的电子商务成本管理[J].市场周刊,2007(1):11-12.

第6章

电子商务项目质量管理

学习目标

- 了解电子商务项目质量管理工作的主要内容。
- 掌握电子商务项目质量计划的方法。
- 了解电子商务项目质量保证的过程。
- 掌握电子商务项目质量控制的步骤。
- 掌握电子商务项目质量控制的措施和项目质量计划的编写。

任务书或角色扮演

- 搜索有关能力成熟度模型的资料,了解该模型及其应用范围。
- 搜索有关戴明环的资料,了解什么是全面质量管理。

6.1 电子商务项目质量管理概述

市场如战场,任何一个局部的、细微的质量问题,都可能成为竞争对手攻击的突破口,都可能导致全局的崩溃。电子商务项目研发过程必须高度重视质量问题,必须全力以赴做好项目的每一个局部的、细微的环节,努力追求项目质量零缺陷。

6.1.1 电子商务项目质量管理的基本概念

1. 电子商务项目质量的定义

项目质量是指项目的可交付成果能够满足客户需求的程度。项目质量管理是为了保证项目的可交付成果能够满足客户的需求,围绕项目的质量而进行的计划、协调和控制等活动。项目质量管理包括3个主要工作过程:质量规划、实施质量保证和实施质量控制。

电子商务项目质量表现在两个方面:一是电子商务项目过程质量;二是电子商务项目成果质量。如果未能满足两个方面中的任何一个,均会对项目产品及部分或全部项目干系人造成消极后果。

2. 电子商务项目质量管理的特点

电子商务项目质量管理与一般产品的质量管理相比,既有共同点,也存在不同点。共同点是管理的原理及方法基本相同;不同点是由项目本身的特点所决定的,主要体现在以下4个方面。

(1) 复杂性。由于电子商务项目的影响因素多、经历的环节多、涉及的主体多、质量风险多等,使得电子商务项目的质量管理具有复杂性。

(2) 动态性。这种动态性体现在控制要素、控制手段和检验基准等上。电子商务项目要经历从决策阶段至结束验收阶段的完整的生命周期。由于不同阶段影响项目质量的因素不同,质量管理的内容和目的不同,项目的参与方不同,所以项目质量管理的侧重点和方法要随着阶段的不同而做出相应调整。即使在同一阶段,由于时间不同,影响项目质量的因素也可能有所不同,同样需要进行有针对性的质量管理。因此,电子商务项目的质量管理具有动态性。

(3) 难以纠正性。电子商务项目具有一次性的特点,电子商务项目的有些质量问题往往没有采取纠正措施的机会,或者质量问题的后果是毁灭性的。这就需要对项目的每一个环节、每一个要素都予以高度重视,否则就可能造成无法挽回的影响。

(4) 系统性。电子商务项目的质量并不是孤立存在的,要受到工期、成本和资源等因素和目标的制约,同时它也制约着其他的因素和目标。因此,电子商务项目质量管理是系统管理。

3. 电子商务质量管理的指导思想

对于电子商务项目来说,由于其复杂性、动态性、难以纠正性和系统性的特点,特别需要对电子商务项目的建设过程进行管理,其管理比较适合用全面质量管理思想来指导。

第6章 电子商务项目质量管理

在制造业和服务业中，人们通过全面质量管理（Total Quality Management，TQM）来实现产品的质量。所谓全面质量管理的思想，国际标准化组织认为，是一个组织以质量为中心，以全员参与为基础，目的在于通过让顾客满意和本组织所有成员及社会受益而达到长期成功的一种质量管理模式。

从这一定义中可以看出，全面质量管理的指导思想分为两个层次：其一是整个组织要以质量为核心；其二是组织的每个员工要积极参与全面质量管理，而全面质量管理的根本目的是使全社会受益和使组织长期成功。确切地说，全面质量管理的核心思想是质量管理的全员性（全员参与质量管理）、全过程性（管理好质量形成的全过程）和全要素性（管理好质量所涉及的各个要素）。

电子商务项目的质量管理不仅仅是项目建设完成后的最终评价，而是在电子商务建设过程中的全面质量管理。也就是说，它不仅包括系统实现时的质量管理，也包括系统分析和系统设计时的质量管理；不仅包括对系统实现时软件的质量管理，而且还包括对文档、系统建设人员和用户培训的质量管理。显然，在电子商务项目质量管理中同样要贯彻全面质量管理的思想。

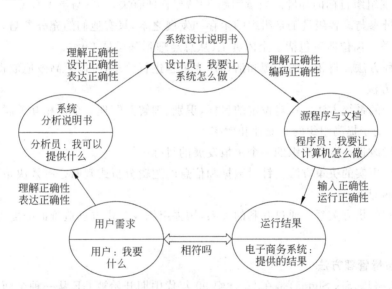

图 6-1　电子商务系统项目生命周期各阶段之间的关系

之所以对电子商务系统采取全面质量管理，是因为在电子商务系统建设生命周期的各个阶段，对上一阶段的理解和本阶段的设计与实现上都存在着这样或那样的问题。如图 6-1 所示，在该图中阶段之间的接口至少存在列出来的 9 个正确性问题，要想使每一个问题都能顺利解决并不容易。并且，根据一些 IT 公司的统计资料，在后期对一个质量缺陷进行处理比在早期对该缺陷进行相应处理所需付出代价可能高 2～3 个数量级。图 6-2 定性地

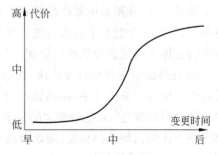

图 6-2　某缺陷的变更时间和
所付代价的关系

描绘了在不同时期做出一个变更所需付出代价的变化趋势。因此要从电子商务项目建设的一开始就进行全面质量管理,以便尽量在早期发现错误,及早更正。

6.1.2 质量管理主流观点与组织

对于一个电子商务项目团队来说,应该熟悉一些主流的质量管理思想和组织体系。

1. ISO 9000:2000 版八大质量管理原则

ISO 9000:2000 版八项质量管理原则是 ISO/TC 176 总结了质量管理实践经验,并吸纳了国际上最受尊敬的一批质量管理专家的意见,用高度概括、易于理解的语言所表达的质量管理最基本、最通用的一般性规律,成为质量管理的理论基础。它是组织的领导者有效实施质量管理工作必须遵循的原则。

(1) 以顾客为关注焦点。组织依赖于顾客,因此组织应该理解顾客当前的和未来的需求,从而满足顾客要求并超越其期望值。

(2) 领导作用。领导者将本组织的宗旨、方向和内部环境统一起来,并创造使员工能够充分参与实现组织目标的环境。质量问题 80%与管理有关,20%与员工有关。

(3) 全员参与。各级员工是组织的生存和发展之本,只有他们的充分参与,才能给组织带来最佳效益。岗位职责包括了全体员工(从总经理到基层员工)。

(4) 过程方法。将相关的资源和活动作为过程进行管理,可以更高效地取得预期结果。采用流程图方法。

(5) 管理的系统方法。针对设定的目标,识别、理解并管理一个由相互关联的过程所组成的体系,有助于提高组织的有效性和效率。

(6) 持续改进。这是组织的一个永恒发展的目标。

(7) 基于事实的决策方法。针对数据和信息的逻辑分析或判断是有效决策的基础。用数据和事实说话。

(8) 互利的供方关系。通过互利的关系,增强组织及其供方创造价值的能力,如麦当劳的管理方式。

2. 6σ 质量管理方法

6σ(六西格玛,Six Sigma)是在 20 世纪 90 年代中期开始被 GE 从一种全面质量管理方法演变成为一个高度有效的企业流程设计、改善和优化的技术,并提供了一系列同等地适用于设计、生产和服务的新产品开发工具。继而与 GE 的全球化、服务化和电子商务等战略齐头并进,成为全世界上追求管理卓越性的企业最为重要的战略举措。6σ 逐步发展成为以顾客为主体来确定企业战略目标和产品开发设计的标尺,追求持续进步的一种管理哲学。

6σ 管理法是一种统计评估法,核心是追求零缺陷生产,防范产品责任风险,降低成本,提高生产率和市场占有率,提高顾客满意度和忠诚度。6σ 管理既着眼于产品和服务质量,又关注过程的改进。σ 是希腊文的一个字母,在统计学上用来表示标准偏差值,用以描述总体中的个体偏离均值的程度,测量出的 σ 表征着诸如单位缺陷、百万缺陷或错误的概率性,σ 值越大,缺陷或错误就越少。

6 个 σ=3.4 个失误/百万机会,意味着卓越的管理、强大的竞争力和忠诚的客户。

5个 σ＝230个失误/百万机会，意味着优秀的管理、很强的竞争力和比较忠诚的客户。

4个 σ＝6210个失误/百万机会，意味着较好的管理和运营能力以及满意的客户。

3个 σ＝66 800个失误/百万机会，意味着平平常常的管理，缺乏竞争力。

2个 σ＝308 000个失误/百万机会，意味着企业资源每天都有1/3的浪费。

1个 σ＝690 000个失误/百万机会，意味着每天有2/3的事情做错，企业无法生存。

6σ是一个目标，这个质量水平意味的是所有的过程和结果中99.999 66％是无缺陷的，也就是说，做100万件事情，其中只有3.4件是有缺陷的，这几乎趋近于人类能够达到的最为完美的境界。6σ管理关注过程，特别是企业为市场和顾客提供价值的核心过程。因为过程能力用σ来度量后，σ越大，过程的波动越小，过程以最低的成本损失和最短的时间周期来满足顾客要求的能力就越强。6σ理论认为，大多数企业在3σ～4σ间运转，也就是说每百万次操作失误在6210～66 800之间，这些缺陷要求经营者以销售额在15％～30％的资金进行事后的弥补或修正；而如果做到6σ，事后弥补的资金将降低到约为销售额的5％。

为了达到6σ，首先要制订标准，在管理中随时跟踪考核操作与标准的偏差，不断改进，最终达到6σ。现已形成一套使每个环节不断改进的简单的流程模式：界定、测量、分析、改进和控制。

(1) 界定：确定需要改进的目标及其进度。企业高层领导就是确定企业的策略目标，中层营运目标可能是提高制造部门的生产量，项目层的目标可能是减少次品和提高效率。界定前，需要辨析并绘制出流程。

(2) 测量：以灵活有效的衡量标准测量和权衡现存的系统与数据，了解现有质量水平。

(3) 分析：利用统计学工具对整个系统进行分析，找到影响质量的少数几个关键因素。

(4) 改进：运用项目管理和其他管理工具，针对关键因素确立最佳改进方案。

(5) 控制：监控新的系统流程，采取措施以维持改进的结果，以期整个流程充分发挥功效。

3.《朱兰质量手册》

《朱兰质量手册》(Juran's Quality Handbook)堪称质量管理领域中理论和实践的集大成之作。本书由质量管理的开山人物朱兰主编，以朱兰为代表的一批质量管理领域的世界级顶尖专家参与撰写。该书自从1951年第一版问世以来，已经被译成多种文字。由于该手册所具有的全面性、实用性和权威性，再加上朱兰本人在质量管理领域中的大师级地位，在半个多世纪中，这本手册一直是质量管理领域中最有影响的出版物之一，被人们称誉为"质量管理领域中的圣经"。

朱兰把当今企业经营的动态环境的特征概括为"6个C"，即Change(变革)、Complexity(复杂性)、Customer demands(顾客需求)、Competitive pressure(竞争压力)、Cost impacts(成本冲击)和Constraints(约束因素)。这些因素显著地影响着组织实现其经营目标的能力。传统上，组织是以推出新的产品和服务来应对这些因素的。它们很少会对产出这些产品和服务的过程以改变。经验表明，经营目标的实现在很大程度上取决于那些大而复杂的

CHAPTER 6

跨职能业务过程,如产品计划、产品开发、开具发货清单、患者护理、原料采购和零件分销等。如果长期得不到管理,这些业务过程中的许多都会变得观念过时、负担过载、方法累赘、成本过高、定义不当,从而不能适应持续变化的环境的要求。对于未能得到适当关注的那些过程而言,其产出的质量会远远低于有竞争力的绩效水准所要求的质量。

朱兰认为,业务过程是为产出预期成果(产品或服务)而将人员、材料、能源、设备和信息结合成为工作活动的逻辑构成。衡量过程的质量有3个主要的尺度,即效果、效率和适应性。若产出能够满足顾客的需要,则该过程便是有效果的;若能以最小成本实现其效果,则该过程便是有效率的;若随着时间的流逝,该过程面对所发生的诸多变化仍能保持效果和效率,则称其具有适应性。要满足顾客的需要并确保组织的健康,管理当局就必须树立起一种过程的观点。

显然,将过程保持在高质量状态的必要性是毋庸置疑的。但在现实中,好的过程质量只是例外而非常规。朱兰指出,要理解这一点,就必须仔细考察过程是如何设计的,以及随时间的流逝会发生什么样的变化。

首先是过程的设计。由于历史的原因,西方的企业组织模式已经演变成为由职能专业化的部门所构成的一种等级制结构。管理当局的方向、目标和考核由上至下部署在这一纵向的等级制构造中。然而,产出产品,尤其是顾客所购买产品(组织因此而存在)的那些过程却是横跨组织的职能部门水平地流动着的。传统上,过程的每一块职能部分均由一个部门来负责,该部门的主管对这块绩效承担责任。可是,没有谁对整个过程负责。很多问题都源自部门要求与整个过程的要求之间的冲突。在与职能目标、职能资源和职能成长的竞争中,跨职能过程备受冷落。结果,这些过程在运作中常常是既无效果也无效率,也注定不具有适应性。

过程绩效不良的又一原因是所有过程在演化过程中均会遭受到的自然劣化。例如,在一家铁路公司中,从公司电话簿中可以看出,"维修职员"头衔要多于"职员"头衔。维修职员的设立,本是为了防止某些曾发生过的严重问题的复发,但随着时间的流逝,头衔上的失衡成为了一个外在的证据,表明这些过程将维修固化成了组织的常规。

技术发展的加速,再加上顾客期望的攀升,造成了在成本和质量方面的全球性竞争压力。这些压力刺激了对跨职能过程的探索,人们在思考如何来明确和理解这些过程并改进其绩效。现有大量证据表明,在整个产品生产周期中,过程管理技术是导致过程绩效不良的一个主要问题。职能目标常常与必须由跨职能过程来满足的顾客需要相冲突。这些过程还会产生出各种各样的浪费(不准时、产出废品等)。很容易看到,许多产品,如发货清单的制作、保险单的填报或收款单的支付等,本来只需20分钟就可以完成,但实际上却要花费20多天。更严重的是,它们很难得到及时的改变,以对持续变动的环境做出反应。因此,朱兰最后强调,为了更好地满足顾客的需要,就必须使这些过程恢复其效果、效率和适应性。

4. 戴明 PDCA 循环

戴明是世界著名的质量管理专家,他对世界质量管理发展做出的卓越贡献享誉全球,以戴明命名的"戴明品质奖",至今仍是日本品质管理的最高荣誉。作为质量管理的先驱者,戴明学说对国际质量管理理论和方法始终产生着异常重要的影响。戴明的学说简洁易明,其主要观点"十四要点"成为本世纪全面质量管理的重要理论基础。

戴明最早提出了 PDCA 循环的概念,所以又称其为"戴明环"。PDCA 循环是能使任何一项活动有效进行的一种合乎逻辑的工作程序,在软件项目质量管理中得到了广泛的应用。P、D、C、A 四个字母所代表的意义如下:

P(Plan)——计划。包括方针和目标的确定以及活动计划的制订。

D(Do)——执行。执行就是具体运作,实现计划中的内容。

C(Check)——检查。就是要总结执行计划的结果,分清哪些对了,哪些错了,明确效果,找出问题。

A(Action)——行动(或处理)。对总结检查的结果进行处理,对成功的经验加以肯定,并予以标准化,或制定作业指导书,便于以后工作时遵循;对于失败的教训也要总结,以免重现;对于没有解决的问题,应提给下一个 PDCA 循环中去解决。

PDCA 循环有以下 4 个明显特点:周而复始、大环带小环、阶梯式上升和统计的工具。

戴明学说反映了全面质量管理的全面性,说明了质量管理与改善并不是个别部门的事,而是需要由最高管理层领导和推动才可奏效。戴明学说的核心可以概括为以下几方面:

(1) 高层管理的决心及参与。

(2) 群策群力的团队精神。

(3) 通过教育来提高质量意识。

(4) 软件项目质量改良的技术训练。

(5) 制订衡量软件项目质量的尺度标准。

(6) 对软件项目质量成本的分析表认识。

(7) 不断改进运动。

(8) 各级员工的参与。

5. 美国质量学会

美国质量学会(American Society for Quality,ASQ)是由美国民间基金赞助成立的非盈利性科技社团组织。ASQ 成立于 1946 年 2 月 17 日,由第二次世界大战期间致力于开展数理统计方法及质量控制技术培训和普及推广的 17 个地方质量管理协会合并组成。自成立以来,ASQ 成员创建了诸多质量技术概念及方法,如质量成本、零缺陷和可靠性等。近年来,又推出了用户满意度指数调查和 6σ 方法,不断开拓和创新质量管理的新理念与技术方法。

ASQ 总部设在美国威斯康星州的米尔沃基市,首任主席为乔治·爱德华先生。ASQ 迄今共向 17 名质量管理专家授予了荣誉会员称号,休哈特、朱兰、戴明、费根堡姆、石川馨和田口玄一等均榜上有名。

6. 欧洲质量组织

欧洲质量组织(European Organization for Quality,EOQ)是由欧洲 31 个国家的质量组织在瑞士依法注册的一个"自治、非盈利性的专业质量组织,其活动宗旨是通过传播欧洲的质量理念,提高欧洲工商业界的综合竞争力,为推动质量管理技术在各成员国企业的普及与应用做贡献,最终目标是实现欧洲人民和欧洲社会整体的发展与进步。"

EOQ 成立于 1956 年,办公机构设在比利时的布鲁塞尔,主席由各成员组织首脑轮流担任,任期两年。

EOQ 主要活动为每年一度的欧洲质量组织年会。至 2012 年已举办了 56 届。欧洲质量组织年会由各成员国轮流主办,是由欧洲及国际质量组织和机构围绕质量改进技术、信息、经验和方法等进行交流研讨的重要平台,其规模与档次与美国质量学会年会相当,备受全球质量界瞩目。

EOQ 下设产品/服务中心、知识/研究中心及网络中心,为所属成员组织和欧洲企业提供质量培训、信息交换、咨询、软件应用与开发的全方位服务。牵头实施欧洲用户满意度指数测评项目。其出版物为月刊《欧洲质量》。

EOQ 于 1991 年设立"欧洲质量奖"(EOQ 奖)并于次年颁发了第一个奖项。EOQ 奖被视为 TQM 的欧洲模式。其评审标准与美国波多里奇奖的标准相仿,只是将以人为本和环境要求作为单独章节予以突出和强调。

中国质量协会成立伊始即与 EOQ 组织成员开展了积极的合作交流,聘请英国 BSI 专家来华举办审核员培训班,派遣近百名专业技术人员赴瑞典参加质量专题研讨,与德国质量组织(GOQ)互访。中国质量代表团每年都赴欧出席欧洲质量组织年会并发表论文。

7. 日本科学技术联盟

日本科学技术联盟(Union of Japanese Scientists and Engineer, JUSE)是隶属于日本科学技术厅指导的科技社团组织。JUSE 成立于 1946 年,由全面质量管理及 QC 小组活动创始人,时任日本经济团体联合会会长石川馨先生的父亲捐资设立。

JUSE 积极倡导质量振兴、卓越经营的思维理念,集结和组织了一大批专家、学者和企业家,致力于数理统计技术、QC 工具方法的教育培训及研究应用。1951 年设立了国际公认的最高级别的质量管理奖项之一——戴明奖;1962 年首创开展 QC 小组活动,已在全球 70 多个国家和地区得到了推广普及;1963 年开始推进"质量月活动"。JUSE 通过卓有成效的努力对日本经济的高速发展起到了"推进器"的作用。JUSE 与美国质量学会和欧洲质量组织被公认为当今全球最有影响力的三大质量组织。

6.1.3 项目质量管理过程

美国项目管理学院的 PMBOK2004 定义的项目质量管理过程包括以下几个过程(参见表 6-1):

(1) 质量规划。判断哪些质量标准与本项目相关,并决定应如何达到这些质量标准。

(2) 实施质量保证。开展规划确定的系统的质量活动,确保项目实施满足要求所需的所有过程。

(3) 实施质量控制。监控项目的具体结果,判断它们是否符合相关质量标准,并找出消除不合绩效的方法。

表 6-1　PMBOK2004 对项目质量管理的定义

	启动 (Initiating)	计划(Planning) 质量规划	执行(Executing) 实施质量保证	控制(Controlling) 实施质量控制	收尾 (Closing)
输入		1. 环境与组织因素 2. 组织过程资产 3. 项目范围说明书 4. 项目管理计划	1. 质量管理计划 2. 质量衡量指标 3. 过程改进计划 4. 工作绩效信息 5. 批准的变更申请 6. 质量控制衡量 7. 实施的变更申请 8. 实施的纠正措施 9. 实施的缺陷补救 10. 实施的预防措施	1. 质量管理计划 2. 质量衡量指标 3. 质量核对表 4. 组织过程资产 5. 工作绩效信息 6. 批准的变更申请 7. 可交付成果	
工具和技术		1. 成本效益分析 2. 基准对照 3. 实验设计 4. 质量成本 5. 其他质量规划工具	1. 质量规划工具与技术 2. 质量审计 3. 过程分析 4. 质量控制工具与技术	1. 因果图 2. 控制图 3. 流程图 4. 直方图 5. 帕累托图 6. 趋势图 7. 散点图 8. 统计抽样 9. 检查 10. 缺陷补救审查	
输出		1. 质量管理计划 2. 质量衡量指标 3. 质量核对表 4. 过程改进计划 5. 质量基准 6. 项目管理计划(更新)	1. 请求的变更 2. 推荐的纠正措施 3. 组织过程资产(更新) 4. 项目管理计划(更新)	1. 质量控制衡量 2. 确认的缺陷补救 3. 质量基准(更新) 4. 推荐的纠正措施 5. 推荐的预防措施 6. 请求的变更 7. 推荐的缺陷补救 8. 组织过程资产(更新) 9. 确认的可交付成果 10. 项目管理计划(更新)	

6.2　电子商务项目质量计划编制

电子商务项目质量计划是指确定电子商务项目应该达到的质量标准和如何达到这些质量标准的工作计划和安排。项目质量管理是从对项目质量的计划、安排开始的,是通过对于项目质量计划的实施实现的。

制订电子商务项目质量计划的主要目的是确保项目满足客户需要的质量标准能够得以满意的实现,其关键是在项目的计划期内确保项目保质保量按期完成。

6.2.1 电子商务项目质量计划编制

1. 电子商务项目质量计划内容

主要从项目范围、项目交付结果、交付接受的标准、质量保证计划、质量监督及控制措施、质量责任等几方面进行计划,必要时还可以通过流程图来描述各质量控制环节。

电子商务项目质量计划的编制是为了对电子商务项目质量进行更好的管理而进行的,具体内容如下:

1) 概述

提供项目名称、客户名称、项目经理与项目发起人姓名等与项目相关的一般信息。

项目名称:	客户名称:
项目经理:	计划起草人:
项目发起人:	日期:

2) 项目范围

按照项目范围说明书的要求描述项目的工作范围、主要交付结果、项目总体目标、客户需求以及应遵循的程序等方面的信息。

3) 项目的交付结果

描述项目的主要交付结果,包括合同规定的交付结果以及重大里程碑事件。

4) 交付结果的接受标准

描述交付结果的接受标准或者产品测试的验收标准,详细列出客户提出的相关质量标准。

5) 质量保证计划

确定项目质量保证活动,包括项目质量责任人、工作程序、作业指导书、里程碑检查清单、测试标准和流程、质量事故报告及沟通渠道、持续改进措施等。

6) 质量监督及控制措施

提供有关质量监督与质量控制的措施。

7) 质量责任

确定与项目质量相关的责任人,包括产品测试、过程评审和质量检查等。

2. 电子商务项目质量计划的主要工作

项目质量计划的主要工作如表 6-2 所示。

项目质量规划的依据解释如下:

(1) 范围基准。包括项目范围说明书、WBS 和工作分解结构字典等。

(2) 项目干系人登记表。项目干系人是指积极参与项目或其利益会受到项目执行或完成情况影响的个人或组织,他们还会对项目的目标和结果施加影响。干系人登记表识别对质量有特别兴趣或影响力的干系人,可以明确利益关系者在质量方面的特定利益和目标。

(3) 成本基准。按时间分段,用来度量项目的整体费用。成本基准是项目管理计划的一个组成部分。

表 6-2　项目质量计划的主要工作

依　　据	工具和方法	结　　果
范围基准 项目干系人登记表 成本基准 进度基准 风险登记册 项目的制约因素 组织积累的相关资源	成本收益分析 质量成本 控制图 质量标杆法 实验设计 统计抽样 流程图 质量管理专门方法 其他质量规划工具	质量管理计划 质量测量指标 质量核对表 过程改进计划 更新的项目文档

(4) 进度基准。用于实施控制的项目进度表是得到批准的项目进度表,即进度基准。进度基准是后期进行进度绩效测量和进度跟踪的重要依据。

(5) 风险登记表。包括可能影响质量要求的机会和威胁,主要有已识别的风险清单、潜在应对措施清单、风险根本原因和风险类别更新。

(6) 项目制约因素。影响项目质量规划的制约因素包括政府部门规章、规则和指导原则中有关质量的规定以及项目的工作条件等。编制项目质量计划时,要考虑工作标准、工艺标准、管理标准以及各种规范,这些标准和规范将会直接或间接地影响项目质量计划的编制。一般来说,编制质量计划的标准为目前国际通用的 ISO 9000 系列标准。

(7) 组织积累的相关资源。影响项目质量规划的组织积累的相关资源包括组织质量方针、程序和指导原则、历史数据和经验教训等。

6.2.2　电子商务项目质量计划的工具和方法

1. 费用收益分析

编制项目质量计划时,必须考虑项目费用与项目收益的平衡,进行质量费用分析。

项目质量费用(cost of quality)是指实施项目质量管理活动所需支出的有关费用,如一切防止质量缺陷的支出、评估及确保产品达到质量标准要求的支出,以及出现质量问题后善后工作的各项支出等。

项目质量费用一般包括以下内容:

(1) 预防费用。是为减少质量损失和检验费用而发生的各种费用,如质量管理活动费和行政费、质量改进措施费、质量教育培训费、新产品评审费、质量情报费及工序控制费。

(2) 鉴定费用。是按照质量标准对产品质量进行测试、评定和检验所发生的各项费用,如部门行政费、材料工序成品检验费、检测设备维修费和折旧等。

(3) 内部故障费用。是交货前因产品未能满足质量要求而造成的损失,如返修费用、停工损失和复检费等。

(4) 外部故障费用。是在产品出售后由于质量问题而造成的各种损失,如产品的维护、担保、退货、责任赔偿和违约损失等。

上述概念也可用公式表示如下:

$$质量费用 = 预防费用 + 鉴定费用 + 内部故障费用 + 外部故障费用$$

通常情况下,预防费用、鉴定费用、内部故障费用和外部故障费用之间是此消彼长的关系,质量费用分析的目的在于寻求一种平衡,使得这4种费用相加的总和最小,也就是质量费用最小。

项目的质量管理需要实施两方面的工作:一是质量保证工作,二是质量检验和质量纠正工作。这两方面的工作涉及两类费用,即质量保证费用(由预防费用和鉴定费用组成)和质量纠正费用(由内部故障费用和外部故障费用组成)。这两类费用呈反方向变动:质量保证费用越高,质量纠正费用就越低;质量保证费用越低,质量纠正费用也就越高。图6-3是一个典型的质量费用模式图。

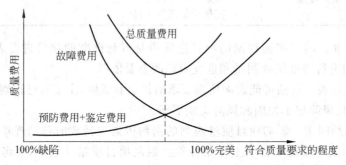

图6-3 质量费用模式图

例如,某网店分析其正在进行的客户管理软件开发项目时,发现由于该软件开发存在质量管理问题而使整个项目的经济效益面临损失的风险,为了进一步查明原因,项目负责人对该项目的质量费用进行了调查。调查小组对项目质量的各种成本和费用进行收集、归类和统计,编制了项目质量费用统计表,如表6-3所示。

表6-3 某网店客户管理软件开发项目质量费用统计表

费用科目	金额/元	占质量总费用的比例/%
预防费用	4200	6.6
鉴定费用	6480	10.18
内部故障费用	25 300	39.74
外部故障费用	27 680	43.48
质量总费用	63 660	100.00

根据以上数据,该房地产项目的负责人发现,在质量总费用中,预防费用和鉴定费用所占的比例偏小,分别为6.60%和10.18%,而内部故障费用和外部故障费用所占的比例偏大,分别为39.74%和43.48%。因此,该项目应加大在预防费用和鉴定费用上的投入以减少由于故障费用而带来的质量损失。

2. 质量标杆法

质量标杆法是以其他项目的质量计划和质量管理的结果为基准,从而制订出本项目质量计划的一种方法。其他项目可以是项目团队以前完成的类似的项目,也可以是其他项目组织已经完成或正在进行的项目。在参照标杆项目的质量方针、质量标准、质量管理计划和质量工作说明文件等文件时,必须结合本项目的实际情况来编制项目质量计划。在使用这一方法时,要特别注意基准项目实际发生的质量问题,在制订本项目质量计划时,要采取一些防范措施和应急计划,以避免类似问题再次发生。

3. 质量功能展开

质量功能展开(Quality Function Deployment,QFD)是把顾客对产品的需求进行多层次的演绎分析,转化为产品的设计要求、零部件特性、工艺要求和生产要求的质量工程工具,用来指导产品的全面设计和质量保证。其基本原理就是用"质量屋"图示化的形式来分析项目的需求与产品性能参数的关系。图6-4是质量屋的典型形式。

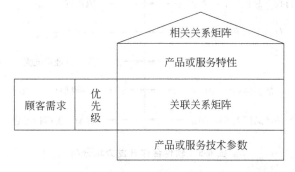

图 6-4 质量屋

"顾客需求"是指顾客意见或顾客的期望,往往涉及顾客希望得到的产品或服务是什么。

"优先级"是顾客对各项要求的重视程度,通常由顾客来定义,但是顾客的优先考虑一般也是项目的优先考虑。

"相关关系矩阵"是指产品或服务的多种特性之间的相互关系,根据它们之间的相互影响关系,通常用正相关或负相关来表示。

"产品或服务特性"是指为了满足顾客需求,在产品设计或服务提供等方面必须具备的特性,这些特性是由项目组织来确定的。

"关联关系矩阵"是指顾客需求和产品或服务特性之间的关联关系,通常用强、中等、弱3种定性关系来确定。

"产品或服务技术参数"是指产品或服务的质量性能参数,用可以测量的客观标准来衡量。依照这些技术参数来设计产品和提供服务,才能准确无误地满足顾客的需求。

4. 软件能力成熟度模型

软件能力成熟度模型(Capability Maturity Model,CMM)是一种用于评价软件承包能力并帮助其改善软件质量的方法,侧重于软件开发过程的管理及工程能力的提高与评估。CMM明确地定义了5个不同的成熟度等级,即初始级、可重复级、已定义级、已管理级和优化级。

5. 力场分析

力场分析可以帮助项目组织分析那些赞成和反对意见的来源,评估这些意见对项目质量规划影响力的大小,以便有针对性地制定相应的措施来增加和扩大赞成意见的积极作用,排除和削弱反对意见的消极影响,或者将反对意见转化成中立甚至赞成意见,从而使项目组织成员达成共识,确保项目的顺利进行。

某软件公司决定开发出一种新软件,自主开发及寻找合作伙伴联合开发对项目和公司的影响不同,经过调查,其进行合作开发的力场分析如图6-5所示。

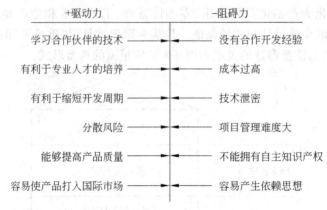

图 6-5　软件合作开发力场分析

通过以上分析,项目团队可以找到赞成和反对软件合作开发的各种力量,然后进行分析和讨论,制定出消除各种阻力的措施,进而达成独立开发或合作开发的共识,使得在确保新软件质量的同时,整个项目和公司都从中受益。

6.2.3　电子商务项目质量计划的结果

1. 质量管理计划

质量管理计划(quality management plan)是对特定的项目,规定由谁、何时、使用哪些程序和相关资源的文件。它是针对具体项目的要求并按重点控制环节所编制的对各质量环节的质量控制方案。质量管理计划提供了对整个项目进行质量控制、质量保证及质量改进的基础。

质量管理计划应明确指出所开展的质量活动,并直接或间接地(通过相应程序或其他文件)指出如何实施所要求的活动。其内容包括:

(1) 需达到的质量目标(质量基准),包括项目总质量目标和具体目标。
(2) 质量管理流程,可以用流程图等形式展示过程的各项活动。
(3) 在项目的各个不同阶段,职责、权限和资源的具体分配。
(4) 项目实施中需采用的具体的书面程序和指导书。
(5) 有关阶段适用的试验、检查、检验和评审大纲。
(6) 达到质量目标的测量方法。
(7) 随项目的进展而修改和完善质量计划的程序。
(8) 为了达到项目质量目标必须采取的其他措施。

2. 质量测量指标

质量测量指标是指一项工作定义,具体描述一件东西是什么以及如何通过质量控制过程对其进行度量。测量值是指实际值。只按计划进度的规定日期完成来衡量项目管理质量的标准是不够的。项目管理团队还必须交代清楚各项活动是要求按时开始,还是只要求按时完成;是要求测量每个单项活动,还是只要求测量某些可交付成果,如果是后者,是哪些可交付成果等。

3. 质量核对表

质量核对表(quality checklists)是一种结构性工具。它用来核实项目质量计划的执行和控制是否得到实施。该表以工作分解结构为基础,由详细的条目组成,常采用询问式或命令式短语。许多组织都有标准的核对表,以保证经常性任务格式保持一致。

4. 过程改进计划

过程改进计划是项目管理计划的从属内容。它将详细说明过程分析的具体步骤,以便确定浪费和非增值活动,进而提高客户价值,例如:

(1) 过程边界。描述过程的目的、起始和终结,其依据和成果、所需信息(如需要),以及本过程的负责人和利害关系方。

(2) 过程配置。使用过程流程图以便进行接口和界面分析。

(3) 过程测量指标。对过程状态进行控制。

(4) 绩效改进目标。指导过程改进活动。过程持续改进的目标是实现过程质量改进和项目质量改进,因此,在进行质量规划时需要非常重视过程改进计划的制订。

5. 更新的项目文档

项目文档是与实施项目有关的各种存档文件。进行项目质量规划时需要更新的项目文件包括项目干系人登记表、风险登记表及其他相关质量管理文件等。

6.3 电子商务项目质量控制

电子商务项目的质量控制是指监督电子商务项目的实施状况,确定电子商务项目的实施质量是否与相关的质量标准相符合,找出存在的偏差,分析产生偏差的原因,并根据质量管理计划提出的内容,寻找避免出现质量问题的方法,找出改进质量、组织验收和进行必要返工的解决方案。简单地说,质量控制就是对项目实施全过程中的产成品进行持续不断的检查、度量、评价和调整等活动。

在实施项目质量控制时,其依据主要有项目的阶段性工作成果、项目质量管理计划、操作描述和项目质量控制标准与要求。

通过项目质量控制所得到的最重要的成果就是项目质量的改进。除质量改进外,质量控制的结果还可能是接受项目成果、返工或对项目管理过程进行调整。

需要指出的是,每个具体的项目工作在质量控制过程中都有可能被接受或拒绝,不被接受的工作需要重新进行,也就是返工。一旦做出接受项目质量的决定,就表示一项项目工作或一个项目已经完成并达到了项目质量要求;如果做出不接受的决定,就表示项目未达到质量要求,应要求项目返工。当然,返工的代价非常高,所以项目经理必须努力做好质量计划编制和质量保证工作以避免返工。如果必须返工,就要认真设计返工工作的方案,争取最小的成本代价和最少的返工工作量。返工既是项目质量控制的一个结果,也是项目质量控制的一种工作和方法。

过程调整是指在质量控制度量的基础上纠正或防止进一步出现质量问题而对项目管理过程所作的调整。它是指根据项目质量控制的结果和面临的问题,或是根据项目各相关利益者提出的项目质量变更请求,对整个项目的过程或活动所采取的调整、变更和纠偏行动。

6.3.1 电子商务项目质量控制模型

1. PDCA 循环

不同的项目,在质量控制的内容和方法上是不尽相同的,传统的工程项目质量控制中主要是围绕人员(Man)、机器设备(Machine)、材料(Material)、方法(Method)和环境(Environment)这 5 个要素(即 4M1E)来进行的。电子商务软件项目质量控制中主要围绕产品、过程和资源这 3 大要素来进行。经过多年的软件工程和全面质量管理(TQM)的实践,戴明提出的 PDCA 过程已经成为业界普遍接受并证明是行之有效的质量管理方法。图 6-6 所示为全面质量控制模型示意图。

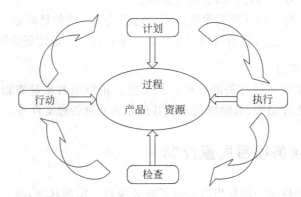

图 6-6 全面质量控制模型(PDCA 循环)

电子商务项目质量控制采用全面质量管理原理。全面质量管理的实施分为 4 个阶段:计划阶段(Plan)、实施阶段(Do)、检查阶段(Check)和行动阶段(Action),这 4 个阶段循环往复,被称为 PDCA 循环。PDCA 循环作为全面质量管理体系运转的基本方法,由戴明提出,也被称为"戴明环"。P(Plan)代表计划,即通过市场调研来确定质量管理的目标以及为实现此目标所需的各种方法和对策;D(Do)代表执行,即将制定的方法和对策付诸实施;C(Check)代表检查,即对实施的结果进行检查;A(Action)代表行动,即对检查出来的问题进行控制,并总结经验。

其实施需要收集大量数据资料,并综合运用各种管理技术和方法。

电子商务项目质量控制 PDCA 循环原理具有 3 个特点:

(1) 各级质量管理都有一个 PDCA 循环,形成一个大环套小环、一环扣一环、相互制约、互为补充的有机整体。在 PDCA 循环中,一般来说,上一级循环是下一级循环的依据,下一级循环是上一级循环的落实和具体化。

(2) 每个 PDCA 循环都不是在原地周而复始地运转,而是像爬楼梯那样,每一循环都有新的目标和内容,这意味着通过质量管理,经过一次循环,解决了一批问题,质量水平有了新的提高。

(3) 在 PDCA 循环中,A 是循环的一个关键。在一个循环中,经过计划、执行和检查环节后,必须对总结检查的结果进行处理,对成功的经验加以肯定,并予以标准化,或制订作业指导书,便于以后工作时遵循;对于失败的教训也要总结,以免重现。对于没有解决的问题,应提给下一个 PDCA 循环中去解决。

PDCA 过程必须紧紧结合电子商务项目质量控制的 3 大要素,不断进行调整和检查。

(1) 产品。一个过程的输出产品不会比输入产品的质量更高,如果输入产品有缺陷,会在后续产品中放大,并影响到最终产品的质量。电子商务软件产品中的各个部件和模块必须达到预定的质量要求,否则各模块集成以后的缺陷会成倍地放大,并且难以定位,修复的成本也会大大增加。

(2) 过程。电子商务系统软件项目的过程可以分成两类:一类是技术过程,如需求分析、架构设计和编码实现等;另一类是管理过程,如技术评审、配置管理和软件测试等。技术过程进行质量设计并构造产品,同时会引入缺陷,因此技术过程直接决定了软件的质量特性。而管理过程对技术过程的成果进行检查和验证,发现问题并进行纠正,间接地决定了最终产品的质量。因此,技术过程和管理过程都对软件质量有着重要的影响,项目团队需要给予足够的重视。

(3) 资源。电子商务系统软件项目中的资源包括人、时间、设备和资金等,资源的数量和质量都影响软件产品的质量。软件是智力高度集中的产品,因此人是其中决定性的因素,软件开发人员的知识、经验、能力和态度都会对产品质量产生直接影响。在大多数情况下,项目中的时间和资金都是有限的,构成了制约软件质量的关键因素。而设备和环境的不足也会直接导致软件质量的低下。

2. 能力成熟度模型

1) 什么是能力成熟度模型

能力成熟度模型(Capability Maturity Model for Software,英文缩写为 SW-CMM,简称 CMM)是一种用于评价软件承包能力并帮助其改善软件质量的方法,侧重于软件开发过程的管理及工程能力的提高与评估,是目前国际上最流行、最实用的一种软件生产过程标准,已经得到了众多国家以及国际软件产业界的认可,成为当今企业从事规模软件生产不可缺少的一项内容。CMM 的核心是把软件开发视为一个过程,并根据这一原则对软件开发和维护进行过程监控和研究,以使其更加科学化、标准化,使企业能够更好地实现商业目标。CMM 为软件企业的过程能力提供了一个阶梯式的改进框架,它基于过去所有软件工程过程改进的成果,吸取了以往软件工程的经验教训,提供了一个基于过程改进的框架;它指明了一个软件组织在软件开发方面需要管理哪些主要工作、这些工作之间的关系以及以怎样的先后次序,一步一步地做好这些工作而使软件组织走向成熟。

CMM 分为 5 个等级:一级为初始级,二级为可重复级,三级为已定义级,四级为已管理级,五级为优化级。软件工程学会(SEI)的 CMM 模型的 5 个梯级如图 6-7 所示。

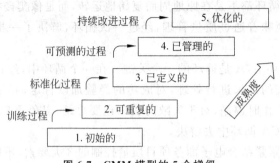

图 6-7 CMM 模型的 5 个梯级

2) CMM 的基本思想

CMM 的基本思想是，因为问题是由管理软件过程的方法引起的，所以新软件技术的运用不会自动提高生产率和利润率。CMM 有助于组织建立一个有规律的、成熟的软件过程。改进的过程将会生产出质量更好的软件，使更多的软件项目免受时间和费用的超支之苦。

软件过程包括各种活动、技术和用来生产软件的工具。因此，它实际上包括了软件生产的技术方面和管理方面。CMM 策略力图改进软件过程的管理，而在技术上的改进是其必然的结果。

必须牢记，软件过程的改善不可能在一夜之间完成，CMM 是以增量方式逐步引入变化的。CMM 明确地定义了 5 个不同的"成熟度"等级，一个组织可按一系列小的改良性步骤向更高的成熟度等级前进。其分级、特征与要求见表 6-4。

表 6-4 CMM 的分级、特征与要求

等级名称	特征与要求	说 明
初始级	过程无序，进度、预算、功能和质量不可预测，企业一般不具备稳定的软件开发环境、通常在遇到问题的时候，就放弃原定的计划而只专注于编程与测试	原始状态，不需要认证
可重复级	建立了管理软件项目的政策，以及为贯彻执行这些政策而定的措施。基于以往项目的经验来计划与管理新的项目。达到此级别的企业过程已制度化，有纪律，可重复	
已定义级	过程实现标准化。有关软件工程和管理工程的特定的、面对整个企业的软件开发与维护的过程的文件将被制订出来。同时这些过程是集成到一个协调的整体	
已管理级	企业对产品及过程建立起定量的质量目标，同时在过程中加入规定得很清楚的连续的度量。作为企业的度量方案，要对项目的重要过程活动进行生产率和质量的度量。软件产品因此而具有可预期的高质量。达到该级的企业已实现过程定量化	
优化级	整个企业将会把重点放在对过程进行不断的优化，采取主动的措施去找出过程的弱点与长处，以达到预防缺陷的目标。同时，分析各有关过程的有效性资料，作出对新技术的成本与效益的分析，并提出对过程进行修改的建议。达到该级的公司可自发地不断改进，防止同类缺陷二次出现	

成熟度等级 1：初始级（Initial）。处于这个最低级的组织，基本上没有健全的软件工程管理制度。每件事情都以特殊的方法来做。如果一个特定的工程碰巧由一个有能力的管

理员和一个优秀的软件开发组来做,则这个工程可能是成功的。然而通常的情况是,由于缺乏健全的总体管理和详细计划,时间和费用经常超支。结果,大多数的行动只是应付危机,而非事先计划好的任务。处于成熟度等级1的组织,由于软件过程完全取决于当前的人员配备,所以具有不可预测性,人员变化了,过程也跟着变化。结果,要精确地预测产品的开发时间和费用之类重要的项目是不可能的。

成熟度等级2:可重复级(Repeatable)。在这一级,有些基本的软件项目的管理行为、设计和管理技术是基于相似产品中的经验,故称为"可重复"。在这一级采取了一定措施,这些措施是实现一个完备过程所必不可少的第一步。典型的措施包括仔细地跟踪费用和进度。不像在第一级那样在危机状态下才行动,管理人员在问题出现时便可发现,并立即采取修正行动,以防它们变成危机。关键的一点是,如没有这些措施,要在问题变得无法收拾前发现它们是不可能的。在一个项目中采取的措施也可用来为未来的项目拟定实现的期限和费用计划。

成熟度等级3:已定义级(Defined)。在第3级,已为软件生产的过程编制了完整的文档。软件过程的管理方面和技术方面都明确地做了定义,并按需要不断地改进过程,而且采用评审的办法来保证软件的质量。在这一级,可引用CASE环境来进一步提高质量和产生率。而在第1级的过程中,"高技术"只会使这一危机驱动的过程更混乱。

成熟度等级4:已管理级(Managed)。一个处于第4级的公司对每个项目都设定质量和生产目标。这两个量将被不断地测量,当偏离目标太多时,就采取行动来修正。利用统计质量控制,管理部门能区分出随机偏离和有深刻含义的质量或生产目标的偏离(统计质量控制措施的一个简单例子是每千行代码的错误率,相应的目标就是随时间推移减少这个量)。

成熟度等级5:优化级(Optimizing)。一个第5级组织的目标是连续地改进软件过程。这样的组织使用统计质量和过程控制技术作为指导。从各个方面中获得的知识将被运用在以后的项目中,从而使软件过程融入了正反馈循环,使生产率和质量得到稳步的改进。

整个企业将会把重点放在对过程进行不断的优化,采取主动的措施去找出过程的弱点与长处,以达到预防缺陷的目标。同时,分析各有关过程的有效性资料,作出对新技术的成本与效益的分析,并提出对过程进行修改的建议。达到该级的公司可自发地不断改进,防止同类缺陷二次出现。

从表6-4可以看出,CMM为软件的过程能力提供了一个阶梯式的改进框架,它基于以往软件工程的经验教训,提供了一个基于过程改进的框架图,它指出一个软件组织在软件开发方面需要哪些主要工作,这些工作之间的关系,以及开展工作的先后顺序,一步一步地做好这些工作而使软件组织走向成熟。

6.3.2 电子商务项目质量控制工作的方法和技术

项目质量控制的方法有很多,最常用也最直接的方法是检查,包括为确定项目的各种结果是否符合用户需求所采取的诸如测量、检查和测试等活动,其中既可能检查单个活动的结果,也可能检查项目的最终产品的结果。

数据是质量控制的基础,"一切用数据说话"才能做出科学的判断。用数理统计方法,通过收集和整理质量数据,有助于分析和发现质量问题,以便及时采取对策,预防和纠正质量问题。常用的质量控制工具包括流程图、检查表、因果图、控制图、趋势分析图和帕累托图等。

1. 流程图

流程图是通过相应的工作流程来规范质量管理工作,直观明了。另外,流程图显示流程上不同因素之间怎样互相作用和影响,从而能够帮助项目团队来预测哪些质量问题要发生,可能发生在什么地方,应该采取什么样的办法解决问题。

2. 检查表

检查表通常由详细的条目组成,是用于检查和核对一系列必须采取的步骤是否已经实施的结构化工具,具体内容因行业而异。检查表是一种有条理的工具,可繁可简,语言表达形式可以是命令式口吻,如"开始调研";也可以是询问式口吻,如"调研工作已经完成了吗"。

3. 因果图

因果图又称鱼刺图、树枝图等,是一种逐步深入研究和讨论质量问题的图示方法。因果图是以结果作为特性,以原因作为因素,在它们之间用箭头来表示因果关系,如图 6-8 所示。

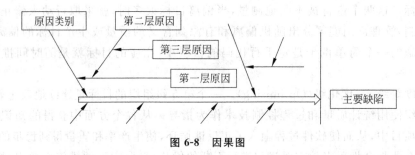

图 6-8　因果图

因果图是一种充分发动项目成员动脑筋、查原因、集思广益的好办法。也特别适合于项目团队中实行质量的民主管理。当出现了某种质量问题,但未搞清楚原因时,可针对问题发动大家寻找可能的原因,使每个人都畅所欲言,把所有可能的影响因素都列出来,然后将这些因素分门别类,将各类别的因素填写在原因类别框中。

对于同一类别组的原因,还可以分出它们的层次,按照层次的先后逻辑,标注在相应位置上,这样,导致质量问题发生的原因就层次分明、一目了然,在此基础上可以再结合后面介绍的帕累托图来分析其中的主要原因。

图 6-9 是某电子商务系统没有按时交付的因果图。

4. 控 制 图

控制图如图 6-10 所示,它是一种有控制界限的图,用来分析引起质量波动的原因是偶然的还是系统的,可以提供系统原因存在的信息,从而判断工作过程是否处于受控状态。

图 6-10 中上、下控制线表示变化的最终限度,当连续的 7 个设定间隔内变化均指向同一方向时,就应分析和确认项目是否处于失控状态。确认项目过程处于失控状态时,就必

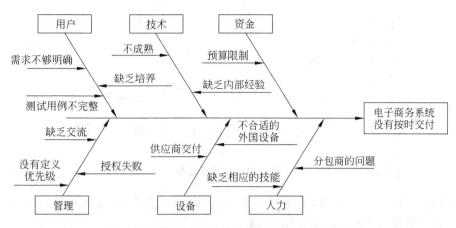

图 6-9 某电子商务系统没有按时交付的因果图

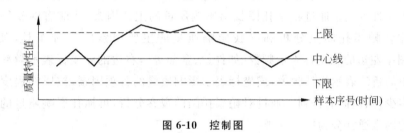

图 6-10 控制图

须采取纠偏措施,调整和改进项目过程,使项目过程回到受控状态。控制图法是建立在统计质量管理方法基础之上的,它利用有效数据建立控制界限,如果项目过程不受异常原因的影响,从项目运行中观察得到的数据将不会超出这一界限。

实际上,控制图可以用于监控任何形式的输出变量,比如可以监控项目的进度和费用变化、范围变化的幅度和频率、项目的其他管理结果等,从而确认项目过程是否处于受控状态。

5. 趋势分析图

趋势分析图是根据以往的历史数据,利用数学技术来预测未来情况的分析方法,可用来跟踪一段时间内变量的变化。图 6-11 给出了一个趋势分析图的例子,从图中可以看出,随着时间的推移,事故发生率呈下降趋势。趋势分析图的主要优点是便于绘制,易于理解。

6. 帕累托图

帕累托图是以发明者意大利经济学家帕累托(Pareto)的名字来命名的。帕累托发现,在许多国家中,少数人占有大量财富,而多数人仅拥有少量财富。这些少数人对财富起着支配作用。于是,他提出了"关键的少数(vital-few)和次要的多数(trivial-many)"的关系。这个关系存在于社会的很多场合,例如,在一个股份制公司中,人们常常会发现,大约 20% 的股票持有者往往占有大约 80% 的股票总值。这种 80/20 关系还存在于以下场合:80% 的营业额是由 20% 的客户产生的;80% 的破坏是由 20% 的原因造成的;80% 的延误是由 20%

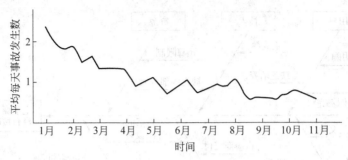

图 6-11 趋势分析图

的分包商造成的。要注意的是,上述 80% 和 20% 都是指大约数,不是指精确的数值,它强调的是"关键的少数"和"次要的多数"的原则。

后来,著名质量管理专家朱兰把这一原理应用到质量管理中来,作为寻找影响质量的主要因素的一种方法。通过帕累托图找出影响质量的主要因素,才能有的放矢,取得良好的经济效果。帕累托图是分析和寻找影响质量的主要因素的一种工具,其形式参见图 6-12。图中左边的纵坐标表示频数(如件数、金额等),右边的纵坐标表示频率(以百分比表示),图中的折线表示累计频率,横坐标表示影响质量的各项因素,按影响程度的大小(即出现频数多少)从左向右排列。通过对帕累托图的观察分析,可抓住影响质量的主要因素。影响质量的因素通常分为以下 3 类。

(1) A 类为累计百分数在 80% 以内的因素,即"关键的少数",是主要因素。

(2) B 类为除 A 类外累计百分数在 80%~90% 范围内的因素,是次要因素。

(3) C 类为除 A、B 类外累计百分数在 90%~100% 范围内的因素,是一般因素。

B 类和 C 类构成了"次要的多数"。

图 6-12 是帕累托图的一个示例。图中的"甲、乙、丙、丁"4 个因素为关键的少数,即 A 类

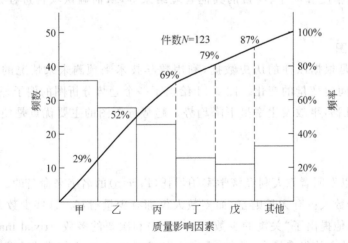

图 6-12 帕累托图

因素;因素"戊"为 B 类因素,"其他"中的因素为 C 类因素,这两个因素合起来构成次要的多数。

6.3.3 电子商务项目质量控制的输出

电子商务项目质量控制输出的结果主要有质量检查表、质量报告表和质量跟踪表。

1. 质量检查表

电子商务项目质量检查表适用于检查"工作过程"与"工作成果"是否符合既定的规范,模板如表 6-5 所示。

表 6-5 电子商务项目质量检查表模板

质量保证检查表	
项目名称	
检查日期	
质量保证员	
检查项状态标记	√合格　　×不合格　　TBD 待完成　　NA 不适用

1. A 过程域及工作成果检查表		
主要检查项	状　态	说　明

2. B 过程域及工作成果检查表		
主要检查项	状　态	说　明

3. C 过程域及工作成果检查表		
主要检查项	状　态	说　明

2. 质量报告表

电子商务项目质量报告表是对质量检查的最终成果的报告,模板如表 6-6 所示。

3. 质量跟踪表

电子商务项目质量跟踪表是对质量问题处理的跟踪调查,以促进项目质量问题的彻底解决,模板如表 6-7 所示。

表 6-6　电子商务项目质量报告模板

基本信息			
项目名称		报告日期	
质量保证员		报告批次	第 n 份
工作描述			
参加人员			
过程质量检查			
受检查的过程域		检查结果	
产品质量检查			
受检查的工作成果		检查结果	
问题与对策，经验总结			

表 6-7　电子商务项目质量问题跟踪表

项目名称			
质量保证员			
编　号	问题描述	解决措施	实际解决情况

本章小结

　　项目质量是指项目的可交付成果能够满足客户需求的程度。项目质量管理是为了保证项目的可交付成果能够满足客户的需求，围绕项目的质量而进行的计划、协调和控制等活动。电子商务项目质量管理具有复杂性、动态性、难以纠正性和系统性的特点。项目质量管理包括 3 个主要工作过程：质量规划、实施质量保证和实施质量控制。

　　电子商务项目质量计划主要从项目范围、项目交付结果、交付接受的标准、质量保证计划、质量监督及控制措施和质量责任等几方面进行计划，必要时还可以通过流程图来描述各质量控制环节。电子商务项目质量规划的依据是范围基准、项目干系人登记表、成本基准、进度基准、风险登记表、项目制约因素和组织积累的相关资源。电子商务项目质量计划的工具和方法有费用收益分析、质量标杆法、质量功能展开、软件能力成熟度模型和力场分析。电子商务项目质量计划的结果有质量管理计划、质量测量指标、质量核对表、过程改进计划和更新的文档。

项目质量保证是为了保证项目质量计划的顺利实施，对项目质量计划的执行情况进行经常性的评估、核查和改进的过程，使项目质量能够满足客户的要求。项目质量保证包括项目内部质量保证和外部质量保证。内部质量保证是向项目团队提供的质量保证，外部质量保证是向客户和其他项目干系人提供的质量保证。实施项目质量保证的依据主要有项目质量管理计划、质量控制的度量结果以及质量工作的操作说明。其中质量控制的度量结果可以用于比较和分析，项目质量工作说明则是对项目质量管理具体工作的描述，以及对项目质量保证与控制方法的具体说明。电子商务项目的质量保证主要包括以下几个方面的工作：清晰的质量要求说明、科学可行的质量标准、组织和完善项目质量体系、配备合格的必要的资源、持续开展有计划的质量改进活动以及项目变更的全面控制。质量保证工作的方法和技术主要是质量审计和质量改进。质量审计也称为质量审核，是对特定质量管理活动的结构化审查。质量改进是以"增加项目的有效性和效率，提高项目投资人收益"为主要目的而采取的各种行动。项目质量改进的方法包括项目质量改进建议和质量改进行动两个方面。

电子商务项目的质量控制是指监督电子商务项目的实施状况，确定电子商务项目的实施质量是否与相关的质量标准相符合，找出存在的偏差，分析产生偏差的原因，并根据质量管理计划提出的内容，寻找避免出现质量问题的方法，找出改进质量、组织验收和进行必要返工的解决方案。电子商务项目质量控制模型有PDCA循环。PDCA循环作为全面质量管理体系运转的基本方法，由戴明提出，也被称为"戴明环"。PDCA循环分为计划阶段（Plan）、实施阶段（Do）、检查阶段（Check）和处理阶段（Action），这4个阶段循环往复。P（Plan）代表计划，即通过市场调研来确定质量管理的目标以及为实现此目标所需的各种方法和对策；D（Do）代表执行，即将制定的方法和对策付诸实施；C（Check）代表检查，即对实施的结果进行检查；A（Action）代表处理，即对检查出来的问题进行控制，并总结经验。

能力成熟度模型是一种用于评价软件承包能力并帮助其改善软件质量的方法，侧重于软件开发过程的管理及工程能力的提高与评估。是目前国际上最流行、最实用的一种软件生产过程标准，已经得到了众多国家以及国际软件产业界的认可，成为当今企业从事规模软件生产不可缺少的一项内容。CMM的核心是把软件开发视为一个过程，并根据这一原则对软件开发和维护进行过程监控和研究，以使其更加科学化、标准化，使企业能够更好地实现商业目标。CMM分为5个等级：1级为初始级，2级为可重复级，3级为已定义级，4级为已管理级，5级为优化级。

电子商务项目质量控制常用的工具包括流程图、检查表、因果图、控制图、趋势分析图和帕累托图等。电子商务项目质量控制输出的结果主要有质量检查表、质量报告表和质量跟踪表。

案例分析

案例1　服装市场的电子商务平台建设

某服装批发市场是西北地区的主要服装批发市场,这家实体服装批发市场目前管理成本较高,经营业主多有抱怨。经调查发现,该市场规模虽大,但至今仍未应用电子商务,主要是通过电话、传真和客户上门来联系业务,这使得服装批发市场的管理成本和经销商的经营成本居高不下。为了解决这个问题,批发市场决定,应用商场全程电子商务平台,对现行服装批发市场组织体制和经营方式进行整体性电子商务化转换。

应用电子商务分以下3个步骤:

(1) 在批发市场内部建立管理信息系统。

(2) 对外创建电子商务平台,与经销商、零售商之间建立密切的联系,以追踪价格、库存和竞争等情况,并通过电子商务平台建立在线零售业务。

(3) 内部与外部实现信息一体化。

该服装批发市场对国内软件开发商进行了多方面的考察、比较,后来确定北京吉安软件开发公司承担此项目。吉安公司曾经承担过多个电子商务项目的开发,有着较为丰富的经验。

本项目的质量至关重要,一旦系统质量存在质量缺陷,轻则影响局部功能的使用,重则产生财务处理的混乱,甚至出现业务的瘫痪。吉安公司任命王磊为项目经理。在批发市场相关人士的参与下,找出了需要完成的全部任务;建立了工作分解结构,主要任务是:问题界定、分析、设计、开发、测试和实施;制定了责任矩阵,表明每项任务由谁负主要责任和由谁负次要责任;制成了甘特图,甘特图清晰地显示出所要完成任务的情况和完成每项活动的时间框架;最后进行了工期的估计。

为了使得此项目的顺利完成和正常运行,必须加强项目质量管理。项目聘请了电子商务资深专家王树新作为项目监理,负责电子商务项目的验收测试工作。在项目启动后,立即发现项目前期的工作存在一些问题,双方对产品需求的确认有些匆忙,一些具体环节的需求直到产品即将交付时仍未最终明确,并且变更频繁。在前期,吉安公司没有完整的质量管理体系,质量管理比较混乱。双方都把质量控制的希望全寄托在最终的用户验收测试中。

为使项目的质量控制工作尽快走上正轨,必须制订详细周密的项目质量计划,将设计、开发、测试、修改、需求变更以及项目实施阶段后期和收尾阶段的各项相关工作都纳入质量控制的范围。在项目测试中,制订了严密的测试计划和规范,并制订了问题发现、汇报、确认、修改、跟踪的一系列流程。

双方经过近9个月的紧张工作,全程电子商务平台终于得以正常运行。

思考:

本案例提示我们应怎样进行项目质量管理?

案例 2　A 服装公司的网站建设项目质量管理

A 公司从事某品牌服装的出口业务，最近准备建立自己的网站，借助电子商务手段进一步扩大业务，网站系统的建设委托 B 软件公司负责。由于这两家公司以前有过长时间的合作，并且由于此项目是一个新研发的项目，没有相同项目的开发经验，因此他们同意在没有完全确定需求的情况下先进行开发，然后在开发的过程中不断完善需求。

B 公司为此项目配备了一个项目经理张工和 3 个程序员参与项目开发，A 公司也派了一个技术人员赵工参与项目的需求分析和进度监督。项目开发初期还比较顺利。随着项目的推进，一些问题逐渐暴露出来。首先，项目需求的不确定性导致开发效率变得很低。一个界面上的小问题由于 A 公司的技术人员赵工的始终不满意而导致开发进度停滞不前。由于 A 公司和 B 公司的技术人员分别缺乏电子商务和服装经营的相关知识，导致对业务逻辑理解不一致，使得系统的几个主要流程存在错误。

诸如此类的质量问题不断出现，导致项目严重延期，项目最终暂停。

问题：

1. A 服装公司和 B 软件公司同意不先确定需求就投入开发，这种做法对软件项目质量有什么影响？如果这种做法有一定的客观原因，如何在开发前期进行弥补？

2. B 软件公司的张工在这件事情中负有什么责任？如何履行他的责任？A 服装公司的赵工在这件事情中负有什么责任？如何履行他的责任？

3. 在项目的需求分析阶段，如何通过明确需求来保证项目的质量？在项目的其他阶段如何继续保持项目的质量？

案例分析：

1. 软件项目的需求决定了软件项目的功能和目标。如果在软件项目进行开发之前不能确定需求，等于不知道以后要做一个什么样的项目，不知道自己的工作目标。目标不明确就没法制订下一阶段的工作计划，从而不能按质量完成整个软件项目。

如果确实由于时间等其他客观原因导致无法在软件项目开发之前明确需求，就应该在项目开发的开始阶段分析、明确一部分的需求，然后制订一个子计划完成这个需求，然后继续分析另一部分的需求，制订另一个子计划来实现它。只要能在每个阶段完成它的目标，这样总的项目也能按时、按质量地完成。

2. B 公司的张工作为项目的负责人，没有明白需求对于软件项目质量的重要性。由于对于明确需求的重要性缺乏必要的重视，导致了后期的无序开发，开发效率低下，最终导致整个项目失败。

张工应该在项目的初期和 A 公司的赵工对整个项目进行阶段划分，然后在每个阶段进行需求分析，最后完成当前阶段的开发工作。项目的所有阶段都完成后，整个项目也就能够顺利完成了。

赵工作为项目的需求提出人，没有在项目开发之前对项目的需求进行明确。由于无法确定需求，从而导致大家没有一个明确一致的工作目标，最终导致整个项目的失败。

赵工虽然由于客观原因不能在项目开发之前确定整个需求，但是可以对整个项目的部分需求进行确定，从而能够对项目进行阶段划分，从而分阶段地完成整个项目。

3. 软件项目的负责人和需求的提出者应该尽可能早地分析项目的相关业务逻辑、明确软件项目的需求。项目需求明确得更早,就能够更早地制订开发计划,软件项目开发的质量就越容易得到保证。

在项目的实施阶段,需要对每个阶段的需求进行进一步的明确,制订每个阶段的子计划,从而使得软件项目的开发得以分解。保证了每个子计划的开发质量,就能够保证整个项目开发的质量。

练习题

1. 电子商务项目质量管理包括哪几个主要工作过程?
2. 电子商务项目质量计划的工具和方法有哪些?
3. 电子商务项目质量保证工作主要包括哪几个环节?
4. 实施项目质量控制的依据是什么?有哪些工具和方法?结果有哪些?
5. 简述能力成熟度模型。
6. 项目质量控制的步骤是什么?"戴明环"有哪几个步骤?

参考文献

[1] 项目管理协会.项目管理知识体系指南.4版.王勇,张斌,译.北京:电子工业出版社,2009.
[2] 左美云.电子商务项目管理.北京:中国人民大学出版社,2011.
[3] Ravi Kalakota,等.电子商务——管理·技术·应用.北京:清华大学出版社,2000.
[4] 徐嘉震.项目管理理论与实务.北京:中国物资出版社,2010.
[5] 刘四青.电子商务项目管理.重庆:重庆大学出版社,2010.

第 7 章

电子商务项目人力资源管理

学习目标

- 了解电子商务项目人力资源管理工作的主要内容。
- 培养团队合作、相互信任精神以及判断力和执行力。
- 了解项目团队人员组成的素质和职责。
- 了解项目团队发展的几个阶段。
- 掌握建设高效项目团队的方法。

任务书或角色扮演

- 使用互联网,研究你感兴趣的几家公司,查看他们关于职业及其员工的说法。
- 利用互联网,研究 90 后员工的行为特点,想想怎样激励团队中的 90 后员工。

7.1 电子商务项目人力资源管理概述

我们知道,随着社会的迅速发展,社会分工和角色也在不断地被细化,单靠个人无法很好地完成项目的任务。在企业日常工作中,经常会遇到这样的情况:跨部门配合的工作特别难推进;几个很有能力的同事聚在一起配合工作效率却很低;有些项目经理技术能力很强,心态也很积极,但就是管不好人,带不好队伍;项目遇到困难时得不到大家的支持,成员人心涣散,更别谈什么凝聚力了;大家开会要确定各自的职责时就没什么成效,各人都在强调自己的利益和观点……全是球星的球队未必能赢,都是高手的团队未必一定能成功,这就需要建立一个有着强烈责任感和彼此信任的项目团队。

可见,建立高效的电子商务项目团队是整个项目管理中一个重要的内容。一个高效的、团结向上的团队,一个有着强烈合作意识和具有自主学习精神的团队,对整个电子商务项目的成功起着至关重要的作用。

在电子商务项目管理实践当中,处理项目团队成员关系的内容可能涉及诸多方面,如:

(1) 领导、沟通和谈判等相关问题。

(2) 授权、鼓励、辅导、亲自指导以及其他处理个人间关系的有关问题。

(3) 团队建设、冲突处理以及其他处理集体间关系的有关问题。

(4) 绩效评估、招募、留用、劳资关系,保健与安全条例以及其他与人力资源管理有关的问题。

美国项目管理学院的 PMBOK2004 定义的项目人力资源管理过程包括以下几个过程:

(1) 人力资源规划。确定、记录并分派项目角色、职责,请示汇报关系,制订人员配备管理计划。

(2) 项目团队组建。招募项目工作所需的人力资源。

(3) 项目团队建设。培养团队成员的能力,以及提高成员之间的交互作用,从而提高项目绩效。

(4) 项目团队管理。跟踪团队成员的绩效,提供反馈,解决问题,协调变更事宜以提高项目绩效。

项目人力资源管理过程的输入、输出以及过程使用的工具与技术如表 7-1 所示。

第 7 章 电子商务项目人力资源管理

表 7-1 PMBOK2004 对项目人力资源管理的定义

	启动 Initiating	计划 Planning	执行 Executing	控制 Controlling		收尾 Closing
		人力资源规划	项目团队组建	项目团队建设	项目团队管理	
输入		1. 事业环境因素 2. 组织过程资产 3. 项目管理计划	1. 事业环境因素 2. 组织过程资产 3. 角色和职责 4. 项目组织图 5. 人员配备管理计划	1. 项目人员分派 2. 人员配备管理计划 3. 资源可利用情况	1. 组织过程资产 2. 项目人员分派 3. 角色与职责 4. 项目组织图 5. 人员配备管理计划 6. 团队绩效评估 7. 工作绩效信息 8. 团队绩效报告	
工具和技术		1. 组织机构图和岗位描述 2. 交际 3. 组织理论	1. 预分派 2. 谈判 3. 招募 4. 虚拟团队	1. 通用管理技能 2. 培训 3. 团队建设活动 4. 规则 5. 集中办公 6. 奖励与表彰	1. 观察与交谈 2. 项目绩效考核 3. 冲突管理 4. 问题登记簿	
输出		1. 角色与职责 2. 项目组织图 3. 人员配备管理计划	1. 项目人员分派到位 2. 资源可利用情况 3. 人员配备管理计划（更新）	团队绩效评估	1. 请求的变更 2. 推荐的纠正措施 3. 推荐的预防措施 4. 组织过程资产（更新）	

7.2 电子商务项目人力资源计划

人力资源计划涉及决定、记录和分配项目角色、职责及报告关系的过程。这个过程生成项目的组织结构图、常用职责分配矩阵（RAM）表示的角色和职责分配关系以及项目成员管理计划。在生成项目组织结构图之前，高层管理者和项目经理必须明白该项目涉及哪些干系人，哪些是保证项目的关键人物，他们需要什么样的技能。

7.2.1 电子商务项目的干系人

电子商务项目的干系人是指能影响项目或受到项目活动影响的人或组织。项目干系人可能来源于组织内部，也可能来源于组织外部。

在电子商务项目中，主要的干系人包括以下几类：

（1）项目经理。负责全面管理项目的人。

（2）客户或用户。使用项目产品的组织或个人。客户会有若干层次，例如，一个电子商务平台，它的客户包括决定实施的决策者、使用电子商务系统购买商品的操作者以及系统维护人员等。

（3）职能部门。其雇员会直接参与并为项目工作的组织，比如电子商务系统、市场和物流等职能部门。

（4）项目组成员。执行项目工作的一组人，如为完成一个电子商务项目而组成的项目组。

（5）项目管理小组。直接参与项目管理的项目组成员，尤其是时间跨度大、成员数量多的项目，仅靠一个项目经理是不够的。

（6）出资人。以现金或贷款形式为项目提供经济资源的组织或个人，例如电子商务项目中的公司股东。

（7）其他干系人。并不直接采购或使用项目产品，但是因为某种关系，可以对项目进程施加积极或消极影响的个人或组织。例如，新闻媒介或相关的政府部门等。

7.2.2 项目经理的素质和职责

电子商务项目经理在电子商务项目管理中起着非常重要的作用，他是一个项目全面管理的核心和焦点。项目经理的职责和工作性质决定了他必须具有一定的个人素质、良好的知识结构、丰富的工程经验、优秀的组织能力以及良好的判断力。实践证明，任何一种能力的欠缺都会给项目带来影响，甚至导致项目的失败。

1. 能力要求

电子商务项目经理的能力要求包括个性因素、管理技能和技术技能。

1) 个性因素

项目经理个性方面的素质通常体现在他与组织中其他人的交往过程中所表现出来的理解力和行为方式上。素质优秀的项目经理能够有效理解项目中其他人的需求和动机并具有良好的沟通能力。电子商务项目实施过程本身就是一个项目理解、互相学习的过程，这就首先需要电子商务项目经理来营造一种虚心向别人学习的氛围。在个性因素中，还有一个很重要的问题是，电子商务项目经理要能够转变观念，积极灵活地应变项目实施过程中所遇到的新问题。

2) 管理技能

由于电子商务项目的风险较大，因此对电子商务项目经理的管理技能提出了更大的挑战。这首先要求项目经理把项目作为一个整体来看待，认识到电子商务项目各部分之间的相互联系、制约以及项目与上级组织之间的关系。只有对总体企业战略和电子商务项目有清楚的洞察力，电子商务项目经理才能制订出明确的目标和合理的计划。

3) 技术技能

这一点也非常重要，由于电子商务是新兴的学科，而不同的电子商务项目又有其特殊性，这就意味着可以借鉴的成功因素不是很多。这对于项目经理而言是一个很大的挑战。因此，电子商务项目经理对电子商务行业和团队开发能力要有深入的了解；对商业学科知识和IT技术（商务、市场营销、创新和技术等）熟悉，并了解如何将这些知识和技术应用到电子商务系统中，使其发挥作用，推动电子商务项目的发展。在领导项目团队推进项目的过程中，除了要根据自身的技术技能做出判断外，更需要经常共同讨论，互相学习，来共同解决从未遇见过的问题。

2. 岗位职责

项目经理的岗位职责如下:

(1) 能够独立完成与客户洽谈和制订营销计划。

(2) 能够为客户的网络提供推广、更新与维护方面的优化服务。

(3) 分析市场走向,制订网络营销整体项目策划方案,为客户提供最优的网络解决方案。

(4) 独立解决在项目运行中出现的问题,分析出现问题的原因,并做好相关资料的整理。

3. 任职资格

项目经理的任职资格如下:

(1) 3年以上网络销售等相关工作经验,有淘宝经验更佳。

(2) 沟通能力强,能从容应对和解决电子商务方面运营出现的问题。

(3) 注重效率,能适应高强度、快节奏的工作环境,有激情,有强烈的团队协作意识。

(4) 具有丰富的IT行业工作经验或具备优良的电子商务策划工作经验。

(5) 具备较强的市场开拓和客户沟通能力,较强的沟通技巧和团队管理能力。

(6) 能够承受较大的工作压力。

7.2.3 电子商务项目成员的素质和职责

1. 电子商务项目成员的结构

电子商务项目成员的结构可以从数量、质量和比例3方面进行分析。显而易见,数量是指团队所包含的成员的数量;而成员的学历、知识背景、专业职称和技能等影响项目实施结果的素质可以归结为人员的质量;最后,还要考虑不同质量的人员在整个团队中分别所占的数量比例。

1) 人员质量需求多样化

通常,在一个信息系统项目团队中,绝大多数成员只需具备系统设计开发技术背景知识,即可满足项目需求。与之不同,在电子商务项目团队中,除了技术人员,还需要具备市场营销、调研和服务等具有商务知识的专业人员,这才能保证项目顺利实施。

2) 人员构成需要合理的能级结构

所谓"能级",是指团队成员对实现组织目标所起作用的各种能力之和的差别。能,在物理学中是做功的量;用于现代管理活动中,是指人们从事组织活动和管理活动的能力。级,在物理学中表示物质内部或系统内部的结构、联序和层次等;在管理活动中,表示管理机构的不同环节和不同层次。不同层次、不同环节上的人员所处的地位是有差别的,对组织目标的完成所起的作用也是不相同的,但都是不可缺少的。

由于成员的这种差别是必然存在的,这就要求项目管理小组根据这些差别设置不同的工作层次、工作职责、不同的权力和报酬,使不同的人能在与自己能力相称的不同岗位上发挥自己的才能和作用。

只强调人员高能级,不重视各能级的比例结构,并不能组建高质量的团队。如果团队中全部都是专业素养很高、实践经验很丰富的成员，会使得项目经理在进行人力资源分配时面临困境，因为对于团队中很多事务性或者技术含量较低的工作，这些成员没有积极性去做，或者要支付很高的成本。

相反，如果团队中成员能级结构适当，则项目进展中的项目规划、项目战略的确定、系统总体设计、分析开发、实施和文档管理等各种复杂度不同的工作都有相应的人员负责，以保障项目顺利进行。由此可见，团队的高质量并不一定需要团队中成员的高质量，它要求的是团队中人员质量结构对应于项目任务的合理搭配。

稳定的能级结构应是正三角形。三角形的上部具有尖锐的锋芒，下部又有宽厚的基础。如图7-1(a)所示的组织能级结构为最符合能级原理的结构，即拥有较少的高能级人员，较多的中等能级人员以及更多的低能级人员；而图7-1(b)～图7-1(f)均有程度不同的缺陷。

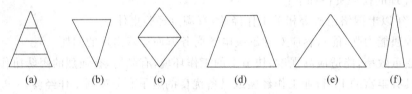

图 7-1　几种组织能级结构

3）人员构成需要合理的数量结构

现实项目进展中，由于计划决策存在不足，或出现未预测的风险变故，项目不能如期完成，在这种情况下，项目管理者最常用的弥补方法就是临时扩大团队数量，或让成员加班工作。

实际上，数量上的增加未必会带来效率的提高。对于新加入项目的成员，需要花费相当的时间对其进行培训，还要让他们进行必要的知识学习，了解项目目前的进展情况，同时更要建立新进人员与现有人员的沟通渠道，消除业务知识、文化，甚至代码编写习惯、客户服务用语等方面存在的差异，这样才能保证系统的开发质量。

在项目的不同阶段，人员需求会发生变化。一般而言，随着项目所处阶段的不同，团队人员的数量并不是固定不变的，例如在项目前期和收尾阶段，人员的数量显然要低于系统开发和市场拓展阶段。因此，在制订项目计划和确定资源配置时，要科学规划每个阶段人员的数量和质量结构，建立各阶段人员之间的知识技术衔接。

2. 电子商务项目成员的职责

项目成员之间应该高度信任、相互尊重。成员之间能够分享知识、经验和信息，互相关心，使团队有一种强烈的凝聚力。成员在团队中有一种归属感与自豪感，彼此能够分享他人及团队的成果。电子商务项目成员大体包括如下人员：

（1）系统分析人员。主要负责项目前台与后台应用系统的需求分析和系统设计。

（2）网站总体设计人员。主要根据网站定位、用户需求分析对网站进行设计。比如结构、内容、功能、导航和形象的设计等。

（3）网站内容编辑人员。其任务是在总体设计确定之后，对网站各个部分的内容进行设计和组织。

（4）网站形象设计人员。主要对整体网站的形象系统进行设计，形成具有独立创意且完整的项目形象系统。

（5）用户使用手册编写人员。主要负责项目使用手册的编写工作。

（6）页面制作人员。如果所做项目属于电子商务网站，则其主要工作是利用后台软件控制前台页面的动态生成。

（7）美术设计人员。主要负责标志和按钮设计，图片的创意与设计，色彩的搭配以及菜单、表格等的设计工作，同时还要负责网络站点有关多媒体动画或者 Flash 应用功能的实现。

（8）软件程序开发人员。主要负责与 Web 相关的基于网络数据库系统与应用软件开发的工作。

（9）商城运营人员。负责制订网站的宣传计划并加以实施，利用网络建立公共关系，树立网站品牌形象，同时要对客户的访问进行分析并及时反馈客户意见，从而提高网站的客户满意度。如果网站有广告业务，那么也要负责网站的网络广告业务联系、实施与监测工作。

（10）商场客户服务人员。负责商场的客户服务，使公司和客户有较好的沟通，同时为制订经营策略提供支持，如收集市场资料、写调研报告等。

上述角色分工如图 7-2 所示。

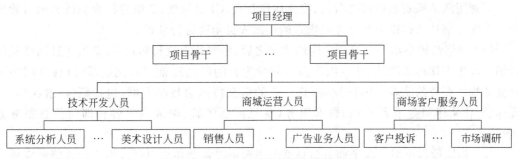

图 7-2　电子商务项目人员分配树形图

电子商务项目团队成员也可以按工作性质分为两大类，即技术团队和管理团队，分别负责系统网络平台建设和维护以及产品营销和物流管理。

1）技术团队

技术团队的职责包括平台功能分析与实现、网页设计与实现、数据库设计与维护、后台管理设计与实现以及软件文档编制等。下面分别从承担以上几个方面职责的小组人员角度进行分析。

（1）平台功能小组。分析人员需要在了解用户需求的基础上，对电子商务平台所实现的功能进行分析，确定基本的功能模块与架构。在进行用户需求分析时，不仅要了解作为电子商务平台经营者的需求，更要了解平台使用者即交易双方的需求。根据需求分析的结果，由系统分析人员进行系统架构和功能设计。这与一般信息系统项目的分析设计人员的职责是相似的。

（2）网页小组。电子商务交易需要通过网络平台，因此，能否设计与实现对消费者有吸引力的网页，对电子商务项目的成功与否起到关键作用。网页设计人员需要对页面风格、布局、美工、输入/输出界面、字体和动画等内容进行设计,网页实现人员借助相应的软件工具完成设计要求。网页开发人员需要了解用户的审美需求和操作习惯,并具备一定的美学基础知识。

(3) 数据库小组。与其他信息系统一样,电子商务项目的运行离不开数据库的设计与实现。根据网络平台与网页功能需要,设计实现人员完成数据库设计与建设,在数据库运行阶段,由维护人员对数据的更新、安全和一致性等方面进行管理。

(4) 后台管理小组。为了方便平台经营者对信息进行管理,通常在电子商务系统中设置后台管理模块。模块的设计人员将经营者作为主要用户进行需求分析,帮助其实现对用户注册、交易等重要信息的管理。除了有对日常信息进行更新、查询和维护等功能外,有些系统还具有统计查询、预测和关联规则挖掘等功能,这也是衡量电子商务平台管理水平高低的重要指标。

(5) 文档编制小组。在信息系统开发过程中,需要对不同阶段产生的可行性分析、需求分析、功能设计、编码开发和测试等方面的文档进行管理,电子商务项目也不例外。文档编制人员需要按照统一的格式和标准,在项目生命期各阶段编制相应文档,并遵循制度要求进行文档共享、更新和维护。

2) 管理团队

管理团队的职责包括网络营销、物流运作管理、CI 及策划、消费者行为调研和项目管理等。下面分别从承担以上几个方面职责的小组人员角度进行分析。

(1) 网络营销小组。电子商务网站建立之后,想要获得盈利和发展,必须通过网络实现营销。具体工作包括网站推广(以提高访问量为目的的网址推广)、网络品牌(在互联网上建立并推广企业的品牌)、信息发布(将一定的信息传递给目标人群,包括顾客/潜在顾客、媒体、合作伙伴和竞争者等)和顾客服务(常见问题解答、聊天室等各种即时信息服务方式)等。

(2) 物流运作小组。电子商务信息系统平台可以帮助用户以低成本方便快捷地完成寻货、议价和付款等活动,然而,交易的真正实现离不开商品物流过程,物流运作小组的主要职责就是保障商品顺利完成从原材料入库、加工到成品出库至消费者的整个流程。

(3) CI 及策划小组。在信息急速膨胀发达的互联网时代,建立企业识别体系(Corporate Identity,CI),将企业的宗旨和产品包含的文化内涵传达给公众,对电子商务项目尤为重要。CI 及策划小组的主要职责和活动包括企业的标识、名称、广告语、口号、商标和图案等形象设计;各项制度、行为规范、管理方式、教育训练、公益文化、公共关系和营销活动等企业行为设计;企业理念、企业文化、价值观念和经营思想等理念设计;将企业文化理念有目的、有计划地传播给企业内外的广告公众,从而达到社会公众对企业的理解、支持与认同,提升企业在众多电子商务竞争者中的市场影响力。

(4) 消费者行为调研小组。通过对销售信息的处理,结合行为学等知识,小组完成对消费者浏览、注册、查询和交易等各种数据的分析,实现销售预测和个性化顾客服务等,提高网站竞争力。

(5) 项目管理小组。他们的主要职责是确保所负责的项目按照既定的时间和预算完成,合理配置资源,同时与团队外的项目相关人员进行沟通交涉。

7.2.4 电子商务项目的组织结构

在已经明确项目所需要的重要技能和何种类型的人员的基础上，项目经理和团队成员应该为项目创建一个项目组织结构图。比较常见的有职能型、项目型和矩阵型3种组织结构形式。需要说明的是，并没有哪一种组织模式是固定最好的，企业需要根据自身人员的数量、质量和结构特点，以及项目的目标、进度等因素需求，选择具体项目适用的组织模式。

1. 职能型组织

企业完全按照职能分工来划分部门，例如对于一个电子商务公司，有系统开发、网络、市场和客服等部门。当需要组建一个电子商务项目时，就需要从各个职能部门中抽调人员，并分别由所属的职能部门领导人对他们进行管理。如图7-3所示，一个电子商务系统项目团队的3个成员来自不同部门，他们的直属领导分别为系统、网络和市场这3个部门的经理，于是，项目的管理和协调就依靠各个职能部门的经理层来完成。

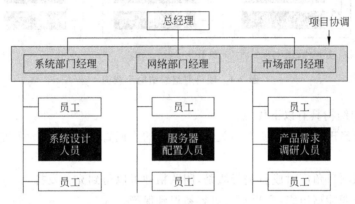

注：黑框代表参与项目活动的员工

图7-3 职能型组织结构示意图

职能型组织结构具有以下优势：

（1）人员使用比较灵活。如果员工发生离职、休假和升迁等意外情况，处于项目协调层的部门经理可以从部门中选择恰当的其他人员。

（2）每个员工既可以在所属的部门中获得知识和技能的更新、分享，也可以在项目进行过程中获得技术支持。

（3）成员事业稳定性和连续性较高，不必担心项目结束和项目组解散之后自身的下一步发展去向。

当然，职能型组织结构也存在以下不足：

（1）没有明确的项目经理，不能保证项目的全面控制管理。

（2）技术复杂的项目通常需要多个部门的共同合作，但这种组织结构在跨部门之间的合作与交流方面存在一定的困难。成员的工作局限于所属的部门和专业，各部门只关注本部门的利益，强调自身的重要性，缺乏全局考虑，会影响组织整体目标的实现。

（3）由于每个人都将职能部门的工作放在优先的位置，客户的利益有时无法得到保障。

2. 项目型组织

项目型组织是按照不同的电子商务项目组成不同的团队,并由指定的项目经理来协调和管理项目的运作。如图 7-4 所示,根据项目名称的不同,组织负责不同工作的成员,形成 A 项目组、B 项目组等。比如 A 项目组负责电子商务运营项目,需要市场推广和物流管理方面的人员,而 B 项目组负责电子商务系统项目,承担网络平台建设,因此需要系统设计构建方面的工作人员。

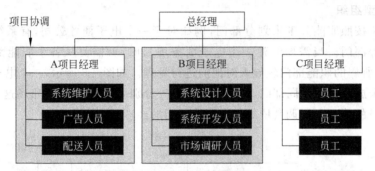

注:黑框代表参与项目活动的员工

图 7-4 项目型组织结构示意图

项目型组织结构具有以下优点:

(1)由项目经理负责项目所有相关人员、资源的协调管理,可以最大限度地提高项目的运作效率。

(2)易于从项目角度对成员进行激励,团队精神可以得到充分发挥。

(3)相较于职能型组织,客户利益更容易得到保障。

(4)从项目角度审视,组织结构清晰简单,宜于评估管理。

但项目型组织结构也同样存在以下缺点:

(1)同种职能人员、同种资源设备因为属于不同项目,彼此之间的交流、共享以及技术积累比较难以开展。

(2)专业性人员的利用效率比较低,不适用于人才匮乏的小企业。例如,某个公司可能只拥有几个网络服务技术人员,但在许多项目中都存在网络布局问题,并且不同项目需要网络人员的时间是不同的。在职能型组织中,网络部门进行人员的培训,根据不同项目的实际需要进行人员调配,可能一个网络人员可以满足几个项目的需要,而在项目型组织中,则每个项目都要配备专属的网络技术人员,从而造成人员的浪费。

(3)项目成员之间因为所负责的任务不同,经常出现忙闲不均的情况,不利于整体激励。

(4)项目结束后,项目组织解散,项目成员缺乏事业发展的稳定性和安全性。

3. 矩阵型组织

矩阵型组织是综合职能型和项目型特点的一种组织模式,成员既属于某个职能部门,同时也属于某个项目组。于是,项目成员既需要对职能经理汇报,也需要对项目经理汇报,项目的人员管理由项目经理和职能经理互相协调完成,如图7-5所示。项目成员仍然隶属于各个职能部门,但是在职能部门之外,有专业化的项目经理负责项目工作。

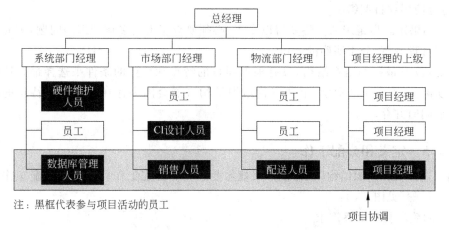

图 7-5　矩阵型组织结构示意图

矩阵型组织由于是前两种组织模式的结合,在一定程度上兼具两者的主要优点,具体如下:

(1)项目经理和职能部门经理可以发挥各自的优势,项目经理的工作重心在于从项目的角度管理控制进度,组织调配资源,保障客户在内的各方利益,而职能经理则可以从专业的角度对成员进行技能培训、激励管理、最佳实践积累、知识共享和员工替代调配。

(2)包括人员在内的各种资源利用率达到最高,即很少存在资源浪费、人员冗余的情况。

(3)成员具有较高的事业稳定性和安全感。

然而,矩阵型组织也存在一些缺陷,如:

(1)项目组成员具有两个甚至两个以上的领导,易造成责任不清以及成员偷懒的情况。每一个领导都不能对成员的行为做出完全的监督管理,因而在出现工作失误时,会带来推诿责任的情况。同时,如果两个领导沟通不利,成员有机会以另一位领导有重要任务为由,拒绝上级安排的工作。

(2)针对多个项目间需要共享的稀缺资源,如果缺乏权威的领导指派协调,容易引起项目组间的争斗,不利于企业的整体利益。

4. 三种组织结构的适用条件

以上分别讨论了三种常见的组织结构的组成和各自具备的特点,在实际应用中,它们也有各自适用的环境条件。

(1)对于项目成员大多来自同一个部门的情况,职能型组织更容易协调。例如,对于电子商务系统建设项目,可以由系统部门作为项目的组织主体;对于技术比较成熟的项目,由于风险较小,并且可充分利用已有的经验、知识和最佳实践,因此,也适合使用职能型组织结构。

(2)对于属于技术开拓前沿性的项目,风险较大,需要风险和控制管理;或者没有经验借鉴,需要应对可能出现的各种情况,以及需要各方面人员的协调,项目型组织结构更适用;如果某些项目对进度、成本、资源和质量等指标有严格要求,即对项目管理提出很高要求,也适合使用项目型组织。

(3) 如果矩阵型组织的优势要得以发挥,必须要克服人员多重管理的问题,因此这种类型适合于管理规范、分工明确的公司。

总之,没有最好的组织结构,只有根据项目的特点和企业的条件来选择最合适的组织结构。实际上,在一个企业中,上述三种组织结构可能会因为存在具有不同特点的电子商务项目而同时并存。

7.2.5 定义和分配工作

确定选择哪种组织结构以后,接下来就需要定义和分配工作。定义和分配工作的框架包括 4 个步骤(见图 7-6):

(1) 明确项目的最终需求。
(2) 定义工作如何完成。
(3) 将工作分解成可以管理的任务元素。
(4) 分配工作的职责。

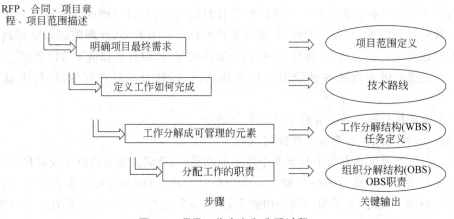

图 7-6 项目工作定义和分配过程

工作的定义和分配在项目建议和启动阶段进行。这个过程是可以重复的,也就是说每个步骤的成果是可以修改的。建议征求需求说明书(RFP)和合同草案经常能够提供定义和项目最终需求的材料;如果没有 RFP,那么项目内部章程或项目范围描述也可以提供定义和项目最终需求的基础信息。

而后,由项目团队组长提出项目工作如何完成的技术路线:项目工作是否应该遵循产品导向方法或者阶段方法进行分解?项目工作的某些部分是否外包或者分包给其他公司?项目的技术路线一经确定,就可以对通过工作分解结构(WBS)来创建可管理的任务元素和定义这些任务的工作内容。这个部分在第 4 章中已经有了说明,这里就不再赘述。最后一步就是分配工作任务。

项目工作一旦分解成可管理的元素,项目经理就可以给组织单元分配任务了,当然主

第7章 电子商务项目人力资源管理

要是基于适合优先的原则来分配任务，这个过程可以用组织分解结构（OBS）来进行概念化的描述。OBS 是一种用于表示组织单元负责哪些工作内容的特定的组织图形。它可以先借用一个通用的组织图形，而后针对组织或分包商中特定部门的单元进行逐步细分。

制作完 OBS 之后，项目经理就可以开发责任分配矩阵（RAM）了。责任分配矩阵为项目工作（用 WBS 表示）和负责完成工作的人（用 OBS 表示）建立一个映射关系。表 7-2 显示了一个责任分配矩阵的例子。该 RAM 依靠尽可能细的层次，将工作分配给重要责任的和执行的组织、团队或个人。虽然对于较大的项目，应该将 WBS 分配给组织或团队，但对于较小的项目，将 WBS 分配给个人是一种更好的选择。

表 7-2 RAM 示例

OBS 单元 \ WBS 任务	1.1.1	1.1.2	1.1.3	1.1.4	1.1.5	1.1.6	1.1.7	1.1.8
系统工程	R	R/P					R	
软件开发			R/P					
硬件开发				R/P				
测试工程	P							
质量保证					R/P			
配置管理						R/P		
集成后勤支持							P	
培训								R/P

注：R 为责任组织单元；P 为执行组织单元。

除了将 RAM 用于具体的工作任务分配之外，RAM 还可以用于定义角色和职责间的关系。此时，RAM 包括项目中的干系人，表 7-3 给出一个例子，表明不同类型的项目干系人在项目过程中的责任，是负责人（A）还是参与者（P），是为项目过程提供输入（I），还是评审（R）和签字确认者（S）。这个看似简单的表格为项目经理提供了一种有效地管理项目重要干系人和角色期望的工具。

表 7-3 表现项目干系人角色的 RAM

	项目干系人				
	A	B	C	D	E
单元测试	S	A	I	I	R
集成测试	S	P	A	I	R
系统测试	S	P	A	I	R
用户接受测试	S	P	I	A	R

项目人力资源计划的另一个输出是成员管理计划。该计划用于说明何时和如何增加或减少人手，其详细程度与项目规模有关。比如一个平均需要上百人的、周期长达一年的项目，成员管理计划就应该描述项目所需的人员类型以及每月所需人数。成员管理计划通过资源使用柱状图来表现项目分配的资源数量随时间变化的关系。在确定了项目人员的

需要之后,下一步工作就是获得所需要的项目成员了。

7.3 电子商务项目人员配备

在明确项目人力资源的需求后,一般地讲,应授予项目经理以项目团队的组建权。项目经理应从各种来源物色团队成员,同有关负责人谈判,将合乎要求的人编入项目团队,将计划编制阶段确定的角色连同责任分配给各个成员并明确他们之间的配合、汇报和从属关系,这就是建立项目团队的工作内容。通过项目团队组建工作形成分派到位的项目人员和项目班子名册。

7.3.1 组建项目团队的合适时间

传统说法是,团队的组建越早越好。不过在电子商务项目中这么做有一些不利之处。比如,在早期,电子商务活动的范围可能仍然比较模糊;项目经理可能还不清楚需要什么样的人才;毛遂自荐参加电子商务项目的人可能并不符合需要;早早地把人员定下来会使工作失去灵活性等等。

因此,首要的方针是,开始时只选几个必要的人。第二条方针是,这几个人参与项目越晚越好,或者是刚刚适时即可。这样就可以尽量防止由于技能与知识缺乏所造成的部门资源不足。分配给这些人的工作应该只是短期任务,比如过程分析、数据收集和电子交易定义这些相关工作。这样,要换人的话,灵活性也大多了。这也意味着项目经理不会向各部门提出过度的人员要求——这样他们才会更愿意支持电子商务。

在整个项目的进行过程中,团队组成一直会发生变化。因为出现了不同的需要,于是对人员的要求也变了。今天的团队与20年前的团队有很大不同。我们不太可能维持一个长期不变的大团队,团队成员的变化也会类似于一出戏或一部电影中随着情节的发展演员上场下场。

以下是关于组建团队时机中的几个需要注意的地方:

(1) 确定团队的几位核心成员,使他们在项目中持续工作。这些人应该较早地开始工作。

(2) 决定团队需要其他哪些成员,但是要在有工作需要时才把他们招进来。尽量晚一些将其他成员招进来,避免浪费他们的时间,这也可以增加灵活度,减少成本消耗。

(3) 要有这样的认识:团队中大部分成员都会采用兼职工作方式。

(4) 如果电子商务的需求不明,就推迟组建团队。等到目标、需求和进度表都清晰以后再招集人员。

7.3.2 选择团队成员的标准

当项目的目标和范围确定以后,项目经理基本可以确定该项目成员需要什么样的才能和知识,应努力获得那些技术上胜任、政治上敏感、以目标为导向和具有高度自觉性的项目成员。项目所要找的长期团队成员应该是从事过电子商务的人员,因为这些人在项目中表现优秀,就会愿意继续在同一领域工作。

电子商务项目核心团队成员应该包括一个来自 IT 组织的人,至少有一个来自业务领域的人,一个熟悉市场营销的人,一个来自主要顾问公司或者是合作伙伴公司的人。这些人中有的可以担任电子商务子项目的领导。

控制核心团队的人数——一般是 2~4 人。为什么只要这么少的人呢?原因在于:小的核心团队容易协调;对团队成员的个人关注可能性更大;团队规模小的话,成员的责任心会更强;资源未充分利用的情形得以减少。

当然小团队也有一些不好的地方,比如,任何人一离开核心团队,就留下了很大的缺口等待填补;如果彼此不合,小团队其实更难管理。

团队核心成员应该有优秀的总体技能,同时又具备某方面的专业才能,符合电子商务项目许多时期的需要。团队的其他成员包括兼职员工和暂时加入来完成特定任务、事毕即离开的人。

一家保险公司推行电子商务项目,项目的管理者是保险业专家。他感觉自己的知识的薄弱之处在信息系统方面。于是他召集了几个系统方面的人才组成团队。不过,后来的事实证明,团队并不需要这么多系统方面的员工,却缺乏有保险从业经验的人。于是管理者不得不自己担负起双倍甚至三倍的工作,还得给整个团队进行保险业务流程的培训。这一团队由于人员组成的多样化程度太低导致效率很差。

在选择核心团队成员时,以下问题是应该首先注意到的问题:

(1)在电子商务工作中,基本风险领域与不确定的方面有哪些?在这些方面项目经理需要其他人员帮助。

(2)有哪些工作可以给那些事事通晓一二却不精通的人去做?项目经理需要这样的一个"万事通",这样可以增加团队的灵活性,适应范围更广的工作。

需要注意的是,在这里,项目经理不需要动脑筋想哪些技术上或商业上的技能是重要的。这些技能将随着工作的开展而明朗浮现,而且会不断变化。不过如果项目经理预先知道某种特定的技术或商业技能是自己的项目所需要的,那么至少得向管理层指出这一点。不要试图指望一个人在项目中从事全职工作,不太可能有人会在这一阶段放弃原来的工作加入进来。项目经理所需要做的只是让他们在项目的某个短期内密集工作一段时间。

小知识:项目组部分成员的简称

无论一个项目组的规模有多大,都要区分其组员所起的不同的作用。如果是小型项目,同一人员可以担任几个职务。以下是项目组部分成员的简称:

PM:项目经理
DM:开发经理
AR:体系结构
SE:软件工程师
SE/TL:软件工程师/小组负责人
PC:产品顾问
CE:配置工程师
CE/TL:配置工程师/小组负责人

PL：项目负责人
DV：开发人员
QA：质量保证/测试人员
TS：工具制作者
RS：风险管理负责人

7.3.3 招收团队成员的方法

项目团队组建这项工作要以成员管理计划为依据。项目团队成员可从组织内部和外部招收。对于那些有强烈影响和沟通技巧的项目经理而言，常常容易获得所需要的组织内部人员参与他们的项目。组织也必须能够保证参与到项目中去的人员能够发挥所长，且符合公司的发展需要。人员招收一般可以通过如下手段获得：

1. 谈判

多数项目的人员分派需要经过谈判，即与本组织的其他人合作以便项目能够分配到或得到合适的人员。例如，项目经理需要进行谈判的对象既包括与负责职能经理谈判，以保证项目在规定期限内获得足以胜任的工作人员，也包括与实施组织中其他项目管理班子谈判，以争取稀缺或特殊人才得到合理分派。

对于内部招收的人选，除了满足成员管理计划的要求以外，至少还要考虑以下几点：以前的经验、个人的兴趣、个人性格和爱好。从组织内部的其他单位调人进来是很复杂的事，一般都要征求多方面的意见，这就要求负责组建项目团队的人一定要耐心进行解释、说服和动员，争取他人的支持。

2. 事先分派

在某些情况下，人员可能事先被分派到项目上。这种情况往往发生在：项目是方案竞争的结果，而且事先已许诺具体人员指派是获胜方案的组成部分；项目为内部服务项目，人员分派已在项目章程中明确规定了。

3. 外部招聘

在组织缺乏完成项目所需的内部人才时，就需要动用招聘手段。通常组织的人力资源部门负责招聘新员工，项目经理必要与人力资源经理通力合作，包括随时解决招聘过程中发生的问题，以保证招聘到所需的人员。需要注意的是项目团队组建是一个动态的过程。何谓动态？我们知道，前面提到的员工管理计划是对何时需要何种类型的人员的描述。它不仅说明了现阶段项目所需人员的数量和类型，还能预测到未来所需的人员变化，即随着项目的发展，对人员的需要是动态变化的。项目经理必须能够监控到这种变化，在人员技能与项目需求不一致的情况下，及时与组织高层、人力资源经理及其他项目人员进行沟通，来保证项目对人员的动态需求。从某种程度上说，项目团队组建做得好与否关键在于执行员工管理计划的好坏。

在现今寻找技术专家越来越难的情况下，除了人员的招募，团队成员的保留也是项目团队组建中一个极其重要的问题。一种好的方法就是鼓励组织内现有的员工来辅助招聘和保留新员工。比如一家咨询公司许诺每招聘一名新员工，将根据该员工在岗时间以每小时十元的奖励给予推荐者。这样就极大地激励了现有的员工帮助吸收新员工,并且保证他们都留在组织中。另外一种办法就是尽量满足团队成员的特殊需求。比如,某些技术专家喜欢每周工作四天或者喜欢每周在家里工作两天。

4. 虚拟团队

虚拟团队的引入使得在获取团队成员时产生了新的途径。虚拟团队可以被定义为一群拥有共同目标,履行各自职责,但是很少有时间或者没有时间能面对面开会的人员。电子邮件手段的诞生,如电子邮件或视频会议使这种团队成为可能。采用虚拟团队的形式可以:

(1) 在公司内部建立一个由不同地域的人员组成的团队。
(2) 增加专家,即使这个专家不在本地。
(3) 与在家办公的员工协同工作。
(4) 组成一个跨市区团队,即其成员可以在不同的时间段工作。
(5) 可以推动那些原本因为差旅成本而被忽视的项目。

当领导一个虚拟团队时,通过观察与其交互的模式,而不是自己和他的私人交往来评价成员的工作努力和投入程度,项目经理应该学会这一点。沟通计划变得更为重要。项目经理必须在设定清晰目标上投入更多的精力,制订方案以处理冲突,这些冲突包括个人在做决定时和共享成功以及信任方面。成员管理计划要求的项目团队成员全部到位投入工作之后,项目团队才算组建完毕。

7.4 电子商务项目团队建设

项目团队建立之后一般不能马上形成有效的管理能力,中间要有一个熟悉、适应和磨合的过程。因为即使项目团队中有足够的精兵强将,但是如果他们各自为战,缺乏团队精神,项目的目标也很难实现。对于人的因素占优的电子商务项目更是如此。

项目团队建设就是培养、改进和提高项目团队成员个人以及项目团队整体的工作能力,使项目管理团队成为一个特别有能力的整体,在项目管理过程中不断提高管理能力,改善管理业绩。本节重点讲述项目团队建设的技术和工具,其中包括培训、团队建设活动和奖励与表彰制度。

7.4.1 项目团队发展和成长的阶段

1. 群体和团队的区别

群体可以界定为:两个或两个以上相互作用、相互依赖的个体,为了实现特定的目标而组合在一起的集合体。群体可以是正式的,也可以是非正式的。正式群体是由组织建立的工作群体,它有着明确的工作分工和具体的工作任务。在正式群体中,什么是恰当的行为取决于组织的目标,这些行为直接指向组织目标。与正式群体相对应,非正式群体则是社会性的,这些群体自然而然地出现,反映了人们对于社会交往和接触的需要。例如,来自不同部门的经常在一起吃午饭的三个员工就是一个非正式群体。非正式群体往往在友谊和共同爱好的基础上形成。

工作团队是这样的群体,其成员通过他们正面的协同效应、个体和相互的责任以及互补的技能为实现一个具体的、共同的目标而认真工作。工作团队即群体范畴中的正式群体。

工作群体与工作团队的比较见表7-4。

表7-4 工作群体与工作团队的比较

工作群体	工作团队
强势的、受到关注的领导者	共同分担领导角色
个体责任	个体和团队成员共同的责任
群体的目标比组织使命更宽泛	团队本身制订的具体目标
个体工作成果	集体工作成果
主持有效的会议	鼓励漫谈和活跃的解决问题的会议
通过它对其他方面(像公司的财务业绩)的影响间接测量其有效性	通过评估集体工作成果直接测量绩效
一起讨论、制定决策并授权	讨论、制定决策,开展实质性的工作

在今天的组织中,一般有4种最常见的团队类型:问题解决团队、自我管理团队、虚拟团队和跨职能团队。

1) 问题解决团队

问题解决团队由来自同一部门或职能领域的员工组成,其目的是努力改进工作活动或解决具体的问题。在问题解决团队中,成员针对如何改进工作程序和工作方法互相交流看法或提出建议。但是,这些团队几乎无权根据这些建议单方面采取行动。

2) 自我管理团队

问题解决团队的做法行之有效,但在调动员工参与与工作有关的决策和过程方面尚显不足。这导致了另一种团队类型的发展,它们不仅要解决问题,还要实施解决问题的方案,并对工作结果承担责任,这种团队就是自我管理团队。在这种正式群体中,员工在没有管理者监督的情况下进行操作,并对整个工作流程或部门负责。自我管理团队负责完成工作,并进行自我管理,具体包括:进行工作计划与日程安排,给各成员分派任务,共同监控工作进度,针对问题采取行动。

3) 跨职能团队

跨职能团队是由来自不同领域的人员组成的一个混合体。很多组织都在使用跨职能团队。

4) 虚拟团队

虚拟团队指的是那些利用计算机技术把实际上分散的成员联系起来以实现共同目标的工作团队。在虚拟团队中,成员通过宽带网、可视电话会议系统、传真、电子邮件甚至互联网上的在线会议进行沟通与联系。虚拟团队可以完成其他团队能够完成的所有工作——分享信息、作出决策和完成任务,但是,他们缺少了通常面对面进行的"说与听的互换式"讨论。正因为这种缺失，虚拟团队更倾向于任务取向，尤其是当团队成员素未谋面时。

2. 团队的演化

项目团队的发展是一个动态的过程，一般会经历 5 个不同的阶段：形成阶段、震荡阶段、规范阶段、执行阶段及解体阶段，如图 7-7 所示。

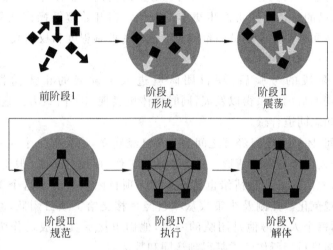

图 7-7 团队发展的阶段

1）形成阶段

由于组织的工作分配，人们加入了一个团队，并界定团队的目标、结构和领导层等工作。这一阶段以极大的不确定性为特点。成员们常常是"摸着石头过河"，以了解哪类行为方式能够被团队所接受。

在这个阶段中，团队成员总体上有一个积极的愿望，急于开始工作。团队要建立起形象，并试图对要完成的工作明确划分并制订计划。然而，这时由于个人对工作本身和他们相互关系的高度焦虑，几乎没有进行实际工作。团队成员不了解他们自己的职责及其他项目团队成员的角色。在形成阶段，团队需要明确方向，要靠项目经理来指导和构建团队。

这一阶段团队的士气一般比较高，情绪特点包括激励、希望、怀疑、焦急和犹豫。每个人在这一阶段都有许多疑问：我们的目的是什么？其他团队成员是谁？他们怎么样？每个人急于知道他们能否与其他成员合得来，能否被接受。由于无法确定其他成员的反应，他们会犹豫不决。成员会怀疑他们的付出是否会得到承认，担心他们在项目中的角色是否会与他们的个人及职业兴趣相一致。

2）震荡阶段

震荡阶段（storming）是一个内部冲突凸显的阶段。此时团队成员虽然接受了团队的存在，但却抵制着团队对个体所施加的控制。甚至在由谁控制团队的问题上也可能出现冲突。这一阶段结束时，内部会出现比较明朗的领导层级，成员在发展方向上也达成了共识。

在这一阶段，成员们开始运用技能着手执行分配到的任务，缓慢地推进工作。现实也许会与个人当初的设想不一致。例如，任务比预计的更繁重或更困难，成本或进度计划的限制可能比预计的更紧张。成员工作后,他们对项目越来越不满意,对项目经理的指导或命令可能也有些反感。例如,他们可能会消极对待项目以及项目经理在形成阶段建立的一套操作规程。团队成员这时会利用一些基本原则来考验项目经理的缺点及灵活性。在震荡阶段,冲突发生、气氛紧张,需要为应付及解决矛盾达成一致意见。这一阶段士气很低,成员们可能会抵制形成团队,因为他们要表达与团队联合相对立的个性。

震荡阶段的特点是人们有挫折、愤怒或者对立的情绪。在工作中,每个成员根据其他成员的情况,对自己的角色及职责产生更多的疑问。当开始遵循操作规程时,他们会怀疑这类规程的实用性和必要性。成员们希望知道他们的控制程度和权利大小。

3) 规范阶段

经受了震荡阶段的考验后,项目团队就进入了发展的正规阶段。在规范阶段(norming)中,密切的群内关系得以发展,同时群体也表现出了内聚力。这时成员有一种强烈的群体认同感和志同道合感。

团队成员之间、团队与项目经理之间的关系已经确立,绝大部分个人矛盾已得到解决。总的说来,随着个人期望与现实情形——即要做的工作、可用的资源、限制条件和其他参与的人员等相统一,人们的不满意情绪也就减少了。项目团队接受了这个工作环境,项目规程就得以改进和规范化。控制及决策权从项目经理移交给了项目团队,凝聚力开始形成,有了团队的感觉,每个人觉得他是团队的一员,他们也接受其他成员作为团队的一部分。每个成员为取得项目目标所作的贡献得到认同和赞赏。

在这一阶段,随着成员之间开始相互信任,团队的信任得以发展。大量地交流信息、观点和感情,合作意识增强,团队成员互相交换看法,并感觉到他们可以自由地、建设性地表达他们的情绪及评论意见。

4) 执行阶段

执行阶段(performing)是团队发展成长的第四阶段,也是最辉煌的阶段。此时群体的结构发挥着最大作用,并得到广泛认同。团队成员的主要精力从相互认识和了解进入完成当前的工作任务上。

项目团队积极工作,急于实现项目目标。这一阶段的工作绩效很高,团队有集体感和荣誉感,信心十足。项目团队成员能开放、坦诚、及时地进行沟通。在这一阶段,团队根据实际需要,以团队、个人或临时小组的方式进行工作,团队相互依赖性高。他们经常合作,并在自己的工作任务外尽力相互帮助。团队能感觉到高度授权,如果出现问题,就由适当的团队成员组成临时小组,解决问题,并决定如何实施方案。随着工作的进展并得到表扬,团队获得满足感。个体成员会意识到为项目工作的结果是,他们正获得职业上的发展。

对长期工作群体来说,执行阶段是其发展历程的最后一个阶段;但对于临时群体,比如项目团队、特别行动小组或其他类似团队,它们是为完成某种具体任务而建立的,因此还存在解体阶段(adjourning)。

5) 解体阶段

在这一阶段中,团队为解散做好准备。高工作业绩不再是团队关注的头等大事,取而代之的是,人们关注于如何做好善后工作。在此阶段团队成员的反应各不相同:一些人为团队所取得的成就而兴奋不已、心满意足;也有一些人则可能为即将失去在团队生活中所获得的和谐与友谊而闷闷不乐、郁郁寡欢。

3. 群体行为模型

为什么一些团队比另一些团队更成功？为什么有的组织能达成高水平的绩效和成员满意度，而有些却不能呢？这一问题的答案十分复杂，它涉及以下变量：群体成员的能力、群体规模的大小、群体内部的冲突水平、成员遵从群体规范的内在压力等。图7-8列出了决定群体绩效和满意度的主要因素，我们来逐一进行考察。

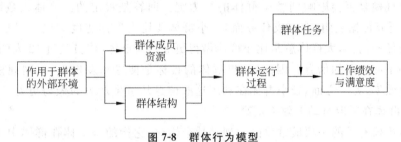

图 7-8　群体行为模型

1) 作用于群体的外部环境

工作群体的绩效会受到群体外部条件的影响。这些条件包括战略、权力结构、正式的规章制度、可获得的组织资源、人事录用标准绩效管理系统、文化和群体所在空间的总体布局。例如，一些群体拥有现代化、高质量的工具和设施，但是其他群体就没有这么幸运了。组织可能会追求降低成本或改进质量的战略，这也会对一个群体的工作方式产生影响。

2) 群体成员资源

群体绩效的潜在水平在很大程度上取决于每个成员为群体带来的资源。它包括群体成员的知识、个人能力、技能和人格特质。此外，在高绩效的工作群体中，人际交往技能始终都很重要。这些技能包括冲突管理、冲突解决、协作性地解决问题和沟通。例如，群体成员需要认清群体面对的冲突类型和起因，并实施恰当的冲突解决战略；需要识别解决问题的情境，并确定恰当的参与程度和参与类型；需要不加评论地聆听并恰当使用倾听技术。

积极的人格特质如社交性、自助性和独立性等，对群体生产率和群体士气有着积极的影响；反之，一些消极的人格特质，如霸权主义、支配欲、反复无常等，则对群体生产率和群体士气产生不利影响。

3) 群体结构

工作群体拥有一定的内部结构来规范成员的行为，有关结构的变量包括成员角色、规范、遵从、地位系统、群体规模、群体内聚力和正式领导。

在群体中，个体由于自己所处的位置而被期望承担某种社会角色。这些角色或者指向任务的完成，或者指向维持群体成员的满意度。

所有群体都会建立规范（norms），即群体成员共同认可的标准或期望。群体规范中规定了许多内容，诸如该工作的产出水平、缺勤率、工作节奏的快慢以及工作中相互帮助的程度。

通常工作群体会提供一些明确的线索告诉成员：在工作中应该多努力，产出水平应该多高，什么时候要显得忙碌，什么时候可以磨洋工，等等。这些规范极大地影响着每个员工的工作绩效,其影响之大,使得仅仅基于员工个人的能力和动机水平所进行的业绩预测结果往往不准确。个体都希望被自己所属的群体接纳,所以他们对遵从规范的压力非常敏感。

地位指群体内部的威望等级、位置或头衔。当个体认为自己应该处于的地位与别人认为应该处于的地位之间存在分歧和差距时,地位这一因素就会成为显著的激励因素并会引发行为结果。

群体的规模是否会影响到整个群体的行为呢?回答是肯定的。群体人数限制在5~7人为佳。研究证据表明,就完成任务而言,小群体要比大群体速度更快。但是,就解决复杂和困难的任务而言,大群体总是比小群体做得更好。大群体(成员超过12人的群体)有利于获取各种不同方面的信息。因此,如果群体的目标是搜寻和发现事实,则规模较大的群体应该更有效率;另一方面,较小群体在利用这些信息从事生产方面做得更好。一般说来,7人左右的群体在采取行动上效率最高。

与群体规模有关的一项最重要的发现是社会惰化,它指的是个体在群体中工作不如单独一个人工作时努力的倾向。是什么原因导致了社会惰化效应呢?一种可能是,群体成员相信其他人没有尽到应尽的职责。如果你觉得别人是懒惰或无能的,你就可能会降低自己的努力程度,这样你才会感到公平。另一种解释是责任扩散。由于群体活动的结果无法归结为具体某个人的作用,个人投入与群体产出之间的关系就变得模糊不清了。在这种情况下,个体可能会试图成为一个"搭便车者",利用群体的努力而自己不费力气。换言之,当人们发现自己的贡献无法衡量时,活动的效率就会降低。因此,我们必须识别个人的努力。如果做不到这一点,使用群体在可能带来工作满意度的同时,还可能带来生产率的潜在下降。

4) 群体运行过程

工作群体内部的运行过程指成员之间进行信息交流、群体决策、权力运作和冲突处理的沟通模式。为什么群体运行过程对于理解工作群体的行为非常重要?这是因为,在群体中一加一并不必然等于二。比如,四人组成的市场调查小组所获得的成果,可能要比四名单个成员所获得的成果总和多得多。但是,群体也可能产生消极的过程因素,比如社会惰化严重的组内冲突或不良的沟通状况,就妨碍了群体的效果。两个特别重要的群体运行过程是群体决策和冲突管理。

与个体决策相比,群体决策提供更全面更完整的信息和知识,产生更多样化的备选方案,增加解决方案的可接受性。群体决策也有它的劣势所在,如花费时间、少数人控制局面、遵从压力、责任不明等。

我们能使用什么技术帮助群体制定更具创造性的决策?图7-9描述了3种技术。

另一个重要的群体运行过程是群体对冲突的管理。群体在执行分配给它的任务时,会不可避免地出现分歧和冲突。怎样进行冲突的解决和协调,在下一章将会有专门的讨论。

5) 群体任务

群体运行过程对群体绩效的影响将随着群体任务而改变。任务可以分为简单和复杂两种。简单任务指那些常规化和规范化的任务。复杂任务指那些全新的、无常规可循的任务。任务越复杂,成员之间就会更多地讨论。当任务复杂而且需要成员之间的相互依赖才

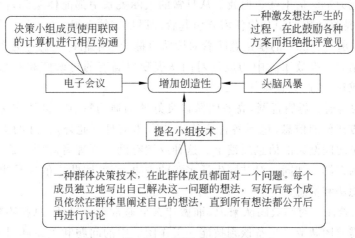

图 7-9　使群体决策更有创造性的技术

能完成工作时,对团队工作绩效和成员的满意度是有利的。

7.4.2　高效项目团队的特征

工作团队本身并不能自动地带来效率,它也可能会令管理者失望。管理者如何创建高效的工作团队?有关团队的研究揭示了一些与高效团队有关的特点。图 7-10 可以让我们比较清晰地看到这些特点。

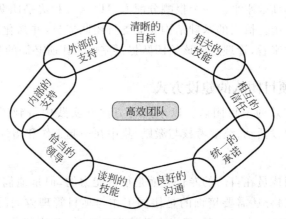

图 7-10　高效团队的特点

(1) 清晰的目标。高效团队非常明确他们要达到什么目标。成员为团队目标奉献自己的力量,他们清楚地知道团队希望自己干什么,以及成员之间怎样相互协作以最终实现目标。

(2) 相关的技能。高效团队由一群能力很强的个体组成。他们具备实现理想目标所必需的技术能力,以及相互之间能够良好合作的个性品质。其中后者尤其重要,但却常常被人们忽视。不是所有技术精湛的个体成为团队成员时都能与他人良好相处。

(3) 相互的信任。成员之间相互信任是高效团队的显著特征,也就是说,每个成员对其他人的品行和能力都深信不疑。但我们从日常的人际关系中都能体会到,信任这种东西是相当脆弱的,维持群体内的相互信任需要引起管理层足够的重视。

(4) 统一的承诺。统一的承诺意味着对团队目标的奉献精神。愿意为实现这一目标付出自己更多的精力。高效团队中的成员对团队表现出高度的忠诚感和奉献精神。只要能帮助团队获得成功,他们愿意做任何工作。

(5) 良好的沟通。毋庸置疑,高效团队以良好的沟通为特点。群体成员之间以他们可以清晰理解的方式传递信息,包括各种言语和非言语信息。此外,良好的沟通还表现在管理者与团队成员之间健康的信息反馈上。这种反馈有助于管理者对团队成员的指导,以及消除彼此之间的误解。如同一对共同生活多年的夫妻,高效团队中的成员也能迅速并有效地分享彼此的想法和情感。

(6) 谈判的技能。对高效团队来说,谁做什么事通常十分灵活,总在不断地进行调整。这种灵活性就需要团队成员具备谈判技能。工作团队中的问题和关系随时发生变化,成员必须能够应对和处理这种情况。

(7) 恰当的领导。有效的领导者能够激励团队跟随自己共渡难关。他们帮助团队指明前进的目标,他们向成员解释通过克服惰性可以实施变革。他们鼓舞每个成员的自信,他们帮助成员了解自己的潜力所在。越来越多的高效团队的领导者扮演着教练和后盾的角色,他们为团队提供指导和支持但并不控制团队。

(8) 内部的支持和外部的支持。高效团队的最后一个必要条件是它的支持环境。从内部条件来看,团队应拥有一个合理的基础结构。这包括:适当的培训,一套清晰而合理的测量系统用以评估总体绩效水平。一个报酬分配方案以认可和奖励团队的活动,一个具有支持作用的人力资源系统。恰当的基础结构应能支持团队成员,并强化那些取得高绩效水平的行为。从外部条件来看,管理层应该给团队提供完成工作所必需的各种资源。

7.4.3 高效项目团队的建设方式

如何建设一个有效的项目团队?以下几种方法在实践中得到了广泛的检验和认同。这些方式包括团队建设活动、绩效考核与激励、集中在一起工作和培训等。

1. 培训

电子商务项目组成员在自己的专长方面是很有能力的,但是他们可能并不熟悉电子商务,这就需要培训。另外还需要培训的是协同工作与项目管理方面的知识,以及特殊的软件工具使用或相关方法。事实证明,经过专业培训的人员,要比其他人待人接物更有效率,反应更为敏捷。另外,如果团队成员不喜欢一起工作,那么学习如何进行团队合作的一课就显得必要了,当然这一课需要整个项目团队和关键的项目干系人参与,否则实现项目的目标就十分困难。

培训包括了所有用以增进项目团队成员能力的活动。培训可以是正式的或者非正式的。培训方法的例子包括教师培训、在线培训、基于计算机的培训或来自其他项目成员、指导人和教练的工作培训。

如果项目团队成员缺乏必要的管理或者技术技能,那么必须着重发展这些技能,或者必须采取一定措施重新安排项目的人员。计划好的培训必须像员工管理计划中陈述的那样开展起来。未经计划的培训在通过观察和交流以及绩效评估后开展,绩效评估是管理项目团队控制过程的一部分。

电子商务团队成员应该照下面的几点接受培训:
(1) 与电子商务相关的常规概念。
(2) 电子商务对原有商务流程做了哪些调整。
(3) 实施电子商务的公司案例。
(4) 工作中各业务部门如何介入。
(5) 电子商务的项目模板。
(6) 定义任务,估计项目持续时间。
(7) 为他们的任务更新资料。
(8) 发掘电子商务工作的问题与机遇。
(9) 协同工作的训练。

2. 建立成员主动协同工作关系

任何一个团队在建设之初都会经历几个时期,一开始都会对未来有美好向往;在开始执行分配任务时会遇到超出预想的困难,希望被现实打破,成员间开始有争执,互相指责,并且开始怀疑;再经过一定时间的磨合,团队成员之间会相互熟悉和理解;最后形成相互之间的默契配合,项目中所有成员都主动积极协同工作,努力实现共同目标。那么如何能够尽快建立成员之间主动协同工作的关系呢?可以从以下几个方面进行。

1) 建立共同的执行目标

将团队目标与个人目标融为一体,使项目成员努力追求的目标与整个项目的目标一致。只有建立了共同的目标,项目团队才会产生强大的吸引力。

2) 不断提高自身价值并满足成长的需要

在整个团队合作中,不仅需要有共同的奋斗目标,还需要从物质和精神两方面满足队员们的需要。如可以通过各种各样的活动来满足队员与他人沟通的需要;通过公平合理的绩效考核来满足队员不断改善生活条件的需要;通过使成员承担的工作内容更有挑战性,使其不断受到激励,来满足他们实现自我价值和成长的精神需要,从而增强团队对他们的吸引力。

3) 需要出现一个超凡魅力的团队带领者

美国的罗伯特·豪斯说过:"有超凡魅力的领导者与下属的高绩效和高满意度之间有着显著的相关性。为有超凡魅力的领导者工作的员工,会因为受到激励而付出更多的工作努力,而且由于他们喜爱和敬佩自己的领导,也会表现出更高的满意度。而满意度越高,团队的凝聚力就越强。"可见,一个具有超凡魅力的团队带领者对整个团队的合作会起到举足轻重的作用。

4) 不断磨合,相互信任

在具备了上述3个条件后,整个项目团队想要更快地形成合作的氛围,还需要团队成员之间不断地进行沟通、磨合,逐步地建立起团队成员间主动协同的工作关系。

3. 团队建设活动

团队建设活动包括为提高团队运作水平而进行的管理和采用的专门的、重要的个别措施。例如,在制订计划过程中有非管理层的团队成员参加,或建立发现和处理冲突的基本准则;尽早明确项目团队的方向、目标和任务,同时为每个人明确其职责和角色;邀请团队成员积极参与解决问题和做出决策;积极放权,使成员进行自我管理和自我激励;增加项目团队成员的非工作沟通和交流的机会,如工作之余的聚会、郊游等,提高团队成员之间的了解和交流。这些措施作为一种间接效应,可能会提高团队的运作水平。团队建设活动没有一个定式,主要是根据实际情况进行具体的分析和组织。

许多公司提供内部团队建设培训活动,还有不少公司采用外部专门从事团队培训建设的公司提供的专业服务。

进行团队建设常用的方法包括挑战体能训练、心理偏好指标等工具。

1) 挑战体能训练

许多组织通过挑战体能训练活动帮助员工进行团队合作。典型的例子就军事基本训练和新兵训练营。通常需要进行基本的训练,包括在携带全部装备的情况下攀爬高塔、跑步、行军、通过障碍训练、射击训练和生存训练。还有些组织将员工送到一个特定的场所,让他们组队去穿越急流险滩,爬山、攀岩以及进行彩弹射击等。

2) 心理偏好指标

除了以上的团队建设活动,还有些心理偏好指示工具。常用的是梅厄-布雷格类型指示器(MBTI)和维尔森(Wilson)学习社会类型。

梅厄-布雷格类型指示器是一个个人偏好的工具。它包括以下心理类型的衡量尺度:

(1) 性格外向型/性格内向型(E/I)。它评估你的心理类型是外向型还是内向型。这个尺度表示人们是从哪儿获得动力:从外界获得动力的人为外向型,而靠自己获得动力的人为内向型。

(2) 理智型/情感性(S/N)。这个尺度表示你获得信息的方式如何。理智型的人注重实施、细节和实际,他们评论自己是实际的;而情感型的人富有想象力,不真实,对感觉或者直觉很敏感。

(3) 思考型/情感型(T/F)。这个尺度表示人们是靠思考判断还是靠直觉判断。靠思考判断的人为思考型,比较客观,很有逻辑性;而靠直觉判断的人为情感性,比较主观和个人化。

(4) 判断型/感知型(J/P)。这个尺度表示人们对结构的态度。判断型的人喜欢结束和认为完成,他们倾向于建立时间期限,并认真对待,也希望他人能这样做;感知型的人喜欢让事情处于开放状态,并富有弹性。

很多组织还在团队建设活动中使用社交类型。心理学家大卫·迈理(David Merrill)帮助开发了威尔森学习社交类型。他将人们分为4种社交类型或4个带。人们往往根据判断和责任而表现出这4种类型之一:

(1) "驱动型"是主动的任务导向的,他们立足于当前,但是不断采取行动。描述驱动型的形容词包括有进取的、严厉的、强硬的、独裁的、苛刻的、强烈意愿的、独立的、决定性的和有效的。

(2) "表现型"是主动的人员导向的,他们面向未来,使用自觉寻找周围新的前途。描述表现型的形容词包括操纵的、易激动的、无纪律的、反应的、任性的、有野心的、刺激的、热情的、生动的和友好的。

(3)"分析型"是反应的和任务导向的,他们面向过去,思维很强。描述分析型的形容词包括批评的、非决定性的、乏味的、吹毛求疵的、说教的、刻苦的、持久稳定的、严肃的、预期的和有秩序的。

(4)"亲切型"是反应的和人员导向的,他们的时间导向取决于谁同他们在一起。他们非常看重友情。描述亲切型的形容词包括遵从的、不确定的、逢迎的、依赖的、笨拙的、支持的、尊敬的、愿意的、可靠的和惬意的。

图 7-11 给出了这 4 种类型,以及他们如何把判断和响应联系起来。注意,社交类型主要取决于你判断的水平——如果你更倾向于告诉人们做什么或者询问应该做什么,以及你如何对任务做出响应——通过专注于任务本身或参与完成任务的人员。

通过类型指示器可以判断成员的心理倾向和偏好,根据判断结果针对每一个人的时间情况给予对待,实事求是地处理每一个人的关系,保证了项目团队管理的有效性。

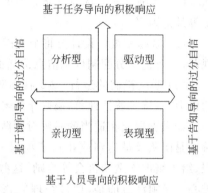

图 7-11 威尔森学习社交类型

4. 考核与奖励表彰制度

如何保证项目团队成员能对项目工作非常投入而且保证项目工作的顺利开展?这就必须要将其所担负的项目工作纳入到其绩效考核中去,让他意识到项目工作并不是可有可无的,是与其本职工作同等重要的。项目工作完成的好坏也直接与其个人收益挂钩。故而,另外一个团队建设的工具就是考核与奖励表彰制度。

首先,在团队建立之初,就应建立绩效考评制度,并且将其贯穿于团队运行的全过程。其次,团队考评是全方位、全过程的,而且考评过程需要全体团队成员及其他相关者的共同参与,在评估的全过程中都要求每个成员充分了解规范和流程,进行全面的评价。第三,考评制度的实施不得讨价还价。在实施过程中要严格执行评估制度,不能随意更改,不恰当的问题应由专门机构负责调整。

团队的绩效考核制度主要包括队员工作绩效的考核、项目团队的考评以及团队对总公司的影响这 3 个方面。

1) 队员工作绩效的考核

队员工作绩效的考核主要是通过团队成员的自我考评和外部考评两个方面来进行。外部考评主要由客户的评价、其他部门人员的评价和领导的评价构成。由于时间、成本等因素,外部评价不可能频繁进行,也难以做到全面、公正。因此,对队员的评价在很大的程度上依靠团队内部队员的相互评价和自我评价。

2) 项目团队的考评

项目团队的考评也要由内部考评与外部考评相结合。首先,团队成员对本团队的工作进行全面系统的评价,这是一个总结经验的过程;其次,要考虑外部对团队成员成绩的评价,例如客户的评价、总公司的评价等。对团队总体成绩的考评之后,需确立一个个人成果与团队成果挂钩的激励机制。

3) 团队对总公司的影响

项目团队是总公司的一部分,其对总公司的影响作用可由组织中的其他主体进行考评。这种影响作用往往是考评项目经理的重要内容。

项目团队的激励机制包括方式的选择、制度的设计和激励机制运行3个方面。

(1) 激励方式的选择要充分考虑项目团队队员的需求、项目团队的整体要求和社会环境等外部因素。

(2) 激励制度的设计要将个人因素和诱导因素相结合,着重考虑团队目标体系和行为规范,还要包括分配制度和信息沟通的制度。

(3) 激励机制的运行,要重视团队与队员间的双向沟通;要让团队成员有选择各自行为的机会;坚持阶段性评价;搞好年终考评与奖酬设计,要加强信息的再沟通。

如果管理层在适当的时候对团队给予奖励,团队将受到激励,而更有效率地完成项目。特别是团队成员达到或超越了项目要求的,管理将给予他们包括奖金、升职、延长带薪休假、给予培训深造的机会等奖励,这些手段的运用会很好地激发团队成员的工作热情与上进心。必须注意的是,项目经理应该激励那些自愿去加班以加速完成进度目标的团队成员,以及那些愿意大力帮助项目同伴的团队成员,而应该避免鼓励那些仅是为了得到加班工资或是由于工作效率太低而加班的项目成员。

有效的项目经理肯定是好的团队建设者。为了保证项目成员工作得更有成效,项目经理在团队建设过程中应该注意以下几点:

(1) 对你的团队有耐心且态度良好。不要认为你的团队成员都是懒惰和粗心的人,要认为他们都是最好的。

(2) 努力去解决问题而非一味抱怨团队成员。关注团队成员的行为,帮助他们找出解决问题的途径。

(3) 召开定期有效的项目会议。

(4) 将工作团队的人数限制在3~7个左右。

(5) 规划一些社会活动,让团队成员和项目干系人彼此熟悉。这些活动必须是生动有趣而非强制性的。

(6) 给予团队成员同等的压力,创造团队成员喜欢的传统。

(7) 培养和鼓励团队成员帮助其他成员。设计培训课程以使个体或团队成员工作得更有成效。

(8) 认可个人和团队的成绩。

团队组建和团队建设对于电子商务项目而言是至关重要的,项目经理应该摆脱其先入为主的思想,聆听项目团队其他成员的心声,才能真正创造一个使个人和团队都能够快速成长的项目环境。

5. 集中在一起工作

集中安排是把项目团队成员集中在同一地点,以提高其团队运作能力。由于沟通在项目中的作用非常大,如果团队成员不在相同的地点办公,势必会影响沟通的有效进展,影响团队目标的实现。因此,集中安排被广泛用于项目管理中。例如,设立一个"作战室",队伍可在其中集合并张贴进度计划及新信息。在一些项目中，集中安排可能无法实现，这时可以采用安排频繁的面对面的会议形式作为替代，以鼓励相互之间的交流。

集中可以是暂时性的，如在项目进行过程中的某个非常重要的阶段或者整个项目过程。集中策略要包括一个会议室、拥有电子化的通讯设备、张贴项目进度安排以及其他便利设施用以增进交流和社区意识。尽管集中策略被认为是很好的策略，但虚拟团队的使用减少了将项目团队成员集中于一处的频率。

7.4.4 多元化团队的协调问题

项目团队中由于人员组成的多样性，团队通常是多元化的。了解和管理由相似人员组成的团队是困难的。如果成员的组成也不同，则团队的管理更是难上加难。但是，各种观点、技术和能力相互碰撞而带来的收益又常常会大大弥补你所付出的心血。项目经理该如何应对这项挑战，协调多元化的工作团队？有4种关键的人际交往行为十分重要：理解、共情、宽容和沟通。

虽然人和人是不一样的，但有一点是相同的，那就是人们都需要公平和公正的对待。人和人之间文化的、身体的以及其他方面的差异会导致人们以不同的方式行为。项目经理不但需要自己理解和接纳这些差异，还要鼓励每个团队成员也这样做。

共情与理解的意思十分相近。项目经理作为团队领导者，应该试图理解其他人的观点，让自己站在他人的角度思考问题，并鼓励其他团队成员也这样做。

在管理多元化的工作团队时，宽容是另一个重要的人际交往行为。仅仅明白人与人之间的不同以及做到共情，并不意味着就会接纳不同的观点或行为。最重要的还是在于与不同年龄、性别和文化背景的人打交道时要宽容。宽容的一部分内容表现在以开放的心态面对不同的价值观、态度和行为。

最后，在管理一个多元化的团队方面，开放的沟通十分重要。如果人们害怕或不愿意坦诚讨论他们看重的问题，则多元化带来的问题可能会日益尖锐起来。另外，在多元化团队中沟通需要是双向的，如果一个人想知道某种行为对其他人来说是否意味着冒犯，最好的办法就是询问。同样，如果一个人受到他人表现出的某种行为的冒犯，也应该说清楚自己的感受并要求对方停止这种举动。只要这些交互式的沟通以一种无伤害的、克制的、友好的方式表达出来，总体来说它会产生积极的结果，最终有助于在团队中形成一种支持和赞同多元化的气氛。

本章小结

项目人力资源管理过程包括人力资源规划、项目团队组建、项目团队建设和项目团队管理。

人力资源计划涉及决定、记录和分配项目角色、职责及报告关系的过程。这个过程生成项目的组织结构图、角色和职责分配关系以及项目成员管理计划。电子商务项目经理的能力要求包括个性因素、管理技能和技术技能。项目经理的角色与责任包括协调、沟通、建立文档资料、质量控制和工作方法。电子商务项目成员的结构指数量结构、质量结构和比例结构。人员构成需要合理的能级结构,稳定的能级结构应是正三角形。项目技术团队的职责包括平台功能分析与实现、网页设计与实现、数据库设计与维护、后台管理设计与实现和软件文档编制等。管理团队的职责包括网络营销、物流运作管理、CI及策划、消费者行为调研和项目管理等。项目组织结构比较常见的有职能型、项目型和矩阵型3种组织结构形式。并没有哪一种组织模式是固定最好的,企业需要根据自身人员的数量、质量和结构特点,以及项目的目标、进度等因素需求,选择具体项目适用的组织模式。

在明确项目人力资源的需求后,一般地讲,应授予项目经理以项目团队的组建权。人员招收一般可以通过谈判、事先分派、外部招聘和虚拟团队等手段。工作团队和群体是有区别的。工作团队是这样的群体,其成员通过他们正面的协同效应、个体和相互的责任以及互补的技能为实现一个具体的、共同的目标而认真工作。工作团队即群体范畴中的正式群体。项目团队的发展是一个动态的过程,一般会经历5个不同的阶段:形成阶段、震荡阶段、规范阶段、执行阶段及解体阶段。高效项目团队的特征是清晰的目标、相关的技能、相互的信任、统一的承诺、良好的沟通、谈判的技能、恰当的领导、内部的支持和外部的支持。

项目团队建设就是培养、改进和提高项目团队成员个人以及项目团队整体的工作能力,使项目管理团队成为一个特别有能力的整体,在项目管理过程中不断提高管理能力,改善管理业绩。项目团队建设的技术和工具有培训、建立成员主动协同工作关系、团队建设活动、考核与奖励表彰制度以及集中在一起工作。

案例分析

案例1 项目经理的故事

T公司是一个软件开发公司,由于项目管理混乱出现了诸多问题,特招聘了一名从大公司来的项目经理,名叫尹华。

尹华到T公司后,采取了很多的措施,如:与每一个项目成员当面交流了解项目状况,建立交流的统一平台,制定了通用和专用的工作文档模板,建立了配置管理服务器,制定了项目制度,加强了项目的制度和定期交流,进行了以前从来没有的项目培训及客户管理方法推广。

因为尹华的工作,公司3个月就取得了很好的效果,推卸责任的事少了,工作效率提高了,工作成果和会议有了文档记录,项目有了计划和控制,员工积极性高涨,合作伙伴、客户对项目问题的解决速度和质量予以认可,对公司的回款起到了很大的帮助。

正在大家对项目充满信心时,公司部门经理张正(原项目经理)以项目经理尹华对项目业务不能很好地理解为理由,提出尹华没有能力带领项目团队,应延长他的试用期。而且人事经理也认为团队的绩效是以前公司的成果,不属于尹华的工作成绩。

尹华于是想提出离开,但项目组员工知道了这件事后,一致要求尹华不要离开公司,坚持下来,因为大家有信心一起把项目做好。尹华就没离开公司。但事后,公司进行了2个月封闭式开发,没有让尹华参与,项目组留下尹华一个人待在公司。团队所有的其他成员都有工作,就是没有尹华的工作,但项目开发的进度和交流进展很顺利,项目初期成果得到了客户的认可。这时公司应部门经理的要求开除了项目经理尹华,理由是不热爱公司,对项目没有兴趣。

思考：

1. 在这4个多月的时间内，项目经理尹华在T公司是失败还是成功？
2. 项目经理尹华离开后，部门经理张正利用现有环境，有能力把项目带好吗？

案例2　同声软件公司的考评项目团队

同声公司是一家著名的软件公司，自创业以来已经闻名于省内外。他们主要开发生产办公自动化软件，并承接网络的设置和维护工作。因为他们工作积极、热情，并拥有先进的技术人员，所以，许多大型企事业单位都与同声公司签订了长期的合作协议。当然，在项目任务不是很紧的时期也为一些新的用户服务。省内虽然有大大小小近千家的软件公司，但50%的市场份额都由同声公司控制着，省内的银行、大型企业集团以及高新开发区中的部分外资企业都是它的老客户。

成绩是显著的，创业是艰苦的，每位员工都珍惜着今天来之不易的好局面。在回忆公司走过的历程时，李总经理说："每位员工都很优秀，我和管理层的干部很少干涉项目成员的具体工作，他们都是自我管理，知道应该做什么，该怎样干。同声成功的法宝是我们的团队精神。"

的确，同声公司自创业以来便积极推行团队精神。在生活上，公司领导关心每位成员的生活状况，并积极为公司员工提供力所能及的帮助，这使得这批年轻的公司职员颇为感动，从而产生强烈的一体感和归属感，公司就是他们的家。在企业的文化建设方面，同声公司更是不惜本金。在企业艰苦创业的时期，公司也要挤出一定的经费为员工举办一些活动，比如周末举行小舞会或小比赛等。在公司取得了较好的营业利润时，又经常组织员工们集体旅游等。

一天，总经理叫来了财务部小王说："年关已到，我准备让你和另外两位员工（市场部的小陈和秘书处的小马）组成一个考评小组，为公司的每位成员做评估，评估结果将与他们的薪水和奖金挂钩。"

考评小组很快就组建起来了，小王是项目经理，小陈和小马是该项目团队的两位队员。准备工作很简单，项目组马上进入执行期，开始为公司的每位员工做评估资料。

"我看这是一个很好的机会，我们应该为自己做一份好的评估材料，你知道这将与我们的薪水和奖金挂钩。"年轻的小马简直有点欣喜。"是的，这真是一个好机会，我们的市场部经理对我的工作要求近乎残忍，在去年的工作考评中，我分明已完成既定的50万元的业务量，但是他硬是说我回款不及时，少给了我20%的奖金。这次我一定要给他的考评资料做得稍微差一点。"新来的小陈仿佛积压着满腹的怨气。

项目经理小王对总经理配备的两位"精兵强将"感到无可奈何，说："嘿，我说同志们，你以为我们这是损人利己的项目吗？"

思考：

1. 同声软件开发公司成功的法宝是什么？公司在此方面都做了哪些工作？结合实践，谈谈它的重要性。
2. 三人考评小组是否是一支高效的项目团队？为什么？

3. 如果考评小组是项目团队,那么它可能经历发展周期的哪个阶段?
4. 该项目团队的主要目标是什么?
5. 你认为该项目小组在任务结束后还会继续存在吗?

案例3 怎样引导实习生

上海 A 公司是国内知名电子商务企业,当前正在开发一套新的电子商务系统,按照进度安排时间已经过半,但项目进度却不尽人意,公司管理层出于战略考虑不打算追加对此项目的人员经费投入,于是人力资源部门管理人员研究决定通过招聘一定数量的实习生的方式来解决人员不足的问题,人力资源部门考虑如下:

(1) 此次电子商务平台开发工作量很大,但技术难度不高,即使是一些新手,经过短时间的培训也能开展工作。

(2) 实习生大多是计算机相关专业高年级的学生,他们已经具备较强的计算机操作能力,同时对于编程都有很高的热情和刻苦钻研精神。

(3) 考虑到公司发展,人力资源部门在未来 6 个月内需要招入一批新员工,如果能够培养一批实习生,让他们很快地融入到企业和团队中来,熟悉公司的管理模式和业务流程,让一部分优秀实习生在实习结束的时候转为正式员工,这样既可以壮大开发队伍,也节省了一笔招聘成本。

(4) 由于公司不打算增加人员经费,如果雇用的实习生能够在较短时间内承担起编程和测试工作,相比于正式员工,所花费的成本是很少的。

(5) 项目启动已有一段时间,项目组人员开始出现疲劳和厌倦情绪,一批新人的到来可以带来新的活力,有助于团队战斗力的提升。

经过公司人力资源部门的积极运作,20 名来自高校的实习生迅速来人力资源部报到,负责培训这批实习生的陈工决定通过一周的培训让这批实习生迅速融入到开发团队当中,进入项目组后,每个项目小组长需要带 3 名实习生。实习生进入项目组后,根据其一段时间内的表现决定他在接下去的工作中所要承担的任务。为了鼓励实习生的工作积极性,陈工在没有向管理层请示的情况下向实习生许诺:在项目顺利结束后根据个人业绩有一定比例的奖金。这批实习生都有一定的英语基础,但是人事部门还是给实习生安排了电子商务英语课程。

在为期一周的培训过程中,实习生表现出了极大的学习热情和工作的积极性,他们进入项目组之后,给 A 公司带来了活力,项目团队生产率也在短时间内有明显的提高。但是随着时间的推移,由实习生带来的问题渐渐显现,实习生在短时间内还不能熟悉公司的框架,编码不符合代码规约,英语注释写得不符合要求,缺乏较强的式样理解能力……。一些人认为这些实习生可能威胁到自己在公司的地位,对于实习生工作中不当的地方乱加指责,认为指导实习生会影响他们的生产效率。实习生情绪也受很大影响,开始有实习生辞职。管理人员考虑到实习生在项目中已经承担了相当一部分的工作,如果实习生大量离职,将会对项目进度造成严重影响。陈工利用周末时间组织项目组开发人员聚餐,加强新老员工的沟通,类似活动在一定程度上缓解了团队内部的矛盾。短时间内项目组生产力也有了明显提高,整个项目进度基本达到要求。但是在项目后期,由于设计方面的问题,变更开始异常频繁,许多原有设计几乎全部推翻,相应的工作也要推倒重做,但是仍然出现大量更变。实习生在这段过程中对变更流程非常不适应,交付的品质报告存在着很多问题,而这些问题基本都是实习生在开发的过程中造成的,由于缺少监督和管理,实习生在编码和测试过程中没有完全执行公司的标准开发流程,导致很多的隐藏错误都无法追踪。项目所剩时间已经不多,管理层开始重新思考当时决定招聘实习生的策略是否正确,同时项目经理也开始带领全体开发人员加班加点,疲于奔命……

思考:

1. A公司针对实习生的人力资源管理计划是否合理?陈工对实习生这类外聘人员的处理方式的主要隐患是什么?

2. 在电子商务团队建设过程中,应该如何引导新员工尽快融入到团队当中?

案例4 薪酬改革中的抱怨

"不公平!"某电子商务公司项目经理李先生忿忿地说:"目前我的基本工资和别的项目经理一样多,可我们这个项目难度这么大,项目周期这么长,而且客户要求很高、很难对付,业绩风险这么大,奖金收入也很难保障。还不如做个小项目,又容易完成,收入也高。我的下属也都有这样的抱怨,让我怎么去管理、激励他们?从另一个角度说吧,公司有任务,我也不好挑肥拣瘦的,但这样的薪酬制度确实让人感觉不公平。"

李经理就职的某电子商务公司有着骄人的业绩,在业内有良好的口碑和声誉。随着公司战略的重新定位和明晰,企业步入了良性发展的轨道,进入了二次创业成功后的高速发展期。

为更好地应对市场竞争,提高资源配置能力,公司人力资源总监金先生根据公司业务特征,采取了项目矩阵式组织架构。同时,为了充分调动各个项目部员工的积极性,保留骨干员工,使薪酬具有激励性,金先生对公司的工资体系做了较大改革。首先,通过岗位评估确立了公司岗位的价值,根据外部市场数据设立了合理的有竞争性的薪酬水平和结构;其次,完善了绩效管理体系,所有员工的绩效工资与个人的当期业绩考核结果挂钩发放。项目经理还得到充分授权,在对项目经理部总体考核的基础上,自主进行项目部二次考核分配。

新的薪酬制度实施初期,极大地提高了各项目部的积极性,使业绩得到有效提升。但经过一段时间后发现,尽管公司业绩得到了较大提高,基本实现了效益和收入挂钩的目的,但是在项目部门却因为薪酬分配问题出现了不和谐的声音,像李经理这样的抱怨和困惑不断传到金先生的耳朵里。金先生不禁自问:"我们的薪酬体系到底出什么问题了?"

思考:

如何实现项目管理模式下员工薪酬的动态调整和管理?

案例5 加薪的悖论

张小姐是一家软件公司的销售主管,她能力强,热爱工作,工作成绩显著。今年她被派到了她喜欢的上海分公司,并升任销售经理,薪水也增加了。但是,近期她工作不但没有热情,甚至还有了辞职的念头。

为什么升职、加薪了反而要辞职呢?经了解得知,张小姐的不满来自她的上司。她的上司对张小姐刚到上海工作颇不放心,担心她做不好工作,总是安排一些很简单的工作,并且在张小姐工作时也经常进行干预。张小姐工作能力较强,习惯于独立思考和解决问题,上司的频繁干预让张小姐非常不习惯,并逐渐导致不满。

思考:
1. 为什么仅靠加薪不能激励员工的斗志?
2. 张小姐的上司应该如何激励员工?

练习题

1. 假设在策划一个电子商务网站的项目中,你是项目经理,你应具备哪些能力,又具有哪些责任呢?
2. 身为项目经理,你会怎样有效地组建你的团队?
3. 怎样才能让来自不同岗位、不同部门的人员配合良好,提高他们配合工作的效率?
4. 怎样才能让项目成员有凝聚力,渡过项目中比较艰难的时光?
5. 项目团队建设可采用哪些方法?

参考文献

[1] 李琪.电子商务项目策划与管理.北京:电子工业出版社,2011.
[2] 贾晓丹.电子商务项目管理实训.北京:中国人民大学出版社,2011.
[3] 文燕萍.电子商务项目管理.北京:中国人民大学出版社,2010.
[4] 刘四青.电子商务项目管理.重庆:重庆大学出版社,2010.
[5] 王树进.项目管理.南京:南京大学出版社,2008.
[6] 左美云.电子商务项目管理.北京:中国人民大学出版社,2008.
[7] 朱国麟,崔展望.电子商务项目策划与设计.北京:化学工业出版社,2009.
[8] 徐嘉震.项目管理理论与实务.北京:中国物资出版社,2010.
[9] 中国互联网络信息中心.http://www.cnnic.net.cn.
[10] 高丽君.电子商务时代企业人力资源管理策略探析[J].生产力研究,2005(7):186-188.
[11] 汪明艳.电子商务环境下的人力资源管理新模式[J].商业研究,2005(7):25-26.
[12] 李少尉.电子商务大赛,培养人才新模式[J].电子商务世界,2006(5):82-83.

第 8 章

电子商务项目沟通管理

学习目标

- 了解电子商务项目沟通管理工作的主要内容。
- 认识到团队沟通的重要性和必要性。
- 掌握各种沟通技巧并用于团队管理中。
- 了解项目冲突的概念和类型。
- 了解项目冲突的解决方法和可能的结果。

任务书或角色扮演

- 使用互联网查找资料,想想怎样才能成为一个好的倾听者。
- 使用互联网查找资料,总结团队工作中沟通不畅的主要原因。
- 列举几条在平时沟通交往中看到的不良习惯,并说明这些不良习惯是如何影响人们相互之间的沟通的。

CHAPTER 8

8.1 电子商务项目沟通管理概述

案例 沃尔玛电子商务网站建设的前车之鉴

沃尔玛公司在1996年7月建立了第一个信息网站,在网站上发布公司的信息,不销售产品。该公司真正进入电子商务领域是在1999年。1998年早些时候,沃尔玛公司雇佣了一批技术人员对该公司的网站进行升级,建成了该公司最早的电子商务网站,在网上进行商品零售。1999年圣诞购物狂潮的到来给沃尔玛公司带来了巨大的麻烦,大量的消费者尝试网上购物,导致该网站根本处理不了如此多的订单。在这种情况下,以运输和物流管理闻名世界的沃尔玛公司不得不宣布在12月14日后不再接受网上订单。沃尔玛公司将问题的原因归结为网站设计的缺陷。于是,该公司在2000年初组织了更为精干的网站设计队伍,反复进行技术论证,投资上亿美元建设该公司新的电子商务网站,希望在2000年圣诞节前投入运营,结果在2000年1月才推出,错过了当年的购物潮。新网站运行8个月后,沃尔玛公司发现了该公司网上经营的新的问题,网站的访问量远不及对手(如西尔斯、凯马特等),并且网站没有客户服务功能而备受消费者的批评。2000年1月,沃尔玛公司将此网站关闭了4周,同时沃尔玛公司与Accel公司合资成立了名为Walmart.com的公司,由它来负责公司电子商务网站的建设。至此,沃尔玛公司在前后5年中已经是4次进行电子商务网站建设了。

我们知道,沃尔玛公司作为全球最大的零售企业,有着先进的企业管理模式,有着雄厚的资金实力,有强大的技术力量。可是它为什么屡遭电子商务的挫折呢?造成这种后果的原因是多方面的,其中沃尔玛公司在初期的电子商务项目建设中的沟通管理的缺陷可以说是企业开展电子商务活动的前车之鉴。

在项目管理的进程中,沟通对项目的影响一般是隐性的,所起的作用不易量化。但是,在项目的整个生命周期中,沟通却起着极其重要的作用。项目团队与主管部门的沟通、项目团队与客户的沟通、项目团队与供应商的沟通、项目团队成员之间的沟通等所有这些与项目相关的沟通始终贯穿于项目的整个生命周期。在项目正常进行时需要沟通,当项目发生变化时需要沟通,当项目发生冲突时也需要沟通。

在成功的项目中,人们往往感受不到沟通所起的重要作用;在失败项目的痛苦反思中,却最能看出沟通不畅的危害。没有良好的信息沟通,对项目的发展和人际关系的改善都会存在着制约作用。沟通失败是电子商务项目求生路上最大的拦路虎。常常能听到的典型例子是某某集团耗资巨大的电子商务系统最终弃之不用,原因是开发出的系统不是用户所需要的,没提高用户的工作效率,反而增加了工作量,不难看出,造成这种尴尬的局面的根本原因是沟通失败。当一个项目组付出极大的努力,而所做的工作却得不到客户的认可时,是否应该冷静地反思一下双方之间的沟通问题?

因此,沟通是掌握各方信息,进行项目决策和项目协调的基础,也是项目管理的基本内容。项目沟通为项目经理的最重要的工作之一,需要花费项目经理75%~90%的时间与项目团队、客户等项目干系人进行沟通。项目经理只有以人为本,重视沟通,才会清楚客户认为的项目成功标志是什么?清楚项目团队到底能够为客户提供什么样的产品或服务?从而在项目中发挥团队的所有潜力,并做到客户的关系日趋完善,最终成功地完成项目。

8.1.1 项目客户关系管理

随着市场竞争的日趋激烈,项目干系人管理在项目中应用的意义和范围逐渐地加深和扩大。项目干系人管理的重点是项目客户管理。其核心是提高客户满意度。客户或用户是使用项目产品的组织或个人。客户会有若干层次,例如,一个电子商务平台,它的客户包括决定实施的决策者、使用电子商务系统购买商品的操作者以及系统维护人员等。在项目过程中,项目客户参与项目整个过程并为项目提供主要信息。只有理解客户的需要,进而在此基础上定义客户关系管理的目标,才能实现良好的项目干系人管理。

项目客户关系管理是以客户的全面满意为目标,协调项目内部与客户之间关系,并与客户保持良好有效的沟通。采用项目客户关系管理,便于项目内部清楚识别客户需求;减少与客户之间的冲突;保证项目的交付物为客户所接受和满意;最后与客户保持长期的合作关系,减少客户成本。图 8-1 体现了项目客户关系管理的重要性。

图 8-1 项目客户关系管理的重要性

对项目组织而言,项目客户关系管理重点是预测到客户的需求并及时满足客户的需求。因此,针对不同阶段的客户情况,采取不同的措施尤为重要。如图 8-2 所示,项目客户生命周期可分为 4 个阶段:

(1)潜在客户。客户产生需求,并将对项目组织发出需求建议书。此阶段项目组织应积极推销自己,主动与客户联系,并向客户提供相关资质证明,如从业经验、资源情况和人员情况等。

(2)意向客户。客户准备向满意的承约方授予项目。此阶段项目组织应准确识别客户需求和期望,精心准备项目申请书并按要求提交。

(3)确定客户。该阶段客户已经和项目组织达成项目目标共识,全面参与项目过程管理。此阶段项目组织应积极管理好客户关系,及时与客户有效沟通,保证项目顺利实施。

(4)老客户。项目已完成,客户反馈使用信息。此阶段项目组织仍需要保持与客户的联系,取得反馈信息,并加深与客户之间的感情联系,建立长期合作关系。

项目客户关系管理始终贯穿于项目各阶段,客户关系管理实施的好坏,很大程度上决定了项目组织的未来发展和市场竞争力。如何适应客户不断变化的需求,如何完美实现项目团队和客户之间的无障碍沟通,如何如提高项目客户的忠诚度,将是项目管理组织的永恒追求。

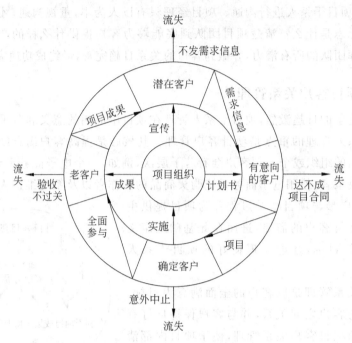

图 8-2 项目客户生命周期

8.1.2 项目沟通的概念和模式

1. 沟通的概念

假设办公楼里有 3 位经理。他们都需要一位下属来帮忙,但是有 3 种不同的做法。一位总是叫下属进来帮忙,可是没有人,但他还是不停地叫;第二位打电话吩咐下属,但电话杂音让下属听不清关键的数字;第三位在办公室里同下属交谈,后者清楚地理解了她的话。这 3 位经理都在进行沟通的工作,但方法不同。

上面 3 位经理都进行了有效沟通吗?最后一位是的。第一位显然没有,因为他发出的信息没有被传达到。第二位如何呢?他传递了信息,但传递的信息和收到的信息是不一样的。有效的沟通是使收到的信息同发出的信息尽可能一致的过程。尽管第二位经理进行了沟通,但他的沟通不是有效的。

沟通是为了特定的目标,把信息、思想和情感在个人或团体之间传递的过程。

沟通的概念在理解上有以下几点需要注意:

1) 沟通强调了意义的传递

如果信息或想法没有被传送到,则意味着沟通没有发生。比如说话者没有听众,或者写作者没有读者,这些就都不能构成沟通。

2) 沟通包含意义的理解

要使沟通成功,意义不仅要得到传递,还需要被理解。如果写给某人的一封信使用的是其不懂的语言,就不能称为沟通。

完美的沟通,如果存在的话,应是经过传递之后,接受者所认知的想法恰好与发送者发出的信息完全一致。

良好的沟通常常被错误地解释为沟通双方达成一致的意见,而不是准确理解信息的意义。

电子商务项目沟通管理(project communication management)是沟通在电子商务项目上的应用,是现代项目管理知识体系中的九大知识领域之一,它包括保证及时与恰当地生成、搜集、传播、存储、检索和最终处置项目信息所需的过程,为成功所必需的因素——人、想法和信息之间提供了一个关键联系。

2. 项目沟通的作用

对于电子商务项目来说,好的信息沟通对项目的发起和人际关系的改善都有促进作用。具体来说,沟通的作用如下:

1)为项目决策和计划提供依据

项目班子要想做出正确决定,就必须准确可靠、迅速地搜集、处理、传递和使用情报。而有关决策的信息牵涉面很广,且瞬息万变。事实证明,许多决策的失败都是由于资料不全、缺乏沟通造成的。通过沟通,还可以增进相互理解,有助于合理决策的达成。因此,沟通是合理决策的前提和基础。

2)为组织和控制管理过程提供依据和手段

没有良好的沟通,就无法对项目团队进行科学的管理。只有通过沟通掌握各方面的情况,才能为科学管理提供依据,才能有效地组织和控制项目实施过程,提高组织效能。

3)有利于稳定思想、统一行动

从一个人进入到项目团队开始,直至项目完成,有效沟通都是极其重要的。在招聘中,沟通可以使未来职工感觉到在本组织工作的好处,使他们对组织有所了解。在工作中,由于每个人的能力不同,所处的位置不同,对企业目标的理解不同,所掌握的信息也不同,因而项目成员对待决策的态度也不同。为了使他们理解并愿意执行决策,从而更好地完成企业目标,就需要相互交流意见、稳定思想、统一行动。同时,要使他们了解自己的工作同整个项目工作的关系,以便自觉地协调个体活动,以保证组织目标的实现。

4)有利于建立和改善人际关系

信息沟通是人们进行情感交流、表达思想、寻求庇护和友谊等的重要手段。在一个团队内,人际关系如何,主要是由沟通的水平、态度和方式来决定的。有效而畅通的信息沟通,可以减少个人和个人、个人与组织、组织与组织间的矛盾,改善他们之间的关系,特别有利于在领导和被领导者之间建立良好的人际关系。同时,有效沟通也是领导激励下属,实现领导职能的基本途径之一。

5)有利于消除误解、减少矛盾,确保项目目标顺利实现

项目团队成员的背景、教育状况、工作经验和能力等各不相同,这就使得他们对同一事物的理解不同。如果不及时进行沟通或沟通方式不当,势必会造成许多矛盾和冲突,阻碍组织目标的实现。及时和恰当的沟通则可以减少或在一定程度上消除这些不必要的矛盾和冲突。特别是在项目环境下,沟通显得尤其重要,项目经理可能要花费接近90%或更多的个人时间来进行沟通。总之,没有沟通就没有协调,就不可能达成组织的目标。

3. 沟通模型

沟通的基本模型如图 8-3 所示,它表明了两方之间(发送方和接收方)信息的发送和接收。信息源对信息进行编码后,把信息通过某种媒介(如文字、电话等)传给接收者。该沟通模型的关键组件如下:

(1) 信息源。产生某种运动状态和方式(即信息)的源事物,为沟通主体。
(2) 编码。将思想或概念转化为人们可以理解的语言和行为。
(3) 传播媒介。传达信息的方法或工具。
(4) 解码。将信息再次转化为有意义的思想或概念。
(5) 接收者。信息发送的目标,为沟通客体。
(6) 干扰。影响、干扰信息传输和理解的任何东西(如距离因素)。
(7) 反馈。检查沟通双方对传输信息的理解。

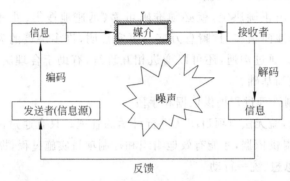

图 8-3 沟通基本模型

在考虑电子商务项目沟通时,需要考虑沟通模型的各项要素。使用这些要素与项目干系者进行沟通,通常会面临许多挑战。例如你在管理一个项目,该项目开发一种绿色农产品销售平台,该产品针对的是农产品批发市场的批发商。你最近听说你的客户将你们的项目进度报告称为"甲骨文",因为它们看起来深奥又简短。项目组成员如要成功地与其他项目干系人就技术概念进行沟通,需要涉及用可以理解的文字而不是大量的缩写或专有名词对信息进行编码,使用各种技术将信息发送并由接收方对信息进行解码。在此期间产生的任何干扰都会影响信息本意。

8.1.3 PMBOK2004 定义的项目沟通管理

电子商务项目的成功运作取决于用户和开发商项目组的良好沟通。在沟通上容易犯的一个错误就是项目组中的人员各自为政,也就是项目团队采用弱矩阵型:用户日常有自己部门内的工作,而项目组成员日常工作也在自己的公司,这导致问题的解决经常拖延。另外一个比较容易犯的错误是许多项目成员不能准时参加定期的例会,这也导致一些信息在例会中不能共享,一些决策在例会中不能决定。真正对项目有决定权的是行政领导,而行政领导却没有时间当好项目经理,归根到底就是没有真正贯彻项目沟通管理过程。

美国项目管理学院的 PMBOK2004 定义的项目沟通管理过程包括以下几个过程:

(1) 沟通规划。确定利害关系者对信息与沟通的需求。

(2) 信息发布。将所需信息及时提供给项目利害关系者。

(3) 绩效报告。搜集与传播项目的绩效信息,包括状况报告、绩效量度及预测。

(4) 利益关系者管理。对沟通进行管理,以满足项目干系人的需求,并与项目干系人一起解决问题。

项目沟通管理过程的输入、输出以及过程使用的工具与技术如表 8-1 所示。

表 8-1　PMBOK2004 对项目沟通管理的定义

	启动 Initiating	计划 Planning	执行 Executing	控制 Controlling		收尾 Closing
		沟通规划	信息发布	绩效报告	利害关系者管理	
输入		1. 项目管理计划 2. 环境与组织因素 3. 组织过程资产 4. 项目范围说明书	沟通管理计划	1. 工作绩效信息 2. 绩效衡量 3. 完工预测 4. 质量控制量变结果 5. 项目管理计划 6. 批准的变更申请 7. 可交付成果	1. 沟通管理计划 2. 组织过程资产	
工具和技术		1. 沟通技术 2. 沟通需求分析	1. 沟通技能 2. 信息收集和检索系统 3. 信息分发系统 4. 经验教训总结过程	1. 信息表示工具 2. 绩效信息收集和汇总 3. 状态评审会议 4. 工时汇报系统 5. 费用汇报系统	1. 沟通方法 2. 问题登记簿	
输出		沟通管理计划	1. 请求的变更 2. 组织过程资产(更新)	1. 绩效报告 2. 预测 3. 请求的变更 4. 推荐的纠正措施 5. 组织过程资产(更新)	1. 问题解决 2. 沟通管理计划 3. 组织过程资产 4. 批准的变更申请 5. 批准的纠正措施	

8.2　项目沟通计划编制

8.2.1　项目沟通计划编制

沟通计划(communications planning)编制过程确定项目干系人的信息和沟通需求：谁需要何种信息,何时需要以及如何向他们传递。沟通计划编制作为项目沟通管理的第一个过程,其核心是了解项目干系人的需求,制订项目沟通管理计划。该过程主要回答项目沟通中 who、what、when 和 how 的问题。虽然所有项目都有交流项目信息的需要,但信息的需求及其传播方式却彼此大相径庭。认清项目干系人的信息需求,确定满足这些需求的恰当手段,是确保项目沟通顺畅的重要因素。

沟通计划编制往往与组织计划密切相关,因为项目组织结构往往对项目的沟通产生重大的影响。在制订沟通管理计划时,最重要的工作就是对项目干系人的信息需求进行详细的分析、评价和分类,通常这些信息要求的总和就是项目的沟通需求。项目干系人信息需求分析一般基于项目组织结构进行。表 8-2 提供了一个项目干系人信息需求分析的实例,从中可以看出每个利益相关者需要获得何种书面信息。让项目干系人评审和批准所有的项目干系人分析材料能确保这些信息的正确性和有效性。

表 8-2 项目干系人信息需求分析举例

项目干系人	文件名称	文件格式	姓名	交付日期
客户方管理人员	委托开发合同文件	书面文档	张生	01/10/2008
客户方技术人员	项目总体方案	书面文档	邵晨	20/10/2008
客户方项目负责人	可行性研究报告	书面文档	姜珉	25/10/2008
客户方项目负责人	项目管理计划	书面文档	姜珉	01/11/2008
客户方管理人员	软件需求说明书	电子版、书面文档	许龙	15/11/2008
客户方技术人员	系统指南	电子版、书面文档	邵晨	01/01/2009
内部高层管理人员	项目进展报告	基于 PMIS 提交	许迪龙	每月 5 日前
客户方项目负责人	验收测试报告	书面文档	姜珉	01/03/2009
客户方管理人员	用户培训教材	电子邮件	江华	10/03/2009
客户方管理人员	用户操作手册	电子邮件	江华	15/03/2009

一个完整的项目沟通管理计划应包括如下主要内容:

(1) 确定文件保存方式。在沟通计划中首先明确各种信息保存方式和信息读写的权限,明确各类项目文档、辅助文件等的存放位置及相应的读写权限,建立相应的目录结构,收集和保存不同类型的信息,进行统一的版本管理。

(2) 建立沟通列表。存放项目干系人的联系方式,如系统开发人员、物流部门人员、客户、高层领导、系统支持、顾问和行政部等。记录他们的座机号、手机号和职能等,尽量做到简洁明了。

(3) 建立汇报制度。明确说明项目组成员对项目经理、项目经理对上级及相关人员的工作汇报方式、准确时间和形式。例如,在某个电子商务项目中,项目组成员在周末提交每周进展报告,汇报一周的工作进展状况及遇到的问题和解决方法;每周一下午 2 点召开项目组例会,在项目团队内进行信息交流沟通。所有常规沟通都应该有文档记录,另外需要设定某些规则,例如重要的电子邮件都必须回复是否收到。

(4) 统一项目文件格式。使用统一的文件格式是项目标准化管理的一部分,因此必须统一各种文件模板,并提供相应的编写指南。例如,每个项目小组提交同样格式的周报。

(5) 沟通计划的维护人。明确本计划在发生变化时,由谁进行修订,并对相关人员发送。对于大多数项目,沟通管理计划的大部分工作应在项目的前期阶段完成。沟通管理计划本身并不是一成不变的,通常在项目进行过程中,要根据需要随时对其进行检查和修订,以保证它的持续有效性和适用性。需要特别指出的是,沟通需求一般是动态变化的,随着项目的进展,可能会发生某些变化。

项目沟通计划是项目整体计划中的一部分,它的作用非常重要。很多项目没有完整的沟通计划,导致沟通非常混乱。有的项目沟通也还有效,但完全依靠客户关系或以前的项目经验,或者说完全靠项目经理的个人能力的高低,当项目遇到特殊环境或出现人员变动时,会严重影响沟通效率。严格说来,一种高效的沟通体系不应该只在大脑中存在,也不应该仅仅依靠口头传授,落实到规范的计划编制中很有必要。

8.2.2 项目沟通内容

电子商务是以电子的方式进行的商务活动,其前提是"电子",也就是说从事电子商务时必须搭建电子商务运行平台;但是,我们更应该注意"商务"是电子商务的本质和目标所在,忽视商务的本质是许多企业开展电子商务活动失败的根本原因。因此在电子商务项目的管理中,沟通管理具有两重性:一是与IT技术相关的沟通管理,二是与企业商务活动相关的沟通管理。

1. 与技术相关的沟通

电子商务项目,如企业ERP的实施、企业商务网站建设、企业的CRM系统建设等,从技术角度来看,实际上都是信息技术(IT)项目,包括一系列计算机、网络设备及软件的开发及系统集成。一般在这样的一个项目团队中,会存在系统分析员、高级程序员、程序员、网络管理员和网页设计人员等角色。因此这种沟通会带有强烈的技术色彩。

(1) 系统分析员在进行整个系统的设计时,要通过沟通,了解企业的需求,吸取相关领域的电子商务成功的经验,明确企业电子商务系统需要满足的基本要求,了解企业目前的信息化状况,了解目前企业电子商务实现技术等,这都是进行成功的系统设计以及确立系统结构的基础。沃尔玛公司第一个电子商务网站表现出的处理能力的问题,应该说与系统分析员在该阶段所做的沟通不足有关。

(2) 在电子商务项目的实施过程中,项目经理要与系统分析员及其他项目成员广泛沟通,了解每个成员的特长及技能,然后确定每个成员的工作和项目实施的进度。

(3) 在电子商务项目中,大多都会与软件开发有关,而软件开发不像机械加工,也不像建筑工程,这些工作都有很具体的标准和检验方法。而软件标准的柔性很大,一般存在于使用者的心里,即使用者用起来得心应手的软件才应是电子商务软件成功的标准,这种标准在项目的计划书中一般是无法表述出来的。因此,只有项目团队与使用者保持沟通互动,才能有效地解决这一问题。

(4) 项目成员之间的沟通也是极其重要的。网络系统的构建及系统开发平台的建立与维护会涉及不同项目成员之间的沟通;各个成员的工作进度,特别是用关键路线法(CPM)确定的关键路径的成员工作进度,是项目经理确保项目按时限完成的保障,只有保持沟通,才能及时发现问题,并作相应的处理;各个软件模块的互连调试更是项目成员互相交流以解决存在问题的不可缺少的环节。

2. 与企业商务活动相关的沟通

现在很多企业不敢涉足电子商务,可能是因为企业电子商务项目失败的案例太多了。ERP系统在我国的许多企业都实施过了,可是真正实施成功的并不多。甚至有的大企业耗资数千万的ERP项目建成后竟然弃之不用,因为该系统不仅没有提高企业的工作效率,反而增加了工作量。显然,造成这种局面的根本原因就是沟通的失败。在电子商务项目的建设过程中,绝对不能忘记,电子商务的本质是"商务"而不是"电子"。建设电子商务项目的根本目的是改善企业从事商务活动的条件,而不是开发技术先进的软件,也不是建立时髦的网站。沃尔玛公司的两个电子商务网站的失败正是如此。

因此,在电子商务项目管理中,对于沟通的管理也应该立足于"商务"这一本质,切实做好以下几方面的沟通工作:

(1) 在系统分析阶段,系统分析员应该与企业的各个层次的人员进行深入广泛的沟通,做到切实了解企业的运作流程和企业的发展战略,要在电子商务项目的系统结构中贯穿这些通过沟通了解到的关于企业商务方面的信息。否则,将会使一个电子商务项目转化为了一个纯粹的IT项目,造成本末倒置。

(2) 电子商务项目团队成员在项目的进程中必须保持与企业各层次人员的随时沟通。因为随着时间的变化,企业的战略可能调整,企业商务活动的模式也会发生变化,只有通过沟通,项目成员才能及时发现这些变化,及时调整项目计划,否则,到项目验收时才发现问题,将造成大量时间和金钱的浪费。

(3) 项目成员应积极主动地与企业商务人员进行沟通,了解他们开展商务活动业务的流程以及他们的IT技术水平,这样可以建设使用者更容易上手的电子商务系统,从而减少企业从传统商务转向电子商务的切换成本。

(4) 一些商务活动中的特殊现象也可能决定一个电子商务项目的成败。例如,商务活动中的礼物、超额招待费用、管理及财务变通、避税手段等在企业的经营活动中都会有专门处理方式。对于这样的情况如何处理,在电子商务的项目中一定要与相关人员沟通,才能了解企业经营中的特殊情况,从而找出相应的解决办法,并融入到电子商务项目实施中去,否则会建设成一个对于企业来说中看不中用的电子商务项目。

8.3 信息分发和绩效报告

8.3.1 信息分发的内容

信息分发是指根据项目沟通管理计划的要求或者对突发的信息请求做出回应,将需要的信息以适当的方式及时地传送给项目干系人。信息分发的依据包括工作绩效信息、沟通管理计划和项目计划等。

表8-3为项目干系人信息分发格式举例。

表8-3 项目干系人信息分发格式举例

项目干系人	文件名称	文件格式	联系人	交付期限
客户管理人员	项目进展报告	书面文档	王龙	每月5日
客户技术人员	项目进展报告	电子邮件	张华	每月5日
客户业务人员	项目进展报告	书面文档	方强	每月5日
内部高层管理人员	项目进展报告	企业内部网	叶浩	每月5日
内部业务和技术人员	项目进展报告	企业内部网	刘敏	每月5日
培训转包商	培训计划	书面文档	吴龙	27/07/2008
软件转包商	软件执行计划	电子邮件	李德	27/01/2009

8.3.2 信息分发的渠道

信息分发的渠道也可以称为沟通渠道。沟通渠道就是沟通网络的结构形式,电子商务项目的沟通网络由信息、发送者、媒介、转发者、接收者等组成,并关系着信息交流的效率,对项目的成功与否有着重大的影响。沟通渠道按信息传播的方向可划分为上行沟通、下行沟通、平行沟通和越级沟通;按组织系统可划分为正式沟通与非正式沟通,其中正式沟通渠道有链式、轮式、环式、Y式和全通道式沟通,非正式沟通渠道有单线式、流言式、集束式和偶然式。

1. 按组织系统划分

1) 正式沟通渠道

正式沟通指通过组织明文规定的渠道所进行的信息传递与交流。正式沟通渠道具有严肃、规范、权威性、约束力强、易保持传递信息的准确性和保密性等优点,但缺乏灵活性,传递速度较慢,也会失真、扭曲,并且传递范围受限。正式沟通渠道的 5 种类型如图 8-4 所示,图中每一个圆圈可看成是一个成员或组织,每一种网络形式相当于一定的组织结构形式和一定的信息沟通渠道,箭头表示信息传递的方向。

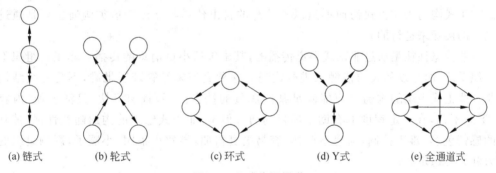

(a) 链式　　(b) 轮式　　(c) 环式　　(d) Y式　　(e) 全通道式

图 8-4　正式沟通渠道

(1) 链式沟通渠道:一种自上而下或自下而上的沟通渠道。在链式沟通上,各个信息节点所接收的信息可能存在差异。其优点是信息传递速度快,适用于项目团队较为庞大的组织,实施分权授权控制的项目信息传递及沟通。

(2) 轮式沟通渠道:主管人员分别同下属部门发生联系,成为个别信息的汇集点和传递中心。只有处于领导地位的主管人员了解全面情况,并由他向下属发出指令;而下级部门和基层公众之间没有沟通联系,只分别掌握本部门的情况。该模式在一定范围内具有沟通快速、有效、集中化程度高的优点,适用于一个主管领导者直接管理若干部门,是加强控制、争时间、抢速度的一个有效方法和沟通模式;其缺点是成员满意度和士气低。

(3) 环式沟通渠道:不同成员之间按级依次联络沟通,主管人员与主管人员建立联系,基层工作人员之间与基层主管人员之间建立横向的沟通联系。该模式的最大优点是能提高群体成员的士气,适用于多层次的组织系统;缺点是信息传递速度较慢,准确性较低。

(4) Y式沟通渠道:项目团队内部纵向沟通渠道,其中只有一个项目成员位于沟通活动中心,成为中间媒介和中介环节。

（5）全通道式沟通模式：该模式是一个开放式的信息沟通系统，其中每一个成员之间都有一定的联系，彼此十分了解，有利于集思广益，提高沟通的准确性。民主气氛浓厚、合作精神很强的组织一般采取这种沟通渠道模式。

较常见的沟通渠道为环式沟通渠道和轮式沟通渠道。较好的沟通渠道为全通道式沟通模式。但实际上，采用何种沟通渠道模式的关键是何种最适合项目团队。也可以改变沟通的结构和方式，多种沟通渠道混合使用。

上述5种正式沟通渠道的有效性见表8-4。

表8-4　各种正式沟通渠道的有效性

标　准	链式	轮式	环式	Y式	全通道式
速度	中等	快	慢	中等	快
准确性	高	高	低	高	中等
控制可能性	中等	高	低	中等	低
士气	中等	低	高	中等	高

2）非正式沟通渠道

正式沟通渠道只是信息沟通渠道的一部分。在一个组织中，还存在着非正式的沟通渠道。非正式沟通指在正式沟通渠道以外信息的自由传递与交流。这类沟通主要是通过个人之间的接触来进行的。

有些消息往往是通过非正式渠道传播的，其中包括小道消息的传播。非正式组织不是以组织系统，而是以私人的接触来进行沟通。这种交流未经管理层批准，不受等级结构的限制。非正式组织的沟通渠道能满足某些成员的社会需要，且速度快、灵活方便、内容多样、形式不拘，在一定程度上有助于项目沟通。但是，非正式组织的沟通随意性强，带有较强的感情色彩，难于控制，信息不确切，容易失真扭曲，导致小集团、小圈子，影响组织的凝聚力和人心稳定。

非正式沟通渠道的4种类型如图8-5所示。

（1）单线式沟通渠道：消息由项目成员A处通过一连串的人传递给最终的接收者Y。

（2）流言式沟通渠道：单一项目成员A主动地把消息传递给其他人。

（3）偶然式沟通渠道：消息由项目成员A偶然地传递给其他人，其他人又继续偶然地传递下去。

（4）集束式沟通渠道：信息由A有选择地寻找一批对象传播信息，这些对象大都是一些与其亲近的人，而这些对象在获得这些信息后又传递给自己的亲近者。

人们常认为单线式是非正式沟通的主要形式，但实际上，集束式才是最普遍的非正式沟通方式。在非正式沟通中，谁是信息发送者取决于所传递的信息内容，如果某个人对这一信息内容感兴趣，他就会忍不住要告诉其他人；一个人如果听到的是一个他不感兴趣的信息，那么他也就不会再进一步传播这一信息。从信息传递效果分析，集束式传播速度最快，面最广，而单线式和偶然式传递速度最慢，失真可能性也最大。

2. 按信息传播的方向划分

沟通渠道按信息传播的方向可分为下行沟通、上行沟通、平行沟通和斜向沟通，如

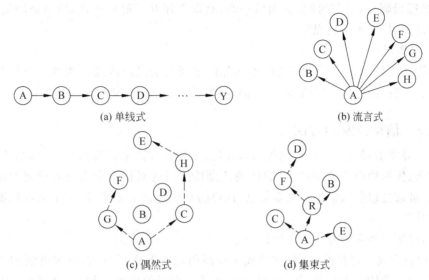

图 8-5 非正式沟通渠道

图 8-6 所示。

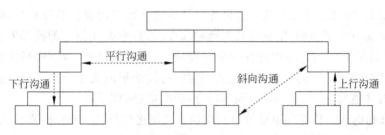

图 8-6 按信息传播的方向划分的 4 种沟通渠道

1) 下行沟通

下行沟通是指上级通过层级体系将信息向下传递的过程。通过下行沟通,上级领导把意图传递给下属,从而给下属指明工作的目标,明确其职责和权利。下行沟通的缺点是:由于信息是逐级传递的,因而传递过程中可能会发生信息的搁置、误解和歪曲,从而影响沟通的效果。

2) 上行沟通

上行沟通是指下级向上级表达意见和态度的沟通方式。诸如下级向上级定期或不定期的工作汇报、反映情况和问题等,都属上行沟通。通过上行沟通,下级能将自己的看法、意见向上级领导反映,获得一定的满足,能够增强下级的参与感;同时,上级可以了解下级的情况和存在的问题等,有助于上级做出符合实际情况的科学决策。上行沟通存在的问题和缺陷是,在上行沟通过程中,下级因处于弱势地位,容易产生一定的心理距离和心理障碍,因害怕领导打击报复,给"小鞋"穿,往往报喜不报忧,不愿反映真实情况。

3) 平行沟通

平行沟通是指相同层次的人员之间进行的信息传递和交流。平行沟通具有很多优点,例如,减少层级辗转,节省时间,沟通效率高;有助于相互了解和协调,增强全局观念,消除相互间的冲突、扯皮等不良现象。

4) 斜向沟通

斜向沟通是指信息在不同层次的不同部门之间流动时的沟通。相对于上行沟通和下行沟通而言,斜向沟通信息层级少、质量高、成本低,具有快速、便捷和高效的优点。

8.3.3 信息分发的方法

在信息分发前需要考虑采用何种沟通技巧、工具和方法来分发信息。良好的写作风格或表达技巧、优秀的会议管理技术、成熟的信息检索系统对信息分发有着重要的作用。一般,团队成员通过信息检索系统共享信息,这样的系统包括手工案卷、电子文本数据库和项目管理软件等。

此外,可用下列多种方法发送项目信息:

(1) 项目会议。包括面对面(这是成本较高的沟通形式)、电话、可视电话和网络会议(需要配备相应的软硬件条件)等会议形式,可以在不同的情况下使用。例如,在需要集合众意,讨论项目的某些决策时,或传达重要信息,统一项目组成员思想或行动时,都需要召开会议,如制订项目考核奖励措施、项目启动、里程碑总结等。

(2) 书面文书。以文件、手机短信和备忘录等文字形式沟通信息往往显得比较正规和严肃。其优点是有文字为据,信息可长久地被保存,若有有关此信息的问题发生,可以进行检查核实,这对于重要信息的沟通是十分必要的。另外,通过文字准备,可字斟句酌,以更加准确地表达信息内容。它的缺点是需要花一定的时间来形成文字,用十分钟能讲完的事可能要花半小时才能写好;写得不好会词不达意,影响信息的理解。

(3) 传真和电话。传真和电话等口头交谈方式用途广泛、交流迅速,有什么问题可直接得到反馈;缺点是事后无据,容易忘记,当一个信息需要经过多人传递时,由于每个人可能根据自己的理解传递信息,到最后,信息会发生扭曲。

(4) 电子邮件。电子邮件的方式发送信息除了具有书面文字的优势以外,还可使许多人同时了解到信息,提高了信息传递速度,扩大了信息传递范围。其不足也是形成文字的速度比较慢。

(5) 通用软件系统。网络发布、数据库和虚拟办公等基于软件支持平台的沟通形式是比较经济的沟通方式,项目组可以将项目有关的重要信息数据通过网络或数据库共享,同时,也可以将重要的个人或组织的经验知识通过支持平台实现共享和学习,建立知识管理系统。其缺点是离不开网络设备,需要具备一定的操作技能,成本相对较高。

8.3.4 信息分发的效率

以下因素会影响信息分发的效率:

(1) 项目复杂程度方面。沟通渠道所消耗的工作量多少取决于项目本身的复杂度和耦合度。

(2) 团队规模。需要协作沟通的人员的数量影响着开发成本。人与人之间必须通过沟通来解决各自承担任务之间的接口问题,如果项目有 n 个工作人员,则有 $n(n-1)/2$ 个相互沟通的路径。假设一个人单独开发软件,年实施效率为 10 000 行代码,而每一条沟通路径上每年消耗掉的工作量可折合 500 行代码,则团队规模和沟通消耗以及实施效率存在关系如表 8-5 所示。

表 8-5 团队规模与实施效率

团队规模	沟通渠道	沟通消耗	实施效率	团队规模	沟通渠道	沟通消耗	实施效率
1	0	0	10 000	8	28	14 000	8250
6	15	7500	8750	12	66	22 500	8128

(3) 团队的组织方式和默契度。团队的组织方式好坏直接关系到项目实施效率的高低,例如,有效的监督可以及时更正管理者与领导者的决策错误。默契度则可以提高团队的工作效率,因为一个经过长期磨合、相互信任,形成一套默契的做事方法和风格的团队,可能省掉很多不必要的沟通;相反,初次合作的团队因为团队成员各自的背景和风格不同、成员间相互信任度不高等原因,沟通消耗的增加可能会使项目实施效率降低。

8.3.5 绩效报告

绩效报告(performance reporting)是一个收集并发布项目绩效信息的动态过程,包括状态报告、进展报告和项目预测。项目干系人通过审查项目绩效报告,可以随时掌握项目的最新动态和进展,分析项目的发展趋势,及时发现项目进展过程中所存在的问题,从而有的放矢地制定和采取必要的纠偏措施。项目管理计划和工作绩效信息是该过程的输入的重要内容。绩效报告的主要输出包括状态报告、进展报告、项目预测和变更请求。

绩效报告的依据包括项目工作绩效信息、项目管理计划和其他项目记录(文件)。绩效评审、偏差分析、趋势分析和挣值分析是绩效报告过程的常用工具和技术。

1. 状况报告

状况报告(status reports)描述项目在某一特定时间点所处的项目阶段。状况报告是从达到范围、时间和成本 3 项目标上分析项目所处的状态。用量化数据回答"已经花费多少资金?完成某项任务要多久?工作是否如期完成?"等项目状态问题。状况报告根据项目干系人的不同需要有不同的格式。例如,某企业电子商务项目需求分析阶段结束时进度指数为 30%,成本指数为 20%。

2. 进展报告

进展报告(progress reports)描述项目团队在某一特定时间段的工作完成情况。信息系统项目中,一般分为周进展报告和月进展报告。项目经理根据项目团队各成员提交的周报或月报提取工作绩效信息,完成统一的项目进展报告。表 8-6 为某公司在电子商务系统研发项目中使用的项目周进展报告模板。

3. 项目预测

项目预测(Project Forecasting)是在历史资料和数据基础上预测项目的将来状况与进展,根据当前项目的进展情况,预计完成项目还要多长时间,还要花费多少成本。

表 8-6 某电子商务公司在系统研发项目中使用的项目周进展报告模板

项目周报

项目名称		项目代号	
项目状态		项目经理	
报告时间段		报告日期	
项目组成员			
本报告期间 计划工作及成果	本报告期间 实际工作内容及成果	与计划相比 新增工作内容及原因	与计划相比 未完成工作及原因
下阶段计划工作及成果	存在的问题和对策	配置管理工作概述	质量保证活动概述
项目大事记	客户反馈意见	测试情况	项目负责人陈述项目情况
本报告期间实际工作量(小时)		需要的支持	
成员1:			
成员2:			
成员3:			
成员4:			
成员5:			
总计:			
平均:			
本周工作评价(五分制)			

挣值分析是最常用的绩效量度方法,将范围、成本和进度量度综合到一起,以帮助项目管理班子评估项目绩效。挣值分析包括计划价值(PV)、实际成本(AC)和实现价值(EV)3

项关键数值。成本变差(CV)(CV=EV−AC)、进度变差(SV)(SV=EV−PV)、成本绩效指数 CPI(CPI=EV/AC)和进度绩效指数 SPI(SPI=EV/PV)等指标,表 8-7 所示为项目绩效报告样例表。

表 8-7 项目绩效报告样例表

工作分解结构要素	预算 PV /元	挣值 EV /元	实际成本 AC /元	成本偏差 EV−AC /元	成本偏差 CV/EV /%	进度偏差 EV−PV /元	进度偏差 SV/PV /%	绩效指数 CPI (EV/AC)	绩效指数 SPI (EV/PV)
项目前期准备	63 000	58 000	62 500	−4500	−7.8	−5000	−7.9	0.93	0.92
需求分析阶段	64 000	48 000	46 800	1200	2.5	−16 000	−25.0	1.03	0.75
系统概要设计	23 000	20 000	23 500	−3500	−17.5	−3000	−13.0	0.85	0.87
系统详细设计	68 000	68 000	72 500	−4500	−6.6	0	0.0	0.94	1.00
编码阶段	12 000	10 000	10 000	0	0.0	−2000	−16.7	1.00	0.83
测试阶段	7000	6200	6000	200	3.2	−800	−11.4	1.03	0.89
实施与维护	20 000	13 500	18 100	−4600	−34.1	−65 000	−32.5	0.75	0.68
总 计	257 000	223 700	239 400	−15 700	−7.0	−33 300	−13.0	0.93	0.87

绩效报告的另一种重要方法是状态评审会议。状态评审会议能突出一些重要项目文件提供的信息,迫使项目组成员对他们的工作负责,以及对重要的项目问题进行面对面的讨论。项目经理可以按周或月召开状态评审会议来交换重要的项目信息,激励项目成员在自己负责的项目部分上取得进展。

8.4 有效沟通基本原理

8.4.1 遵循沟通原则

沟通对于电子商务项目来说是十分重要,就如神经系统对人体一样不可缺少。为了实现协调项目小组、激励小组成员以成功完成项目的目标,就有必要在沟通过程中遵循如下的一些基本原则。

1. 信息完整

信息发送者通常会在信息编码前潜意识地省略某些主观认为接收者已知的部分,同时因沟通双方的背景、观点、地位和经历等方面的差距,导致信息不完整、理解出错。特别是在需求分析阶段,信息完整更为重要,信息发送者要充分为对方考虑,并提供所有必要信息,补充额外信息。

2. 自我沟通

电子商务项目过程中难免有或大或小的问题,项目组成员这时就要勇于自我检查、自我批评,从而自我提升、自我超越。有时,承认"我错了"会是沟通的一剂良药,可解冻、改善与转化问题,实现项目的良性发展。

3. 认可与体谅

从接收者的角度准备每一信息,把自己放在对方的立场。在沟通中不奚落、不自夸,并在沟通过程中使对方感到自己被认可、被尊重,而不是否认他人。

4. 具体与礼貌

使用具体、明确、活泼、生动而不是含糊乏味的沟通语言;多用实例和图表而不是仅仅文字;多用赞扬而不是歧视性表达;态度应真诚、机智而不是敷衍。

5. 积极倾听

积极倾听,实现双向沟通。在沟通时,要克服先验意识和心智模式,从对方立场倾听,并给对方及时而又适当的反应。

8.4.2 找出沟通障碍

趣 味 阅 读

有一个秀才去买柴,他对卖柴的人说:"荷薪者过来!"卖柴的人听不懂"荷薪者"(担柴的人)三个字,但是听得懂"过来"两个字,于是把柴担到秀才前面。

秀才问他:"其价如何?"卖柴的人听不太懂这句话,但是听得懂"价"这个字,于是就告诉秀才价钱。

秀才接着说:"外实而内虚,烟多而焰少,请损之。"(你的木材外表是干的,里头却是湿的,燃烧起来,会浓烟多而火焰小,请减些价钱吧。)卖柴的人因为听不懂秀才的话,于是担着柴就走了。

沟通是困难的,人因为生活环境、人生阅历、教育背景、职业特征、个性气质和自尊心理等存在差异,导致即使对同一事物,也往往有着不同的理解。发生争吵的根源在于双方理解的差异或信息的不对等。

那些妨碍沟通的效果的因素,如过滤、选择性知觉、知识经验水平、语言和忽视倾听等,我们称之为沟通障碍。在电子商务项目过程中,许多人在和别人沟通时容易只站在自己的立场上,希望别人能够理解自己,忽略了别人内心的想法,经常觉得自己是正确的,别人应该听自己的,或者爱用自己的标准去要求别人,结果却给别人造成"以自我为中心、盛气凌人"等不好的印象,并不利于项目的进展,甚至于危害到项目的成功。

常见的沟通障碍中,有信息发送方面的障碍,如个人的技能、性格、态度、知识和社会文化;有信息传递中的障碍,如通道和沟通网络;有信息接收方面的障碍,如个人的技能、性格、态度、知识和社会文化。如过滤就是信息发送者故意改变或选择信息,使信息对自己有利;选择性知觉就是在沟通过程中,我们会根据自己的需要、动机、经验、背景及其他个人特点有选择地去获取信息,对我们接收到的信息进行解释,并称之为事实,在有意无意中产生知觉的选择性,由此造成沟通障碍。

1. 表达能力对沟通的影响

团队成员由于表达能力欠缺,没有准确地表达清楚所要传递的信息,造成信息含糊,以至于接收者难以正确理解。在这种情况下,接收者不是不知所措,就是按自己的理解行事,以至于发生与信息发送者原意可能大相径庭的后果。

2. 理解能力对沟通的影响

由于一个人的知觉过程受多种因素的影响，常使得人们对同一事物有不同的理解。我们常常认为别人也会像我们一样来理解这个世界，一旦对方的理解与自己不一样，我们就奇怪怎么会这样。事实上，当人们面对某一信息时，是按照自己的价值观、兴趣和爱好来选择、组织和理解这一信息的含义的，一旦理解不一致，信息沟通就会受阻。

3. 态度对沟通的影响

当一位团队成员说"我真的很喜欢我的工作"时，他所表达的是他对工作的态度。每个人都有由其价值观、信念、立场和偏好等构成的对某一特定事物的某种特定倾向。这种倾向会影响一个人对他所接触到的人或事物所采取的态度，从而影响他与其他人之间的沟通行为。一般而言，人们对于感兴趣的东西会比较关注，喜闻乐讲；而对不喜欢的事物会加以反对或采取疏远的行为，沉默寡言，"听而不闻，视而不见"。

4. 个性对沟通的影响

每个人都有不同的个性特点，一个人的个性会影响其习惯采用的沟通方式。例如，权力欲比较强的人在与人沟通的过程中所考虑的重点往往是如何制服对方，如何通过各种沟通渠道、施展各种技巧去控制与支配对方；自我感觉比较好的人常常刚愎自用，无视客观事实，听不进别人的意见；比较刻板的人则常常不允许哪怕是很小程度的含糊不清，对每件事都要求有精确的表述；自尊心强的人有时会为了维护自尊而采取"顺我者昌，逆我者亡"的沟通方式。再如，外向的人在沟通过程中一般有话直说，喜怒于色；内向的人则大多听得细心、说得谨慎。不同的个性决定了不同的沟通方式，不同的思维模式则直接影响了与他人沟通的效果。

5. 情绪对沟通的影响

当人的内心情感和外在的客观事实发生矛盾时，就会产生对结论的困惑。当这种困惑严重到相当程度时，人的自卫机制就会发生作用：对于证明是错误的或不合适、但内心无法接受的事物，竭力寻找出一些理由做出"合理化"的解释；或坚持己见，用发牢骚等办法拒绝接受信息；或被迫接受那些自己不愿意接受的信息，带着情绪，故意偏激地来执行指令；或竭力控制自己的不满和"无法接受的心态"。这些行为都会使人对外界的信息接受大打折扣，从而影响沟通的效果。

6. 组织因素对沟通的影响

无论采用何种信息沟通网络，在组织信息沟通过程中，除了会发生在人际沟通过程中发生的同样问题外，还会遇到一些组织沟通所特有的问题。如：

1) 等级观念

由于在组织中建有等级分明的权力保障系统，不同地位的人拥有不同的权力，这就使得组织中的人们在信息传递过程中，经常首先关注的是信息的来源，即"是谁讲的"，其次才是信息内容。同样的信息，由不同地位的人来发布，效果会大不一样。这种等级观念的影响，常使得地位较低的人传递的重要信息不被重视，而地位较高的人发布的不重要信息则会得到不必要的过分重视，从而造成信息传递的失误。

2）小集团

在组织中,会形成各种利益的群体,每一群体都有其共同的利益,因此在组织信息传递过程中,为了维护自身的利益,他们可能会扭曲信息、掩盖信息甚至伪造信息,使信息变得混乱而不真实。在小集团思想的影响下,对圈子外发出的信息不被重视,而对于圈子内的信息则很重视,造成了"县官不如现管"的状况。

3）利益

由于信息的特殊作用,人们在传递信息时常常会考虑所传递的信息是否会对自己的利益产生影响。当人们觉得此信息对自己的利益会产生不利影响时.就会自觉或不自觉地从心理上到行动上对此信息的传递采取对抗或抵制的态度,从而妨碍组织沟通。例如,由于信息是构成某个人的影响力大小的因素之一,信息对于正确决策是十分重要的,而重要信息又不是人人都可以获得的,这就使得那些掌握着别人不知道的重要信息的人比其他人显得更有权威性,因此通常处于信息网络中心、能够获得别人得不到的重要信息的人,常常会为了增强自己的影响力,而截留信息或有目的地修改来自上级或下级的信息,从而导致信息的走样。

4）信息的超负荷

现代社会中的信息传递一是快,二是多。在高节奏的工作环境中,信息传递的任何延误都会造成很大的损失;而信息大量地增加,会使人觉得难以抉择,无所适从,而且导致了人们对所传递信息的麻木不仁——当人们面对着众多信息时可能会无视某些信息或将其束之高阁。

8.4.3 使用沟通技巧

要实现有效沟通,则在沟通前要设想好你要说些什么,即沟通的信息,并了解你的沟通对象。在沟通时要引起对方的注意,使用合适的媒介使对方了解你的意思并让对方记忆和反馈。在这个过程中,使用一定的技巧将使沟通变得完美。在众多的项目小组里,有着较好的沟通技巧的成员常常会被任命为项目经理。因此提高沟通技巧不仅仅是项目的需求,也是个人发展的需求。

沟通技巧按沟通过程可分为观察的技巧、倾听的技巧、语言表达的技巧、反馈的技巧和引起共鸣的技巧等,按沟通信息方向可分上行技巧、下行技巧和平行技巧等。表 8-8 为按沟通过程划分的一些技巧,表 8-9 为按沟通信息方向划分的一些技巧。

表 8-8 沟通过程的技巧

观察	倾听	表达	反馈	共鸣
判断情绪 注意眼神 掌握姿势 反复次数 声调高低	注视,反应,表现兴趣 注意肢体语言 避免情绪影响 不要打岔 关键内容正面反馈 对复杂问题做笔记	积极的用词与方式 适当的重音、停连、语气、节奏 善用"我"代替"你" 多肯定少否定,多赞扬少批评	描述情境 表达感受 提出条件 征询意见	表现真诚 鼓励对方 产生信赖 转化冲突

第8章 电子商务项目沟通管理

表8-9 不同沟通信息方向的技巧

上行技巧	下行技巧	平行技巧
无关问题要尽量少谈	切勿浮夸,言行一致	彼此尊重,从自己先做起
相同意见要热烈反应	不急着说,先听听看	易地而处,站在对立场
意见差异要先表赞同	不说长短,免伤和气	平等互惠,不让对方吃亏
相反意见勿当场顶撞	广开言路,接纳意见	了解情况,选用合适方式
若有补充要先作引申	部署有错,私下规劝	依据情况,把握当时时机
若有他人在场须注意	态度和蔼,语气亲切	如有误会,诚心化解障碍
尊敬与礼貌两不缺一	若有过失,过后熄减	知己知彼,创造良好形象

沟通是双向交流的过程,信息发送者讲或写,接收者听和响应。倾听对于进行有效的沟通来说是非常重要的,沟通的双方都应该学会倾听的艺术(见图8-7)。

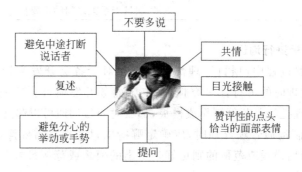

图8-7 倾听的艺术

倾听是一种完整地获取信息的方法。听包含了4层内容,即听清、注意、理解和掌握。

(1) 保持平静,以听清内容。作为信息接收者,首先要能完整地接收到信息。"听清"不仅要有好的听力,还要设法排除内外干扰。要注意相互间的距离,改善环境,切断噪音;要控制自己的情绪,保持内心的平静。

(2) 集中精力,以注意要点。在听清内容的同时,信息接收者要能抓住要点。"注意"是指要去掉一切会转移注意力的因素,全神贯注地聆听,以抓住其中的关键点。

(3) 开动脑筋,以理解含义。信息接收者不仅要完整地接收到信息,还要能正确地加以理解。"理解"要求对信息进行准确的综合和评价,注意对方的语气和身体语言,理解对方真正的含义。这就要求在听的同时开动脑筋,设身处地地考虑对方的看法,客观地加以归纳;对不清楚的,及时向对方查对,或扼要地向对方重述要点,以保证理解准确。

(4) 及时反应,以达成目的。在理解了对方的意思后,为了据此采取正确的行为,首先要记住对方传递过来的信息。而要真正达到沟通的目的,还需要根据所获得的信息及时作出相应的反应。这种反应可以是提出不同意见或作出反馈,也可以是按对方传递过来的信息采取相应的行动。

8.4.4 选择沟通工具

1. 常用的沟通工具

与一般的工程项目相比,电子商务项目的沟通更有其重要性。使用哪种沟通工具,对项目来说有时会成为影响项目成功与否的一个重要因素。如果信息输入后不能及时得到输出，沟通就会失败，相当于沟通封闭。一个优秀的项目经理会了解每一个团队成员需要什么信息，为项目干系人选好合适的沟通工具。表 8-10 列举了常用的沟通工具。

表 8-10 常用的沟通工具

工具类型	适合情况
电视电话（会议）	项目干系人位于异地
会议	项目的重要信息发布
网络留言簿、论坛	项目全体干系人相互联系
QQ、MSN Messenger	项目干系人之间联系
电子邮件	项目干系人之间文本、视音频文件的传送
演示	直接展示
面谈	项目干系人之间的重要信息交流

2. 使用项目模板进行沟通

在电子商务项目过程中，项目管理部门通常会对于各类开发文档进行归类并建立模板，如项目及开发管理时的可行性研究报告、电子商务开发项目立项表和电子商务项目计划等。如果项目经理把经典范例制作成模板，那么对项目沟通可以起到借鉴作用。

项目经理在编制沟通管理计划时，应确定哪些项目文档是需要沟通的，并按照重要与否分出类别，如能给出模板或范例的则更好。给出的模板或范例最好就放在内部网的论坛上或是项目管理软件中。

3. 利用项目管理软件辅助沟通

电子商务项目过程是一个复杂的过程，对一个项目的初始、计划、执行、控制和收尾等工作完全靠人工管理是不可取的，通常优秀的项目经理会使用项目管理软件（PMIS）辅助项目实施。对于项目经理，PMIS 扮演着一个很重要的角色，它可以针对项目生命周期中的每一个阶段进行全面的详述，并提供了成本和进度的预测以辅助项目经理来进行工作策略的开发。它可以帮助项目经理和出资人调研降低成本和加快进度的可能性和机会。

8.4.5 高效的会议沟通

在电子商务项目过程中，项目会议是必需的，它是项目沟通的一种重要形式。气氛活跃、主题集中、卓有成效的会议会使项目沟通更为方便，沟通效率大为提高。项目会议通常按会议目的可分为以下 3 类：

（1）情况评审会议。为了通知项目进展、找出问题、制定行动方案等而定期召开的会议，由项目经理主持，项目团队成员、客户或高层管理人员参加，如项目状态分析会议。

（2）解决问题会议。当项目团队成员发现已存在或潜在的问题时，为了寻找好的解决方法或讨论一些有争论的问题，而由相关人员组成的会议。

（3）技术设计评审会议。在设计阶段，为了确保客户同意或批准项目团队提出的设计方案而进行的会议。

项目经理经常在召开会议时不得不面对挑战：如何扫除典型的会议障碍，如何制定清晰的目标和有效的日程安排,如何实现时间管理并激励团队成员提供有价值的分享,如何建立共识形成必要的决议。通过观察一个项目团队的会议制度、会议的准备、进行过程和会议决议的执行结果可以基本判断该团队的管理水平。

为了使会议过程更加高效,首先要看到会议中存在的如下常见问题:

拖沓:有的会议拖拉严重,形成了效率低下的"大尾巴会"。

"陪绑":有些为了"相互尊重"或"显示分量",与会人数众多,无多大关系的人也叫过来,没有会议成本的意识。

议题繁多:会议议题过多,讨论不深,都只能蜻蜓点水,一碰到大一点的或难一点的问题就推到"下次专题讨论"。

会前、会下不沟通:会议从零开始,与会人员一头雾水,会议开始时要么花很多时间讲明背景、概念或者干脆就是"鸡同鸭讲",没有共同言语。真正高效的会议都在会前、会下已经通过沟通基本达成共识了,开会只是统一意志形成决议。有些公司会议基本属于临时通知,相关人员也不可能做充分的准备,或者重要人员出差在外无法参加会议,这样的会议效果自然要大打折扣。

会而不议:会议成为领导的"一言堂",失去了会议的意义。

议而不决,决而不议:会议只是讨论不形成决议,会前准备不充分,全是到位再凭嘴巴、凭记忆、凭感觉说,不准备主题相关的事实和数据,没有养成以事实和数据决策的习惯;或者真正决议的事情又不开会讨论而是私下决定了,这样的决策很快,但往往后悔或变更也很快。

决而不行:即使有会议决议,不落实到责任人,不落实执行。

行而不果:即使执行,也没有跟踪,根本没有结果或效果;执行得好与不好都一个样,没有奖惩,久而久之,积极性被消磨殆尽。

知道了会议可能出问题的地方,就可以有针对性地去预防和调整,尽量让会议更高效。而要会议高效,除避免上述常见问题外,须遵守以下10项原则:

(1) 会议要规划

会议要有其召开的合理时间和频率。例会可参考古代"有本早奏,无事退朝"的原则,而且根据不同阶段的管理水平和目标,可调整例会的频率和时间长度。除了固定的例会外,还应有一些重大事项的专题会议。如果平时例会开得好,问题得到切实解决落实,例外的会议比例则会大幅下降。

(2) 准备要充分

重大事项必须提前足够的时间思考和准备,并在会前广泛征求意见,有些不便于在会上公开发表的意见或担忧也在会前提前沟通和解决掉,总之要提前充分作好准备,最好能基本达成共识,这样才可能在会议上快速作出决策,提高会议效率。

(3) 主题要集中

一次会议最好只有一个主题,只有这样才能更好地集中相关人员,高效解决问题。综合性会议的主题最好也不要超过3个。议题越多,参加人员越多,"陪绑"的人越多,效率越低下。

(4) 人员要相关

一是要"少而精",即仅让与会议议题直接关联的单位参加,协办的单位不用派人"陪绑";二是要"有效",具体的议题让主要负责人员直接汇报,领导不要代为汇报,避免"一问三不知"的现象出现,更不要因为不了解实际情况而想当然地盲目决策;三是要有"决策权",与会人员一定要有决策权,主管领导有事委派人参加,也要赋予相应的权利,否则就会因做不了主而造成议而不决。

(5) 流程要合理

会议的流程关系到会议是否真正民主、有效。一是尽量不要由领导主持会议,而应该是会议议题发起单位或办公室主持;二是领导应该最后讲话,否则一开始基调一定,很多人就不敢发表自己的看法;三是会议发表意见时贯穿例外管理的原则,重复观点尽量少谈,尽量谈有建设性的意见,且少发表主观意见观点,而应以事实和数据支撑,出现跑题或刹不住车时要及时拉回来;四是繁简得当,有些问题简要介绍即可,重大问题讨论要充分,让相关尤其是一线部门充分发表意见,不能仓促决策;五是重大决策最好刻意安排反面意见,以便讨论更充分,防止意见一边倒;六是该议的时候要议,该决的时候要决,该举手的时候要举手,该签字的时候要签字,尽可能在会上形成决议,而不要拖到会议结束了还没有结论。

(6) 时间要紧凑

要事先规定会议时间,一般的会议不要超过一小时,较长的会议要分大阶段进行,每阶段发言人的时间要规划和控制好,主持人要把握好会议节奏。对较长的会议要安排中场休息,否则开会时间开长了,与会者注意力也不容易集中。

(7) 决议要及时

会议的记录一定要规范、完整,从会议主题、与会人员/缺席人员、发言、讨论记录到会议决议、表决情况等都要进行详细记录,可采用专用记录格式、卡片,做到规范、准确、可查,避免事后不认账。会议结束后,应尽快下发会议决议。

会议决议不同于会议简单的流水账记录,需要做一定的整理、调整和提升,因为会议临时讲的可能不全面或有遗漏。会议决议正式签发之前最好安排几个人交叉检查,决策人签发后最好给与会及决议相关人员签名确认。

(8) 手段要先进

建议应用 PPT,要求简明扼要、重点突出、逻辑清晰、图表结合。另外,电话会议和视频会议可大幅节省交通、住宿等费用和时间成本,大大提高沟通的效率。会议决议发放、跟踪等也可通过 E-mail、OA、IM(包括 QQ、POPO、MSN、SKYPE 和 RTX)等多种工具和手段来宣导、提醒和落实。

(9) 执行要检查

会议决策情况的跟踪检查,尤其是关键节点的把握,最好能培养主动、及时汇报的职场习惯,最好能有配套的培训来进一步强化执行力。

(10) 结果要奖惩

大多数人不会做你期望的事,只会做你检查和奖惩的事。如果做与不做一个样、做好与做坏一个样,就会出现混日子、"多一事不如少一事"、"多做多错,少做少错"、"不求有功,但求无过"的局面和氛围。对不能及时、较好地完成任务的予以帮扶、培训和批评,仍不行的须调岗或淘汰;对主动、积极、按时、高质量完成任务的则予以表扬、奖励或晋升等,让大家清楚地知道什么样的行为会受到奖惩,从而改变行为习惯。

表 8-11 一些优秀项目经理在会议的会前、会中、会后 3 个阶段为保证会议高效常做的事情。

表 8-11 高效会议的做法

会 前	会 中	会 后
1. 确定会议是否真正必要 2. 确定会议目的 3. 确定谁需要参加会议 4. 编制会议议程 5. 确定议程中的关键问题 6. 分发会议议程表 7. 会议座位安排 8. 会议后勤检查 9. 拟定发言提纲 10. 指定记录员	1. 掌握会议节奏和时间 2. 评论会议目的和议程表 3. 控制会议(辨别积极与消极信号、激发辩论、控制方向、达成决议) 4. 维持秩序,孤立扰乱者 5. 发言清晰、简明、积极 6. 注意倾听和提问 7. 会议结束时总结会议成果	1. 24 小时内发布会议总结文件 2. 检查总结文件是否明确详细 3. 将会议成果分发给所有被邀请参加会议的干系人 4. 总结此次会议的召开经验

8.4.6 良好的冲突管理

在电子商务项目实施过程中,一般都会出现项目冲突。它可能是有利的,如更好的问题解决方案,也可能会导致糟糕的项目决策或延误项目问题的解决,关键是项目管理人员怎样解决业已发生的、潜在的冲突。项目冲突管理是从管理的角度运用相关理论来面对项目中的冲突事件,引导冲突朝积极的方向发展,避免其负面影响,保证项目目标的实现。

1. 项目冲突的来源

当项目经理认识到项目冲突时,应分析冲突产生的原因和来源。常见的冲突包括进度、资源、技术和成员冲突等,来源则可能是项目管理的诸多方面。表 8-12 描述了冲突的部分原因、表现及对策。

表 8-12 项目冲突分析

冲突原因	部分外在表现	对 策
价值取向、个性特征差异	质疑对方技术	以项目利益为重,多做沟通
项目团队角色差异	不认同某些职位任务	使双方认识到团队角色的需要
不同的项目干系人的目标差异	软件功能不一致	对需求分析多做沟通
项目管理程序问题	项目优先权或资源配备争议	按项目活动分配

项目实践表明,在整个项目管理过程中进度计划的冲突对项目影响最大,项目成员个性冲突对项目的影响最小,但最难以有效解决。

如果项目生命周期分为项目启动阶段、项目计划阶段、项目实施阶段和项目结束阶段,则在项目生命周期的不同阶段,冲突原因的侧重点也有所不同。

(1) 在项目启动阶段,主要的冲突按顺序排列分别是项目优先权冲突、管理程序冲突和进度计划冲突。所谓项目优先权冲突,主要是指项目参加者对成功完成项目应该执行的活动和任务的次序有不同的看法。优先权冲突不仅会发生在项目班子与其他相关队伍之间,还会发生在项目班子内部。所谓管理程序冲突是指围绕项目管理问题而产生的冲突,包括项目经理报告关系的定义、责任的定义、界面的定义、项目范围、运行要求、实施的计划、与其他组织协商的工作协议以及管理支持程序。所谓进度计划冲突,是指项目工作任务、活动的完成顺序以及所需时间的冲突。

(2) 在项目计划阶段,主要的冲突按顺序排列分别是项目优先权冲突、进度计划冲突和管理程序冲突。

(3) 在项目实施阶段,主要的冲突按顺序排列分别是进度计划冲突、技术冲突和人力资源冲突。所谓技术冲突,是指在面向技术的项目中,在技术问题、性能要求、技术权衡以及实现性能的手段等技术问题上都会产生冲突。所谓人力资源冲突,是指对有来自其他职能部门或参谋部门人员的项目班子而言,会产生用人方面的冲突。例如,当人员支配权还在职能部门或参谋部门的领导手中,而项目班子要使用这些人员时,会产生冲突。

(4) 在项目结束阶段,主要的冲突按顺序排列分别是进度计划冲突、成员个性冲突和人力资源冲突。所谓成员个性冲突,是指由于项目成员的价值观、事物判断的标准等的不同而造成的冲突。该冲突可能集中到个人间的差别而不是"技术"问题上,冲突经常是"以自我为中心"造成的。

2. 项目冲突的解决模式

在项目冲突中,项目经理应该扮演的是协调者的角色。项目经理在解决冲突时的主要工作是防止冲突各方在坚持各自观点上走向极端,采取某种项目冲突解决模式去帮助推进、达成各方满意的解决方法,展现冲突有利的一面促进团队建设和项目进展。目前国际上应用广泛的冲突解决模式有面对、妥协、圆滑、逼迫和回避5种,此外还有一些专家提出沟通协调、发泄、仲裁3种模式,内容及效果评价见表8-13。

表 8-13 项目冲突解决模式

项目冲突解决模式	效果评价
面对:明确项目中的角色职责,进行开放坦诚和及时的沟通;明确工作规程	★★★★★
妥协:寻求折中解决方法	★★★★
沟通协调:加强信息沟通和交流,掌握情况后进行谈判、协调和沟通	★★★★
圆滑:找出意见一致的方面,最大可能地淡化或避开有分歧的领域	★★★
仲裁:由领导或权威机构经过调查研究,判断孰是孰非	★★★
逼迫:使用权力来处理冲突	★★
发泄:创造一定条件和环境,使不满情绪通过某些途径和方式发泄出来	★★
回避:一方撤出或让步	★

项目生命周期各阶段主要冲突的解决途径如表8-14所示。

表 8-14 项目生命周期各阶段主要冲突的解决途径

项目生命周期的阶段	主要冲突来源	解决途径
启动阶段	优先权冲突	制订明确的计划,制订计划时与有关部门协商
	管理程序冲突	制订详细的管理作业程序及必要说明,并由关键管理人员批准
	进度计划冲突	制订周密的进度计划和进度保证措施,预测优先权的可能变动对项目的影响
计划阶段	优先权冲突	计划与有关部门的需求的有效反馈
	进度计划冲突	制订工作分解任务包的进度计划
	管理程序冲突	制订关键管理程序的应急计划
实施阶段	进度计划冲突	连续的现场监督,预测风险并考虑替代方案
	技术冲突	及时解决技术问题,尽早对最终设计达成共识,随时向技术人员通报进度状况和预算约束等
	人力资源冲突	及时有效的沟通,合理安排人员需求和优先权
结束阶段	进度计划冲突	密切关注进度,及时解决影响进度的技术、人力等问题,保证计划的按时完成
	成员个性冲突	与支持部门继续保持和谐的关系
	人力资源冲突	做好人员的重新分配计划,为下一项目做准备

本章小结

沟通是为了特定的目标,把信息、思想和情感在个人或团体之间传递的过程。电子商务项目沟通管理是沟通在电子商务项目上的应用,它包括保证及时与恰当地生成、搜集、传播、存储、检索和最终处置项目信息所需的过程,为成功所必需的因素——人、想法和信息之间提供了一个关键联系。

沟通计划编制过程确定项目干系人的信息和沟通需求:谁需要何种信息,何时需要以及如何向他们传递。沟通计划编制作为项目沟通管理的第一个过程,其核心是了解项目干系人的需求,制订项目沟通管理计划。该过程主要回答项目沟通中 who、what、when 和 how 的问题。

信息分发是指将需要的信息及时地传送给项目干系人,它包括实施沟通管理计划以及对突发的信息请求作出反应。信息分发的依据包括工作绩效信息、沟通管理计划和项目计划等。

绩效报告是一个收集并发布项目绩效信息的动态过程,包括状态报告、进展报告和项目预测。

随着市场竞争的日趋激烈,项目干系人管理在项目中应用的意义和范围逐渐地加深和扩大。项目干系人管理的重点是项目客户管理,其核心是提高其客户满意度。

有效沟通要求遵循沟通原则,使用沟通技巧,选择合适的沟通渠道,使用沟通工具,高效的会议沟通,适当的赞美与批评,优秀的项目经理和高效的团队建设,良好的冲突管理。

案例分析

案 例 1

D公司是一家从事电子商务系统开发的高科技公司,拥有员工350名。公司最近雇用了一名刚刚获得MBA的贺小姐。她能力强,基础扎实,性格果断,有开拓性,人际关系也很好。她进入公司后工作表现令人满意,很快就被提升为部门主管,这时她才干了3个月,而其他同样的员工往往要干一年才能爬到这个位置。在贺小姐任职的第3年年初,她由于出色的工作表现,被任命为一项电子商务平台项目开发的负责人,这项工作非常重要,而且正面临另一家公司的竞争。

新的任命刚两个月。D公司老总意外地接到这个项目组中5位专家的辞呈,他们都有可能去另一家公司服务,为竞争对手工作。老总找他们谈话,发现他们对贺小姐的工作没有什么不满意,甚至认为她是最勤奋的人,但是他们不满意她居然比他们这些在公司干了七八年的人升迁得快得多。因此,他们要到其他公司去显示才干,与她一比高低!

思考:
1. 这个问题的产生是由于什么原因引起的?
2. 对于这个问题的解决,老总应怎么做?
3. 对于这个问题的解决,贺小姐应怎么做?

案 例 2

A公司是国内某大型电子商务企业,其下属有两个部门——软件开发部门和客户服务部门。2005年7月,客户服务部门委托软件开发部门开发一套新的客户服务中心系统,要求采用Browser/Web Server/Database Server结构、排队、CTI技术机,并独立开发语音传真服务器,计划使用10个月。

在项目意向书签订后,项目经理刘克勤首先是查阅客户服务中心的技术实现、客户服务部门的业务运作等资料,并确定助手王强。然后进行与客户面对面的沟通,了解客户的期望以及对项目的认知情况,了解客户的业务;进一步了解相关技术;编写方案建议书。

在和客户服务部门沟通的过程中,项目成员虚心向客户服务部门学习业务知识,掌握相应的业务术语,同时也和主要人员保持良好的关系。此外,刘克勤积极同公司高层领导联系,从而获得公司高层的支持;并和销售经理形成良好的分工合作关系,各自完成分内工作,并注意时刻分享项目信息。

2005年8月,项目经理刘克勤开始组建实施团队,成员包括销售经理和助手王强等。然后召开第一次项目会议,根据公司现实情况做了鼓励和动员,通报项目的目标和时间,分派相应的职责给每一个人。

具体的项目组织结构和角色如图8-8所示。在项目组织结构和角色确定后,项目经理刘克勤组织"系统架构设计师"成员共同工作,在基于先前提交的计划基础上,进一步细化

WBS(工作分解结构)和项目的实施计划。此举使得项目组的骨干人员的积极性得到最大的调动,同时也帮助他们树立了权威,使项目工作得以齐头并进。

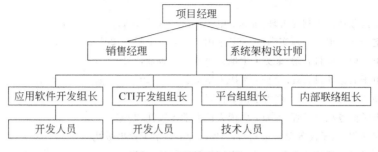

图 8-8　项目组织结构

在项目实施中,除了人员到位,项目经理刘克勤对各项资源的及时到位给予高度重视,注意和行政部门、商务部门配合,准备开发机房和各种设备软件;在需要到客户服务部门安装设备时,也事先通知和确认相应条件。遇到有的设备不能到位时,就寻找变通办法。

功能开发阶段是在软件部门内部开发,因此各项进度还比较顺利。但在界面确认和性能优化阶段,因为在现场开发,出现明显的弊病,因为参与的客户服务部门人员会随时向项目组成员提出一些修改要求,随着项目的进展,这种临时修改对项目的不利影响越来越大。项目经理刘克勤在和项目成员仔细沟通后,和销售人员商量对策,最后与客户服务部门代表商量,说服客户服务部门代表:以合同为前提,如果确有必要修改,应尽量考虑成熟,但所有变动要以书面的正式形式通知项目经理。

项目经理刘克勤从开始到项目结束都注意和所有项目成员有非正式的沟通渠道,注意倾听他们的述说,使各自的情绪能够有排遣的空间;定期召开正式的会议,通报项目的进度、问题和新的计划等,确保项目运行在统一的方向上;不定期聚餐,活跃项目团队气氛;树立公正客观的工作环境,求同存异,使每个成员都有被尊重的感觉。

2006年1月系统开始试运行,3个月后,系统通过测试,项目在2006年3月底结束。比预期提早一个月完成。该项目的完成为后续合作奠定基础,2006年10月签署了二期合同。

思考:
1. 项目经理刘克勤的项目沟通管理是否成功?
2. 项目经理刘克勤的团队建设有何借鉴之处?

练习题

1. 项目沟通管理主要包括哪几个过程?
2. 怎样理解沟通的概念以及沟通在项目管理中的作用?
3. 一个完整的项目沟通管理计划应包括哪些主要内容?
4. 简述信息分发的主要渠道。
5. 谈谈如何提高沟通绩效。
6. 怎样处理沟通过程中产生的冲突?

参考文献

[1] 李琪.电子商务项目策划与管理.北京：电子工业出版社,2011.
[2] 贾晓丹.电子商务项目管理实训.北京：中国人民大学出版社,2011.
[3] 文燕萍.电子商务项目管理.北京：中国人民大学出版社,2010.
[4] 刘四青.电子商务项目管理.重庆：重庆大学出版社,2010.
[5] 王树进.项目管理.南京：南京大学出版社,2008.
[6] 左美云.电子商务项目管理.北京：中国人民大学出版社,2008.
[7] 朱国麟,崔展望.电子商务项目策划与设计.北京：化学工业出版社,2009.
[8] 徐嘉震.项目管理理论与实务.北京：中国物资出版社,2010.
[9] 王树进.企业商务电子化项目管理.北京：科学出版社,2004.
[10] 魏江.管理沟通.北京：科学出版社,2004.
[11] 加里·施奈德.电子商务.北京：机械工业出版社,2004.
[12] 刘军.电子商务系统分析与设计.北京：高等教育出版社,2003.
[13] 中国互联网络信息中心. http://www.cnnic.net.cn.
[14] 肖利华.高效会议的十大原则[J].企业管理,2012(4)：18-19.
[15] 陈晓红.团队冲突、冲突管理与绩效关系的实证研究[J].南开管理评论,2010(10)：31-35.
[16] 赵可.群体内冲突及冲突管理研究[D].南开大学,2010.
[17] 李鹏.冲突管理模式与组织沟通关系研究[J].求索,2007(10)：29-31.
[18] 朱宏林.浅析项目管理中的人力资源管理与沟通管理[J].项目管理技术,2009(6)：29-31.
[19] 罗岳峰.项目管理中沟通管理的质量评估与改进机制[J].项目管理技术,2008(6)：346-348.
[20] 王中元.论企业电子商务项目管理与沟通[J].中国商贸,2010(9)：15-18.
[21] 邹平辉.项目管理中沟通艺术及案例分析[J].技创业月刊,2005(4)：80-81.

第9章

电子商务项目风险管理

学习目标

- 了解电子商务项目风险管理工作的主要内容。
- 掌握风险识别的方法。
- 了解电子商务项目风险的来源。
- 掌握风险分析的方法。
- 了解项目风险的应对策略。
- 了解项目风险的监控策略。

任务书或角色扮演

- 使用互联网查找资料,总结电子商务项目可能的风险来源。
- 尝试使用风险管理方法,针对一个电子商务创业项目写一份风险管理报告。

9.1 电子商务项目风险管理概述

电子商务项目风险是指在项目开发过程中遇到的预算和进度等方面的问题以及这些问题对项目的影响。项目风险会影响项目计划的实现,如果项目风险变成现实,就有可能影响项目的进度,增加项目的成本,甚至使项目不能实现。如果对项目进行风险管理,就可以最大限度地减少风险的发生。但是,目前国内的一些企业不太关心项目的风险管理,结果造成项目经常性的延期、超过预算甚至失败。成功的项目管理一般都对项目风险进行了良好的管理。因此无论电子商务系统开发项目还是运营项目,都应将风险管理作为项目管理的重要内容。

9.1.1 项目风险基本原理

1. 什么是风险

虽然不能说项目的失败都是由于风险造成的,但成功的项目必然有效地进行了风险管理。任何项目都有风险,项目中总是有这样那样的不确定因素,所以无论项目进行到什么阶段,无论项目的进展多么顺利,随时都会出现风险,进而产生问题。风险管理就是要争取避免风险的发生或尽量减小风险发生后的影响。那么什么是风险呢?

风险表达了一种概率,具有偶发性。对于项目中的风险可以简单地理解为项目中的不确定因素。从广义的角度说,不确定因素一旦确定了,既可能对当前情况产生积极的影响,也可能产生消极的影响。也就是说,风险发生后既可能给项目带来问题,也可能会项目带来机会。对于这两种性质不同的风险,在经典的项目管理理论中都属于风险管理的对象。不过从务实的角度来看,在电子商务项目中首先要管理好会产生消极影响的风险。因此,我们经常也把风险定义为会引起问题的不确定因素。电子商务项目中要着重管理好会带来问题的风险。风险和问题的关系如图9-1和图9-2所示。

图9-1 风险与问题的关系(1)

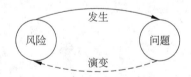

图9-2 风险与问题的关系(2)

风险并不是一发生就消失了。首先,历史经常会重演,只要引发风险的因素没有消除,风险就依然存在,它很可能在另外某个时候跳出来影响项目进程。例如,不充分的设计是一种常见的风险,这个风险在编码阶段转化为问题。但问题发生了并不意味着设计就充分了,如果没有采取相应的措施,设计的问题还会接二连三地冒出来。其次,对于整个项目这个系统来说,发生问题则意味着系统状态发生了变化,这种变化往往带来新的不确定因素,引发新的风险。例如,团队成员不稳定的风险也是项目中常见的,风险一旦发生,出现人员的流失,因此补充了新的成员进来,那么新成员是否能够以及在多长时间内熟悉问题域就成为了新的风险。

不过,对于项目而言,风险不仅仅意味着问题的隐患,风险与机会并存,高风险的项目往往有着高的收益。相反,没有任何风险的项目(如果存在的话)不会有任何利润可图。作为项目经理,要管理好项目中的风险,避免风险造成的损失,提高项目的收益率。

2. 风险承受度

风险是与收益相对应的,高收益的电子商务项目常常蕴含着高风险,没有任何风险的电子商务项目往往也难有收益。电子商务项目管理者应当在风险和收益之间寻求一种平衡,在这个过程中,不同的电子商务项目团队对于风险有着不同的承受能力。

有些项目团队对于风险有着中性的承受能力,有些对风险比较厌恶,而另一些则追求风险。人们对风险持有的态度将影响其对风险认知的准确性,也影响其应对风险的策略和方法。

风险承受度是从潜在的回报中得到满足或者快乐的程度或者效用。图 9-3 是不同风险承受度的电子商务项目团队或管理者对于风险的态度示意图。

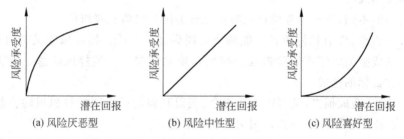

图 9-3　不同风险承受度的项目团队对于风险的态度

对于风险厌恶型的电子商务项目团队或管理者来说,效用以递减的速率在增长,即当有更多的回报或者收益蕴含在更多的风险中的时候,风险厌恶者从风险活动中获得的满意度越来越小,或者说对风险的承受度越来越低。

相反地,风险喜好型的电子商务项目团队或管理者对于风险有着很高的承受度,当更多的收益机会处于风险中时,他们的满意程度会越来越增加。风险喜好者喜欢更多不确定性的结果,而且常常愿意为冒险而付出代价。

而风险中性者则在风险和收益之间取得平衡。

3. 项目风险分类

项目的风险可以根据不同的角度、按照不同的标准进行分类。

1) 根据可预测性划分

根据电子商务项目风险的可预测性不同,可以把电子商务项目的风险分为已知风险、可预测风险和不可预测风险。

已知风险就是在认真、严格地分析电子商务项目及其计划之后就能够确定的那些经常发生的,而且其后果也可以预见的风险。

可预测风险就是根据分析和经验,可以预测其发生,但是不可预测其后果的风险。这类风险的后果有时可能相当严重。

不可预测风险就是有可能发生,但是即使最有经验的人也不能预测其发生的可能性的风险。不可预测风险有时也叫未知风险或未识别风险。不可预测风险往往是新的、以前未观察到的或者很晚才显现出来的风险，而且这些风险又常常是外部因素作用的结果，因此十分难以预测。

2）根据影响范围划分

按照电子商务项目风险的影响范围可以把电子商务项目风险分为局部风险和总体风险。

局部风险是只对电子商务项目的某一方面产生损害的风险事件；而总体风险是对电子商务项目的总体产生损害的风险事件。

3）根据承担者划分

电子商务项目的风险还可以根据后果的承担者分为业主风险、政府风险、承包商风险、投资方风险、设计者风险和供应商风险等。这种划分有助于认识和分析电子商务项目的风险，有助于合理分配风险，提高项目对风险的承受能力。

4）根据后果划分

按照后果的不同，电子商务项目风险可以分为纯粹风险和投机风险。

不能带来机会、没有任何收益可能的风险叫做纯粹风险。纯粹风险只有两种后果：造成损失或不造成损失。纯粹风险造成的损失是绝对的损失。纯粹风险总是危害电子商务项目的推进和目标的达成。

既隐含威胁、造成损失，又可能带来机会、获得利益的风险叫做投机风险。投机风险有3种可能的结果：造成损失、不造成损失和获得收益。

纯粹风险和投机风险在一定的条件下可以相互转化，项目管理者必须避免把投机风险转化为纯粹风险。

5）根据可管理性划分

如果电子商务项目的风险是可以预测，并可采取相应的措施加以防范或控制的，就叫做可管理的风险；反之，叫做不可管理的风险。某一项风险是否可以管理，取决于风险的不确定性是否可以消除以及项目团队的管理水平。

6）根据来源划分

按照电子商务项目风险的来源或者产生损失的原因可以把电子商务项目风险分为自然风险和人为风险。

由于自然力的作用，造成不能完全实现电子商务项目目标甚至财产损毁的风险叫做自然风险。

由于人的活动而造成不能完全实现电子商务项目目标甚至财产损毁的风险叫做人为风险。人为风险又有行为、经济、技术和组织等不同类型。

9.1.2 PMBOK2004定义的项目风险管理

项目风险管理包括项目风险管理规划、风险识别、分析、应对和监控的过程。项目风险管理的目标在于增加积极事件的概率和影响，降低项目消极事件的概率和影响。美国项目管理学院的PMBOK2004定义的项目风险管理包括以下几个过程：

（1）风险管理规划。决定如何进行、规划和实施项目风险管理活动。

表 9-1 PMBOK2004 对项目风险管理的定义

	启动(Initiating)	规划(Planning)					实施(Executing)	监控(Controlling)	收尾(Closing)
		风险管理规划	风险识别	定性风险分析	定量风险分析	风险应对规划			
输入		1. 环境与组织因素 2. 组织过程资产 3. 项目范围说明书 4. 项目管理计划	1. 环境与组织因素 2. 组织过程资产 3. 项目范围说明书 4. 风险管理计划 5. 项目管理计划	1. 组织过程资产 2. 项目范围说明书 3. 风险管理计划 4. 风险登记册	1. 组织过程资产 2. 项目范围说明书 3. 风险管理计划 4. 风险登记册 5. 项目管理计划	1. 风险管理计划 2. 风险登记册		1. 风险管理计划 2. 风险登记册 3. 批准的变更申请 4. 工作绩效信息 5. 绩效报告	
工具和技术		规划会议和分析	1. 文件审查 2. 信息搜集技术 3. 核对表分析 4. 假设分析 5. 图解技术	1. 风险概率与影响评估 2. 概率和影响矩阵 3. 风险数据质量评估 4. 风险分类 5. 风险紧迫性评估	1. 数据收集和表示技术 2. 定量风险分析和模型技术	1. 消极风险或威胁的应对策略 2. 积极风险或机会的应对策略 3. 威胁和机会的应对策略 4. 应急应对策略		1. 风险再评估 2. 风险审计 3. 变差和趋势分析 4. 技术绩效衡量 5. 储备金分析 6. 状态审查会	
输出		风险管理计划	风险登记册	风险登记册（更新）	风险登记册（更新）	1. 风险登记册（更新） 2. 项目管理计划（更新） 3. 与风险相关的合同协议		1. 风险登记册（更新） 2. 请求的变更 3. 推荐的纠正措施 4. 推荐的预防措施 5. 组织过程资产（更新） 6. 项目管理计划（更新）	

(2) 风险识别。判断哪些风险会影响项目,并以书面形式记录其特点。

(3) 定性风险分析。对风险概率和影响进行评估和汇总,进而对风险进行排序,以便随后进一步分析或行动。

(4) 定量风险分析。就识别的风险对项目总体目标的影响进行定量分析。

(5) 风险应对规划。针对项目目标制定提高机会、降低威胁的方案和行动。

(6) 风险监控。在整个项目生命周期中,跟踪已识别的风险、监测残余风险、识别新风险和实施风险应对计划,并对其有效性进行评估。

项目风险管理过程的输入、输出以及过程使用的工具与技术如表9-1所示。

9.2 电子商务项目风险管理计划

9.2.1 电子商务项目风险管理计划

电子商务项目风险管理计划在风险管理活动中起控制作用,是针对整个项目生命周期而制订的如何组织和进行风险识别、定性评估、定量分析、风险应对和风险监控的计划。风险管理计划详细地说明风险识别、风险估计、风险分析和风险控制过程的所有方面,并且说明了如何把风险分析和管理步骤应用于整个电子商务项目之中。风险管理计划还要说明项目整体风险评价基准是什么,应当使用什么样的方法以及如何参照这些风险评价基准对电子商务项目整体风险进行评价。它一般应该包括以下几方面的内容:

(1) 方法论。确定对电子商务项目中的风险进行管理所使用的策略、方法、工具和依据等,这些内容可以随着电子商务项目生命周期的不同阶段及其风险分析的结果作适当的调整。

(2) 角色与职责划分。确定电子商务项目中进行风险管理活动的角色定位、任务分工、相关责任人及各自的具体职责。

(3) 风险承受程度。风险承受限度标准。不同的电子商务项目团队对于风险所持的态度也不相同,这将影响其对风险认知的准确性,也将影响其应对风险的方式。应当为每个电子商务项目制订适合的风险承受标准,对风险的态度也应当明确地表述出来。

(4) 时间与频率。确定在电子商务项目的整个生命周期中实施风险管理活动的各个阶段以及风险管理过程的评价、控制、变更、次数与频率等,并把电子商务项目风险管理活动纳入到电子商务项目进度计划中去。

(5) 预算。对电子商务项目进行一系列的风险管理活动,必然要发生一些成本,要占用一些资源,因此,也必然会占用电子商务项目的一部分预算。

(6) 风险类别或风险分解结构。风险类别清单可以保证对电子商务项目进行风险识别的系统性和一致性,并能保证识别的效率和质量,还可以为其他的风险管理活动提供了一个系统和统一的框架。其中,最常用的框架就是风险分解结构。关于电子商务项目的风险分解结构在9.2.2节详细讲述。

(7) 基准。明确由何人在何时以何种方式采取行动应对风险,明确的定义可以确保电子商务项目团队与所有干系人都能够准确、有效地应对风险,防止出现对风险管理活动的理解出现不必要的歧义。

(8) 汇报格式。确定电子商务项目风险管理各个过程中应该汇报或者沟通的内容、范围、渠道以及方式、格式,确定如何对风险管理活动的结果进行记录、分析与沟通。

(9) 跟踪。确定如何以文档的方式记录电子商务项目进行过程中的风险与风险管理活动,风险管理文档可以有效地用于对项目进行管理、监控、审计和总结经验教训等。例如,风险识别资料的记录、风险分析过程和结果的记录、风险应对策略、决策的依据和结果的记录、风险应对计划和措施,还包括风险发生的记录、处理的记录等一系列过程记录。

(10) 风险概率与影响等级的定义。为了按照统一的标准管理电子商务项目的风险,需要先定义风险概率与影响的定性等级。

9.2.2 电子商务项目风险分解结构

电子商务项目的风险分解结构是一个结构化的核对清单,它将已知的电子商务项目风险按通用的种类和具体的风险属性组织起来。电子商务项目风险分解结构列出了一个电子商务项目中所有可能发生的风险类别及其子类别。风险分解结构可以帮助人们理解和识别电子商务项目在各个不同领域内的风险。

例如,需求分析阶段的风险可能有对用户需求理解错误、用户没有积极参与、需求和业务关系获取和分析不充分等;在实现阶段的风险可能有编码不规范、接口实现不完全符合设计规范等;在测试阶段的风险可能有测试用例不完全、测试工具不足等。不同的电子商务项目,其风险分解结构一般也不相同。图 9-4 所示是某电子商务系统开发项目风险分解结构的事例。

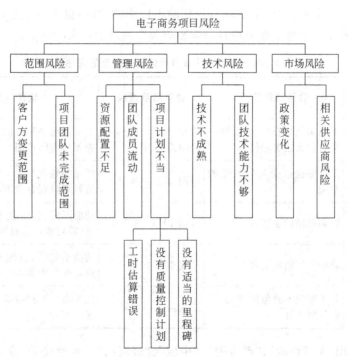

图 9-4 电子商务项目风险分解结构示例

电子商务项目团队应该借鉴以前类似项目的风险分解结构。在把以前的风险分解结构应用到本项目中之前,在风险管理计划过程中,应该先对它进行审查,并根据需要进行调整或扩展,以适应当前电子商务项目的实际情况。

在后续的风险识别等风险管理过程中,还应该根据电子商务项目的实际情况对该风险分解结构进行进一步的审核、修订和补充、扩展和调整。

9.2.3 风险概率与影响的定性等级

为了保证以后对电子商务项目风险的定性分析过程中的质量和可信度,有必要为风险发生的概率和发生后对电子商务项目产生的影响的不同程度制订一个统一的标准。

例如,根据风险事件发生的可能性,可以把风险定性地分为几个等级,并用"很低"、"低"、"中等"、"高"、"很高"等词汇来描述风险发生的可能性的高低。另外,也可以用数值表示发生的概率等级,比如 0.1、0.3、0.5、0.7、0.9 等。电子商务项目风险发生概率的定性等级如表 9-2 所示。

表 9-2 电子商务项目风险发生概率的定性等级

等级	发生的可能性	等级	发生的可能性
0.9	很高	0.3	低
0.7	高	0.1	很低
0.5	中等		

根据风险发生后对于电子商务项目目标的不同影响程度,也可以把它定性地分为几个等级,表 9-3 所示是一个电子商务项目风险影响程度的等级定义的例子。

表 9-3 电子商务软件项目风险影响程度的定性等级

项目目标 影响程度	软件项目范围	软件项目进度	软件项目质量
灾难性的(0.9)	不能实现核心功能,最终的交付物无法实际使用	延期大于 50%,或者中途夭折	不能实现最基本的性能,最终的交付物无法实际使用
严重的(0.7)	业主不能接受发生变化的范围	延期 30%～50%	严重的性能缺陷,严重的质量缺陷,质量下降到业主不能接受
中度的(0.5)	影响范围的主要部分	延期 10%～30%	功能不完善,性能不高,质量下降明显,需要业主审批同意
轻微的(0.3)	影响范围的次要部分	延期小于 10%	功能不完善、性能不高,仅仅影响到质量等级中某些极其严格的要求
可忽略的(0.1)	几乎察觉不到范围变动,可以忽略不计	进度拖延不明显	几乎察觉不到质量等级的降低,可以忽略不计

比如,可以用"灾难性的"、"严重的"、"中度"、"轻度的"、"可忽略的"或者"很低"、"低"、"中等"、"高"、"很高"等不同词语简单表示它们逐级的影响程度,也可以通过数字比例表示这些影响程度的不同。以数值表示时可以用线性数值(例如 0.1、0.3、0.5、0.7、0.9),也可

以用非线性数值(例如 0.05、0.1、0.2、0.4、0.8)。

有了这样的等级定义标准,在后面进行定性的风险分析时,就有了一个固定的标准,以便统一评估风险发生的概率和发生后的影响。

9.3 电子商务项目风险识别

当前人们对电子商务项目这一信息时代的新型项目的管理还缺乏经验,使得电子商务项目与传统建筑项目、工程建设项目相比,项目风险相对比较大,成功的概率相对比较低。因此在项目决策之前,对项目的风险进行识别与评估是非常重要的,只有正确认识风险,才能正确分析风险,进而才能合理地应对和控制风险带来的影响。

9.3.1 风险识别方法

1) 项目文档审核

对电子商务项目的总体、详细两个层次的计划、方案等文档进行一次全面的结构性审核,可以识别出电子商务项目的一些风险。

2) 阶段评审

电子商务项目生产的是无形的软件产品或商务服务,其每一步工作的结果如何不像其他产品那样容易检验,也不容易立即评价。因此在进行风险识别的时候,常常要依靠阶段性评审、过程审查等手段来辅助进行。

通过评审活动可以评估前一个阶段的工作方法及其成果,及时地发现其中的风险。风险发现得越早,越容易防范,应对的代价越小;错误发现得越晚,就越难以应对,而且应对的代价就越高。

3) 德尔菲法

德尔菲法最早起源于 20 世纪 50 年代末,是当时美国为了预测在其"遭受原子弹轰炸后可能出现的结果"而发明的一种方法。后来,1964 年美国兰德公司的赫尔默和戈登发表了《长远预测研究报告》,首次将德尔菲法用于技术预测中,以后便迅速地应用于美国和其他国家,并且在许多做长远规划和决策的人员中享有很高的声誉。

德尔菲法本质上是一种匿名反馈的函询法,即把需要做风险识别的电子商务项目的情况分别匿名征求相关专家的意见后,再把这些意见进行综合整理、归纳和统计,然后匿名反馈给各专家,再次征求意见,如此反复进行再集中、再反馈,直至得到稳定的意见。

德尔菲法与其他的专家判断、访谈等方法有着明显的不同,要使用好德尔菲法,就需要注意它的 3 个主要特点:

(1) 德尔菲法中征求意见是匿名进行的,这有助于排除若干非技术性的干扰因素。

(2) 德尔菲法要反复进行多轮、多次的咨询和反馈,这有助于逐步去伪存真,得到稳定的结果。

(3) 工作小组的统计和归纳,这样可以综合不同专家的意见,不断求精,最后形成统一的结论。

德尔菲法的优点是:有助于减少数据方面的偏见,并避免由于个人因素对项目风险识别的结果产生不良的影响。

4）头脑风暴法

今天的电子商务项目开发工作，早已不像过去那样，只要依靠个别"英雄人物"的天才加勤奋就能够在市场上获得成功，而是越来越依赖于整个团队的共同合作才能完成一个有意义的项目。个人英雄的时代已经一去不复返了。因此，在现代的电子商务项目管理过程中，也必须依靠团队的力量。

然而，在群体管理过程中，由于群体成员心理相互作用的影响，容易屈从权威或大多数人意见，形成所谓的"群体思维"。群体思维削弱了群体的批判精神和创造力，不利于提高决策的质量。

头脑风暴法，简单来说就是团队的全体成员自由地提出主张和想法。头脑风暴法是解决问题时常用的一种方法，它可以克服上述的弱点，保证群体决策的创造性，提高决策质量。头脑风暴法用于电子商务项目管理的风险识别时，主要侧重于提出风险项的数量而不是质量。其目的是要团队成员以及相关专家想出尽可能多的可能的威胁和风险，鼓励大家有创新或突破常规。

头脑风暴法有可分为直接头脑风暴法（通常简称为头脑风暴法）和质疑头脑风暴法（也称反头脑风暴法）。前者是尽可能激发创造性，产生尽可能多的威胁和风险，后者则是对前者提出的威胁、风险逐一质疑，分析其合理性的方法。

采用头脑风暴法组织识别电子商务项目的风险时，一般要集中团队成员和有关专家召开专题会议，并尽力创造和保持融洽轻松的会议气氛。

应用头脑风暴法时要遵循以下重要原则：

（1）不进行讨论，没有判断性评论。对各种意见、观点的评判必须放到事后进行，此时不能对任何人的意见提出好或者不好的评价，以免影响会议的自由气氛。认真对待任何一种风险识别意见，而不管其是否正确。

（2）提倡各抒己见、自由鸣放。创造一种自由的气氛，激发参加者"自由"地提出尽可能多的适当甚至不适当的看法。

（3）追求数量，暂时不管质量。提出的风险越多，产生良好风险识别结果的可能性越大。

（4）探索取长补短和改进办法。除提出本人的意见外，鼓励参加者对他人已经提出的意见进行补充、改进和综合。

头脑风暴法的优点是：善于发挥相关专家和分析人员的创造性思维，从而对电子商务项目的风险进行全面的识别，并可在此基础上根据一定的标准对电子商务项目风险进行分类。

5）面谈法

与电子商务项目的团队成员、有经验的项目干系人和有关专家进行有关风险的面谈，将有助于识别那些在常规方法中未被识别的风险。在进行可行性研究时获得的项目前期面谈记录，往往也是识别风险的很好素材。

6）SWOT分析

SWOT分析就是从多个角度、各个方面对电子商务项目的内部优势和弱势以及电子商务项目的外部机会和威胁进行综合的分析,从而对电子商务项目的风险进行识别。

7) 核对表

电子商务项目风险核对表是比较常用而且比较简单的风险识别方法。风险核对表是根据以往经验编制的,通过把以前经历过的风险事件及其来源按照一定的类别罗列出来,形成一张用于风险识别的核对图表。风险核对表的分类方法可帮助人们理解和识别在各个不同领域内的风险。

8) 图解法

还可以用一些图形来辅助进行风险识别。比如,常见的鱼刺图可以帮助把问题回溯到发生问题的最基本的部位,找到根本的原因,从而易于理解风险的根源和影响。此外,还有关联因素图,可以通过显示问题的关联因素以及关系程度帮助我们进行风险识别。图 9-5 是一个电子商务项目风险鱼刺图的例子。

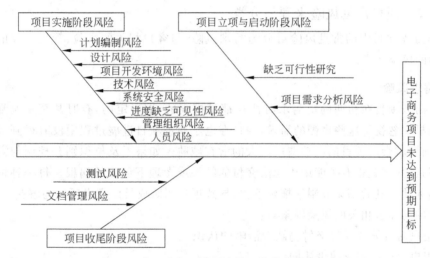

图 9-5　电子商务项目风险管理中的鱼刺图示例

9) 事故树分析法

事故树分析是从结果出发,通过演绎推理查找原因的一种过程,可以用于分析电子商务项目风险产生的原因或来源。事故树由节点和连接节点的线组成。节点表示事件,而连线则表示事件之间的关系。在电子商务项目风险识别中,事故树分析不仅能够查明电子商务项目的风险因素,求出风险事故发生的概率,而且还能提出各种控制风险因素的方案。事故树分析法一般适用于技术性比较强、比较复杂的电子商务项目,也常用于直接经验很少的电子商务项目。

10) 系统分析法

系统分析法就是将复杂的电子商务项目分解成为比较简单的、容易被认识的组成部分,将大系统分解成小系统,通过分析系统的组成关系或过程关系进行电子商务项目风险识别的方法。图 9-6 是采用系统分析法进行电子商务项目风险分解和识别的示意图。

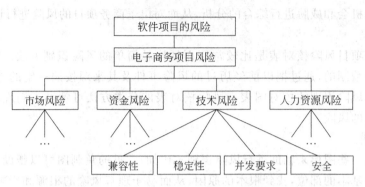

图 9-6 系统分析法在电子商务项目风险识别中的应用示意图

9.3.2 项目常见风险来源与分类

电子商务项目中的常见风险可分为需求风险、与客户相关的风险、管理方面的风险和技术方面的风险 4 类。

1. 需求风险

电子商务项目在初期确定需求时往往都是模糊的、不确定的,有时甚至是混乱的。如果在项目早期忽视了这些模糊的需求,并且在电子商务项目进展过程中没有得到及时的解决,这些问题就会对项目的成功造成巨大的潜在威胁。如果不及早识别并控制与需求相关的风险因素,那么就很有可能产生无法交付的结果或者埋下危险的祸根。每一种情况都会使电子商务项目到后期无节制地拖延下去,导致项目团队成员以逃出项目为解脱。

常见的与需求相关的风险因素有:
- 用户对具体的项目交付物缺少清晰的认识。
- 用户对产品需求缺少认同。
- 项目团队在收集和分析需求时,客户参与不够。
- 需求不够明确、准确。
- 由于不确定的需要导致失去确定的目标。
- 由于市场变化导致不断变化的需求。
- 缺少有效的需求变更控制管理措施,对需求的变更缺少相关的分析评估等等。

2. 与客户相关的风险

在电子商务项目中,许多风险都是由于项目的客户因素造成的。不同的客户有不同的需要,有些客户只知道他们需要什么,而有些客户知道他们不需要什么;有些客户希望进行详细的讨论,而有些客户则仅仅停留在模糊的应付;有些客户可以接受并且用好一个不太好的软件,而有些客户会对不完美的软件进行猛烈的抨击。可见,客户可能对项目团队能否在既定的预算内完成预定的目标产生巨大的影响。下面是一些与客户相关的风险因素:
- 客户不清楚到底需要什么,不能把需求比较清晰地写出来。
- 客户没有多少时间进行需求分析工作,以确定项目范围。
- 客户中没有经验丰富的人员参与该项目。

- 客户不能参加阶段性评审。
- 客户没有与项目团队建立直接、快速的通信渠道。
- 与客户没有过合作经验。
- 客户不了解项目管理过程。
- 客户不具有基本的技术和信息化素养。
- 项目交付物的使用者和决策者不清楚等等。

3. 管理方面的风险

要使电子商务项目成功,必须依靠科学的管理,而不是像过去那样依靠个人英雄。如果管理没有条理、流程不规范、工作没有标准、分析设计不能有效衔接、测试盲目地进行、质量不能保证,那么这个电子商务项目就难免会走向失败。因此,在对电子商务项目进行风险管理时,有必要注意识别其管理方面的风险因素。常见的与管理有关的风险有:

- 高级管理层是否重视电子商务项目管理。
- 项目团队有无电子商务项目的管理标准和软件过程规范。
- 计划和任务定义不够充分。
- 项目团队是否有软件工程意识。
- 有无管理机制保证项目团队按照工程标准来工作。
- 开发人员是否可以根据既定的项目标准进行开发。
- 对于需求变更有无控制机制,对于变化的需求是否进行评估和分析。
- 团队的配合与员工之间的冲突。
- 是否有项目管理工具辅助管理等等。

4. 技术方面的风险

电子商务项目所涉及的技术往往十分复杂,影响因素也非常多。同时由于计算机技术飞速发展、日新月异,在项目中往往需要适当采用一些新技术,以更好地实现项目的目标,满足客户的需要。毫无疑问,高技术含量的电子商务项目是具有挑战性和令人兴奋的,但是这同时也蕴藏着不少的风险。计算机技术的复杂性和新技术不断涌现,使得电子商务项目团队缺乏经验丰富的工程师,可能因为技术原因影响项目的成功。因此,在电子商务项目初期就能够识别出其技术风险,以便下一步采取合适的预防措施是十分重要的。电子商务项目中可能涉及的技术风险非常多,比如:

- 团队成员是否充分具备开发电子商务项目需要的技能。
- 团队对方法、工具和技术是否充分理解。
- 是否具有应用领域的经验或背景知识。
- 是否能保证网上支付的安全性。
- 实现客户的需求是否需要未曾实现过的系统或数据库接口。
- 客户是否需要特定的界面。
- 网上留存的信息或计算机中的信息是否有技术保证不被不法分子利用。

除了上述主要风险外,还有其他一些风险,如项目团队风险、物理风险和信息传达风险等。常见风险因素和风险描述见表 9-4。

表 9-4　风险因素分析表

风险指标	风险因素	风险概述
项目团队	由于某些原因引发项目团队工作不力而导致项目无法如期实施	团队成员结构不合理,无法形成优势互补;团队成员沟通不足,协调不好,项目团队缺乏经验
物理风险	电子商务信息系统硬件选择不合适,营运系统的中断或损坏	硬件设备设计和造型考虑不周影响系统的可靠性和可扩展性;选配购置的硬件质量低下导致系统不稳定及失败,短路、电子故障、软件故障、病毒损坏电子商务的交易系统
信息传达风险	开发方和使用方的信息沟通不通畅	项目开发方资金不能及时回收,使用方不满意项目质量
技术风险	项目开发人员由于缺乏经验、计划不周等原因使交易系统在某些功能上有缺失;项目中需要采用最新的未经证实的技术和方法	如有效的身份认证、信息的机密性保护和完整性约束,项目中需要采用新的未经证实的技术和方法,这一技术的可靠性不能保证
项目规模风险	没有考虑可重用构件的使用,导致规模估算过大	项目规模估计过大,可能会影响项目开发计划的制订
商业风险	项目的开发期过长	根据项目开发计划,预计项目开发期过长
客户相关风险	客户不能及时提供项目所需的资料,导致项目开发延期	客户没有在计划的时间内提交所需要的开发资料
管理风险	项目开发计划制订不合理,任务分配不恰当	项目开发计划制订不合理,职能分工不明确
人员风险	开发人员在技术上是否配套,项目管理者的管理失误	开发人员现有技术不能满足项目开发要求,缺少相应的技术专家,项目开发人员素质低下,重要人员离职
安全与信誉风险	项目中的相互信任,远程作业方式是先付款还是货到付款	项目中涉及的远程付款,缺少第三方支持
市场环境	与电子商务项目有关的市场环境变化,导致预算不足,成本上升	劳动力等价格上涨,相关规章或标准变化,项目相关接口方情况发生变化
需求不明确	项目需求方需求变化导致项目设计改变	需求方对项目需求的变化可能导致项目周期延长,成本增加

案例　基于生命周期的 B2B 电子商务项目风险识别

B2B 电子商务指供需双方都是商家(或企业、公司),使用了 Internet 的技术或各种商务网络平台,完成商务交易的过程。相对于一般项目的管理,B2B 电子商务项目管理更为复杂,更具挑战性,这是由 B2B 电子商务项目自身特点决定的。一是涉及角色多。除了一般项目所具有的投资方和承包方等主要角色以外,B2B 电子商务项目往往还涉及卖方、咨询方和外包商。二是综合复杂性。B2B 电子商务项目在实施过程中,需要控制跨公司或跨部门的多重关联商业活动的变化,使沟通与协调变得更加困难,也使得项目管理错综复杂。三是动态性。当今 B2B 电子商务项目正处于激烈的竞争环境中,快速演变升级的基本技术、持续竞争和新的工具改变了以往项目运行的传统逻辑顺序,B2B 电子商务项目必须以快速应变和创造性的开发过程应对市场压力。四是项目风险大。由于电子商务项目是创建新的商务活动,它的实施将改变现有的业务流程,影响业务结构,一旦失败很难弥补;还由于 B2B 电子商务在更大程度上依赖系统平台和技术支持,系统需要高度的扩展性,尺度难以掌握,项目风险较大。五是生命周期短。电子商务项目所涉及的信息技术生命周期短,项目所依赖的计算机系统、软件的升级换代快;还由于在不确定的商业环境中,机会转瞬即逝,这使得电子商务项目不可能持续太长时间,否则项目尚未建成,就有可能被淘汰。

从 B2B 电子商务项目的特点可知,它是一种高风险的项目,技术复杂,设备专业,社会环境特殊,法律和安全因素多,因此,B2B 电子商务项目的管理在某方面也是一种风险的管理过程。

对于一个具体的 B2B 电子商务项目来说,一般可划分为项目规划、需求分析、系统设计、系统开发、系统测试、运行维护和评价几个阶段。为简化,可将项目规划和需求分析定为概念阶段,将系统设计定为规划阶段,将系统开发和系统测试定为实施阶段,将运行维护和评价定为收尾阶段。以下结合项目生命周期各阶段的特点分析 B2B 电子商务项目各阶段所要面临的风险。

1. 概念阶段

此阶段是电子商务项目业主在投资前,运用多种科学方法和手段对拟建的电子商务项目进行全面的技术分析、经济分析和财务分析等综合性工作,主要包括需求识别、方案策划、可行性研究和项目评估。在实际中由于技术局限,客户很难准确地把电子商务系统的需求传达给承包商;由于业务局限,承包商也很难准确地获取用户真实的电子商务应用需求。需求信息的不对称和需求描述的错位容易引起电子商务项目方案策划的缺陷,最终导致项目应用不理想甚至失败。因此其风险识别主要集中在信息传达风险和项目决策风险方面。

2. 规划阶段

此阶段作为项目实施的前期准备阶段,对电子商务项目的实施过程进行全面系统地描述、计划和安排。整体计划主要包括:项目的背景、目标及范围是项目实施所要达到结果的依据;工作分解及时间估计为项目计划提供基础;良好的进度安排、人员组织计划、资源计划、费用估计及质量计划是项目实施的基础。其风险识别主要集中在立项风险和方案设计方面。

3. 实施阶段

此阶段占据了项目生命周期的大部分时间,是电子商务项目取得成功的关键所在,主要工作包括招标采购的实施、合同的管理、实施计划、项目进展报告、进度控制、费用控制、质量控制、范围变更控制和风险监控等。其风险识别主要集中在进度控制风险、质量控制风险和费用控制风险方面。

4. 收尾阶段

此阶段是要确认项目实施的结果是否达到了预期的要求,实现项目的移交与清算,通过项目的后评价进一步分析项目可能带来的实际效益。此阶段主要工作包括电子商务项目范围确认、项目质量验收、项目费用决算与审计、项目文档与验收、项目审计以及项目后评价。其风险识别主要集中在质量验收风险和费用决算方面。

B2B 电子商务项目生命周期内的风险识别表见表 9-5。

表 9-5 B2B 电子商务项目生命周期内的风险识别表

项目阶段	风险指标	风险因素	风险概率%	风险影响（金额）	风险程度
概念阶段	1. 需求识别	1. 项目目标和范围不明确 2. 对项目各方面需求分析不详	2 2	4 5	8 10
	2. 方案策划	3. 缺少相应的技术专家 4. 客户与承包商信息沟通少或不及时	1 2	5 5	5 10
	3. 可行性研究	5. 没有做可行性研究	1	4	4
规划阶段	4. 质量、进度和费用的计划	6. 仓促计划或计划不周	2	3	6
	5. 人员组织计划	7. 职能分工不明确 8. 项目团队缺乏经验	1 1	5 5	5 5
	6. 风险计划	9. 没有风险管理计划	2	4	8
实施阶段	7. 质量管理	10. 新的技术未经证实或并未被充分掌握 11. 系统集成、测试和转换失败 12. 系统的安全性不高	2 2 2	6 8 5	12 16 10
	8. 进度管理	13. 项目进度改变	1	6	6
	9. 费用管理	14. 劳动力等价格上涨	1	8	8
	10. 人员管理	15. 项目管理者的管理失误 16. 项目开发人员素质低下 17. 重要人员的离开	2 2 2	5 8 10	10 16 20
	11. 合同管理	18. 项目范围变更 19. 合同管理混乱	3 2	8 4	24 8
	12. 项目外风险	20. 与电子商务项目相关的规章或标准的变化 21. 项目相关接口方的情况发生变化	1 1	10 10	10 10
收尾阶段	13. 质量验收	22. 质量不符合要求	2	6	12
	14. 费用决算	23. 费用超支	2	6	12
	15. 项目审计	24. 客户不能接受	1	6	6

9.3.3 风险程度的定性分析

1. 风险概率和影响程度评估

风险概率和影响程度评估就是针对已经识别出来的每项具体风险,根据电子商务项目风险管理计划中定义的标准,确定每一项风险发生的概率等级和发生后的影响等级。

风险发生概率和影响程度评估的对象是每个具体的风险条目,而不是整个项目。风险发生概率评估是评估每项已经识别出来的风险发生的可能性;风险影响程度评估是评估每项风险对项目目标(如时间、成本、范围或质量)所造成的影响或后果。

2. 概率和影响等级评定矩阵

定性风险分析中,还可以采用概率和影响等级评定矩阵的形式,评估每项风险的重要性及其紧迫程度。概率和影响等级评定矩阵是基于对电子商务项目风险的发生概率和影响程度的定性等级评价,对风险进行等级排序,便于进一步对风险进行定量分析并制订相应的应对方案。

概率和影响等级评定矩阵是由电子商务项目团队在风险管理计划过程中根据项目的具体情况确定的,它规定了各种风险发生概率和影响程度的组合,并规定哪些组合被评定为高风险、中等风险或低风险。根据需要,概率和影响等级评定矩阵可以用数值表示,也可以用描述性的文字表示。

表 9-6 是一个概率和影响等级评定矩阵的例子,表中高风险值用加下划线的黑体字表示,中等风险用黑体字表示,低风险则用普通字体表示。

表 9-6 概率和影响等级评定矩阵

风险值 影响程度 概率	0.05	0.10	0.20	0.40	0.80
0.9	0.05	**0.09**	**0.18**	**0.36**	**0.72**
0.7	0.04	**0.07**	**0.14**	**0.28**	**0.56**
0.5	0.03	0.05	**0.10**	**0.20**	**0.40**
0.3	0.02	0.03	**0.06**	**0.12**	**0.24**
0.1	0.01	0.01	0.02	0.04	**0.08**

注:风险值＝风险发生概率×风险影响程度

在运用概率和影响等级评定矩阵对电子商务项目的风险进行定性分析时,既可针对电子商务项目的每个目标(如时间、质量和范围等)单独评定每一风险条目的等级,也可根据电子商务项目的具体情况制订相关方法为每项风险确定一个总体的等级水平。

概率和影响等级评定矩阵分析的结果是下一步制定电子商务项目风险应对计划的重要依据。如果某一风险的定性评价值处于矩阵中的高风险区域(加下划线的黑体字),就需要采取重点措施,并采取积极的应对策略来防范和规避该风险。而对于处于低风险区域的风险,只需要作为待观察风险中的一项记录在风险清单中以备监测,没有必要采取其他积极的管理措施。

3. 专家访谈

采用专家访谈方式,可以邀请具有类似项目经验或相关领域经验的专家,这些专家根据他们的丰富经验和渊博的知识对电子商务项目的风险进行度量,其结果有时甚至比通过数学计算和模拟仿真的结果还要准确和可靠。如果风险的影响后果大小不容易直接估算出来,可以把后果分解为更小的部分,再对其进行评估;然后把各个部分的结果累加,得到总的评估值。对项目干系人和领域专家访谈常常是对电子商务项目的风险进行量化分析的第一步。

4. 灵敏度分析

灵敏度分析是一种考查每个项目风险的不确定性对项目目标的影响程度的方法。敏感性分析有助于确定哪些风险对电子商务项目具有最大的潜在影响。它在所有其他不确定因素保持基准值的条件下,分析电子商务项目中每项风险的不确定性对目标产生多大程度的影响。

9.3.4 风险程度的定量分析

1. 决策树分析法

决策树是一种直观、形象、易于理解的图形分析方法,它把电子商务项目的所有可供选择的方案或者偶然事件、这些方案或事件之间的相互关系和相互影响、每个方案或事件的后果、发生的概率等用树状的图形表示出来,用以指导项目管理者的决策。

决策树中有许多分支,每一个分支代表一个决策或者一个偶然的事件,从出发点开始不断产生分支以表示所分析的问题的各种发展可能性。对每一个分支都采用预期损益值(Expected Monetary Value,EMV)作为其度量指标,项目管理者可根据各分支的预期损益值中最大者(如求最小,则为最小者)作为选择的依据,进行选择和决策。预期损益值是根据风险发生的概率计算出来的一种预期的损益,其值为损益值与该事件发生的可能性的乘积,即:EMV=损益值×可能性。

图 9-7 是一个应用决策树对电子商务项目风险进行定量分析的例子。

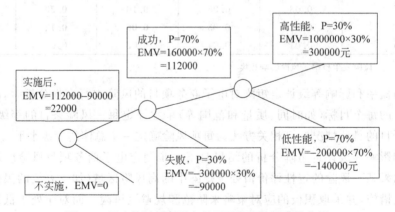

图 9-7 用决策树对电子商务项目风险进行定量分析

从图 9-7 可以看到,方案实施成功的概率为 70%,失败的概率为 30%。如果方案实施成功后,将使系统获得高性能的可能性为 30%,而低性能的可能性为 70%。

如果系统获得高性能,项目的收益为 1 000 000 元,则项目的 EMV=1 000 000×30%=300 000 元。

如果系统获得低性能,项目的亏损为 200 000 元,则项目的 EMV=−200 000×70%=−140 000 元。

则该方案实施成功后的收益为 160 000 元(300 000−140 000=160 000),项目的 EMV=160 000×70%=112 000 元。

如果该方案失败后,项目的亏损为 300 000 元,则项目的 EMV = －300 000×30% = －90 000 元。不实施该方案的损益和 EMV 值显然都为 0 元。

那么,从总体上看,实施该方案的 EMV = 112 000 － 90 000 = 22 000 元,可见应该实施该方案。

2. 模拟分析法

模拟分析法是运用概率论以及数理统计的方法来预测和研究各种不确定因素对电子商务项目的影响、分析系统的预期行为和绩效的一种定量分析方法。大多数模拟都以某种形式的蒙托卡罗(Monte Carlo)分析为基础。

蒙托卡罗模拟法是一种最经常使用的模拟分析方法,它是随机地从每个不确定因素中抽取样本,对整个电子商务项目进行一次计算,重复进行很多次,模拟各式各样的不确定性组合,获得各种组合下的很多个结果。通过统计和处理这些结果数据,找出项目变化的规律。

例如,把这些结果值从大到小排列,统计各个值出现的次数,用这些次数值形成频数分布曲线,就能够知道每种结果出现的可能性。然后,依据统计学原理,对这些结果数据进行分析,确定最大值、最小值、平均值、标准差、方差和偏度等,通过这些信息就可以更深入地定量地分析项目,为决策提供依据。

在电子商务项目中经常运用项目模型作为项目框架,通过蒙托卡罗模拟法来模拟仿真项目的日程,并制作项目日程表。这种技术往往也被全局管理所采用,通过对项目的多次"预演",可以得到项目进度日程的统计结果。图 9-8 所示是一个项目进度日程的蒙特卡洛模拟。图中的曲线显示了完成项目的累积可能性与某一时间点的关系。横坐标表示进度,纵坐标表示完成的概率,虚线的交叉点显示:在项目启动后 120 天之内完成项目的可能性为 50%。项目完成期越靠左,则风险愈高(完成的可能性低),反之风险愈低。

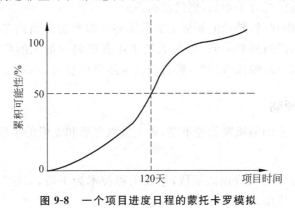

图 9-8 一个项目进度日程的蒙托卡罗模拟

另外,蒙托卡罗模拟法也常被用来估算项目成本可能的变化范围。

9.4 电子商务项目风险的应对策略

应对电子商务项目的风险有多种策略,比较常见的有减轻、预防、转移、回避、接受和后备措施等几种。它们或者可以改变风险发生的概率,或者可以改变风险发生后的后果大小,或者可以改变风险的作用对象等等。具体采取哪一种或哪几种,需要由项目团队根据当前电子商务项目及其所面临的风险的实际情况来决定。

9.4.1 减轻风险

减轻风险策略,是通过缓和或预知等手段来减轻风险,降低风险发生的可能性或减少风险发生后的后果影响程度和范围。减轻风险策略的有效性与风险是已知风险、可预测风险还是不可预测风险关系很大。

对于已知风险,项目管理者可以在很大程度上加以控制,可以动用项目现有资源降低风险的严重后果和风险发生的频率。

对于可预测风险或不可预测风险,这是项目管理者很少或根本不能够控制的风险,诸如某些外部环境因素、市场因素、新技术还不成熟等导致的风险,项目团队是很难去控制的,因此有必要采取迂回策略。对于这类风险,仅仅靠动用项目资源一般收效不大,还必须进行深入细致的调查研究,降低其不确定性。

比如,在进行系统开发之前,应当进行充分的调查研究,充分了解客户的需求、相关的行业和领域政策,并对技术方案进行充分的论证和试验等等,在这样的基础上启动的项目,其风险就会大大降低,项目的成功率就会很高。

在对电子商务项目实施风险减轻策略时,应尽可能地把每一项具体的风险都减轻到可以接受的程度。项目中各个风险的程度降低了,项目整体风险程度在一定程度上也就降低了,项目的成功率就会大大地增加。

例如,在电子商务项目中,如果项目团队对于新技术的掌握还不是十分熟练,就可以采用成熟的技术去实现。虽然这样可能比新技术在性能上有所减低,但考虑与风险发生的可能性和发生后的影响的综合平衡后,仍然是值得的。

又如,项目团队组建时,聘请的新员工常常能够立即掌握最新的工具和技术,而聘请老员工可能掌握新工具的时间长一点,但是老员工比新招聘的员工的稳定性要高,对比项目过程中间人员非正常流动的风险概率,聘请老员工还是更加稳妥一些。

9.4.2 风险预防

风险预防是一种主动的风险管理策略,通常采取有形和无形的手段。

1. 有形手段

工程法是一种有形的风险预防手段,它以工程技术为手段,消除物理性风险威胁。工程法预防风险有多种措施。

(1) 防止风险因素出现。在项目中采取一定的技术措施减少风险因素。例如,在部署系统时,对于服务器以及其他重要的设备可以采用 UPS 供电,这样就能预防意外停电导致数据丢失的风险因素。

(2) 减少已存在的风险因素。对于人员流动风险,可以严格文档标准,加强文档管理,并辅之以配置管理手段,保证文档符合一定的质量,这样就能够大大降低人员流动造成工作难以衔接的风险,当人员变动后其他人员也能顺利地延续前人的工作。

(3) 将风险因素、项目资源在时间和空间上隔离。风险事件发生时,如果各项资源都处于风险后果的作用范围之内,则必然造成比较大的损失。因此,可以把项目资源与风险源在空间实行隔离,在时间上错开,以达到减少损失的目的。比如,把生产环境与测试环境部署在不同的子网里、把内网和外网相隔离都是有效的预防风险的方法。

工程法的特点是,每一种措施都与具体的工程技术相联系。但是在项目管理过程中不能过分地依赖工程法。首先,有些工程措施需要比较大的投入,因此,决策时必须进行成本效益分析;其次,任何工程措施都需要由人去执行,此时人的因素仍然起着决定性的作用;再次,任何工程设施都不会百分之百地可靠,因此工程法要同其他措施结合起来使用。

2. 无形手段

1)教育法

项目管理人员和所有其他有关人员的不当行为可能构成电子商务项目的风险。因此,要减轻与不当行为有关的风险,就必须对有关人员进行风险教育。教育内容应该包含有关电子商务项目的章程、标准和规范,以及信息系统安全知识、必要的法规、操作规程和风险常识等。风险教育的目的在于提高大家的大局意识、责任意识和规范每个人的行为,是要让有关人员充分了解项目所面临的风险,了解和掌握控制这些风险的方法,同时使他们都能认识到每个人的任何疏忽或错误行为都可能给项目造成巨大损失。

2)流程法

电子商务项目与其他项目不同,它有其自己的客观规律,比如电子商务系统需要经过一系列严格的回归测试等等,如果不按这个规律实施项目,就会出错误,就要造成浪费和损失。所以要预防电子商务项目的风险,就必须遵循工程的基本流程,如果只是一时图省事、走捷径,抱着侥幸心理甚至弄虚作假的想法和做法都是十分危险的,也是项目风险的思想和制度根源。

流程法是指以制度化的方式进行电子商务项目活动,以减少不必要的损失。项目管理者制定的各种管理计划、方法和监控制度一般都能反映项目活动的客观规律性。因此,项目团队成员一定要认真执行。

合理地设计项目组织形式也能有效地预防电子商务项目的风险。项目发起者如果在财力、物力、经验、技术、管理、人力或其他资源方面无法独立完成项目,则可以同其他组织合作,从而可以借助外力克服多种困难,预防一些难以预防的风险。

工程法预防的是风险中物理的因素,教育法预防的是风险中人的因素,流程法预防的是风险中制度的因素。需要特别注意的是,在对电子商务项目使用预防策略时,也在电子商务项目组织中加入了多余的部分,同时也增加了项目或项目组织的复杂性,提高了项目成本,进而增加了新的风险。

9.4.3 回避风险

回避风险是指通过风险分析,发现电子商务项目风险的潜在威胁发生的可能性太大,不利后果也很严重,又没有其他更好的策略可用时,因而主动放弃项目或改变项目目标与行动方案,从而规避风险的一种策略。回避风险包括主动预防风险和完全放弃两种。

人们不可能排除所有的风险,但可以通过分析找出发生风险的根源,通过消除这些起因来避免相应风险的发生,这是通过主动预防来回避风险。例如,为了避免需求不明确,可以通过开发原型系统并向客户演示,直到客户满意,并记录下来形成需求基线。这样在提交给客户验收时,就不会存在与用户在需求上有分歧的风险,从而有效地避免了这个风险。

回避风险的另一种策略是完全放弃。例如,前几年互联网泡沫破灭的时候,许多公司关闭了网站,这就是一种完全放弃的风险应对策略。完全放弃是最彻底的回避风险的办法,但是,放弃的同时也失去了发展的机遇。

在采取回避策略之前,必须要对风险有充分的认识,对风险出现的可能性和后果的严重性有准确的把握。采取回避策略,最好在电子商务项目尚未开始实施时。而放弃或改变正在进行的项目,一般都要付出高昂的代价。

9.4.4 转移风险

转移风险是将风险转移给参与该项目的其他人或其他组织,因此又叫合伙分担风险。其目的不是降低风险发生的概率和减轻不利后果,而是运用合同或协议,在风险一旦发生时将损失的一部分转移给有能力承受或控制风险的个人或组织。

实行这种策略时要注意两点:一是要让承担风险者得到相应的回报;二是对于各具体风险,谁最有能力管理就采用这种策略转移给谁,所付出的代价大小取决于风险大小。当项目的资源有限,不能实行减轻和预防策略,或风险发生频率不高,但潜在的损失或后果很大时,可采用此策略。

转移风险可以分为财务性风险转移和非财务性风险转移。

1. 财务性风险转移

财务性风险转移可以分为保险类风险转移和非保险类风险转移两种。

财务性保险类风险转移是转移项目风险最常用的一种方法,是指项目团队向保险公司交纳一定数额的保险费,通过签订保险合同来防范风险,以投保的形式将风险转移给保险公司。根据保险合同,项目风险一旦发生,保险公司将承担投保人由于风险所造成的损失,从而将风险转移给保险公司。

财务性非保险类风险转移是指通过不同的形式和方法将风险转移给商业上的合作伙伴。比如担保就是一种常用的财务型非保险类风险转移方式。

所谓担保,指为他人的债务、违约或失误负间接责任的一种承诺。在项目管理上是指银行、保险公司或其他非银行金融机构为项目风险负间接责任的一种承诺。例如,电子商务外包项目中,承包方可以请银行、保险公司或其他非银行金融机构向发包方承诺为承包方在投标、履行合同、归还预付款、债务、违约或失误等方面负间接责任。在得到这种担保之后,电子商务项目的发包方就把由于承包方在行为方面的不确定性带来的风险转移给了出具保证书或保函的银行、保险公司或其他非银行金融机构。当然,为了取得这种承诺,电子商务项目的承包方也要付出一定代价,但是这种代价最终还是由发包方来承担的。

2. 非财务性风险转移

非财务性风险转移是指按照风险和收益对等的原则,将于电子商务项目风险有关的活动通过合同等方式转移到抗风险能力比较强的第三方。

这与回避风险策略有一定的关系,两者都是试图减轻项目风险及其可能的损失,但回避风险是不需要任何人承担风险后果的,而风险转移是将项目风险转移到第三方。

近年来,在电子商务项目中日益流行的软件外包就是一种非常好的非财务性风险转移策略。外包就是向本项目组织外分包产品和服务,常常是针对某些种类风险的有效对策。比如,某电子商务项目中要使用某种特殊的技术,与其自行开发,不如通过与有此种技术经验的厂商签订合同,以委托(分包给)对方开发的方式转移自己在这方面的技术风险。

在电子商务项目管理中,需要注意的是,外包行为往往将一种风险置换为另一种风险。比如上例中的外包转移了一项技术风险,但会因这个风险转移给第三方又会造成自己在成本等方面出现新的风险。因此,风险转移只是一种平衡,不是消除风险的办法。

9.4.5 接受风险

有时候,对于一些可以接受的风险,也可以采取接受风险的应对策略,就是电子商务项目团队有意识地选择由自己来承担风险后果。当项目团队觉得自己可以承担风险发生后所产生的损失时,就可用这种策略。

有的风险是没有办法防范的,如地震、火灾等。当风险发生的时候,只能采取接受风险造成的后果这一事实。例如,为了避免不可抗力造成的后果,在一些重要的电子商务项目中,可以建立异地备份中心。当风险真的发生的时候,可以接受事实,启用备份中心。

由于在风险识别和分析阶段已对一些风险有了充分的准备,所以当风险事件发生时马上执行应急计划,这是主动接受。

虽然接受风险是电子商务项目团队有意识地选择由自己来承担风险,但不一定是主动的,也可以是被动的。例如,由于各方面的原因,项目延期了,因交付延误,必须向用户支付违约金,或不得不接受用户新增加的需求或变更需求等。这些都造成项目成本增加,利润下降甚至亏本。而为了市场的需要,不得不接受这个现实,这是被动接受。

被动接受风险是指在风险事件造成的损失数额不大,不对电子商务项目的整体目标造成较大影响时,项目团队将风险的损失当作电子商务项目的一种成本来对待。当然成本增加了,项目的收益自然就要受影响,不过这种情况下并不发生应对风险的成本。

接受风险是最为省事的风险应对方法,几乎没有应对措施和方案,在有些情况下也很经济。因此,当采取其他风险应对方案的成本超过风险发生后所造成的损失时,也可以采取接受风险的方法。

9.4.6 风险预留

一些规模比较大的电子商务项目,项目的复杂性较高,项目周期也会比较长、不可控因素也多。对于这样的电子商务项目,其风险是一定存在的。

所以,为了保证电子商务项目整体目标的实现,有必要制定一些风险发生后的应急措施来预留风险。所谓风险预留,就是指根据电子商务项目风险分析的结果,事先确定相应的预留措施并完善项目风险管理计划,一旦发现风险,就启动预留或后备应急措施。

电子商务项目的风险预留主要有风险成本预留、风险进度预留和技术后备措施等。

1. 风险成本预留

预留的风险成本是在电子商务项目经费预算中事先准备的一笔资金,用于弥补由于在电子商务项目进行过程中出现的差错、疏漏及其他不确定性事件对项目成本预算准确性的影响。

虽然预留的风险成本在电子商务项目初期就已经预算出来,但是究竟何时用在何处、以及需要花费多少,在编制项目预算时并不能具体确定。因此,风险成本预留在编制项目预算时要单独列出,不应分散到各个具体成本项目中。否则,可能增加项目管理者对预留成本的控制难度。

同时,项目团队在进行风险成本预留时要根据项目风险分析的结果来进行,千万不可盲目地在各个具体成本项目中预留成本。盲目地预留,会无端地在项目进行过程中增加许多浪费,减少项目收益,同时也可能由于项目预算过高而在市场竞争中错失机会。

预留的成本又可以分为实施应急费和经济应急费两类。实施应急成本用于补偿估价和实施过程中的不确定性,经济应急成本用于应付通货膨胀、价格或汇率等的波动。实施应急费又可分为估价质量应急费和调整应急费,而经济应急费则可进一步分为价格保护应急费和涨价应急费。

2. 风险进度预留

电子商务项目,由于生产的是不可见的高科技产品,其所采用的技术比较复杂,因此项目的进度有时比较难以准确地度量和控制。当电子商务项目进行过程中出现一些不确定的事件后,其进度也常常会受到直接或者间接的影响。相关的调查和研究表明,电子商务项目大多数都没有按期完成。

为了能够保证电子商务项目能够按照预定的期限完成,项目管理者有时需要在制订进度计划时预留一些机动时间或设置一些可以自由控制的时间差。当项目进行过程中出现了一些不利事件引起进度拖延时,项目管理者可以用这些机动时间或者时间差去补偿进度的延迟,从而总体上保证电子商务项目的整体进度。

根据网络计划的原理,这些预留的机动时间或者时间差只有放在项目的关键路径上才对整个电子商务项目有效。此外,还可以通过压缩关键路径上工序的活动时间或者改变工序之间的逻辑关系来预留项目的进度,比如快速跟进法和赶工法等。但是,这样的方法一般需要增加其他资源的投入,有时甚至可能带来新的风险。

3. 技术后备措施

技术后备措施专门用于应付项目的技术风险,它是预留的一段时间或预提的一笔资金。只有当技术风险发生并需要采取补救行动时,才动用这笔资金或这段时间。

技术后备措施分两种情况:预提的技术应急费和预留的技术后备时间。

(1) 技术应急费:由于采取补救行动的可能性不大,所以技术应急费应当以预计的补救行动成本与它发生的概率之积来计算和提取。

(2) 技术应急时间:为了应对技术风险造成的进度拖延,应该事先预留一段备用时间。当技术风险发生并且必须采取补救措施时,用这段时间实施补救行动。

电子商务项目的管理者在设计和制定风险应对措施时,要针对具体电子商务项目的实际情况、项目发展的不同阶段和项目所面临的不同风险的特点,酌情采用上述风险应对方式。

9.5 电子商务项目风险监控

对电子商务项目的风险进行监控的工具和方法,主要包括以下 6 种。

1. 阶段性评审与过程审查

电子商务项目所生产的软件是不可直接度量的产品。为了对其工作效果进行合理的检验,并有效地监控电子商务项目过程中的风险,就需要借助于一系列的阶段性评审与过程审查。

通过大量的评审活动来评估、确认前一个阶段的工作及其交付物,提出补充修正措施和调整下一阶段工作的内容和方法。

阶段性评审可以让风险尽早被发现,从而可以尽早地预防和应对。风险发现得越早,越容易防范,应对的代价越小;错误发现得越晚,就越难以应对,而且应对的代价就越高。阶段性评审与过程审查可以有效地检验工作方法和工作成果,并通过一步步地确认和修正中间过程的结果来保证项目过程的工作质量和最终交付物,大幅度地降低电子商务项目的风险。

2. 风险再评估

在电子商务项目风险监控的过程中,经常需要对新风险进行识别和评估,或者对已经评估的风险进行重新评估和审核,检查其优先次序、发生概率、影响范围和程度等是否发生变化等等,重新评估的内容和详细程度可根据电子商务项目的具体情况确定。

3. 风险应对审计

风险应对审计主要指对风险管理过程的有效性、用已经拟定的风险应对措施处置已识别风险的有效性、风险承担人的有效性等进行审计。

4. 技术绩效测量

技术绩效测量是从技术角度对电子商务项目的中间成果与项目计划中预期的技术成果进行比较和测量,如果没有实现计划预计的功能和性能,那么电子商务项目有可能存在范围风险。

5. 挣值分析

挣值分析的结果反映了电子商务项目在当前检查点上的进度和成本等指标与项目计划的差距。如果存在偏差,则可以对原因和影响进行分析,这有助于尽早地发现相关的风险。

6. 风险预留分析

在电子商务项目的实施过程中,可能会因为某些风险而动用预留的资金或时间。风险预留分析就是在某些阶段性的项目时间点,把总的风险预留与剩余的风险预留资金或时间进行比较,再把总的风险量与剩余的风险量进行比较,根据它们的比例关系可以知道风险的大小和确定风险预留是否充足。

本章小结

电子商务项目风险是指在项目开发过程中遇到的预算和进度等方面的问题以及这些问题对项目的影响。电子商务项目风险会影响项目计划的实现，如果项目风险变成现实，就有可能影响项目的进度，增加项目的成本，甚至使电子商务项目不能实现。

项目风险管理包括项目风险管理规划、风险识别、分析、应对和监控的过程。项目风险管理的目标在于增加积极事件的概率和影响，降低消极事件的概率和影响。美国项目管理学院定义的项目风险管理过程包括风险管理规划、风险识别、定性风险分析、定量风险分析、风险应对规划和风险监控。

电子商务项目风险管理计划在风险管理活动中起控制作用，是针对整个项目生命周期而制订的如何组织和进行风险识别、定性评估、定量分析、风险应对和风险监控的计划。

项目风险识别方法有项目文档审核、阶段评审、德尔菲法、头脑风暴法、SWOT 分析、核对表、图解法、事故树分析法和系统分析法。

项目文档审核是对电子商务项目的总体、详细两个层次的计划、方案等文档进行一次全面的结构性审核，可以识别出电子商务项目的一些风险。在进行风险识别的时候，常常要依靠阶段性评审、过程审查等手段来辅助进行。德尔菲法本质上是一种匿名反馈的函询法。头脑风暴法简单来说就是团队的全体成员自由地提出主张和想法。与电子商务项目的团队成员、有经验的项目关系人、有关专家进行有关风险的面谈，将有助于识别那些在常规方法中未被识别的风险。SWOT 分析就是从多个角度、各个方面，对电子商务项目的内部优势和弱势以及电子商务项目的外部机会和威胁进行综合的分析，从而对电子商务项目的风险进行识别。电子商务项目风险核对表是比较常用而且比较简单的风险识别方法。

电子商务项目常见风险有需求风险、与客户相关的风险、管理方面的风险和技术方面的风险等。项目在初期确定需求时往往都是模糊的、不确定的，有时甚至是混乱的，这些问题会对项目的成功造成巨大的潜在威胁。在电子商务项目中，许多风险都是因为项目的客户因素造成的。在对电子商务项目进行风险管理时，有必要注意识别其管理方面的风险因素。软件技术的复杂性和新技术不断涌现，使得电子商务项目团队缺乏经验丰富的工程师，可能因为技术原因影响项目的成功。

风险发生的概率和风险发生后的影响是对电子商务项目风险进行定性分析的两个主要评价指标。概率和影响等级评定矩阵是基于对电子商务项目风险的发生概率和影响程度的定性等级评价，对风险进行等级排序，便于进一步对风险进行定量分析并制定相应的应对方案。采用专家访谈方式，专家根据他们的丰富经验和渊博的知识对电子商务项目的风险进行度量，其结果有时甚至比通过数学计算和模拟仿真的结果还要准确和可靠。灵敏度分析是一种考查每个项目风险的不确定性对项目目标的影响程度的方法。决策树是一种直观、形象、易于理解的图形分析方法。模拟分析法是运用概率论和数理统计的方法来预测和研究各种不确定因素对电子商务项目的影响、分析系统的预期行为和绩效的一种定量分析方法。大多数模拟都以某种形式的蒙托卡罗分析为基础。

应对电子商务项目的风险有多种策略,比较常见的有减轻、预防、转移、回避、接受和后备措施等几种。它们或者可以改变风险发生的概率,或者可以改变风险发生后的后果大小,或者可以改变风险的作用对象等等。具体采取哪一种或哪几种,需要由项目团队根据当前电子商务项目及其所面临的风险的实际情况来决定。

对电子商务项目的风险进行监控的工具和方法主要包括阶段性评审与过程审查、风险再评估、风险应对审计、技术绩效测量、挣值分析和风险预留分析等。

案例分析

案例1 电子商务创业风险分析

创业是指发现、创造和利用商业机会,组合生产要素,创立自己的事业,以获得商业成功的过程或活动。互联网的出现提供了一种全新的创业方式:利用电子商务模式进行创业。由于其具有全球开放性、商务流程数字化以及流通中间环节少等特点,因而为越来越多的人接受并采纳。互联网创业主要有B2B和B2C两种形式。

B2B电子商务创业形式主要通过整合信息流、资金流和物流,为整个产业链创造增加值,又分为为买卖双方提供交易中介平台(如阿里巴巴)和建立协同工作平台两种。后者不仅提供交易工具,而且把相关企业、金融物流机构和第三方组织(如政府)等整合起来,创建以信息为纽带的虚拟企业,从而提升核心竞争力。B2C电子商务创业包括在网上注册独立的网络商店或以某个电子商务网站门店的形式经营。

根据上述材料,运用风险管理的相关知识,分析电子商务创业形式存在的风险,以及可采取什么措施进行控制。

案例分析提示:

简单地说,电子商务创业形式存在的风险主要来自两个层面。

(1) 来自"电子"的技术层面。如通过网络传输、交换和处理数据,电子商务数据可能会被窃听或篡改,破坏其完整性。

(2) 来自"商务"的人为层面。包括市场风险、财务风险、法律政策风险和宏观环境风险等。

可采取的风险控制策略是:针对技术层面的风险,可采取一些先进的信息技术手段进行控制,如数据加密技术、报文验证码技术和防火墙技术等;针对人为层面的风险,可采取建立合理的规章制度和人才机制,建立并完善法律法规等风险控制策略。

案例2 利群集团电子商务项目风险管理

利群集团成立于1980年11月,是一家跨地区、多业态、综合性的股份制商业企业集团,经营范围涉及商业零售、物流配送、酒店餐饮、房地产和汽车租赁等领域。近年来,利群集团坚持低成本扩张,大力发展"创新型百货"连锁,表现出勃勃的生机。到目前为止,利群集团已经拥有25个子公司,已开业运营的万米以上的商厦22座,600多家便利店,总经营面积已达70万平方米,2005年销售额为82.2亿元。利群集团在开拓经营、扩销增效的同时,积极进行制度创新和管理创新,学习研究国内外先进管理模式,逐步形成了"三大中心"模式,即商品采购中心、资金结算中心和物流配送中心,实行商品统一采购、统一配送、统一结算的管理制度,为集团的快速扩张和应对新的竞争奠定了基础。近几年来,利群集团在青岛市商业企业中,无论销售额还是利润每年都排在首位,且以30%~50%以上的速度递增,表现出快速良性的发展势头,连续多年居山东省商业零售企业首位,连续3年入选商务部评选的全国连锁企业前三十强,并入选中国企业500强。

近年来,网络购物发展迅速,上网购物已经从一种时尚行为转变为众多网民的生活习惯。以淘宝为代表的电子商务网站凭借优异表现,对传统的零售行业造成了强大的冲击。作为本地零售业龙头的利群集团,在赢得了本地老客户的信任和尊重的同时,也深刻地感受到来自方方面面的压力和挑战。

2008年4月,利群集团成立了电子商务有限公司,由电子商务有限公司主持网上商城电子商务项目建设。网上商城电子商务项目的主要目标是建设成为国内商业企业的电子商务网品类品种最齐全的网站之一,依托利群集团的品牌优势以及丰富的商品种类、遍布城乡及胶东半岛的连锁店、完善的物流配送系统以及良好的服务开展电子商务。网上商城计划开辟青岛及各地新闻、交通信息、旅游信息、电话号码查询、天气预报、娱乐近况和招聘等方面的公共信息板块服务,并准备规划建设成为一个综合性的网站,不仅包括网上购物,还要变成一个供应商的供应链管理系统,通过集成技术实现供应商和便利店的网上订单处理、共享销售数据和库存信息,并进行供应商以及便利店的库存管理,最终达成与供应商计划、预测、补货和销售等方面的协作,更好地为便利店主和供应商服务。该项目初期的软硬件设施建设基本完成,但网站的部分栏目与功能还在完善当中。目前网上购物B2C电子商务已进入试运行阶段。

项目团队预期的该项目可能面临的风险参见图9-5。

试运用项目风险管理的有关理论,如风险识别技术、风险评估技术和风险规避方法,分析利群集团面临的风险种类、风险等级,然后在此基础上,写一份风险规避报告。

练习题

1. 怎样理解风险?
2. 项目风险管理包括哪些主要工作过程?
3. 电子商务项目有哪些常见风险类型?
4. 在风险评估方法中,定性的评估方法有哪些?定量评估方法又有哪些?简要描述决策树方法的应用原理。
5. 项目风险应对可采取哪几种方法?

参考文献

[1] 费小燕.基于解释结构模型的电子商务项目风险分析[J].中国管理信息化,2010(12):69-71.
[2] 陆国红,叶枫.基于生命周期的B2B电子商务项目风险识别[J].商业经济,2009(5):78-79.
[3] 何苇杭,周红梅,魏双盈.论信息系统项目开发的风险识别[J].武汉理工大学学报(信息与管理工程

版),2006(10):134-137.
[4] 王艳波.利群集团电子商务项目风险管理研究[D].中国海洋大学,2009.
[5] 袁汉宁.电子商务项目风险管理平台的研究[J].中国管理信息化,2008(10):98-100.
[6] 中国电子商务协会.国际电子商务项目管理[M].北京:人民邮电出版社,2004.
[7] 张欣莉.项目风险管理[M].北京:机械工业出版社,2008.

第 10 章

电子商务项目收尾管理

学习目标

- 理解电子商务项目完工对项目的意义。
- 了解电子商务项目完工中管理收尾和合同收尾的内容。
- 了解电子商务项目完工所经历的主要阶段,掌握项目收尾、项目验收和项目移交在电子商务项目管理中的一般方法和特殊性。
- 理解电子商务项目后评价的主要含义和职能。
- 掌握电子商务项目后评价的主要方法以及运用情况。

任务书或角色扮演

- 使用互联网查找资料,理解项目收尾管理的背景资料和相关概念。
- 尝试使用收尾管理方法,针对一个电子商务项目写一份完工报告。

10.1 电子商务项目收尾管理概述

10.1.1 项目收尾管理的意义

项目完工,就是项目的实质性工作已经停止,项目不再有任何进展的可能性,项目结果正在交付用户使用或者已经停滞,项目资源已经转移到其他项目中,项目团队已经解散或正在解散的过程中。

项目完工的情况可以分为两种:一是项目任务已顺利完成,项目目标已经成功实现,项目正常进入生命周期的最后一个阶段——"结束阶段"的情况,这种状况下的项目结束为"项目正常结束",简称"项目终结";二是项目任务无法完成,项目目标无法实现而"忍痛割爱"提前终止项目实施的情况,这种状况下的项目结束为"项目非正常结束",简称"项目中止"。对于项目终结,我们要对项目的人、财、物进行清理,最终编制项目实施报告。

成功的电子商务项目收尾是软件公司和客户追求的共同目标。在这一阶段,项目的利益相关者会存在较大的冲突,因此,项目收尾阶段的工作对于项目各个参与方都是十分重要的,对项目顺利、完整地实施更是意义重大。

10.1.2 项目收尾管理的内容

电子商务项目收尾包括合同收尾和管理收尾两部分。合同收尾就是依据合同,和客户一项一项地核对,检查是否完成了合同所有的要求,是否可以结束项目,也就是通常所说的验收。管理收尾是对于内部而言的,把已完成项目的项目可执行代码和项目文档等各类项目资料归档;对外宣称项目已经结束;项目转入维护期,并把相关的产品说明转到维护组;项目组进行经验教训总结。

电子商务项目管理收尾对电子商务项目的最终成功具有重大的意义。项目在尾声表现出的人力资源、财务状况以及项目的某些经验教训都是可以进行总结并再次利用的资源,总结得越多,资源就越丰富,能够形成适合电子商务企业自身的成熟的项目管理模式,降低电子商务项目管理的风险和管理成本,真正实现电子商务项目管理的竞争力。

电子商务项目合同收尾由于受到用户需求不明确、不断变更、合同标的通常较大以及项目周期较长等原因的影响,在合同最终移交的过程中,必须协调各方面的关系,特别是许多不确定因素最终都要在合同收尾解决,因此往往是项目负责人最头痛的事情。

电子商务项目的收尾过程如表 10-1 所示。

表 10-1 电子商务项目的收尾过程

过程	主要内容	输出内容	关键因素
管理收尾	人力资源管理、信息管理、财务审计管理	项目实施报告、项目档案资料、项目总结、项目审核报告	沟通、交流、总结
合同收尾	合同移交、验收	合同文件、正式验收和收尾	协调、理解

10.2 电子商务项目管理收尾活动

10.2.1 保存项目文档

1. 坚持到底

随着项目接近收尾,项目需要的人员越来越少,但项目经理仍然要在人数减少的同时确保高效地完成项目。

项目经理必须提前考虑项目组成员的安置问题,不能等到项目组成员整天无所事事的时候才意识到这个问题。因为这样对项目和整个企业来讲都是无效的浪费。必须提前1~2周通知项目组成员在某个特定的日子就不需要他们了。与此同时,项目经理还要通知项目组成员所在部门的经理,这样在项目组解散时部门经理可以再为其安排其他的新工作。

在收尾过程中,项目经理需要的技能与启动过程、计划过程和实施过程所需要的技能不一样。在项目生命周期的最后一个过程,如果不得不更换项目经理,新的项目经理最好是以前项目经理的副手,参与过项目一段时间,对项目有足够的了解,这样才能继续完成好项目的剩余工作。

如果项目组在项目期间长时间占用了企业设施(设备),在项目收尾过程中就应告知企业负责控制设施(设备)的人员,以确保这些设施(设备)处于可以被其他项目获得的状态。一定要在项目结束后检查设施(设备)的使用文件,以确定它们是否被修改(例如在结构、设备或技术参数等方面),这是项目经理的责任。当然,使项目所使用的设施(设备)恢复到原来的状态会增加本项目的费用和人力要求。

2. 保存项目文档

为了使项目产品得到有效使用,也为了给未来项目的设计、计划、估算和管理积累经验,要注意记录和保存项目文档。

在项目收尾过程中,由于项目组的注意力集中在完成任务和期待新任务方面,记录项目数据和信息以及进行经验、教训的总结很容易被人遗忘。项目组成员可能会认为这样会分散他们做下一个项目的精力,而且这样做还要花费成本。尤其当项目费用超支的时候,记录项目数据的工作更是容易被忽略。其实,在项目超支的时候,找出项目超支的原因才是真正重要的工作,只有总结超支的原因,并将这些信息记录下来,才能对未来的项目发挥作用。

项目历史数据是帮助改善企业项目管理的重要参考源。各个企业可能对数据文件存档的具体要求不同,但一般应包括以下内容:项目日志;项目计划,包括项目章程、项目范围说明书及风险管理计划等;项目来往函件;项目会议记录;项目进展报告;合同文档;技术文件;其他信息。

项目准备阶段的文档有:与本项目有关的上级主管部门下达的规划或者许可;有关项目的审批文件、合同书和专家建议;国内外相关情况考察报告和专题分析报告;可行性方案及批准文件,以及项目实施方案、年度计划和项目预算书等。

项目进行阶段的文档有:各种重要项目进度的原始记录;各种项目的报告和数据;各阶段项目报告(包括系统的、专题的、分项的和阶段的);重要的技术文件和管理文档等。

项目收尾阶段的文档有：年度总结和简报；项目例会的会议记录和专业会议文件以及同项目研究有直接关系的重要情报编译材料等。

企业应该建立保存和维护这些项目数据的计算机信息系统，这样在需要时可以很方便地检索查找。当收集了足够的项目数据后，企业管理部门可开发一个"经验教训数据库"，为以后做出合理的项目费用估计和编制具有现实意义的项目计划提供参考。

电子商务项目收尾信息汇总表如表 10-2 所示。

表 10-2　电子商务项目收尾信息汇总表

项目名称	项目经理
启动阶段文件列表	
计划阶段文件列表	
执行控制阶段文件列表	
收尾阶段文件列表	
会议文件列表	
审计文件列表	
用户交付文件列表	

项目经理签字：

日期：

10.2.2 财务收尾

财务收尾是指从项目财务和预算的意义上结束项目,包括外部的和内部的项目账目。此外,为了确保项目的各项收支合乎法律和企业制度,还需要对项目进行财务审计。

1. 项目账目收尾

项目账目收尾是项目结束时针对企业员工的内部流程。如果没有设定明确的日期或提供正式的项目账目收尾流程,项目账目往往会在项目结束日期后仍旧存续。项目人员仍然可以借项目名义使用财务或其他资源。如果发生这种情况,项目便不再是项目,很可能变成没有结束日期的活动。既然项目都有自己的有限预算和明确的生命周期,必须在某点上结束项目账目。

大多数项目都有项目账目编码,它们使财务部门能够跟踪项目费用以及其他资源等。在项目结束时,应及时撤销这些账目编码,以确保没有人能够继续凭项目账目编码支付工资和采购材料等。项目账目编码的撤销应由项目经理通过书面形式向负责财务的部门提出请求,或由财务部门向项目经理和相关部门提出通知。要让项目相关人员知道:若超过项目结束日期,企业将不能再为其工作时间提供工资或为项目采购资源等。

2. 项目财务审计

项目财务审计是指企业需要成立独立的评审小组对项目的具体工作情况进行仔细审查,包括财务程序、预算及相关记录等内容。财务审计的范围可以是整个项目,也可以是针对项目的一个特定部分。

进行项目财务审计工作可能要花费几个小时甚至好几个月的时间,这取决于项目的规模、提供信息的详细情况以及透明度等。

尽管在项目任何时间都可以进行审计工作,但项目收尾过程的财务审计是一个重点。

1) 项目财务审计的目的

项目财务审计往往是以可量化的数据来确定项目实际费用是超出计划预算还是有节余,并确定发生偏差的原因,同时调查项目人员的职业行为和责任感。此外,财务审计结果也为项目经理和企业提供了一个学习经验的机会,帮助他们在未来类似项目的财务方面做出改善。

2) 项目财务审计的信息要求

项目财务审计需要大量信息,以便做出准确的评价。这些信息包括以下内容:①项目预算计划(人力与资源基准计划);②工作记录表(考勤表);③与外部签订的合同;④采购政策;⑤采购单;⑥预算执行情况报告;⑦变更控制结果。财务审计小组要对以上信息做出评价,确定项目组所花费的时间和其他资源是否真正用在本项目上。

3) 项目财务审计小组的组成

项目财务审计可以由企业聘请外部的审计小组来执行,也可以由内部审计小组来完成。选择使用外部审计小组的目的是基于他们的经验和公正性;使用内部审计小组是考虑到项目的规模、审计组成员对企业财务政策的熟悉。如果使用内部审计小组,小组成员的构成必须包含来自项目组、企业财务部门、企业高管层、人力资源部门、合同/采购部门以及法律部门的人员。审计小组有权得到有关项目的所有记录,并随时同项目人员进行接触,以确保对项目的财务状况做出公正的评价。尽管同项目组成员接触有些困难,有时还要"冒犯"他们,但是项目组成员必须认识到同项目审计小组进行讨论的重要性。审计小组在执行工作时,一定要审慎,避免误解等情况的发生,做到"公平、公正、公开"是审计人员的责任。

4) 项目财务审计的实施

与其他财务审计一样,项目财务审计的结果也是形成财务审计报告。财务审计报告作为一项正式报告,必须采用可理解的、规范的格式。审计小组有必要开发一种方法将那些与项目有关的信息与无关的信息区分开来。尽管财务审计使用的格式多种多样,但应至少包含以下信息:

(1) 目前项目财务状况,主要描述用于项目的各项费用支出情况;

(2) 财务偏差情况,主要描述与各财务基准指标相比而出现的比较大的偏差或变化(从费用角度)以及用于批准这些变更的流程是否合乎法律和企业管理规范;

(3) 解释与建议,解释那些发生的偏差的原因,说明其合理程度,并针对这些偏差提出处理的措施,以及就未来项目出现这种情况时应如何处理提出建议。审计小组还应就"将来哪些领域需要给予特别关注"以及人员配置的问题提出建议。这一点是非常重要的,因为在项目结束后的审计中,很难对本项目财务状况的"健康"情况有所作为。

5) 提交项目财务审计报告

项目财务审计结束后,就应当将编制的审计报告提交财务主管部门或个人,同时将报告复印件提交给项目发起人和项目经理,以便他们理解审计小组所使用的各种假设或澄清任何尚未解决的问题。

10.2.3 撰写项目完工报告

电子商务项目管理在项目的收尾阶段应该有记录体系,这就是电子商务项目实施报告,也称为项目结束报告。电子商务项目实施报告或结束报告由项目管理者编写,每项内容都要经过项目经理和项目参与人的深思熟虑。从内容上来说,项目实施报告不是对项目的评价,而是对项目的真实的历史记录,也有人称之为项目整个生命周期内的"编年史"。

一般情况下,电子商务项目完工报告应包括以下内容:

1. 项目的目标及其实现程度

对照项目前期评估报告,应清晰地描述出项目的目标(包括在执行过程中的变化),以便评价目标的真实性及其重要性。通常分3个等级(即成功、部分成功和不成功)评价项目的目标实现程度,评价内容应涉及宏观产业政策目标、财务目标、机构发展目标、实物目标、扶贫和其他社会目标、环境目标以及公共行业管理和私营行业发展等目标。

2. 项目实施记录和主要影响因素

要对影响项目实施的因素进行分析,要区分这些因素是内部的还是外部的,是可以控制的还是不可控制的,以及控制者是谁。

3. 项目的可持续性

即分析项目是否能够沿着实现项目的主要目标的方向进行下去,是否可以达到预期的运营目标。项目可持续评价可采用可持续、不可持续和尚不明确 3 个等级来评定。

4. 项目成果评价

通过成功度评价，主要是目标实现程度和项目可持续评价来判断项目的成果，一般可分 5 个等级：很差、较差、满意、好和很好。

5. 项目管理评价

每个项目组织方式都有其独特的优缺点，在项目结束报告中应该对该项目组织结构的作用进行评论，探讨其对项目进展的促进作用或者制约作用，提出改进组织的建议，向高级管理层就组员的工作效率作不公开的报告，对项目管理技巧——评审预测方法、计划方法和成本控制方法等进行评价。如果对原组织进行调整将对项目管理有益，应该提出相应的建议和解释。

6. 主要经验教训

报告要讨论项目主要的成功经验和失败教训，以及在项目未来发展中如何吸取这些经验教训，这些经验教训对同类在建项目以及未来待建项目中有哪些借鉴作用。

项目完工报告的格式主要由概述、主报告、项目评价和总结 4 个部分组成，详细内容如表 10-3 所示。

也可以将总结中的经验教训部分专门单列出来，制作《项目经验和教训总结报告》以引起重视。

每个项目的完成必须给企业带来 3 方面的成果：提升企业形象、增加企业收益和形成企业知识。《项目经验和教训总结报告》是对项目成功或失败的总结性文件，也是企业通过项目形成企业知识的重要渠道。它可以为未来企业项目的计划预算、进度提供历史数据和参考建议。

表 10-3 电子商务项目完工报告

部分	提纲	内容	备注
1. 概述	1.1 编写目的	说明编写这份项目开发总结报告的目的，指出预期的阅读范围	
	1.2 背景	本项目的名称和所开发出来的电子商务项目名称；本电子商务项目的任务提出者、开发者和用户	
	1.3 定义	列出本文件中用到的专门术语的定义和外文首字母缩略语的原词组	
	1.4 参考资料	列出要用到的参考资料，如：本项目的已核准的计划任务书或合同、上级机关的批文；属于本项目的其他已发表的文件；本文件中各处所引用的文件和资料，包括所要用到的软件开发标准。列出这些文件的标题、文件编号、发表日期和出版单位，说明能够得到这些文件资料的来源	

续表

部分	提纲	内容	备注
2. 主报告	2.1 产品	说明最终制成的产品,包括:程序系统中各个程序的名字,它们之间的层次关系,以千字节为单位的各个程序的程序量、存储媒体的形式和数量;系统共有哪几个版本,各自的版本号及它们之间的区别	
	2.2 主要功能和性能	逐项列出本软件产品所实际具有的主要功能和性能	对照可行性研究报告、项目开发计划和功能需求说明书的有关内容,说明原定的开发目标是达到、未完全达到还是超过
	2.3 基本流程	用图给出本程序系统实际基本的处理流程	
	2.4 进度	列出原定计划进度与实际进度的对比,并明确说明实际进度是提前了还是延迟了,分析主要原因	
	2.5 费用	列出原定计划费用与实际支出费用的对比,包括:工时,以月为单位,并按不同级别统计;计算机的使用时间,区别 CPU 时间及其他设备时间;物料消耗、出差费等其他支出	明确说明经费是超出了还是节余了,分析其主要原因
3. 项目评价	3.1 对生产效率的评价	给出实际生产效率,包括:系统的平均生产效率;文件的平均生产效率	可以列出原定计划数作为对比
	3.2 对产品质量的评价	说明在测试中检查出来的程序编制中的错误发生率,即每千条指令(或语句)中的错误指令数(或语句数)	如果开发中制订过质量保证计划或配置管理计划,要同这些计划相比较
	3.3 对技术方法的评价	给出对在开发中所使用的技术、方法、工具和手段的评价	
	3.4 出错原因的分析	给出对于开发中出现的错误的原因分析	
4. 总结	4.1 对项目整体的评价	主要是目标实现程度和项目可持续评价来判断项目的成果	可分5个等级去评定:很差、较差、满意、好和很好
	4.2 经验与教训	列出从这项开发工作中所得到的最主要的经验与教训及对今后项目开发工作的建议	
	4.3 附件资料	项目的相关资料以附件形式列出	

《项目经验和教训总结报告》一般包括以下内容:项目交付的成果是否达到规定要求,并达到项目目标?顾客是否对最终成果满意?项目是否达到预算目标?项目是否达到进度计划目标?项目是否识别了风险,并针对风险采取了应对策略?项目管理方法是否起作用?改善项目管理流程还要做哪些工作?

10.2.4 解散项目组

项目组成员在项目完成时会有复杂的心情。当项目临近结束时,他们的情绪可能变得不稳定,工作效率也可能会下降。如果项目组成员面临新的机会,他们的工作表现可能会有所回升,但是如果项目成员未来的去向不明,那他们的工作效率一定会下降。因此,职能经理和项目经理都有责任处理好他们这种感情上的反应,使这些人员保持正常的工作状态。考虑项目组成员的感情时,必须牢记他们是属于企业的,在项目工作只是这些人员暂时性的工作。

这样说的意思是,当项目完成以后,虽然项目不再需要他们,但是企业应当更加重视这些项目组成员,因为他们在项目中为企业做出了自己的贡献,同时在项目工作中积累了丰富的经验,可以更加出色地完成企业交给他的其他项目。对于企业来说,成功完成企业项目的人员是企业发展不可多得的财富。要善于利用和留住企业的人才。保留项目组成员是至关重要的,因此解散项目组必须谨慎行事。

在这个过程中有以下 4 个关键因素。

1. 做好项目成员述职报告

项目成员述职报告(见表 10-4)可以按照 3 个层次的内容进行编制。首先是岗位完成情况,将项目开始前对人员的目标和完成情况进行对比;其次是让成员归纳总结参与和协助具体工作;最后对经验教训进行开放式总结。电子商务项目成员的述职报告有利于项目成员的绩效考核工作,为项目内容的完善提供了人力资源保障。

表 10-4 电子商务项目成员述职报告

姓名		岗位	
年度		考核时间	
岗位职责/任务	目标		完成情况
参加/配合的工作			
未完成工作的原因			

2. 做好项目成员经验教训报告

电子商务项目成员的经验教训报告是在绝大部分或者所有成员完成个人述职报告的基础上,由项目经理组织,项目的重要成员参与完成的。这是对个人项目述职报告的总结与提炼,是站在电子商务项目的整体高度对项目进行的综合自我评价。其中既包含项目成功的经验总结,又包含对其中教训的总结。电子商务项目成员经验教训报告一般由子项目负责人、关键项目点负责人和项目经理等共同完成。

项目成员述职报告与项目成员经验教训报告有差异。集中体现在述职报告是成员工作计划与成员实施情况的对比,而经验教训报告则是项目完成后的总结报告,是对述职报告的提炼与升华。

电子商务项目成员经验教训报告可以按照 3 个层次的内容进行编制。首先是参与特征，反映了报告人谈经验教训的角度；其次是成功与失败的经验，这是最为核心的部分；最后是自己的收获和对下一次项目的展望，包括其他方面的体会。电子商务项目成员经验教训报告既可以作为项目的总结，又可以存档保留，作为下一次项目可以借鉴的内容。电子商务项目成员经验教训报告模板如表 10-5 所示。

表 10-5 电子商务项目成员经验教训报告模板

报告人姓名	职务		项目中的职责	
参与项目的特征	全程参与			
	临时加入			
成功的经验和原因				
失败的教训和原因				
你学到了哪些项目管理的知识				
有了本次的经历后，在下一项目中你会特别注意什么				
你的其他感受				
			签名 日期	

3. 做好人员解散的计划

如果项目组成员知道项目结束后自己马上可以转入到新的工作中,尤其是自己的职位能够得到提高的时候,就会有更大的动力完成当前的工作。同时也要让他们清楚,只有保质保量地完成现有的工作,才能进入到后面新的工作中去。如果在项目的收尾过程中自己的工作出现了失误,不但不能"功成名就",还可能令自己"晚节不保",这样就会失去晋升的机会。同时,项目经理要提前与职能经理做好沟通,以便使他们也能够根据此项计划来提前安排项目组成员未来的工作。

4. 及时将项目组成员送回到所在的部门

在项目完成后,项目经理应该根据前面制订的计划及时地把项目组成员送回到职能部门中去工作。如果项目结束了,可项目组成员迟迟不能回到原来的职能部门中工作,不但严重影响了企业其他项目的正常工作,也会造成本项目的费用升高。同时,尽可能早地把人员返还给原来的职能部门,做到人员的有效利用,职能经理也会为此感到高兴,也愿意为今后的项目提供支持。电子商务项目收尾人员安排表如表10-6所示。

表10-6 电子商务项目收尾人员安排表

项目名称		项目经理		项目结束时间	
人员安排一览					
姓名	项目中的职位	主要专长	去向	联系方式	收尾阶段任务安排

处理团队的解散工作要十分谨慎。团队成员对项目做出了巨大的贡献,有的甚至是做出了一些牺牲。如果没有意识到他们的贡献和牺牲,他们会在项目临近尾声的时候感到失落。如果不能及时有效地消除项目组成员对项目的失落,将导致他们带着怨气进入下一个项目或者新的工作中,甚至是带到原来的职能部门中,对企业的后续发展产生负面作用。因此必须保证团队人员都能为自己的付出得到相应的回报或者肯定。只有在妥善地处理了上述问题以后,才能宣布项目的结束。

项目结束批准是通过获得那些在项目章程上签过字的所有项目利益相关方签署项目收尾文件来完成的,项目收尾文件内容因项目不同而有所不同,但是一般应包括相关的可交付成果、主要特点以及其他关于最终可交付成果的信息。

10.2.5 必要时及时中止项目

首先需要树立一个观点:中止项目并非代表项目不成功,也并非代表项目经理不成功。项目中止有很多原因(见表10-7),这些原因大体可以分为3类:项目委托方希望中止的;项目管理方希望中止的;外在因素迫使项目不得不中止的。

项目委托方和项目承担方希望中止的情况大体相同,分以下几种:

(1) 一方发现新的商机,这种商机的利益大于该项目的利益,由于资源的不足,不得不中止该项目以抽出资源。对于这种情况,另一方可以要求中止方适当做出补偿,例如给予赔偿金或签订其他项目协议作为弥补。

（2）一方资金预算等出了问题，不得不中止项目。在这种情况下，虽然可以根据合同要求赔偿，但对方可能实在无力赔偿，他们可以"千年不还、万年不赖"，甚至找出一些"理由"推卸责任。在此情况下，项目另一方会拖不起，也会两败俱伤。因此，在选择项目合作伙伴时，要注意"信息不对称"的问题，时刻了解合作伙伴的市场动向，例如，营业额和利润走向如何？财务前景如何？经营业绩的关键方面有哪些？与其他项目相比，该项目的优先序如何？此笔预算可否花在其他项目上？

（3）项目委托方由于项目拖期、质量不合格等问题迫使委托方要求中止项目。在此情况下，项目承担方将承担相应责任。

但双方之外的客观原因，如因政策变革、自然灾害或战争等原因造成项目不得不中止时，往往会造成双方受损的情形。为了应对这种情况，需要建立相应的风险管理机制。无论何种情况，都需要对项目进行总结，其过程基本与正常的项目收尾一样。特别需要注意的是，尽管不能庆贺项目成功，但需要鼓舞项目组成员的士气，毕竟很多事与他们无关，他们常常是无辜的。在此情况下，项目过程文档管理尤其重要。

表 10-7 电子商务项目中止的原因

项目阶段、内容	项目问题	对项目影响
项目目标	与组织目标不能保持一致	项目实施结果差异
项目概念	可行性研究报告依据的信息不准确，市场预测失误、重要的经济预测有偏差	项目整体决策失误
项目范围	超出了组织的财务能力和技术能力	无法完成项目内容
项目规划、设计	出现重大技术方向性错误	项目的计划不可能实现
项目环境	环境变化改变了对项目产品的需求	项目的成果已不适应现实需要
项目实施过程	出现重大质量事故	项目继续运作的经济或社会价值基础已经不复存在
项目交接	项目试运行过程中发现项目的技术性能指标或经济效益指标无法达到项目概念设计的项目	项目的经济或社会价值无法体现
项目资金	资金无法近期到位并且无法确定可能到位的具体期限	烂尾项目
与项目相关的新政策	制约项目运行的相关新政策的出台（如环保政策等）	项目的继续进行成为不可能

项目收尾的过程必须像项目启动过程一样谨慎、稳妥，千万不要看到胜利的曙光后产生躁动情绪，因为任何项目问题的遗漏都会给后期的解决留下困难。康熙年间大将周培公曾言要做个"善败将军"，因为"兵法所谓善胜者不阵，善阵者不战，善战者不败，善败者终胜。"孙武、韩信和诸葛亮等军事名家无不将撤退的艺术发挥到极致。成功的项目管理者也是如此，其水平高低至少有三分之一要看其项目收尾的能力。

10.3 电子商务项目合同收尾活动

10.3.1 召开项目收尾会议

项目收尾中很重要的一项工作就是获得顾客对项目产品或项目可交付物的验收。客户将对照合同中对项目的需求并按照验收程序审查交付的项目成果。这时应提醒项目客户注意需求本身发生的偏差,并出示所有得到客户同意的(客户签字认可的)变更记录。而且,要使任何悬而未决的项目问题都可以得到正式结束,最好的方法是将客户和其他项目干系人召集在一起召开一次最终会议。通过这样的会议,可以避免项目经理就尚未解决的问题逐个向项目干系人进行澄清。

此项会议的一项主要内容是项目经理需要做出项目执行陈述:比较项目最终可交付成果与项目合同文件要求的偏差情况。

在把项目产品移交给客户的过程中需要注意以下几点。

1. 制订移交计划

项目经理必须制订得到项目发起人和项目客户认可的项目产品移交计划,其中必须说明在何时、何地、以何种方式移交项目产品,有哪些人参加移交过程等。

2. 确保客户接受产品

项目经理要尽量让客户参与到制订移交项目产品计划的过程中,这样会促进客户对项目产品的接受。

在项目完成时,客户必须要有机会确认项目产品是否符合他们的需求。在严格的合同关系中,客户应该签署验收报告,以表示他们正式接受了项目成果。

3. 在对项目产品的使用方面培训客户

客户通常不是操作项目产品的专家,需要培训他们如何操作项目成果。这种培训应该尽量提前进行,完全等到项目收尾过程才进行可能就太晚了。然而一般情况下,只有在这个过程才可能有大量的客户培训。

4. 确保交接责任明确

必须要落实项目利益相关方在项目成果移交过程中的责任,并确保客户最终的付款。

5. 保留项目设计和开发文档

为确保项目产品的运营持续有效,保留项目的设计和开发文档是非常重要的。如果客户混用了设计或开发方案而造成了事故,应当有根据地明确事故责任。

6. 确保对项目产品有持续的服务和维护

客户可能会做些简单的维护和服务,应编制项目产品操作手册以帮助他们完成这些要求。但是客户无法完成项目技术专家才能完成的工作。这就要求企业在项目产品的整个生命周期内与客户要有不断的沟通,这些沟通渠道应当被定义为移交手续的一部分。在工程行业,很多盈利都是来自服务。

7. 收回项目款项

除非有特别说明,收回项目款项是项目经理的责任。在现实中,总有一些尾款难以收回。它们的数量可能并不太大,只占项目总额很少的百分比。有些项目经理会因为太麻烦或其他原因而放松对这些款项的追缴。然而,这些款项可能恰恰是企业从项目中可以得到的利润。

10.3.2 项目验收

项目验收是项目组与客户/项目发起人代表之间进行的正式活动。在这种活动中,客户/项目发起人代表将核实项目所交付的产品及支持文档是否符合项目需求和目标。项目验收标准要尽量在项目启动过程中确定,而不要像验收程序一样拖到项目收尾过程再定。

项目验收包含以下内容。

1. 安排项目验收会议的日程

项目验收会议是由客户/项目发起人代表、项目的管理团队(项目经理以及项目组中各个功能区域的负责人)以及项目验收委员会共同参加的会议。与会者一旦确定,就应安排会议的召开日期和时间。务必要为与会者留出充足的准备时间,让他们能够审阅相关材料。

2. 分发会议材料

在会议召开之前,应当将材料分发给相关人员。务必要在会议召开之前及早地将这些材料分发出去,让验收人员有充足的时间对其进行审查。这些材料应至少包括项目说明书和项目实施计划(以及附带的产品验收计划)。

3. 召开项目验收会议

在验收会议期间,与会者将评估项目组所提交的项目成果并对成果进行测试。根据验收计划中的验收标准,与会者将确定以下3个方面:(1)物理审核结果,即客户是否已收到所有的项目可交付成果?(2)功能审核结果,即产品验收及测试的结果是否证明产品符合了对它的需求?(3)商务审核结果,即是否完成了所有必要的客户培训?如果需要,是否已经成功完成现场安装?会议结束时,验收人员应确定验收结论。

项目验收可能得到以下结果之一:

(1) 接受。即客户/项目发起人代表同意项目产品已经符合验收标准,并且客户/项目发起人代表取得可交付产品及支持材料的所有权。

(2) 有条件接受。即客户/项目发起人代表同意接受项目的结果,但必须先完成指定的纠正措施。

(3) 不接受。即项目产品没有达到验收标准,需要进行其他工作。如果客户/项目发起人代表不接受项目产品,项目组就应安排执行已确定纠正措施的时间,并重新提交经过修订的项目产品以进行后续验收。在"有条件接受"的情况下,后续验收只需要确认已经完成指定的纠正措施。但是,如果结果是"不接受项目产品",则应重新执行整套产品验收和测试。

4. 记录决定

在验收会议结束时应完成记录,其中需包括重要的验收意见或行动建议,以及项目验收会议的结果。如果结果是"不接受",则应安排后续项目产品验收会议的时间。

10.4 电子商务项目移交

10.4.1 移交的程序及结果

当项目通过验收后,电子商务项目团队将项目成果的所有权交给项目接收方,这个过程就是电子商务项目的移交。项目移交完毕,项目接收方有责任对整个项目进行管理,有权力对项目成果进行使用。这时,项目团队与项目业主的项目合同关系基本结束,项目团队的任务转入对项目的保修阶段。

移交的内容包括以下 3 项。

1. 实体移交

项目内所包括的各种设备实体的交接,项目实体移交的繁简程度随项目承发包模式的不同以及电子商务项目规模等具体情况的不同而不同。电子商务项目的实体交接主要是软件系统、计算机硬件、辅材和耗材等。在实施单位负责设备订货和交接工作时,凡是合同上规定属于用户在生产过程中使用的实体物品,均应由项目团队向项目接收方移交。

2. 技术档案文件移交

移交时要编制《档案资料移交清单》,项目团队和业主按清单查阅清楚并认可后,双方在移交清单上签字盖章。移交清单一式两份,双方各自保存一份,以备查对。具体表格内容如表 10-8 所示。

表 10-8　档案资料移交清单

编　号	专　业	档案资料内容	人员数	备　注
(项目团队)签章 经办人	(接收单位) 签章 接收人	说明		

3. 最终移交

项目实体移交和项目文件移交完成后,移交内容基本完成。可以通过最终项目用户移交表对照,具体表格内容如表 10-9 所示。

表10-9 最终项目用户移交报告表

项目名称	项目经理
项目产品	产品名称
	产品功能
	产品主要模块
协议书主要内容	
项目总体成果	目标的完成情况
	成功或失败的原因
交付目录	开发的系统
	文档
	…
项目经理意见并签字	
	日期

10.4.2 移交后的回访与保修

电子商务项目在竣工验收交付使用后,按照合同和有关的规定,在一定的期限,即回访保修期内(例如1年左右的时间)应由项目经理部组织原项目人员主动对交付使用的竣工工程进行回访,听取用户对工程的质量意见,如果回访过程中发现问题,应及时处理。项目移交后的回访与保修从根本上保证项目质量以及项目成果的可持续性。

1. 回访与保修形式

回访和保修的一般形式有以下3种。

1) 季节性回访

季节性回访也称为定期回访,是按照合同规定,结合该项目的实际情况,选择有效时间段进行检验和处理,如发现问题,采取有效措施及时加以解决。

2) 技术性回访

技术性回访主要了解在电子商务项目实施过程中软件使用、人员培训和系统更新等方面的技术性、管理性问题和使用后的效果,发现问题及时加以补救和解决。同时也便于总结经验,获取科学依据,为电子商务项目的改进、完善和推广创造条件。

3) 保修期满前的回访

这种回访一般是在保修期即将结束前进行回访。

2. 回访与保修的工作内容

电子商务项目团队在回访中,或者在保修期内接到用户来访、来信的质量投诉后,应立即组织力量维修。项目经理对于回访中发现的质量问题,应组织有关人员进行分析,制订措施,作为进一步改进和提高质量的依据。

回访应纳入承包人的工作计划、服务控制程序和质量体系文件。工作计划应包括下列内容:

(1) 主管回访保修业务的部门。

(2) 回访保修的执行单位。

(3) 回访的对象(发包人或使用人)及其工程名称。

(4) 回访时间安排和主要内容。

(5) 回访工程的保修期限。

执行单位在每次回访结束后应填写回访记录,在全部回访后,应编写回访服务报告。主管部门应依据回访记录对回访服务的实施效果进行验证。

3. 回访与保修的经济责任

回访和保修的经济责任应按下列方式处理:

(1) 由于承包人未按照国家标准、规范和设计要求施工造成的质量缺陷,应由承包人负责修理并承担经济责任。

(2) 由于设计人造成的质量缺陷,应由设计人承担经济责任。当由承包人修理时,费用数额应按合同约定,不足部分应由发包人补偿。

(3) 由于发包人供应的材料、构配件或设备不合格造成的质量缺陷,应由发包人自行承担经济责任。

(4) 由发包人指定的分包人造成的质量缺陷,应由发包人自行承担经济责任。

(5) 因使用人未经许可自行改建造成的质量缺陷,应由使用人自行承担经济责任。

(6) 因不可抗力造成损坏的事故,承包人不承担经济责任。

(7) 当使用人需要责任以外的修理维护服务时,承包人应提供相应的服务,并在双方协议中明确服务的内容和质量要求,费用由使用人支付。

对所有的回访和保修都必须予以记录,并提交书面报告,作为技术资料归档。项目经理部还应不定期听取用户对工程质量的意见。对于某些质量纠纷或问题应尽量协商解决,若无法达成统一意见,则由有关仲裁部门负责仲裁。

10.5 电子商务项目后评价

项目后评价是指在项目已经完成并运行一段时间后,对项目的目的、执行过程、效益、作用和影响进行系统的、客观的分析和总结的一种技术经济活动。项目后评价是项目完成以后进行的再评价。

通过项目后评价活动,首先是检验项目预期目标是否达到,主要的效益指标是否实现。其次,重新评价整体规划是否合理有效。再次,针对不足之处,找出成败的原因,总结经验教训,及时有效地反馈信息,提高未来新项目的管理水平,提高决策水平、完善项目管理水平,最终实现提高投资效益的目的。

项目后评价具有透明性和公开性,能客观、公正地评价项目活动的成绩和项目失误的主客观原因,比较公正地、客观地确定项目决策者、管理者和建设者的工作业绩和存在的问题,从而进一步提高他们的责任心和工作水平。

项目后评价的内容包括以下几个方面。

1. 项目目标评价

项目目标评价的任务是评定项目立项时各项预期目标的实现程度,是项目后评价所需完成的主要任务之一。项目目标评价是指对项目目标的实现程度进行评价,对照原计划的主要指标,检查项目的实际情况,找出变化,然后对改变的原因进行分析。判断项目目标的指标应在项目立项时就确定,一般包括宏观目标,即对地区、行业或国家经济、社会发展的总体影响和作用。目标评价的另一项任务是要对项目原定决策目标的正确性、合理性和实践性进行分析评价。有些目标因为不明确或不符合实际,或者遇到环境和市场的变化,在项目实施过程中可能会发生重大变化,项目目标评价要给予重新分析和评价。

2. 项目实施过程评价

项目实施过程评价是项目后评价中的重要环节,包括项目计划、实施和调试等几个阶段。项目实施过程评价是将可行性研究报告中所预计的情况和实际执行的过程进行比较和分析,找出差别,分析原因。项目实施的好坏直接影响到项目的最后验收、日后运营和公司品牌的确立等。对项目实施过程进行评价,可以有效地总结经验,找出不足,并在下一次施工中改进。

3. 效益评价

效益评价是项目后评价的主要内容。项目实施的最终目的是为了获得预期的社会效益和经济效益。它以项目投产后实际取得的效益(经济、社会和环境等)及其隐含在其中的技术影响为基础,重新测算项目的各项经济数据,得到相关的投资效果指标,然后将它们与项目前期评估时预测的有关经济效果值(如净现值(NPV)、内部收益率(IRR)和投资回收期等)、社会环境影响值(如环境质量值(IEQ)等)进行对比,评价和分析其偏差情况及其原因,吸取经验教训,从而为提高项目的投资决策和管理水平服务。

4. 项目影响评价

项目影响评价是项目完成后对社会环境的影响进行分析,包括经济影响、环境影响和社会影响3个方面。

经济影响评价主要是分析对项目所在地区、所属行业和国家所产生的经济方面的影响。

项目的环境影响评价一般包括项目的污染控制、地区环境质量、自然环境利用和保护、区域生态平衡和环境管理等方面。

社会影响评价是对项目在社会经济发展方面有形和无形效益和结果的一种分析,重点评价分析项目对所在地区和社区的影响。社会影响评价一般包括解决就业、发展当地经济、填补国家相关技术空白以及对当地居民生活的影响等内容。

5. 项目的可持续性评价

项目的可持续性评价也是项目后评价的主要内容,包括:在项目的建设资金投入完成之后,项目的既定目标是否还能继续?项目是否还可以持续发展下去?接受投资的项目业主是否愿意并可能依靠自己的力量继续实现既定目标?项目是否具有可重复性,即是否可以在未来以同样的方式开展同类项目?

6. 项目综合评价

项目综合评价包括项目的成败分析和项目管理的各个环节的责任分析。综合评价一般采用成功度评价方法,该评价方法是依靠评价专家或专家组的经验,综合后对各项指标的评价,对项目的成功程度做出定性的结论,也就是通常所说的打分的方法。

7. 项目管理后评价

项目管理后评价的基础是项目目标和效益后评价,在结合其他相关资料的基础上对项目整个生命周期中各阶段管理工作进行评价。通过分析、比较和评价,可以了解目前项目管理的水平,吸取经验和教训,以保证更好地完成以后的项目管理工作,促使项目预期目标更好地完成。项目管理后评价主要包括以下几个方面的内容。

1) 投资者的表现

评价者要从项目立项、准备、评估、决策和监督等方面来评价投资者和投资决策者在项目实施过程中的作用和表现。

2) 借款人的表现

评价者要分析评价借款者的投资环境和条件,包括执行协议能力、资格和资信,以及机构设置、管理程序和决策质量等。

3) 项目执行机构的表现

评价者要分析评价项目执行机构的管理能力和管理者的水平,包括合同管理、人员管理培训以及与项目受益者的合作等。对于世界银行和亚洲开发银行贷款项目,还要对项目技术援助、咨询专家使用和项目的监测评价系统等进行评价。

4) 外部因素的分析

影响到项目成果的还有许多外部的管理因素,例如价格的变化、国际国内市场条件的变化、自然灾害或内部形势不安定等,以及项目其他相关机构的因素,例如联合融资者、合同商和供货商等。评价者要对这些因素进行必要的分析评价。

本章小结

电子商务项目收尾阶段是项目生命周期的最后阶段，它的目的是确认项目实施的结果是否达到了预期的要求，以通过项目的移交或清算，并且再通过项目的后评估进一步分析项目可能带来的实际收益。

电子商务项目收尾包括合同收尾和管理收尾两部分。合同收尾就是抓起合同，和客户一项一项地核对，检查是否完成了合同所有的要求，是否可以结束项目，也就是通常所说的验收。管理收尾是对于内部而言的，把已完成项目的项目可执行代码和项目文档等各类项目资料归档；对外宣称项目已经结束；项目转入维护期，并把相关的产品说明转到维护组；项目组进行经验教训总结。

管理收尾包括以下几个步骤：坚持到底、保存项目文档、财务收尾、总结项目经验教训、撰写项目完工报告、庆祝项目成功、解散项目组以及必要时及时中止项目。

合同收尾活动包括召开项目收尾会议和项目验收等程序。在项目收尾会议上，项目经理需要做出项目执行陈述。在把项目产品移交给客户的过程中需要注意制订移交计划，确保客户接受产品，在对项目产品的使用方面培训客户，确保交接责任明确，保留项目设计和开发文档，确保对项目产品有持续的服务和维护，收回项目款项。

项目验收是项目组与客户/项目发起人代表之间进行的正式活动。在这种活动中，客户/项目发起人代表将核实项目所交付的产品及支持文档是否符合项目需求和目标。

当项目通过验收后，电子商务项目团队将项目成果的所有权交给项目接收方，这个过程就是项目的移交。移交的内容包括实体移交和技术档案文件移交。

电子商务项目在竣工验收交付使用后，按照合同和有关的规定，在一定的期限，即回访保修期内（例如1年左右的时间）应由项目经理部组织原项目人员主动对交付使用的竣工工程进行回访，听取用户对工程的质量意见，如果回访过程中发现问题，应及时处理。项目移交后的回访与保修从根本上保证了项目质量以及项目成果的可持续性。

项目后评价是指在项目已经完成并运行一段时间后，对项目的目的、执行过程、效益、作用和影响进行系统的、客观的分析和总结的一种技术经济活动。项目后评价是项目完成以后进行的再评价。

通过项目后评价活动，首先是检验项目预期目标是否达到，主要的效益指标是否实现；其次，重新评价整体规划是否合理有效；再次，针对不足之处，找出成败的原因，总结经验教训，及时有效地反馈信息，提高未来新项目的管理水平，提高决策水平，完善项目管理水平，最终实现提高投资效益的目的。

案例分析

案例　途安鞋业有限公司的电子商务网站建设项目

途安鞋业有限公司成立于2006年3月，公司制作和出售各种高中档皮鞋及其他高档皮具，行销总部设立于上海，现有员工50余人，30个分公司。公司目标是"与客户共同发展、

CHAPTER 10

将产品推向全国",在整个市场推广上,公司以"开设店中店"为基本经营方式,在市场布局上依据地区需求和喜好划分为不同的市场板块,着力发展区域代理,并依靠代理商全权代理的优势,充分发掘区域代理功效而拓展市场。

随着互联网技术的飞速发展,互联网已经走进千家万户,然而途安公司的营销方式仍然为传统模式,独立分散。途安公司为了突破时空限制,降低交易成本,节约客户订购、支付和配送的时间,方便客户购买,决定进入电子商务网上销售市场,建立一个网上的销售系统,利用互联网在线支付平台进行交易,实现网络营销与传统营销双通道同时运行的新型皮具营销模式。

小钟是途安鞋业有限公司信息中心经理,也是此次电子商务项目的经理。

"什么?只给我不到两周的时间准备?"刚刚休完探亲假,还没来得及休整的小钟被急匆匆地叫回了总部,听到这个他们实施了两年的电子商务项目要进行完工验收,他不知道是喜还是忧。"是的,总裁昨天已经成立了项目委员会,销售、市场、人事的负责人都是项目组成员,由总裁亲自指挥。要求8月16日30个分公司的各1个办事处上线!"郑总(途安鞋业副总裁,分管人事、信息和财务,此次项目的负责人)高兴地对小钟说。

"可是郑总,您知道,项目组成立需要时间,我们需要与软件供应商和运营商谈判,还有硬件设备采购、系统搭建、安装、调试、验收,需要进行各地基础数据的收集、整理、导入,还有……"

"不要和我说这些,我已经帮你把所有需要参与的各级领导拉进项目组了,接下来就看你这个项目经理怎么施展啦……"

听了郑总的一番话,小钟没有再作任何辩解:"好的,我尽力吧。"

1. 验收数据采集遇到困难

8月11日,下午1:00。"钟经理,我们发下去的数据采集到目前为止只有一半的办事处文员回复了,这样下去时间来不及了。"负责收集数据的小王急匆匆地跑进小钟的办公室,气喘吁吁地说。"赶紧让销售部门去催促,让他们务必把事情落实到责任人身上。另外,现在的数据导入问题软件公司有没有解决呢?"小钟问道。"已经解决了,他们将负责数据导入,但需要给他们一些时间。"

8月17日,上午10:00。徐筱芳提出了新问题:目前收集的数据中,除了杭州办事处外,还有新疆办事处和哈尔滨办事处的数据。可是现在系统内的数据都乱了。经过检查发现,原因是在期初进行数据准备时,文员没有按照标准准备数据,导致数据混乱。

8月18日,下午3:00。项目组紧急召开会议。在会议中,项目组决定重新整理数据,要求各办事处严格按照项目组的标准模板和要求组织数据,并按照进度计划调整上线时间,将上线时间调整至9月1日。

经过这样的一个过程,项目如期得以下发落实。9月1日,系统如期在试点办事处上线,各办事处的数据不再混乱。

2. 项目文档混乱,问题层出不穷

9月15日,发现项目文档中的统计报表分析与日常手工报表发生严重不符,经仔细检查发现:系统上线前销售渠道分类没有统一的严格规定,虽然在组织数据时销售管理部发

布了一套标准的销售分类,但由于各销售办事处的理解不同,导致数据分类错误。30个办事处、28万家终端店的数据被错误地分类融合在一起,这个乱真是理不清。

9月20日,在这样的情况下,小钟和销售管理部一起重新整理了一套标准,进行了详细的分析和论证,并将项目进展的情况上报给总裁和副总裁,总裁决定在22日的销售会议上由小钟来汇报这件事。

9月22日,在全国销售会议上,小钟针对目前项目的进展以及面临的困难进行汇报,全项目组在总裁的指示下重新整理数据,严格按照新的标准来做,并由销售管理部和信息中心严格把关;同时,决定10月9日第3次上线试运行,各办事处需严格按照项目组的数据提交时间来做。

9月30日,收到25个办事处的文档,但都存在问题。

10月6日,数据已经按标准整理完毕,电话通知所有总部项目成员和30个办事处文员,7日全体加班,对数据进行检查测试。

10月7日,晚9:00。数据检查和测试工作还在紧张地继续,只完成了不到一半,眼看着第3次上线时间再次临近,小钟又一次陷入了困境。

3. 全力以赴,完成验收

10月8日,周日,下午1:00。"不推迟项目启动时间,我请答辞去项目经理,您请更有能力的人去做!"小钟高举着手臂无可奈何地对郑总说。

"我不同意!已经第3次推迟了,我无法向销售分公司交代!"项目总监欧阳雪强硬地说。

小钟说:"责任由我来承担!我们的系统从8月15日到现在,存在的问题很多,原因各位也清楚。正是因为已经推迟了3次,所以这一次的上线只能成功不能失败。我们的系统是按周进行运作的,整个国庆黄金周,30个试点办事处的文员都在加班加点地工作,每次数据的提交都要经过3轮的反复才能完成,国庆7天的假期仅我一人就累计加班超过100个小时。但至今仍有5家办事处没有将最后一次数据提交。而提交完整的数据导入系统后,还需要有两轮的数据关系建立,这些数据关系的建立只能由手工在系统中操作。"

欧阳雪听到小钟这样说,也缓和了语气:"那可不可以推迟一天?"

"不行!我们针对业务员的运作是以周为周期的,明天是周一,推迟一天就是周二了,这样会对系统的运作带来很大的问题。所以,第一次操作我建议还是从周一开始。既然是推迟,推一天也是推,推一周也是推,那我们将上线的时间推迟一周到10月16日吧!"小钟抓住这个机会建议道。

10月8日,周日下午2:45,小钟开完项目小组会议,宣布项目验收时间将推迟一周。

思考:

1. 电子商务项目完工阶段应该遵循哪些基本步骤?
2. 电子商务项目完工阶段涉及哪些利益主体?
3. 本案例中为什么没有按时完成验收?

练习题

1. 项目收尾阶段的主要工作是什么?
2. 解散项目组的时候应该注意哪些问题,采取哪些措施?

3. 项目后评价工作的意义在哪里？
4. 项目后评价工作的内容是什么？
5. 项目后评价工作的方法有哪些？

参考文献

[1] 丁荣贵.成功的项目收尾(上)[J].项目管理技术,2008(11):73-76.
[2] 丁荣贵.成功的项目收尾(下)[J].项目管理技术,2008(12):73-75.
[3] 吴勇毅,许金水.IT项目收尾,CIO如何把关、验收?[J].信息系统工程,2009(10):9-11.
[4] 鹿全礼,崔文晓,等.软件项目收尾关键策略探讨[J].信息技术与信息化,2008(5):90-91.
[5] 宋玲霞,姜虹.项目管理理论在研究生课题中的应用[J].韶关学院学报,2012(1):137-140.
[6] 郭健全,杨坚争.电子商务项目管理案例教学研究[J].电子商务,2009(1):80-82.
[7] 王金石.项目管理在途安电子商务项目中的应用[D].北京邮电大学,2010.
[8] 云楠.电子商务项目管理研究[D].天津大学,2007.
[9] 彼得斯·霍布斯.项目管理[M].北京:中国广播出版社,2003.
[10] 哈罗德·科兹纳.项目管理:计划、进度和控制的系统方法[M].北京:电子工业出版社,2010.
[11] (美)项目管理协会.项目管理知识体系指南[M].4版.北京:电子工业出版社,2009.